KB140029

뭉 쳐 야 산 다

지방분권 국가로 가는 길

뭉 쳐 야 산 다

지방분권 국가로 가는 길

김근영 지음

발간에 부쳐

이 시대, 국토도시계획분야의 비판적 지성이라고 할 수 있는 김근영 교수의 노작 "뭉쳐야 산다-지방분권국가로 가는 길"이 세상에 얼굴을 보였다.

저서를 통해 김근영 교수가 주장하는 내용을 한 마디로 정리하면, 광역행정체계를 경쟁력있게 개편하자라는 것이다. 충청남북도와 대전광역시를 통합한 충청도, 전라남도와 전라북도, 광주광역시를 통합한 전라도, 대구와 경북을 통합한 대경도, 경상남도와 부산광역시, 울산광역시를 통합한 동남도 등으로 뭉치는 방식으로 광역자치단체의 규모와 권능, 행정구역을 개편하여 지역여건에 부합하는 행정서비스와 지역발전기획을 시행하며, 동시에 이를 통해 규모의 경제를 도입하고 거래비용을 대폭 줄여 예산집행의 효율성을 올림으로서 국가경쟁력을 향상시키자는 내용이다.

김근영 교수의 이러한 아이디어는 서문에서 언급하고 있듯이, 세계적인 경제선진국인 G7국가들의 지방자치제도의 다섯 가지 특징에 대한 비판적인 관찰에서 출발하고 있다. G7국가들은 우선 외부의 급격한 환경변화나 충격에 탄력적으로 대응할 수 있는 행정체계상 지방분권적 성향이 강하며, 둘째 광역지방자치단체 대부분이 도시와 농촌을 포괄하고 있는 도농복합적인 성격을 지니고 있다는 점이다. 세 번째 특징으로는 선진국 광역 지방정부 상당수가 5백만명 내지 1천만명 정도의 인구 규모 분포를 보이고 있다는 점이다. 우리의 지방자치단체와 유사하게 인구규모 분포 폭이 큰 일본의 경우 최근 47개 도도부현을 인구규모 5백만내지 1천만명 정도의 9개 내지 13개의 도주로 개편하는 방안을 진지하게 검토하고 있는 중이다. 네 번째 특징은 광역도시계획 또는 광역지역계획 문제에 대해 중앙부처나 기초지방자치단체가 아니라 광역지방자치단체가 문제가 되고 있는 지역들을 통합해 적극적이고 종합적으로 대처하고 있다는 점이다. G7국가에 있어 지방자치제도의 마지막 특성은 최근 들어 광역지방자치단체의 통합조정기능이 더 중요해지고 강화되고 있다는 사실이다.

우리나라의 지방자치제도는 G7국가의 제도와 많이 다르다고 할 수 있다. 도농통합은 유사하지만, 광역지방자치단체간 인구규모와 재정력 격차가 너무 커서, 지방자치단체간 공정한 정책경쟁이 원천적으로 어려운 형편이라고 할 수 있다. 1987년 10월 공포된 대한민국 헌법 제10호에 의해 시행된 지방자치제도의 경우 시행된 지 30여년이 넘었지만, 지방재정 자립도는 시간이 흐를수록 악화되고 있으며, 중앙정부의 지방정부에 대한 감독과 간섭문제는 해결되지 않고 있다. 지방자치단체의 가장 유능한 공무원들은 자기가 살고 있는 지역발전에 대한 고민보다는 중앙부처에서 뿌려주는 국고보조금 사업을 획득하기 위해 모든 재능과 열정을 쏟고 있으며, 그 결과 중앙부처에서 시행하는 국고보조금 사업의 획일적인 규격에 맞춰 모든 지방자치단체 사업의 평준화가 진행되고 있는 실정이다. 지방정부들이 중앙부처의 먹이 주는 손에 익숙해지면서, 지역의 발전과 운명은 지방자치단체가 스스로의 힘으로 풀어야 할 문제가 아니라, 중앙부처의 예산지원을 통해 해결할 수 있는 문제로 귀결되면서 지방의 중앙정부에 대한 예속성도 더욱 강화되고 있다. 수십개 수백개로 분열된 지방자치단체들간의 갈등과 경쟁 역시 엄청난 사회적 비용지출을 초래하고 있다. 혐오시설 입지를 둘러싼 지방자치단체간 갈등, 구비 구비 돌아가는 바람에 저속이 된 고속철도노선, 영남권 신공항을 둘러싼 지방자치단체간 지역주민간 불화와 갈등, 눈먼 자들의 눈먼 돈의 축제 등 낭비하지 않아도 좋을 수많은 우리의 피와 땀이 허공에 흩어지고 있다.

이래서는 국가의 비전이 없다. 1987년 민주화 바람에 힘입어 수립된 현행 지방자치제도의 개혁을 진지하게 검토할 때가 되었다. 새로 개편될 지방분권체제에서는 5백만 내지 1천만명의 인구와 산업규모를 지닌 광역지방자치단체가 경제적 자립과 자치권 신장을 통해 스스로의 운명을 개척할 수 있도록 해야 하며, 이러한 선의의 정책경쟁을 통해 국가발전을 위한 정책다양성을 통해 최적해를 찾을 수 있도록 정책환경을 조성해야 한다. 자율과 자기책임에 근거한 정책경쟁을 통해 지역의 운명을 남에 손에 맡기지 않고, 지역의 잠재역량과 가능성을 일깨울 수 있다면, 우리는 뉴노멀 시대 국가발전의 새로운 성공신화를 쓸 수 있다고 김근영 교수는 말한다. 경쟁과 균형, 다양성의 조화를 도모할 수 있는 광역지방자치단체가 탄생한다면, 책임과 자율에 입각한 지방분권국가라는 새로운 국가 패러다임의 건설이 가능할 것이다.

국토도시계획에 종사하는 동료학자, 연구자와 전문가만이 아니라, 지방자치제도와 국가발전에 관심이 있는 시민들이라면 김근영 교수가 우리 사회에 던지는 이 심각한 시대적 도전에 대한 흥미진진한 지적 탐구를 즐길 수 있으리라 본다. 우리 사회에 귀한 노작을 선물한 김근영 교수에게 경의를 표하며, 강호 제현의 일독을 권하고 싶다.

2019년 6월

대한국토도시계획학회 회장 정창무

감사의 글

컴퓨터 모니터를 바라보며 이 글을 쓰는 순간이 오기까지 정말 많은 사람들의 도움이 있었다. 그들의 적극적인 참여와 따뜻한 배려로 이 원고는 컴퓨터 하드디스크의 파일로 머무르지 않고, 독자들이 읽을 수 있는 책으로 햇빛을 볼 수 있었다.

이 책이 출간되기까지 도움을 준 사람들 중 몇몇은 특별하게 밝히고자 한다. 먼저 서론의 첫 페이지에서 언급했듯이 2018년 4월에 있었던 수도권 교통본부의 유럽출장을 기획하고, 동참했던 공무원들과 조합위원들에게 감사드린다. 필자는 이 연수를 통해 수도권 광역교통을 넘어 '지방분권 국가의 광역행정'이라는 신세계에 눈뜨게 되었다. 스페인 공무원들의 발표와 해외연수 동료들과의 토론은 이 책을 써야겠다는 직접적인 동기를 불러일으킨 계기가 되었다. 정부정책에 따라 2019년 3월 국토교통부 소속으로 대도시권 광역교통위원회가 출범했다. 수도권 교통본부는 한 달 후인 4월에 해산되었다.

뼈대만 있었던 이 책이 제 모습을 갖추도록 한 여러 광역행정 사례들은 모두 필자의 경험을 바탕으로 한다. 필자가 학위를 받고 귀국한 후 지난 20년 동안 우리나라의 각 분야에서 다양한 경험을 하도록 이끌어준 사람들이 있었다. 필자가 지방분권 국가라는 시대과제에 감히 도전할 수 있었던 것은 이러한 기회가 바탕이 되었다. 지방분권 문제를 이해하는데 도움이 된 기사를 작성했던 언론인들, 보고서를 발간했던 정부기관 담당자들, 연구기관 연구원들의 역작들을 활용하면서 우리 사회의 저력이 만만치 않음을 실감했다. 그들의 노력이 없었다면 이 원고는 갈래 길에서 길을 잃었을 것이다. 언젠가 모든 길이 처음부터 있었던 것은 아니라는 말을 들었다. 지방분권 국가로 향하는 길에 많은 사람들이 동참할 수 있다는 희망을 품도록 만들어준 모든 사람들에게 감사한다.

지방분권에 대한 행정안전부와 자치분권위원회, 국가균형발전위원회의 노력은 이 책을 쓰는 동력이 되었다. 2019년 3월 서울 코엑스에서 개최된 『자치분권 심포지엄』은 필자가 지방의회와 자치경찰, 국가경쟁력, 재정분권, 법제정 등 지방분권의 핵심과제들을 이해하는데 크게 도움이 되었다. 필자의 주장에 대한 행정학계 지인들의 현실적인 의견과 염려는 다양한 학문분야와의 협업을 준비해야 한다는 문제의식을 깨우는 계기가 되었다. 최근 두 차례에 걸쳐 국토도시계획학계의 동료 학자들이 주도했던 대도시권계획 정책토론회는 동료 학자들의 시각과 핵심 쟁점을 파악하는 기회를 제공했다. 대한국토도시계획학회 정창무회장님과의 대화는 이 책의 추천사로 이어졌다. 이 책의 자료정리와 원고 편집을 도와준 강남대 스마트도시연구소 김희재박사의 노력에도 감사드린다.

한국학술정보 출판사업부 이강임 팀장과의 만남은 필자에게 값을 매기기 어려울 정도의 기쁨이 되었다. 자칫 사장될 수 있었던 원고가 독자를 만날 수 있는 천금 같은 기회를 얻게 된 것은 한국학술정보 출판사업팀의 결단이 있었기 때문이다. 이 책의 표지 디자인을 담당한 김연자님과 귀찮은 본문 편집을 맡아준 손영일님, 도서배포 전략을 책임진 송대호 부장님께도 감사드린다.

마지막으로 우리나라가 선진 경제체제를 이룩하는데 일생을 바치신 아버지와 6.25이후 산업세대에게 무한한 감사를 드린다. 이 책이 아버지 세대의 책임과 노고에 바치는 작은 선물이 되었으면 한다. 또한 이 책의 소제목인 '뭉쳐야 산다'의 아이디어를 제공한 아들과 필자의 학생들이기도 한 포스트 베이비부머 세대에게도 감사하는 마음을 전하고 싶다. 그리고 원고를 꼼꼼하게 읽고 다듬어준 아내가 있었기에 이 게으른 필자가 무사히 원고를 마무리할 수 있었음을 밝힌다.

2019년 6월 둔서촌에서

강남대 김근영 교수

CONTENTS

발간에 부쳐 _ 4
감사의 글 _ 8
들어가며 : 87체제의 보완이 필요하다 _ 14

1부

흔들리는 지방자치의 뿌리

1. 광역권 바로보기 _ 29
2. 교통은 네트워크인데 _ 58
3. 약화되고 있는 지역경제 기반 _ 92
4. 중앙정치에 예속된 지방자치 _ 140

2부

지역 게임의 판도라 상자를 열다

5. 지방자치의 트로이 목마 _ 175
6. 지역 이벤트의 유혹 _ 199
7. 중앙정부의 시혜와 지역 파워게임 _ 227
8. 지역발전에 부합하지 못하는 계획체계 _ 257

3부

지방자치의 새로운 길

9. 광역권 자치의 시대 _ 293
10. 뉴노멀 시대의 지방자치 _ 336

나가며 : 새로운 국가 패러다임, 지방분권 국가 _ 371
참고문헌 _ 381

인간은 변화를 원하면서도 변화를 두려워한다.

- 타키투스 -

〈15년 전 성남의 한 초등학교를 다녔던 95년생들을 위하여〉

들어가며 : 87체제의 보완이 필요하다

세계는 광역행정 시대로 가고 있다

2018년 4월의 마지막 금요일 스페인 카탈루냐지방은 따뜻한 햇살이 눈부시게 빛나는 지중해성 기후가 완연했다. 건축가 가우디로 유명한 바르셀로나시 서쪽에 위치한 한 현대적인 건물의 안내데스크 앞에서는 오전 9시에 시작하는 회의를 위해 한국 수도권 교통본부 방문자들과 스페인 지방정부 공무원들이 서로 인사를 나누고 있었다. 일행은 곧바로 1층 회의실로 이동했다. 사전에 보낸 질의서와 협의에 따라 첫 번째 주제로 선정된 바르셀로나 광역교통청*Àrea de Barcelona Autoritat del Transport Metropolotà*에 대한 발표가 시작되었다. 토론 시간이 되자 한국인 방문자들의 열띤 질문에 스페인 공무원들이 답변했다.

한 한국인 방문자가 스페인정부와 카탈루냐 자치정부, 바르셀로나 광역행정청*Àrea Metropolitana de Barcelona* 간 관계에 대해 질문했다. 이 질문에 대해 바르셀로나 대중교통공사*Transports Metropolitans de Barcelona* 국제협력부서의 베렝구에르*Berenguer*국장이 빙그레 웃으며 일어섰다. 그는 발표자인 바르셀로나 광역교통청의 에스펠트*Espelt*과장을 대신해 해당 자료를 화면에 띄웠다.

베렝구에르국장이 말했다. "훌륭한 질문이다. 지금까지 여러 번

한국에서 온 중앙정부와 지자체, 공공기관 방문자들에게 광역교통 시스템에 대해 발표했지만 이 질문은 처음이다." 핵심사항에 대한 답변이 끝나자 다른 한국인이 물었다. "유럽의 다른 나라들도 당신들처럼 광역행정을 고민하고, 행정체제를 개편하고 있는가?" 그가 답했다. "도시의 경계를 넘는 광역적 문제들이 더욱 심각해지는데 선진국이라면 모두 당연하게 고민하지 않겠는가? 지방자치를 하는 모든 선진국에서 광역행정이 시대적 과제다. 당신들이 앞으로 방문하는 이탈리아도 그렇다. 미국이나 다른 나라도 마찬가지다. 다만 각국의 행정체계가 다르기 때문에 한국도 적합한 방안을 스스로 고민해야 한다." 우리나라 지방자치제가 표출하는 모든 문제들의 마지막 퍼즐이 여기에 있었다.

불가에서는 화두를 오래 붙들고 있으면 깨달음이 벼락처럼 찾아온다고 했다. 베렝구에르국장의 말은 지방분권에 대한 필자의 오랜 고민에 한줄기 빛으로 다가왔다. "유레카![1]"아르키메데스가 목욕을 하다가 깨달음에 흥분해서 외친 말이다. 아르키메데스는 시칠리아의 히에론 왕으로부터 큰 숙제를 받았다. 왕이 받은 왕관이 순금으로 만든 것인지, 은을 섞은 것인지 왕관을 망가뜨리지 말고 알아내라는 것이었다. 아르키메데스는 무수한 고민 끝에 잠시 쉬려고 목욕을 하다가 문득 깨달았다. 부력을 통해 모든 물질의 밀도를 측정할 수 있다는 것을 알게 된 것이다. 오늘날 우리가 초등학교에서 '아르키메데스의 원리'라고 배우는 것이다. 모든 문제의 해결방안은 우리 곁에 있다. 우리가 열린 마음을 가지고 모든 문제의 근원을 직시해 바라보면 해답을 찾을 수 있다.

우리나라와 경제력에서 별 차이 없어 보이는 스페인 카탈루냐지방과 바르셀로나시가 왜 지방자치 문제에 대해 앞장서서 스스로 길을 찾아 나서고 있는 것일까? 1992년 하계 올림픽 개최지인 바르셀로나시가 있는 스페인 카탈루냐지방은 지방자치 측면에서 매우 흥미로운 지역이다. 바르셀로나에서 스페인 최초의 올림픽이 개최된 것도 스페인에서 독립하려는 카탈루냐의 지역감정을 누그러뜨리기 위한 것이었다. 프랑스와 접경한 이베리아 반도 북동부에 위치해 있는 카탈루냐는 수백 년을 자치국가로 존속하다가 스페인 왕위계승 전쟁에 휘말려 1714년 독립을 상실했다. 오랜 기간 독립을 위해 싸웠던 카탈루냐는 1975년 스페인이 민주화되자 자치권을 다시 회복했다. 그 후 독립을 결정하는 주민투표에서 2014년 81%, 2017년 92%의 찬성표를 획득해 독립을 선언했으나 스페인 정부의 무효화로 독립에 실패했다. 우리나라 수도권의 2.7배인 3.2만㎢의 면적에 7.5백만 명이 사는 카탈루냐는 고도화된 산업구조를 가진 지역이다. 스페인 경제의 20%를 담당해 17개 자치지방 중 가장 큰 경제규모를 가졌으며 2012년 인당 GDP 33,580달러로 소득수준도 매우 높다.

스페인은 강한 지방색으로 지방자치의 역사가 오래되었다. 특히 17개 자치지방 중 카탈루냐는 카탈루냐어를 공식문서에 사용할 정도로 매우 독립적인 성향이 강하다. 바르셀로나 시를 수도로 하는 카탈루냐 자치지방은 다시 바르셀로나 주, 예이다 주, 타라고나 주, 지로나 주의 4개 자치주로 나뉘며 총 948개의 지방정부를 포함하고 있다. 카탈루냐 경제가 발전하자 4개 자치주는 각각의 핵심도시를 중심으로 전체 지방정부의 71%가 포함되는 4개의 도시권을 발전시켰다. 바르셀로나 주는 바르셀로나 시와 345개 지방정부가 대도시권을 형성했다. 예이다 주는 예이다 시와 148개 도시가, 타라고나 주는 타라고나 시와 131개 도시가, 지로나 주는 지로나 시와 46개 도시가 각각 독립적인 도시권역으로 발전한다. 카탈루냐정부는 도시권별로 광역행정체제를 구축했다.

요약하면 카탈루냐 자치지방정부는 스페인 중앙정부의 도움을 받지 않고 지역주민과 함께 스스로 살길을 개척해 나가고 싶어 한다. 카탈루냐는 국제역학에 휘말려 독립을 상실했으나 자신의 언어와 자립적인 경제력을 갖추고 있어 독립의 꿈을 이루기 위해 광역행정을 발전시켰다. 카탈루냐 자치정부의 행정 관할구역에는 4개의 자치주가 있다. 각각의 자치주에서는 하나의 핵심도시정부와 다수의 지방정부가 독립적인 도시권역을 형성한다. 각각의 도시권역은 광역행정 문제에 대해 광역행정체제를 구축해 도시권역별로 통합적으로 대처하고 있으며 개별도시 내부의 문제는 해당 지방정부가 책임진다. 카탈루냐 자치지방정부는 각각의 도시권역별로 광역행정 문제가 잘 다루어질 수 있도록 광역행정체계를 구축하고, 지원하며 지방정부간의 갈등이 최소화되도록 조정하는 역할을 수행한다. 카탈루냐정부는 중앙정부와 광역행정기구 간 연결고리 역할도 수행한다. 카탈루냐정부가 당장 독립해도 4개의 자치주가 광역행정체제를 통해 운영되기 때문에 국방, 외교 등 외치만 보완하면 큰 문제없이 주권국가로 기능할 수 있다. 자주적인 지방분권 국가들의 이상적인 체제다.

오늘날 지방자치 선진국들은 광역행정 시대로 달려가고 있다. 세계적인 경제선진국인 G7국가[2)]들은 다섯 가지 공통적인 특성이 있다. 첫 번째는 행정체계에서 지방분권적 성향이 강하다는 것이다. G7국가들은 연방제 국가이거나 지방자치를 실천하고 있는 국가들이다. 중앙집권적 특성이 강했더라도 최근에는 지방분권을 강화하고 있다. 광역 지방정부는 경제적으로 자립성이 강하다. 입법, 치안, 사법, 교육 등이 독자적이기도 하다.

두 번째 특성은 광역 지방정부가 대부분 도시와 농촌이 하나의 광역자치단체로 결합된 도농 복합정부라는 것이다. 미국은 워싱턴 DC를 제외한 50개 주가 도농 복합정부다. 독일은 베를린과 함부르크, 브레멘주를 제외한 13개 연방주가 해당된다. 일본은 동경도와 오사카부, 교토부를 제외한 44개 광역자치단체가 도농 복합정부다. 영국, 프랑스, 캐나다, 이탈리아는 광역 지방정부가 모두 도농 복합정부다. 따라서 광역 지방정부에 대도시들이 소속되고, 대도시와 중소도시, 농촌이 하나의 광역자치단체로 결합된 대도시권을 형성해 상생하려고 노력한다.

세 번째 특성은 선진국의 광역 지방정부 중 상당수가 인구측면에서 규모의 경제를 이루고 있다는 것이다. 미국은 50개 주에 3.2억명의 인구가 살아 주당 평균 6백만명이 넘는다. 전체의 70%인 32개 주의 인구가 2.5백만명 이상이다. 프랑스는 18개 지역정부에서 6.7천만명이 거주해 평균 370만명 수준이다. 다섯 개의 해외 식민지와 코르시카섬을 제외한 프랑스 본토의 12개 지역정부는 모두 인구수가 2.5백만명 이상이다. 6.6천만명의 인구가 거주하는 영국은 잉글랜드와 스코틀랜드, 웨일즈, 북아일랜드 등 4개 국가의 연합체다. 영국은 잉글랜드를 구성하는 9개 지역 모두와 스코틀랜드, 웨일즈가 인구수 2.5백만명을 초과하며 북아일랜드만 인구가 1.9백만명으로 미달한다.[3] 독일은 16개 자치주의 평균인구가 5백만명이 넘으며 56%인 9개 자치주가 2.5백만명 이상이다. 이탈리아는 20개 지역의 평균인구가 3백만명이고, 2.5백만명을 초과하는 지역은 45%인 9개다. 인구수 3.7천만명인 캐나다도 10개 자치주 중 40%인 4개가 2.5백만명을 넘는다. 일본만 47개 도도부현의 평균 인구가 270만명이고, 인구수가 2.5백만명이 넘는 도도부현은 13개로 28%에 불과하다. 최근에 일본은 47개 도도부현을 9~13개 도주로 개편하는 방안이 논의되고 있다.

네 번째 특성은 광역 지방정부의 관할구역에 대도시권이 포함되어 광역적 문제들에 대해 영향권 내 지역들을 통합해 종합적으로 대처한다는 것이다. 선진국의 광역 지방정부가 다루고 있는 광역적 문제들에는 광역 도시계획과 인프라 건설, 대도시권 주택계획과 토지개발, 광역교통, 환경과 에너지, 상하수도 관리와 쓰레기 처리, 경제사회 개발과 삶의 질 관리 등이 있다. 미국의 「대도시권 계획기구 *Metropolitan Planning Organization*」와 스페인 카탈루냐 자치지방정부의 『바르셀로나 광역행정청 *Area Metropolitana de Barcelona*』은 대표적인 사례다.[4)]

마지막 특성은 광역 지방정부의 역할에서 통합 조정기능이 점점 더 중요해지고 있다는 것이다. 광역 지방정부가 내부적으로는 기초지방정부간 협력과 조정을 통해 기초 지방정부의 요구를 종합하고, 국가에 대해서는 지역의 종합된 의견을 정책으로 관철시키는 기능이 강화되고 있다. 그러기 위해서 광역 지방정부의 규모는 너무 왜소하지 않으면서도 또한 과다하지도 않게 개편되고 있다. 한편으로는 광역 지방정부의 권한이 커지고, 위상도 강화되고 있다.

이제 우리나라의 광역 자치단체가 현재 어떤 상태인지 살펴보자. 우리나라 광역 자치단체의 위치는 중앙정부의 정책을 기초지자체에 전달하고, 기초지자체가 작성한 자료를 중앙정부에 전달하는 연락관 역할을 수행하는 수준이다. 모든 정책은 중앙정부로부터 나오고, 중앙정부가 수립한 계획에 따라 시·도 계획을 수립하고, 시·군·구 계획을 수립하도록 관리하는 역할을 한다. 때로 중앙정부는 실행하고자하는 정책을 위해 중앙정부가 수립지침을 작성해 시·도에 시달한다. 광역 자치단체는 지침에 따라 시·군·구가 수립한 계획을 모아 시·도 계획을 수립한 후 정책을 담당하는 중앙부처에 제출해 중앙정부가 의도대로 정책을 결정하고 실적으로 발표할 수 있도록 하는 도우미 역할을 수행한다. 우리나라 광역 자치단체의 위치는 중앙정부의, 중앙정부에 의한, 중앙정부를 위한 지방행정기관에 머물러 있다. 이것은 재정권과 지방자치 사무확대 만으로 해결될 수 있는 문제가 아니다. 행정체계 전반에 대한 근원적인 문제를 직시해야 한다.

우리나라의 광역 자치단체는 양극화되어 있으며 그 간격은 점점 더 커지고 있다. 17개 광역지자체 중에서 인구가 천만 명 수준에 있는 지자체가 두 개로 12%이고, 선두 지자체들의 삼분의 일 규모인 2.4~3.5백만 명 수준에 있는 지자체가 다섯 개로 29%이다. 두 개 구간을 합하면 일곱 개로 41%이다. G7 선진국에서 광역지자체의 최소 인구규모를 초과하는 것이 열 개 중 네 개에 불과하다. 최소 인구규모에 미달하는 광역자치단체가 열 개로 절반이 넘는다. 더 큰 문제는 70%인 12개 광역시·도에서 인구가 감소하고 있고, 인구가 증가하는 다섯 개도 서울시 영향권인 인천시, 경기도, 충청북도, 충청남도와 부산시 영향권인 경상남도라는 것이다. 즉 우리나라 거대도시 인구의 광역화가 우리나라 광역 행정체계를 위협하고 있다. 광역이든 기초든 인구규모가 적은 자치단체는 정치·경제적으로 독립적인 자치권을 행사하기 어렵고, 규모가 큰 자치단체에 비해 자신의 목소리를 관철시키기가 힘들다. 선진국에서는 이러한 자치단체들을 통합해 자립능력을 키우고, 효율성을 높이며 협력체계를 강화해 영향력 확대를 추구하고 있다. 우리가 눈여겨보아야 한다.

우리나라 광역 자치단체의 또 다른 문제는 대도시와 주변지역이 행정단위로 분리되어 있는 것이다. 주택공급, 광역교통, 혐오시설 입지 등 많은 광역적인 문제에서 특별・광역시장의 입장과 도지사의 목표가 충돌하고, 사안에 대한 상호 협력과 조정은 미약하다. 대도시권 전체의 관점에서 문제를 해결하기 위해 지혜를 모으기 보다는 각자의 정치적 위상을 위해 갈등을 방관하거나 확대한다. 중앙정부는 광역지자체간 이해관계를 조정하고, 갈등과 충돌을 해소하는데 어려움을 겪고 있다. 수도권에서는 공공주택 공급과 쓰레기 매립지 문제, 광역버스 노선 신・증설 갈등과 광역버스 회차문제 등이 대표적이다. 최근에는 외곽 순환고속도로의 도로명 변경문제가 새롭게 대두되었다.[5] 부산시와 경남도는 부산신항 명칭과 식수원, 동남권 신공항 입지 문제로 심각한 갈등이 있었다. 부산신항 명칭문제는 결국 소송을 통해 헌법재판소에서 결정되었고, 다른 문제들은 아직도 수면아래에 잠복해 있다. 최근에는 부산신항 제2신항의 입지 문제로 갈등을 넘어 '암투'까지 벌이는 상황이다.[6] 도시와 농촌이 결합된 도농 복합정부의 합리적 결정을 통한 지역 간 상생이 필요하다.

우리나라에서 단일 광역 자치단체의 행정구역을 넘어 다수의 광역지자체가 상호 협력하는 대도시권 행정체계와 계획이 없는 것이 아니다. 수도권을 대상으로 하는 「수도권 교통본부」와 '광역도시계획',

'수도권정비계획', '대도시권 광역교통기본계획' 등 우리나라도 법제도를 통한 행정기구와 계획이 있다. 그러나 광역권 문제를 근원적으로 다룰 정도로 역할이 주어져 있지 않았으며 문제를 해결하기에도 한계가 있다.[7] 스스로 정책을 수립하고 추진할 수 있는 역량과 기반이 부족하고, 기초 지자체 간 통합 조정기능이 미흡한 광역 지자체는 때때로 중앙정부의 수혜를 받기 위해 기초 지자체와 경쟁하기도 한다. 광역 지자체가 바로서야 우리나라 지방자치가 제 기능을 한다.

이 책의 1부 주제는 '흔들리는 지방자치의 뿌리'다. 우리나라 대도시를 중심으로 한 광역권에서의 인구이동과 광역교통 문제, 지역경제와 지자체의 재정자립 문제를 다루었고, 지방자치의 핵심요소인 지방정치 사례를 분석했다. 광역권에서 진행되고 있는 인구이동과 광역교통 문제에 우리가 어떻게 대처하고 있는지 기초지자체에 어떤 문제가 발생하고 있는지 설명하고자 했다. 지역경제에 대한 장에서는 '박정희시대의 산업 패러다임'이 21세기를 살고 있는 우리에게 어떻게 기능하고 있는지와 지자체 차원에서의 일자리 흐름과 악화되는 재정자립 문제를 다루었다. 세 개의 광역선거 사례를 통해 광역단체장에 대한 지방선거에서 우리의 선거제도가 가지고 있는 문제들을 제기했다. 우리나라 지방자치제가 가지고 있는 세 가지 문제를 제기한 후 지방정치 측면에서 광역지자체가 바로설 수 있도록 하는 방안을 제시했다.

2부의 주제는 '지역 게임의 판도라 상자를 열다'이다. 우리는 지자체에 중앙정부의 재정권과 권한을 더 배분하면 지방자치가 성공할 것이라고 생각한다. 5장에서는 용인시 경량전철 사례를 통해 이러한 시각이 순진한 생각이며 더 큰 문제를 야기 시킬 수 있다는 것을 보여준다. 많은 지자체장들이 빠지기 쉬운 '내 임기동안의 지역 랜드마크 건설'이 초래하는 문제가 다루어졌다. 지자체장들이 빠지기 쉬운 지역축제와 체육 · 문화 · 관광 유치전쟁이 초래한 지역적 재앙을 다루면서 지방자치제의 개선방안을 제시했다. 중앙정부가 실행하고 있는 각종 정책들이 지자체에게는 시혜적 의미로 받아들여지면서 발생하고 있는 지역 파워게임이 결과하는 문제들을 혁신도시 정책과 기업도시 정책, 창조경제혁신센터 사례를 통해 다루었다. 광역권 시대에서의 우리나라 계획제도가 작동하고 있는 상황에 대해서도 설명했다. 그리고 우리나라 계획제도가 가지고 있는 문제들과 한계점을 제시했다.

3부 주제는 '지방자치의 새로운 길'이다. 9장에서는 수도권지역과 비수도권지역을 대상으로 우리의 행정체계에 적용되는 광역자치제의 개선방안을 제시했다. 10장에서는 우리가 맞이하고 있는 인구감소시대와 축소사회, 4차 산업혁명이라는 기술혁명, 지속가능성과 에너지 문제, 지역정체성과 교육, 통일과 국제협력에 대해 지방분권 국가로의 개헌을 통해 새롭게 개편한 광역지자체가 중앙정부와 협력해 해야 하는 과업들을 제시했다.

지방분권을 위해 '87체제를 바꾸어야 한다.

민주주의는 선거를 통해 발전한다. 87체제는 1987년 10월 29일 공포된 대한민국 헌법 제10호에 의해 출범한 정치체제를 말한다. 87체제는 1987년 민주항쟁의 산물이다. 대학생들이 나서고 넥타이부대가 참여하자 국민들이 들고 일어나 6 · 29선언을 이끌어내 전두환 정권의 제5공화국을 종식하고 출범한 체제다. 헌법 제10호는

1987년 1노3김[8])으로 대표되는 주요 여야 정치지도자가 대한민국 헌정사 최초로 합의 개헌한 헌법이다. 당시 국민들의 여망을 담은 87체제의 핵심은 5년 단임의 대통령 직선제, 국회의원 소선거구제, 헌법재판소 신설이다. 이외에도 대통령의 비상조치권과 국회해산권 폐지, 국정감사권 부활, 구속 적부심사 청구권의 보장과 같은 헌법 조항의 변화가 포함되었다.

1987년 우리가 민주화를 통해 현재의 헌법으로 개정할 때는 '오로지 내손으로 대통령을 뽑고 싶다'는 열망을 실현하는 것이 목표였다. 그래서 지방자치에 대해서는 꼼꼼하게 고민하지 않았다. 이제 우리는 여야 정권교체에 대해 크게 걱정하지 않는다. 87체제에서 일곱 명의 대통령을 선출하면서 우리는 평화적 정권교체측면에서는 민주주의가 제 기능을 하고 있다고 확신하고 있다.

1991년 30년 만에 지방선거가 실시되면서 지방의회가 구성되고, 1995년 전국단위의 동시지방선거가 전면적으로 실시되면서 우리나라의 지방자치제의 역사도 20년을 넘어섰다. 최근에는 대통령 단임제의 단점이 크게 부각되면서 대통령 연임제, 이원집정부제, 내각제라는 대안이 논의되었다. 그러나 지방자치제, 특히 광역지자체가 바로서지 않으면 중앙정부에서 어떤 체제가 도입되더라도 우리나라 권력의 중앙 집중화는 해결되지 않는다. 지방정부의 재정권과 행정사무 자치를 강화한다고 해결되는 문제가 아니다. 큰 틀에서의 행정체제 통합과 광역의회 선거제도의 개편, 단일 행정체계에서의 대도시권 관리체계 구축, 광역지자체의 통합 조정기능 강화 등이 필요하다. 대도시권을 중심으로 중소도시와 농촌이 단일 광역자치단체로 통합되는 지방분권 국가를 우리의 미래로 고민해야 한다.

1) '찾았다' 또는 '알아냈다'라는 의미의 그리스어

2) G7은 경제선진국인 미국, 영국, 프랑스, 독일, 캐나다, 이탈리아, 일본을 지칭하는 말이다. G7은 세계 국부의 58%와 세계 총생산의 46%를 점유하며 모두 인당 GDP가 3만 달러를 초과한다. 1975년부터 매년 정상회담을 개최하고 있다.

3) 잉글랜드의 9개 지역 중 런던지역만 자체 지방정부를 구성하고, 6개는 지방자치위원회를 구성하며 2개는 자체 행정부를 구성하지 않는다. 9개 지역을 구분하는 이유는 유럽의회 선거 등을 위한 통계적 필요에 의해서다.

4) 미국의 「대도시권 계획기구」와 스페인 카탈루냐 자치지방정부의 「바르셀로나 광역행정청」은 9장에서 자세하게 다룬다.

5) 이경진, 2019, 「서울외곽순환→수도권1순환路 바꿔주오」, 동아일보 2019년 1월 9일자 기사 참조.

6) 황선윤, 2019, 「부산・경남, 이번엔 제2신항 충돌」, 중앙일보 2019년 1월 4일자 기사 참조.

7) 자세한 사항은 2장과 8장을 중심으로 1부와 2부의 각 장에서 다룬다.

8) 민주정의당 대통령 후보였던 노태우 총재, 통일민주당 대통령 후보였던 김영삼 총재와 김대중 상임고문, 신민주공화당 대통령 후보였던 김종필 총재를 의미한다.

1부

흔들리는 지방자치의 뿌리

우리는 기하급수적으로 팽창하는 사회경제적 도시화 세계에 살고 있다. … 세포든 생물이든 생태계든 도시든 기업이든, 고도로 복잡하면서 자족적인 구조는 모든 규모에서 효율적으로 작동할 수 있게 엄청나게 많은 수의 구성단위를 세밀하게 통합해야 한다.

- 제프리 웨스트 -

1. 광역권 바로보기

대도시에서 인구의 교외화가 시작되다

1997년 겨울은 유난히 추웠다. IMF 외환위기 사태로 인한 대규모 기업 파산과 정리 해고, 최초의 여야 정권교체로 공포와 혼돈, 희망이 뒤섞인 겨울이었다. 해가 바뀐 1998년 1월 350만명의 국민들이 소유하던 금을 나라에 스스로 내놓은 '금모으기 운동'이 전국으로 확산되었다. 2월 김대중 대통령의 '국민의 정부'가 출범하고, 두 달간 지속된 금모으기 운동이 종료되면서 세계는 우리의 환란극복 노력에 감동했다. 대한민국은 차츰 안정을 되찾고 있었다.

1997년 9월 조순 시장이 민주당 총재 겸 대통령 후보로 추대되면서 서울시장을 그만두었다. 서울시는 새로운 시장이 부임하기 전까지 강덕기 부시장의 시장 직무대행 체제로 운영되었다. 이듬해 3월 봄을 맞이하는 서울의 도심거리는 석 달도 채 남지 않은 제2회 전국동시지방선거를 향한 예비 후보자들의 선거운동으로 분주했다. 거대한 변화의 쓰나미 속에서 기존의 관성에 따라 정책을 추진하려는 흐름이 이곳저곳에서 싹트고 있던 시기였다.

나른한 오후 태평로에 위치한 서울시청 본관의 시장 회의실에서는 팽팽한 긴장감 속에서 강덕기 시장 주재로 십여 명의 서울시 공무원들과 서울시정개발연구원[1] 박사들이 자리했다. 연구원 박사 중한 명이 서울시 인구예측과 교통수요에 대해 보고했다. 보고를 마치자 '도끼같이 일처리 방식이 명확'하다고 별명이 '강도끼'인 강덕기 시장이 좌측에 앉은 변영진 주택국장에게 고개를 돌려 말했다. "서울시 인구감소에 대한 보고의 논리가 타당합니다. 그런데 우리는 작년에 발표한 「2011 서울도시기본계획」에서 앞으로 서울시 인구가 1,200만 명으로 증가할 것이라고 했어요. 행정의 일관성도 고려해야 하지만 우리가 일 년 만에 기본계획 발표수치를 변경해야 할 것 같은데 문제가 없을까요?" 변국장이 답했다. "주택수요, 도시계획 등 수정해야 할 일들이 많지만 가능합니다. 해야 할 것 같습니다." 강덕기 시장이 보고부서인 건설기획국의 김영걸 국장에게 지시했다. "발표한 서울시 인구감소 예측치를 내부 자료로 사용하도록 모든 관련부서에 돌리세요." 그리고 서울시정개발연구원 박사들을 향해 질문을 던졌다. "서울시 인구가 감소하면 서울시는 앞으로 예산과 공무원 수가 줄게 되나요?" 발표자가 답했다. "아닙니다. 수도권 광역화로 서울시와 인천시, 경기도가 하나로 묶이면서 서울시는 해야 할 일들이 더 많아지고, 복잡해집니다." 서울시에서 처음으로 인구 교외화와 수도권 광역화 현상이 정책 결정권자에게 받아들여지는 순간이었다.

이후 20년 동안 많은 것들이 바뀌었다. 세기말에 있었던 서울시의 장래 인구가 증가할 것인지, 감소할 것인지에 대한 논쟁은 이제 사라졌다. 서울시 인구의 교외이주는 일시적인 현상이 아니라 근본적인 변화였다. 1992년 1,093만명을 정점으로 서울시 인구는 지속적으로 감소해서 2016년에는 천만명 이하로 떨어졌다. 다른 대도시들이 서울시의 뒤를 이었다. 부산시는 1995년 388만명을, 대전시는

2013년 153만명을, 광주시는 2014년 147만명을, 울산시는 2015년 117만명을 각각 정점으로 하여 감소추세로 돌아섰다. 도시인구 순위에서 3위였던 대구시는 수도권에 위치한 인천시가 1999년 순위를 추월해 4위로 떨어졌다. 2003년 253만명을 정점으로 대구시는 완연한 감소추세다. 광역시 중에서는 유일하게 인천시만이 송도·영종·청라·검단 신도시 건설 등 개발호재로 아직도 인구가 증가한다. 인구가 가장 많은 대도시부터 차례로 도시인구의 교외화 현상이 이어졌다. 바야흐로 광역권 시대가 우리에게 다가온 것이다.

증가하던 서울시 인구가 왜 하필 1992년부터 감소했을까? 이 현상에는 40여년에 걸친 우리나라 도시주택 정책의 역사가 살아 숨쉬고 있다. 그동안 적어도 네 번의 획기적인 전환이 있었다. 그 첫 번째 변화는 1970년대로 거슬러 올라간다. 1975년 정부는 오늘날 신도시를 건설하는데 크게 공헌한 택지개발지구의 전신인 아파트지구 정책을 도입했다. 이듬해 8월에는 건설부 고시 제131호로 서울에 11개 아파트 지구를 지정한다. 반포, 압구정, 청담, 도곡, 잠실, 이수 등 오늘날 강남이라 부르는 여섯 개 지역에서 총 313만평이 포함되었다. 여의도는 17만평, 화곡은 8.8만평이 각각 지정되었다. 강북지역에서는 이촌, 서빙고, 원효로의 세 개 지구에서 32.5만평이 고시되었다. 그때까지 사람들이 많이 거주하지 않았던 강남은 수출 백억 달러와 인당 국민소득 천 달러 시대를 앞둔 '신 중산층'의 '내 집 마련'을 위한 거점지역이 되었다. 강남이 1976년 8월에 고시된 전체 아파트지구 면적 중에서 ⅚ 이상을 차지하는 핵심 사업지로 떠오르면서 거대한 아파트 단지로 탈바꿈하기 시작했다. 1977년에는 반월공업단지의 배후 주거지로 안산신도시가 계획되었다. 이년 뒤 과천시에 제2 정부청사와 4.5만 명 규모의 아파트 단지가 착공되면서 서울시 주변에서도 신도시가 하나씩 조성되었다.

1980년 새 정부가 들어서자 도시주택 정책은 세 개의 계획과 하나의 법률로 인해 두 번째 전환기를 맞이한다. 첫 번째 계획은 앞으로 십 이년 간 536만 가구를 공급해 주택보급률을 76.5%에서 90.2%로 획기적으로 올리겠다는 장기주택건설계획이다. 두 번째는 아시아개발은행의 차관으로 1986년까지 열 평의 임대주택 20.4만 가구를 건설한다는 영구임대주택 건설계획이다. 마지막은 1991년까지 건설하는 주택 오백만 가구에 대한 공공과 민간의 담당비율과 주택규모를 제시하는 주택건설 11개년 기본계획이다. 그러나 이후의 도시주택 정책에서 가장 큰 역할을 수행한 것은 택지개발촉진법이다.

택지개발촉진법은 도시의 주택난을 해소해 무주택 저소득국민의 주거생활을 안정시킬 목적으로 저렴한 가격으로 택지 3.6억평을 개발·공급하려고 제정된 법률이다. 이 법에 의해 정부는 1981년 서울, 부산, 대구, 인천 등 7개 도시에서 460만여 평을 택지개발예정지구로 지정한다. 서울에서는 개포 254.2만평, 고덕 90만평이 포함되었다. 이년 뒤에는 140만평의 목동 신시가지 사업이 발표되었다. 1985년 정부는 서울 상계·중계와 인천 연수, 대전 둔산의 226만여 평을 택지개발예정지구로 지정했다. 서울에서는 대규모 아파트 단지를 건설할 수 있는 빈 땅이 서서히 사라지고 있었다. 서울의 개발 붐이 전국으로 확산되자 부산, 대구, 인천, 대전에서도 인근 중소도시와 농촌의 인구가 이주했다. 이주자들의 주택을 위해 광역시의 택지개발예정지구에 아파트가 건설되면서 광역시 인구도 증가했다. 바야흐로 도시개발의 시대였다.

1970년대 중반까지 서울의 인구밀도는 지역별로 차이가 컸다. 그러나 불과 십여 년 만에 인구 저밀지역에서 도시개발이 활발해지자 인구밀도가 높았던 지역의 주민들이 새로 조성된 도시지역의 아파트로 이주하면서 서울시 지역 간 인구밀도의 편차가 줄어들었다. 1987년에는 주택건설촉진법이 개정되어 자투리땅, 유휴지에서도 주택건설 사업이 활발해졌다. 88서울올림픽의 성공적인 개최와 함께 토지 투기가 기승을 부렸고, 재건축 투기와 오피스텔 분양 과열이 뒤따랐다. 연말이 되자 주택가격이 천정부지로 치솟았고, 1989년 초에는 전월세 상승으로까지 번졌다. 세 번째 전환기의 불씨가 당겨졌다.

1989년 수도권 신도시 시대라는 미지의 세계가 열렸다. 1987년 개헌으로 인한 정치 민주화와 서울 올림픽의 성공은 우리나라 경제발전에 긍정적으로 영향을 미쳤다. 인당 오천달러의 고지에 근접한 국민소득 수준에 적합한 쾌적하고 살기 좋은 주택과 마이카에 대한 수요가 폭발적으로 증가했다. 인당 평균 거주면적이 증가하면서 보다 넓은 평형의 아파트에 대한 선호도가 높아졌다. 그해 2월 정부는 서울의 수서와 가양동에 백만 평의 택지를 개발해 아파트를 공급하겠다고 발표했다. 그러나 개발이 한계에 달한 서울에서는 재개발과 재건축이 추진되어도 증가하는 인구와 무주택자의 내 집 마련이라는 꿈을 이뤄주기에는 턱없이 부족했다. 과거와는 다른 새로운 도시주택 정책이 필요했다. 그래서 1기 신도시 조성이라는 카드가 세상에 등장했다.

수도권 1기 신도시가 본격적으로 추진되었다. 1989년 4월 정부는 주택 이백만 호 건설을 위해 서울에서 15㎞ 내외에 위치한 분당, 일산, 평촌, 산본, 중동의 1기 신도시 건설계획을 발표한다. 5월에는 서울의 704만평이, 6월에는 전국 22곳 738만평이, 10월에는 26개 지구가 추가로 선정되었다. 네 차례에 걸쳐 81개의 택지개발 예정지구 2,351만평이 새로운 주택수요를 충족하기 위해 지정된 것이다. 수도권에 위치한 5개 신도시의 수용계획 세대와 인구는 성남시 분당 9만7천5백 세대 39만명, 고양시 일산 6만9천 세대 27.6만명, 안양시 평촌 4만2천 세대 16.8만명, 군포시 산본 4만2천5백 세대 17만명, 부천시 중동 4만2천 세대 17만명 등 총 29.3만 세대 117.4만명에 달했다. 서울시 인구 열 명 중 한 명을 수용해 주택가격을 안정시킬 수 있는 막대한 규모였다.

수도권 광역화의 도도한 물길이 열렸다. 1991년 9월 신도시 최초로 분당에서 2,500여 가구가 입주했다. 다음해 3월에는 평촌에서, 4월에는 산본에서, 8월에는 일산에서, 12월에는 중동에서 각각 첫 번째 입주자들이 자기 집 마련이라는 꿈을 이루었다. 1992년 5대 신도시로 서울 거주자들의 이주물결이 시작된 것이다. 서울시 인구는 그때부터 본격적으로 감소한다.

수도권 광역화를 향한 마지막 전환기는 5대 신도시 건설이 마무리단계에 접어들었을 때 왔다. 1994년 수도권 5개 신도시는 주민들의 아파트 입주로 분주했다. 꾸준한 주택수요로 농지의 보전 및 이용에 관한 법률이 개정되어 준농림지역에서 농지전용허가를 받으면 주택 건설이 가능해졌다. 5대 신도시 주변지역인 고양, 김포, 용인으로 주택건설 붐이 확산되었다. 이들 지역의 출퇴근과 생활환경은 도로, 도시철도, 학교 등 도시기반시설의 미비로 악화되었다. 주민들의 항의가 정치적인 문제로 비화되자 찬반 공론화 끝에 공공예산으로 기반시설이 건설되었다. 결국 2000년 4월 용인지역을 중심으로 한 수도권 난개발 방지대책이 발표되었고, 준농림지제도는 폐지되었다. 용인, 파주, 김포에서는 도시기본계획을 통한 '선 계획 후 개발체제'로 정책이 변경되었다.

국토연구원은 공청회에서 신도시 추가건설 후보지로 판교, 화성 태안·동탄, 천안역이 적절하다고 발표했다. 파주, 고양, 의정부, 김포, 화성 남서부 등은 중장기 관점에서 신도시 건설지역으로 추천했다. 12월에는 부산, 대구, 대전, 천안, 전주, 목포 등 지방 6개 도시의 신시가지 조성이 발표되었고, 파주 운정을 포함한 5개 지역 236만평을 택지개발예정지구로 지정했다. 이듬해 동탄과 판교에서 신도시 건설이 추진되었다. 그해 8월 정부는 7개 광역도시권을 대상으로 2020년을 목표로 해서 그린벨트 총 면적의 7.8%인 1억 평을 단계적으로 해제한다고 발표했다. 판교, 화성, 파주 등 2기 신도시가 조성되자 서울시 인구의 교외화 현상은 대세가 되었다. 광역시의 신시가지 조성과 신도시 건설, 그린벨트 해제는 광역시 인구의 교외화 현상이 되돌릴 수 없는 흐름으로 고착화되는데 기여했다. 우리나라 대도시 주민들은 이제 도시인구의 확산으로 인한 광역화 시대에 살고 있다.

광역권 시대가 왔다

도시인구의 광역화는 대한민국에서만 일어나고 있는 현상이 아니다. 현재 세계 곳곳에서 인구의 도시화와 도시의 거대도시화를 경험하고 있다. 유엔은 이 문제에 관심이 많다.[2] 도시라는 공간을 사람들이 이해하더라도 국제적으로 통용되는 도시에 대한 표준화된 기준은 없다. 유엔 인구국 자료에서도 도시는 행정구역을 의미하기도 하고, 행정구역 바깥으로 확장된 건물과 시설이 연속되는 경계까지 일 때도 있다. 어떤 자료는 한 도시가 주변지역들과 경제·사회적으로 서로 연계되어 사람들이 쇼핑하러 오거나 통행하는 곳까지를 의미하기도 한다. 확실한 사실은 어떠한 기준이든지 세계적으로 도시인구는 증가하고, 도시도 지속적으로 확장한다는 것이다. 선진국이나 동유럽에서는 인구가 감소하는 도시도 있다. 세계인구와 도시 광역화의 흐름은 다음과 같다.

1900년 지구촌에서는 열 명 중 한 명이 도시에 살았다. 20세기 절반이 지난 1950년에는 도시인구가 세배로 증가했다. 60여년이 지난 2008년 도시인구는 세계인구의 절반을 넘었다. 앞으로도 2050년까지 지속적으로 증가해 세계인구 세 명 중 두 명 이상이 도시에 산다. 증가하는 대부분의 도시인구는 인도, 중국, 나이지리아 등 아시아와 아프리카에서 발생한다. 세계 농촌인구는 향후 몇 년 내에 정점에 도달하고 이후에는 감소한다. 지구 육지면적의 1% 미만인 도시지역에 거주하는 사람이 150년 만에 일곱 배 가까이 증가하는 것이다.

현재 세계인구 세 명 중 한 명은 오십만명 이상의 도시에 거주한다. 2018년에서 2030년까지 인구 백만에서 오십만명 사이인 도시가 가장 많이 늘어나며 다음으로는 오십만에서 백만명 사이인 도시다. 2000년 세계에서 인구 백만 명이상의 도시가 371개였다. 2018년에는 548개로 증가해 세계인구의 23%가 살며 2030년에는 28%가 거주할 것이다. 인구규모 백만명 이하의 도시들이 대도시나 거대도시보다 성장률이 더 높다. 대부분 아시아와 아프리카에 있다.

인구 천만명 이상인 거대도시는 1990년 10개에서 2018년 33개로 늘었고, 2030년 43개가 된다. 지난 30년 동안 매 십년마다 8개 이상 추가되었고, 2030년까지 유사한 속도로 증가한다. 2018년 세계인구의 7%가 거대도시에 거주했으나 2030년에는 9%로 증가한다. 세계 도시인구 중에서 거대도시 인구가 차지하는 비중은 1990년 7%였으나 현재는 13%로 증가했다. 현재 인구수 세계 1위의 거대도시는 일본 도쿄이며 2위인 인도 뉴델리는 2028년 경 도쿄를 추월한다. 중국 상하이, 멕시코시티, 상 파울로시, 카이로, 뭄바이, 베이징, 다카가 인구수 이천만명이 넘은 도시다. 향후 아시아와 아프리카의 도시들이 거대도시에 포함된다. 인구 오백만에서 천만명 사이인 도시는 2018년 48개이며 2030년에는 그 중 10개가 거대도시가 된다. 대신에 2018년부터 2030년까지 오백만 이하 도시 중 28개가 오백만명 선을 넘어 이 범주에 속하는 도시는 66개가 된다. 13개는 아시아에, 10개는 아프리카에 있다.

도시화 비율이 높은 지역은 유럽문명권이고, 경제개발이 앞선 북아메리카, 중남미, 유럽, 오세아니아다. 북아메리카에서는 2018년 절반 이상의 인구가 오십만명 이상의 도시에 거주하며 다섯 명 중 한명은 오백만명 이상의 도시에 산다. 중남미는 2018년 6개의 거대도시에 총인구의 14.2%가 거주해 거대도시 거주비율이 가장 높다. 아시아와 '아프리카의 도시화 수준은 낮지만 앞으로는 다른 지역보다 도시인구가 더 증가한다. 주요 요인은 도시 이주나 출생률 증가다. 아시아와 유럽의 일부 도시들은 낮은 출생률과 이민으로 인구가 감소하고 있다. 경제침체나 자연재난으로 인구가 감소하기도 한다. 2018년 인구 오십만명 이상의 도시 중 60%가 열대폭풍, 홍수, 가뭄, 지진, 산사태, 화산폭발 등 6개 자연재난 유형 중 한 개 이상에서 고위험군에 속했다. 두 개 이상의 자연재난에 노출된 도시는 16%이며 2%는 세 개 이상의 자연재난에 위험하다.

세계적으로, 특히 아시아와 아프리카에서 중소도시는 대도시로, 대도시는 거대도시로 성장하는 패턴이 2050년까지 지속된다. 그런데 이들 성장하는 아시아와 아프리카 도시에서는 지속가능한 도시 성장 관리와 사회 기반 인프라, 기초 공공 서비스가 미흡해 스마트한 성장관리 정책과 시스템이 필요하다. 따라서 경제・사회・환경 측면에서 통합적인 정책을 통해 도시와 농촌을 강하게 연계하고, 삶의 질을 높여야 한다. 또한 도시빈민과 취약계층이 도시성장의 혜택을 골고루 누려야 한다. 유엔은 안전하고, 회복가능하며 지속가능한 도시를 위하여 지속가능한 11개의 개발목표를 중심으로 한 '2030 지속가능한 개발 아젠다'를 제시했다. 만일 여러분이 국제정치에 관심이 있거나 비즈니스 업계에 있다면 이러한 사실에 주목해야 할 것이다. 어쩌면 젊은 계층의 고부가가치 일자리나 베이비붐 세대의 은퇴 후 제2의 삶도 이곳에 있을지 모른다.

도시발전 역사가 오래된 선진국의 도시인구는 어떤 추세일까? 산업혁명 후 대도시로 가장 먼저 발전한 도시는 영국 런던이다. 런던은 런던도심부*Inner London*와 런던시*Greater London*로 구분된다. 런던도심부는 1911년 5백만명을 정점으로 감소하다가 1981년 243만명을 최저로 2011년 323만명까지 다시 성장했다. 런던시는 1951년 816만명을 정점으로 감소하다가 1981년 661만명으로 최저였으며 이후 성장해 2011년에는 817만명이 되었다. 가장 전형적으로 광역권의 성장을 보여주는 도시는 프랑스 파리다. 파리시*Paris City*는 1921년 291만명을 정점으로 감소해 1999년 213만명까지 떨어졌다가 2010년에는 224만명으로 약간 회복하였다. 그러나 파리 도시부*Paris agglomeration*는 1905년 4백만명에서 2010년 1,046만명으로 지속적으로 성장하였고, 파리대도시권*Paris metropolitan area*도 1968년 837만명에서 2010년 1,222만명으로 파리 도시부보다 인구성장률이 높았다.

뉴욕과 도쿄도 유사하다. 미국 뉴욕시는 1970년 789만명을 정점으로 1980년 707만명까지 내려갔다 증가해 2014년에는 849만명이 되었다. 뉴욕대도시권은 1970년 1,479만명을 정점으로 1980년 1,414만명까지 떨어졌다가 성장해 2010년 1,957만명이 되었다. 서울시와 비슷한 도쿄23구는 1965년 889만명을 정점으로 1995년 797만명까지 하락한 후 2018년 897만명까지 상승했다. 도쿄도 인구는 1945년 이후 지속적으로 성장해 2018년에는 1,384만명이 되었다. 도쿄대도시권 인구도 성장해 2018년 3천8백만명에 달한다. 선진국 도시들의 도심부 인구는 감소추세이거나 감소 후 최근 상승했지만 도시권 인구는 지속적으로 성장하고 있다. 세계는 현재 도시의 광역화라는 전환기를 맞이했다.

우리나라의 도시 광역화가 어느 정도로 진행되었는지 살펴볼 수 있는 중요한 대상이 주택이다. 주택공급은 인구이동을 유발한다. 주택과 부동산 정책은 우리나라의 모든 정부에게 뜨거운 감자다. 어느 정부도 이 문제는 대통령 임기가 끝난 후 성공이라고 자부하지 못했다. 정부별로 해외에서 성공한 정책들을 도입해 실행해 보았고, 국내외 석학들에게 추천받은 방안들을 적용해 주택·부동산 시장을 적절하게 관리하려고 했다. 그러나 집값이 상승해도, 하락

해도 비난받았고, 대통령의 임기가 끝나면 끝내 트라우마를 가지고 물러났다.

부동산은 법적으로는 토지와 그 정착물을 의미하지만 토지, 주택·상가와 같은 건물, 도로·교량과 같은 시설물, 수목 등으로 구분된다. 토지는 그대로 사용해서 경제적 이득을 얻기도 하지만 일반적으로는 많은 사람들이 필요로 하는 경제성 있는 건물을 짓기 위해 필요하다. 따라서 부동산 문제는 건물, 즉 주로 주택의 문제라고 말할 수 있다. 도시의 광역화 관점에서 뜨겁고 다루기 힘든 주택문제를 이해하기 위해 먼저 주택시장의 작동방식을 살펴보자.

주택시장은 이해하기 쉽지 않다. 적어도 6개 요소가 상호 연계된 다차원 방정식이 필요하다. 6개 요소 중 2개는 시간과 관계있고, 2개는 공간이 대상이며 나머지 2개는 시간과 공간이 복합적이다. 인구요소와 경제요소가 시간과 관련 있고, 지역요소와 사회요소가 공간과 연관된다. 기술요소와 소유요소는 시공간이 복합적이다. 인구요소는 우리나라 국민과 우리나라 거주 외국인들의 인구수와 인구구조 변화를 말하는 것이다. 주택수요와 연관이 있다. 내·외국인 모두 일반적으로 인구가 늘면 주택수요가 증가하고 줄면 감소한다. 인구 피라미드가 사다리 모양이면 앞으로 주택수요가 증가하고, 역피라미드 형태면 폐가가 늘어날 것이다. 동일한 사람도 생애주기에 따라 필요로 하는 주택이 다를 수 있다. 자녀가 생겨 가구원수가 증가하거나 분가해 감소하면 필요로 하는 주택규모가 달라질 수 있다. 시간이 지나면 인구요소는 변화한다.

경제요소는 경제의 흐름과 사람들의 경제수준을 의미한다. 경제흐름은 사이클 형태를 보인다. 경제에는 호황기의 상승과 불황기의

하강이 있다. 상승기에는 사람들의 소득과 자산이 증가하고 하강기에는 일반적으로 반대다. 투자와 부채도 이 요소에 포함된다. 따라서 경제 활황기에는 주택수요가 증가하고, 침체기에는 뚝 떨어진다. 역시 시간과 상당히 관계가 깊은 요인이다.

지역요소는 주택이 어디에 위치해 있는가이다. 도심에서 가깝고 도로·지하철역에 근접하면 가격이 높고 멀리 있으면 낮다. 19세기 독일 경제학자인 폰 튀넨*Johann Heinrich von Thunen*은 부동산 임대가격이 낮으면 교통비용이 높은, 임대가/교통비 간 역관계 현상을 발견해 입지이론*Location Theory*이라고 발표했다. 이후 모든 부동산 개발업자에게 "부동산은 입지다!"라는 명제가 생겼다. 두 번째로 공간과 관계 있는 것은 사회요소다. 사회요소는 주택 주변의 생활여건을 의미하며 교육, 쇼핑, 공공시설, 경관, 안전, 환경, 문화, 생활지원 서비스 등과 관련 있다. 좋은 학군과 쇼핑센터, 문화시설과 역사적인 지역 정체성, 공원과 수변공간은 주택수요와 공급에 모두 영향을 미친다. 경치가 좋고 범죄율이 낮은 곳에 위치하면 모두 선호하고, 환경오염이 심하고, 비가 오면 침수되는 곳은 회피한다. 주변의 식당, 세탁소, 편의점 등도 영향을 미친다.

기술요소는 시공간이 복합적으로 작용하는 첫 번째 요소다. 주택시장의 기술요소는 주택유형과 주택시설을 의미한다. 주택유형에 관해 우리나라의 주택법은 주택을 크게 단독주택과 공동주택, 준주택으로 구분하고 있다. 단독주택은 다시 단독주택과 다중주택, 다가구주택, 공관으로 세분한다. 공동주택은 아파트, 연립주택, 다세대주택으로 분류하고, 준주택은 기숙사, 다중생활시설, 노인복지주택, 오피스텔을 포함한다. 주택시설은 주택에 설치되어 있는 벽체,

창호, 전기·가스 등 에너지 공급시설, 상하수도, IT 및 보안시설을 의미한다. 시공간이 복합적으로 작용하는 두 번째 사항이 소유요소다. 소유요소는 주택에서 거주하는 방식으로 점유형태라고도 한다. 주택의 점유형태는 소유하고 있는 주택에 거주하는 자가와 전세, 월세, 사글세, 무상(관사·사택)의 5개 유형으로 구분할 수 있다. 사람들은 시간이 지남에 따라 소득이 높아지고, 자산이 쌓이게 되면 주택 소유방식이 월세에서 전세로, 자가로 개선될 수 있다.

도시경제학자 플로리다*Richard Florida*교수는 미국인들이 보통 세 번에 걸쳐 인생에서 가장 중요한 대이동을 한다고 말했다. 그는 대학을 졸업할 때, 자녀를 가질 때, 자녀들이 집을 떠날 때의 삼 단계를 사람들이 생활터전을 바꾸는 중대결심을 하는 시점이라고 했다. 우리나라에서 있을 수 있는 인생 대이동의 세 가지 사례를 보자. 첫 번째 사례는 공직에 뜻이 있어 공무원 시험을 준비하는 A씨다. A씨는 시험 준비를 위해 노량진 공시촌의 고시원에 거처를 구했다. A씨의 주택시장 6개 요소를 살펴보면 인구요소는 1인 가구, 경제요소는 낮은 소득수준, 지역요소는 노량진, 사회요소는 공시촌 학원가, 기술요소는 고시원, 소유요소는 월세다.

두 번째 사례는 유치원에 입학하는 자녀 1명이 있는 3인 가족의 가장이며 경기도 수원의 기업에 취업한 B씨다. 그는 최근에 부모로부터 분가해 그동안 저축한 돈으로 산본의 초등학교 인근에 위치한 28평 아파트에 전세로 입주했다. B씨의 주택시장 6개 요소를 살펴보면 3인 가구, 중산층의 자산과 소득, 산본 신도시, 초등학교 인근 지역, 28평 아파트, 전세다. C씨는 정년한지 몇 년 지났고, 자녀들이 모두 분가한 후 잦은 질병에 분당의 빌라를 팔아 노부부만 병원근처에 위치한 30평대 강남 아파트에 입주했다. C씨의 6개 요소는 2인 가구, 낮은 소득과 높은 자산수준, 강남, 병원근처, 30평대 아파트, 자가다. 주택시장에는 6개 요소별로 구분되는 다단계의 여러 하위 주택시장이 존재한다.

미국과 유럽의 학술대회에서 우리나라의 도시인구와 주택시장에 대해 발표하면 해외의 학자들이 깜짝 놀라 질문하는 다섯 가지 사항이 있다. 첫 번째 놀람은 도시인구비다. 우리나라의 도시지역 거주인구 비율은 2017년 91%이다. 싱가포르 같은 도시국가도 아닌데! 인구규모가 수천만이 되는 국가들 중에서는 가장 높은 도시인구비다. 두 번째 놀람은 서울과 같은 주요도시의 인구밀도다. 대도시의 ㎢당 인구밀도를 발표하면 대부분 0하나를 실수로 더 넣은 것으로 안다. 세 번째 놀람은 전세제도다. 전세는 세계에서 우리만 가지고 있는 독특한 주택 점유형태이며 이제는 해외에서 Jeonse 또는 Chonsei로 공식적으로 사용되는 주택·부동산 용어다. 네 번째 놀람은 주민등록 인구통계 자료다. 우리는 주민등록법에 따라 이사하면 14일 이내에 신거주지 관할 행정관청에 주민등록 전입신고를 해야 한다. 세계적으로 이런 제도는 안보요인으로 거주관리가 필요했던 우리나라와 이스라엘, 독일 등 3개국 밖에 없다.

마지막 놀람은 주민등록 전입신고에 의해 생성되는 인구이동 규모다. 통계청의 인구이동 자료는 1995년부터 2017년까지 연도별로 시군구 수준으로 제공되며 비용을 지불하면 읍면동 자료도 가능하다. 전국인구 대비 이동인구 비율은 1999년 19.9%가 최고이고 2017년 13.8%가 가장 낮다. 주택경기에 따라 부침이 있지만 1999년 이후 전반적으로 하향추세다. 한사람이 평균 5~7년에 한번은 이사한다는 의미다. 인구이동 자료는 동일한 읍면동으로 이사하는 경우를 제외하기 때문에 실제로는 인구이동 비율이 더 높다. 2018년 우리나라의 평균수명인 81세를 적용하면 한사람이 일생에 12~16회 정도 이사하는 것이다. 2년마다 갱신하는 전세제도가 중요한 요인일 수 있다. 해외학자들이 깜짝 놀랄 정도로 대한민국은 이동이 잦아 주택시장이 매우 역동적인 사회다.

IT강국인 우리나라는 보석의 원석 같은, 아직 널리 활용하지 않고 있는 좋은 데이터가 많이 있다. 방금 전에 설명한 통계청 인구이동 자료가 그렇다. 과거에는 주택을 분양받기 위해 위장전입을 하는 등 이 자료에 일부 허수가 있었다. 그러나 주택시장 관리가 꼼꼼해지고 안정화되어 허수는 줄고 있다. 인구이동에 대해 알 수 있는 또 다른 좋은 자료도 있다. 매 5년마다 실시하는 통계청의 인구주택총조사 자료다. 이 두 자료를 활용하면 지역 간 인구이동 행태를 파악할 수 있다. 지방자치에 대한 무임승차 문제를 제기한 티보모델로 유명한 경제지리학자인 찰스 티보*Charles Tiebout*교수는 1956년에 발표한 학술논문에서 '발로 투표한다*vote with their feet*'라는 유명한 개념을 학계에 처음으로 제시했다. 같은 의미를 가진 우리나라 속담이 있다. '절이 싫으면 중이 떠난다'이다. 더 좋은 주택이 생기거나 생활환경이 나빠지면 우리는 이동한다.

주택시장에서 사람들이 이사하는 행태를 설명하는 또 다른 중요한 이론이 있다. 도시주택 학계에서는 주택여과과정*Housing Filtering Process*이라고 부르며 주택순환과정으로 번역하는 사람도 있다. 주택여과과정은 한 지역에 신규주택이 공급되면 그 주택으로 이주하는 가구가 생기고, 이주가구가 살던 주택은 다른 가구가 이주하는 연쇄적인 이동이 발생한다는 이론이다. 물론 기존가구가 전출한 주택이 멸실되거나 결혼/독립 등으로 새로운 가구가 생겨 전출주택을 채우거나 전출주택이 공가로 남게 되면 연쇄이동이 어느 순간 멈춘다. 주택여과과정에서 더 좋은 주택으로 이동하는 경우를 상향이동이라 부른다. 소득수준이 늘고 경제가 좋아졌을 때 주택가격이 높은 곳에 택지개발 또는 재건축으로 대규모 아파트단지가 새로 공급되면 발생한다. 반대로 경기하강으로 소득이 줄어들거나 재개발로 대규모 멸실이 발생해 수준이 낮은 주택으로 이동하는 경우를 하향이동이라고 한다. 우리는 티보교수의 개념과 주택여과과정 이론을 통해 우리나라 주택시장의 움직임을 이해할 수 있다.

우리나라의 광역화를 이해하기 위해 서울・인천・경기의 수도권, 대전・충북・충남・세종의 충청권, 광주・전북・전남의 호남권, 대구・경북의 대경권, 부산・울산・경남의 동남권, 강원권, 제주권의 7개 광역권을 살펴본다. 지난 23년(1995~2017년) 동안 전국 인구이동을 살펴보면 광역권 내부이동과 광역권 간 이동의 비율이 84.3%와 15.7%였다. 전국에서 6.4명이 이동하면 한명은 한 광역권에서 다른 광역권으로 이사한 것이다. 광역권 간 이동은 사이클 형태로 부침이 있으며 1998년 15.9%, 2004년 16.3%, 2012년 17.0%이 각각의 사이클에서 정점이다. 1998년은 IMF이후의 귀향을, 2004년과 2012년은 경제회복으로 이동이 활발한 것으로 판단된다. 권역 간 이동 중에서는 수도권↔충청권의 양방향이 가장 높았다. 다음으로는 수도권↔호남권, 수도권↔동남권, 수도권↔대경권이다.

수도권 내부이동은 전체 이동의 46.6%를 점유한다. 수도권의 66개 시군구는 서북권, 동북권, 동남권, 경기남부 중심권, 서남권의 다섯 개 하위 주택시장으로 구분된다. 서북권은 단일시장이며 서울시 용산구, 은평구, 서대문구, 마포구에서 고양시로 집중되다가 이후 파주시로 확산되었다. 동북권은 6개의 하위시장으로 세분되며 성동구역, 노원구역, 의정부구역, 남양주구역, 동두천구역, 가평구역으로 나뉜다. 동북권은 연천군, 포천군, 가평군, 양평군을 제외한 15개 시군구에서 인구이동이 동북쪽으로 확산되었다. 동남권은 5개로 세분되며 동작구역, 성남구역, 수원구역, 이천구역, 평택구역으로 나뉜다. 동남권은 여주시, 이천시, 안성시, 평택시를 제외한 15개 시군구에서 인구이동이 동남쪽으로 확산되었다. 경기남부 중심권은 단일시장이며 가장 독특하다. 안양시를 중심으로 과천시, 군포시, 의왕시가 상호 연결되며 외부이동은 적다. 인천시가 중심이 되는 서남권은 4개의 하위시장으로 세분되며 남동구역, 부평구역, 시흥구역, 양천구역으로 나뉜다.

1995~1996년에는 서울에서 1기 신도시 방향으로 이동하고, 1997~2002년에는 1기 신도시에서 교외지역으로 확장 이동했다. 이 시기에 IMF로 인한 이동이 관측된다. 2003~2017년에는 다섯 개 하위시장이 공고화되고, 인구이동이 점차 감소하고 있다. 대부분 광역화가 진행되고 있으나 동북권은 회귀현상이 있다. 수도권은 4개 군과 여주시, 이천시, 안성시, 평택시 등 동북부와 동남부 경계지역을 제외한 58개 시군구가 단일 광역권을 형성한다.

충청권 내부이동은 전체 이동의 6.9%를 점유한다. 충청권의 32개 시군구는 동부권과 서부권의 2개 하위 주택시장으로 구분된다. 청주시와 대전시가 중심인 동부권은 6개의 2차 하위시장으로 세분되며 대전구역, 청주구역, 천안구역, 제천구역, 옥천구역, 청양구역으로 나뉜다. 서산시와 보령시가 중심인 서부권은 2개의 하위시장으로 세분되며 서산구역, 보령구역으로 나뉜다. 대전구역은 대전시 내부 및 논산시와 강한 연계성을 가지며 2013년부터는 세종시로 인구이동이 급증한다. 청주구역은 진천군, 괴산군, 음성군, 증평군으로 확장되며 충주시 및 천안구역과 연결된다. 청주구역도 2013년부터 세종시로 이동이 급증했다. 천안구역은 천안시와 아산시가 연결되고, 청주구역과도 연계된다. 서부권은 서산시를 중심으로 당진, 태안이 독립적이며 보령시를 중심으로 서천, 홍성, 예산이 연계된다. 충청권은 제천구역, 옥천구역, 청양구역과 같은 7개 군 지역을 제외한 25개 시군이 4개의 독립적인 도시권으로 성장했다.

호남권의 내부이동은 전체 이동의 8.4%를 점유한다. 호남권의 41개 시군구는 전주권, 광주권, 순천·보성권, 목포권의 네 개 하위 주택시장으로 구분된다. 전주권은 2개의 2차 하위시장으로 세분되며 전주구역과 남원구역으로 나뉜다. 전주구역이 군산, 익산, 정읍, 김제, 완주, 진안, 임실, 순창, 고창, 부안을 포함해 가장 크다. 광주권은 3개의 2차 하위시장으로 세분되며 광주구역, 영광구역, 강진구역으로 나뉜다. 광주구역이 광주시와 담양, 나주, 곡성, 화순을 포함해 가장 크며 영광구역과 강진구역은 각각 주변 2개 군을 포함한다. 순천·보성권은 2개의 하위시장으로 세분되며 여수, 광양, 구례가 연계된 순천구역이 중심이다. 목포권은 영암, 무안, 신안을 포함하는 목포구역과 진도·해남구역의 2개의 2차 하위시장으로 나뉜다. 전 기간에 걸쳐 큰 변화가 없다.

대경권 내부이동은 전체 이동의 7.7%를 점유한다. 대경권의 31개 시군구는 대구권, 구미권, 안동권, 경주권의 네 개 하위 주택시장으로 구분된다. 대구권은 대구 동구구역과 달서구역, 군위구역의 3개 하위시장으로 세분된다. 동북방향과 서남방향으로 확대되며 구미권과 연결되어 있다. 구미권은 구미구역과 상주구역의 2개로, 영주권은 영주구역과 안동구역의 2개로, 경주권은 단일의 2차 하위시장으로 나뉜다. 대경권은 대구시, 구미시, 경주시, 영주시 등 각 거점도시를 중심으로 인구가 주변지역으로 확산한다.

동남권의 내부이동은 전체 이동의 12.1%를 점유한다. 동남권의 39개 시군구는 부산권, 울산권, 서부권의 세 개 하위 주택시장으로 구분된다. 부산권은 양산시를 포함하는 부산진구역과 해운대구역의 2차 하위시장으로 세분된다, 울산권은 울산시 내부에서 이동하는 단일시장이며 서부권은 창원구역과 진주구역, 합천구역의 3개 2차 하위시장으로 나뉜다. 부산권은 지역간 상호 이동이 활발해 단일시장으로 보는 것도 가능하다. 서부권은 창원과 진주의 양극체제에 합천의 시골지역이 별도 시장으로 기능한다.

강원권 내부이동은 전체 이동의 1.9%이며 강원권의 18개 시군은 영동권과 영서권의 두 개 하위 주택시장이 있다. 각각은 다시 2개씩 나뉘어 강원은 총 4개의 2차 하위시장이 있다. 제주권 내부이동은 전체 이동의 0.8%이며 단일시장이다. 2010년 이후 수도권에서 제주권으로 이주하는 비율이 급상승했다.

세계도시 중에서 수도권의 순위는 아쉬움이 있다. 국제컨설팅회사인 A.T 커니사*A.T. Kearney*는 세계도시의 현재순위에서 2018년 서울이 2017년과 변화 없는 12위로 발표했다. 그러나 서울의 미래에 대해서는 기대치가 낮다. 2017년 서울은 장래 발전가능 순위가 38위였고, 2018년에는 7위가 하락한 45위였다. 세계도시들을 4개 그룹

12개 등급으로 구분하는 '세계화 및 세계도시연구네트워크(GaWC)'는 2018년 세계도시에 대한 평가에서 서울을 최상위인 알파*Alpha*그룹의 알파++등급과 알파+등급의 다음으로 세 번째 등급인 알파등급으로 분류했다. 서울보다 상위등급인 알파++등급에는 뉴욕과 런던이, 알파+등급에는 싱가포르, 홍콩, 파리, 베이징, 도쿄, 두바이, 상하이, 시드니의 8개 도시가 선정되었다. 서울과 같은 알파등급에는 아시아에서 8개 도시, 유럽에서 7개 도시, 북미에서 4개 도시, 중남미에서 3개 도시, 오세아니아에서 1개 도시 등 총 23개 도시가 포함되었다. 결론적으로 서울과 수도권은 글로벌 10위권 바로 아래인 11~20위권이며 장래 발전 가능성은 현재보다 낮다. 광역권 시대에 우리 도시의 분발이 필요한 상황이다.

광역권 시대의 명암

우리는 도시 광역화가 차츰 안정화 단계로 접어들고 있는 시대를 살고 있다. 서울을 포함한 우리나라 대도시들의 광역화는 베이비붐 세대, 외국인 등의 인구 증가와 가구구조 변화, 중소도시와 농촌지역에서 대도시로의 인구이동, 경제성장으로 인한 소득과 자산 상승 등이 복합적으로 작용한 결과다. 경제발전으로 인당 GDP가 증가하면서 더 편리하고, 쾌적하며 넓은 주택에 대한 요구가 커지자 정부는 1980년대 말까지는 대도시 내부의 개발 가능한 토지를 고밀도의 주거지로 전환했고, 1990년대부터는 대도시 행정구역 너머로 신도시를 건설해 주거수요를 충족시켰다. 택지개발촉진법, 주택건설촉진법, 그린벨트 해제 등의 도시주택 정책과 제도는 광역화 현상의 고착화에 크게 기여했다. 대도시 외곽에 신도시가 건설되자 그 신도시 주변으로 개발수요가 발생하고, 대규모 민원으로 정부가 도시기반시설을 건설하자 광역화는 더욱 촉진되었다.

광역화는 우리에게 많은 긍정적인 영향을 미친다. 우리는 자신이 소유하고 있는 주택에서 과거보다 더 쾌적하고 편리한 주거여건과 생활환경 서비스를 누리며 살고 있다. 인구주택 총 조사나 주거실태조사 결과를 보면 우리나라 국민들의 인당 주거면적은 과거보다 지속적으로 증가했고, 화장실·주방·욕실 등 기초 주거시설이 미흡한 주택 수는 빠르게 감소하고 있다. 국토 어느 곳에서건 전기선 연결이 불가능하거나 상·하수도망 연결이 어려운 주택은 찾기가 점점 어려워지고 있다. 전국의 주택 보급률이 100%를 겨우 넘고, 서울 등 주택수요가 높은 지역은 아직 90%대 중반이지만 택지개발 촉진법에 의한 대규모 택지개발과 신도시 건설이 없었다면 이런 수치에 도달하지 못했을 것이다.

대규모 아파트단지 건설은 많은 도시문제도 해결했고, 새로운 경제기회의 창출과 과학기술 발전에 크게 기여했다. 과거 나대지였던 곳에 신도시 아파트 단지를 건설하면서 첨단 도시설계기법을 적용하기가 용이해졌다. 신도시에 적정규모의 교통체계와 공공시설, 학교, 쇼핑몰, 문화체육시설, 공원 등을 건설해 현대적인 생활이 가능하도록 했다. 아파트 단지는 과거 골목길 주차문제를 단지 내 지하주차로 해결했고, 케이블TV와 인터넷 망 설치를 편리하게 해 IT강국의 기반을 조성했다. 창호, 단열재, 가전기기, 보안설비 등에서 신기술이 개발되어 과학기술 발전에도 크게 기여했다. 이사업체와 수리업체, 단지 내 상가와 배달서비스, 학원가와 학원통학차량, 재건축과 리모델링 등 경제활동과 일자리 창출에도 기여했다. 대도시

외곽에 신도시가 건설되면서 주변에 산업단지를 조성해도 노동력을 확보하기가 쉬워졌다.

광역권 시대에 새로운 문제도 생겨났다. 도시인구의 교외화로 다른 선진국 도시들처럼 도심인구가 감소하면서 공동화 현상이 심해졌다. 오래되어 노후한 도시 내 아파트 단지는 주택설비가 낡고, 주차장이 부족하며 안전문제가 커져 주변에 부정적인 영향을 끼친다. 조성된 지 오래된 아파트 단지 중에는 자녀가 장성해 분가하고 노부부만 남아 아파트를 수선하지 않고, 단지 내 상가수입도 열악해 경제활동이 위축되는 '고령 아파트단지'도 있다.

광역화로 도시영역이 확장되자 많은 기초자치단체에서 인구수가 증가했다. 광역화가 안정단계에 접어들면서 기초자치단체는 서로 인구 확보전쟁을 시작했다. 근시안적이고, 포퓰리즘적이며 보여주기식 정책이 경쟁적으로 펼쳐지고 있다. 재정 자립도가 높은 지자체는 다른 지자체는 생각하지 않고, 자신의 인기를 위해 각종 포퓰리즘적 정책을 남발한다. 다른 지자체와의 협력과 공조는 약화된다. 주민의 민원에 민감해져 광역권 전체의 공익보다는 지자체간 경쟁에 이기기 위해 지역의 이익을 극대화하는 것이 최대 관심사이다. 난개발로 고통 받는 지자체는 열악한 도시기반시설로 주민들의 생활 스트레스가 높아져 자치단체장의 교체가 빈번해진다. 광역화 시대의 가장 큰 문제는 광역권 사람들의 이동을 위한 광역교통이다. 이 문제를 다음 장에서 다룬다.

<「2018 세계 인구전망 보고서」 요약>

□ 도시인구 관련사항

- 2018년 세계인구의 55%가 도시에 살며 2050년에는 68%로 증가한다. 농촌에서의 도시이주나 도시인구의 출생률로 2050년까지 증가하는 도시인구는 2십5억 명이며 90%는 아시아와 아프리카에서 발생한다.
- 2018년부터 2050년까지 증가하는 도시인구의 35%는 인도와 중국, 나이지리아가 점유한다. 인도의 도시인구 증가는 4억1천6백만 명이고, 중국은 2억5천5백만 명, 나이지리아는 1억8천9백만 명에 달한다.
- 세계 도시인구는 1950년 7억5천1백만명에서 2018년 4십2억명으로 증가했다. 아시아의 도시화 수준은 낮지만 세계 도시인구의 54%를 차지하고 있다. 유럽과 아프리카가 각각 13%를 점유하고 있다.
- 1950년 이후 세계 농촌인구의 증가율은 낮아졌고, 향후 몇 년 이내에 정점에 도달할 것이다. 현재 세계 농촌인구는 3십4억명에 근접했고, 앞으로 약간 증가하겠지만 2050년에는 3십1억명으로 감소한다.
- 2018년 세계 농촌인구의 90%가 아프리카와 아시아에 거주하고 있다. 인도의 농촌인구가 8억9천3백만명으로 가장 많고, 중국이 5억7천8백만명이다.

<「2018 세계 인구전망 보고서」 요약>(계속)

□ 세계의 도시화와 거대도시화에 대한 사항

- 2018년 기준으로 도시화 비율이 가장 높은 대륙은 북아메리카로 82%다. 중남미가 81%, 유럽이 74%, 오세아니아가 68%이며 아시아가 50%에 근접했다. 아프리카는 시골지역이 많아 도시화는 43%에 불과하다.
- 아시아와 유럽의 일부 도시들은 최근의 낮은 출생률로 인구가 정체 또는 감소하고 있다. 경제침체나 자연재난으로 인구가 감소하는 도시도 있다. 일본과 한국의 몇몇 도시들(나가사키, 부산 등)은 2000년부터 2018년까지 인구가 감소했다. 러시아, 우크라이나, 폴란드, 루마니아 등 동유럽 도시들도 동일한 기간 동안 인구가 감소했다. 이들 도시에서의 인구감소는 낮은 출생률뿐만 아니라 이민도 영향을 미쳤다.
- 몇몇 도시들은 과거 20년 동안의 인구패턴과 다르게 2018년부터 2030년까지 인구감소가 예상된다.
- 인구규모는 일본 도쿄가 3천7백만명으로 세계 1위이며 인도 뉴델리가 2천9백만명, 중국 상해가 2천6백만명으로 뒤따른다. 멕시코시티와 상파울로시가 2천2백만명이며 카이로, 뭄바이, 베이징, 다카가 2천만명을 넘는다. 2018년부터 2020년까지 도쿄인구는 감소할 것이다. 델리가 지속적인 인구증가로 2028년을 전후해 세계 1위에 등극할 것이다.
- 인구 천만명 이상의 거대도시는 2030년 43개로 증가한다. 대부분 개발도상국가에 있다. 1990년 세계 도시인구의 7%인 1억5천3백만명이 10개 거대도시에 살았다. 현재는 세계 도시인구의 ⅛이 33개 거대도시에 거주한다.
- 인구규모 백만명 이하의 도시들에서 인구가 가장 빠르게 증가하고 있다. 그들 대다수는 아시아와 아프리카에 있다. 전세계 도시인구의 절반 정도가 인구규모 오십만명 이하의 도시에 살고 있다.

<「2018 세계 인구전망 보고서」 요약>(계속)

□ 세계의 도시화와 거대도시화에 대한 방안

- 지속가능한 개발 개념을 적용해 도시성장을 성공적으로 관리할 수 있도록 도시개발시스템을 구축해야 한다. 이러한 시스템이 도시화가 빠르게 진행되고 있는 저소득/중저소득 국가의 도시들에 꼭 필요하다.
- 세계 도시화가 지속적으로 진행됨에 따라 많은 국가들에서 증가하는 도시인구의 요구를 충족시키는 것이 큰 도전적 과제가 되고 있다. 이러한 과제들에는 주택, 교통, 에너지시스템과 사회기반 인프라가 있다. 또한 일자리와 교육, 공중보건과 같은 기초 서비스들이 포함된다.
- 경제·사회·환경적 측면에서 도시와 농촌의 연계성을 강화해 도시와 농촌 거주자들의 삶을 개선할 수 있는 통합적인 정책이 필요하다. 도시화의 혜택이 모두에게 공유될 수 있도록 도시빈민과 취약계층을 고려해야 한다.

<「2018 세계도시」와 「공간분포 및 도시화에 대한 정책」 요약>

□ 세계 도시인구 관련사항

- 세계인구의 ⅓은 인구규모 오십만명 이상의 도시에 거주한다. 2000년 전세계에는 인구 백만명이 넘는 도시가 371개였다. 2018년에는 548개로 증가했고, 2030년에는 706개가 될 것이다. 2018년 전세계 인구의 23%가 인구 백만명 이상의 도시에 살며 2030년 28%로 증가한다.
- 인구 천만명이 넘는 거대도시는 2018년 33개에서 2030년 43개가 된다. 전세계 인구의 6.9%인 5억2천9백만명이 현재 거대도시에 살며 중국 6개와 인도 5개를 포함한 거대도시 27개가 개발도상국가에 있다. 2030년에 거대도시 인구는 8.8%인 7억5천2백만명으로 증가한다.
- 인구 오백만에서 천만명 사이인 도시는 2018년 48개이며 2030년에는 그 중 10개가 거대도시가 된다. 대신에 2018년부터 2030년까지 규모 오백만 이하의 도시 중에서 28개가 오백만명 이상으로 성장해 이 범주에 속하는 도시는 총 66개가 된다. 오백만명 이상으로 커지는 28개 도시 중에서 13개는 아시아에 있고, 10개는 아프리카에 있다.
- 2018년 인구 백만에서 오백만명 사이인 도시는 467개이며 2030년까지 597개가 된다. 오십만에서 백만명 사이인 도시는 598개이며 2030년까지 710개가 된다. 오십만에서 백만명 사이인 도시는 598개다.

<「2018 세계도시」와 「공간분포 및 도시화에 대한 정책」 요약>(계속)

□ 세계도시의 지역별 변화

- 북아메리카에서는 2018년 절반 이상의 인구가 규모 오십만명 이상의 도시에 거주하고 있다. 인구의 ⅕은 오백만명 이상의 도시에 산다.
- 중남미에서는 2018년 6개의 거대도시에 총인구의 14.2%가 거주해 거대도시 거주비율이 가장 높다. 아프리카와 아시아에서는 현재 농촌인구가 더 많지만 2018년부터 2030년까지 오십만명 이상 도시에 거주하는 비율이 아프리카는 57%까지, 아시아는 23%까지 각각 증가한다.
- 2000년에서 2018년까지 오십만명 이상의 도시는 연평균 2.4%의 인구성장률을 보였다. 그중 36개는 연평균 6%이상으로 평균에 비해 두 배 이상 인구가 증가했다. 7개가 아프리카에 있으며 중국의 17개를 포함해 아시아에 28개가 있다. 1개는 북아메리카 도시다. 36개 중 25개가 1980년부터 2000년까지 연평균 6%이상 지속적으로 인구가 성장했다.

□ 세계도시의 자연재난에 대한 위험과 대책

- 52개 도시는 2000년 6천2백만명에서 2018년 5천9백만명으로 인구가 감소했다. 2018년 인구 오십만명 이상의 도시 1,146개 중에서 59%인 679개가 열대폭풍, 홍수, 가뭄, 지진, 산사태, 화산폭발 등 6개 자연재난 유형 중 한 개 이상에서 고위험군에 속한다. 두 개 이상의 자연재난에 노출된 도시는 189개이며 26개 도시는 세 개 이상의 자연재난에 위험하다.
- 유엔은 안전하고, 회복가능하며 지속가능한 도시를 위하여 지속가능한 11개의 개발목표를 중심으로 한 '2030 지속가능한 개발 아젠다'를 제시한다.

1) 서울시 연구기관이며 2012년 조례개정으로 '서울연구원'으로 명칭을 변경했다.

2) 2018년 5월 16일 유엔 경제사회부 인구국은 2017년에 발표한 「2017 세계 인구전망 보고서 World Population Prospects」를 수정한 「2018 세계 인구전망 보고서」를 공개했다. 다섯 달 후 10월 31일에는 2018년 세계인구 전망자료를 기초로 「2018년 세계도시」와 「공간분포 및 도시화에 대한 정책」의 2개 보고서를 발표했다. 이 장의 끝에 보고서들의 중요한 사항을 요약하였다.

2. 교통은 네트워크인데

IMF 위기에 싹튼 광역교통의 시대

잊혀진 공공연구기관 보고서가 한 권 있다. '음지에서 일하고 양지를 지양'한 비운의 보고서다. 우리나라에서 광역교통에 대해 최초로 탄탄한 논리를 제공했고, 2000년대 이후의 수도권 광역교통체계 개편에 밀알이 된 보고서다. 이 보고서의 연구결과를 단초로 광역교통의 다양한 부문에서 후속연구들이 진행되었고, 많은 사업들이 추진되었다. 여러분들이 들으면 대부분 아는 것들이다. 이 보고서는 이후 수많은 수도권 거주자들의 거주지와 일자리, 일상생활에 영향을 미쳤다. 그러나 보고서는 시대적 실타래에 엉켜 결국 햇빛을 보지 못했고 어두운 창고에 처박혔다. 이제는 나이 지긋한 교통전문가 몇몇의 흐릿한 기억에나 존재한다. 역사의 물결에 묻혀 일반 대중에게는 유령처럼 사라졌다. 1997년부터 1999년까지 진행된 『제3기 지하철 노선검토 연구 보고서』다. 서울시가 용역을 발주했고, 서울연구원의 전신인 서울시정개발연구원(시정연)에서 수행했다. 이 보고서로 광역교통에 대한 이야기를 시작한다.

『제3기 지하철 노선검토 연구 보고서』는 1993년 11월 서울시가 발표한 「3기 지하철 기본계획」이 적정한지를 검토하고 문제에 대한 대안을 제시하는 보고서다. '서울시 3기 지하철'은 서울시 내부를 지나는 9~12호선과 3호선 연장선의 5개 노선을 말한다. 서울시는 3기 지하철 공사가 본격적으로 추진되기 전에 사업추진을 재검토하기를 원했다. 때때로 이런 연구는 기존에 계획되었던 사업들이 기본적으로는 큰 문제가 없고, 세부사항 일부만 수정하는 것으로 결론난다. 큰 틀의 변경은 상당한 위험을 초래한다.

연구는 정부가 1997년 11월 12일 IMF에 구제금융을 신청하기 한 달 전인 10월에 시작해 피치, S&P, 무디스의 세계 3대 신용평가 기관이 한국 신용등급을 투자적격으로 상향 조정한 1999년 2월 끝났다. 정부가 IMF에서 빌린 차관을 조기 상환해 IMF 위기를 정식으로 극복한 일자는 그로부터 이년 뒤이지만 연구는 사실상 IMF 위기가 시작될 때부터 중대한 고비를 넘을 때까지 위기와 함께 한 것이다. 연구원 내부의 책임급 박사 2명과 8명의 연구원이 연구진으로 구성되었다. 지하철 교통수요 예측에 도시계획과 도로에 대한 관련성이 높아 도시계획 과제를 수행하던 도시계획부서 연구진, 도로과제를 수행하는 도로팀 연구진, 교통실태조사를 수행해 교통센서스 DB를 구축하는 교통센서스팀 연구진이 지하철 연구진과 서로 연계되는 연구구조가 구축되었다.

당시 시정연은 1990년대 지방자치제가 본격화되면서 서울시가 개설한 지 오년밖에 안된 신생 연구원이었다. 유사한 기능을 수행하는 중앙정부의 한국개발연구원(KDI). 산업연구원(KIET), 국토연구원(국토연), 한국교통연구원(교통연)에 비해 역사가 일천했다. 따라서 중장기 관점에서 깊은 호흡을 하는 연구주제에서는 역사가 오래되어 연구능력이 상당한 수준으로 축적된 연구원들로부터 실력을 인정받지 못하고 있었다. 동시에 1992년에 설립된 부산발전연구원

(동남개발연구원), 1995년에 설립된 경기개발연구원, 1996년에 설립된 인천발전연구원(인천21세기연구센터) 등 다른 광역시도 연구원들의 맏형으로서 빠른 시일 내에 연구역량을 높여야 된다는 부담감을 가지고 있었다.

이러한 시정연의 입지가 서울시 3기 지하철 연구를 수행하는데 기존의 연구원들이 하지 않았던 매우 독특한 시도를 하도록 한다. 연구진 내부에 교통수요 예측팀을 별도로 구성해 교통센서스팀이 구축하는 DB를 기반으로 도시계획과 도로, 지하철에 대한 통합 수요예측 업무를 담당하도록 한 것이다. 이것은 교통수요를 제대로 수행하기 위해서 꼭 해야 하는 일이었지만 동시에 위험부담이 매우 큰 사항이기도 했다. 당시에는 도시계획은 도시계획대로 장래 도시지표를 추정해 도시사업을 수립하는데 적용하고, 도로는 도로대로, 지하철은 지하철대로 각각 자신에게 유리한 대로 별도의 지표를 추정해 계획을 세웠다. 그 결과 모두를 통합한 수치는 상식에 어긋났다. 그러나 분야별로 자신의 파이를 지키기 위해 지표수정을 위한 협상은 항상 결렬로 끝났다.

통합 교통수요를 제시한다는 것은 모두를 적으로 돌리는 위험한 일이었다. 또한 지표추정을 위한 기초데이터도 각자 만들었기 때문에 어느 분야가 틀렸다고 자신 있게 문제를 제기하기 어려웠다. 1996년 서울시가 인천시, 경기도와 함께 최초로 제대로 된 조사기법에 의해 교통실태조사를 수행했다. 이듬해에 교통센서스 DB를 구축하면서 통합 교통수요의 추정이 가능해졌다. 시정연은 도시계획과제와 도로과제, 지하철과제에서 도시지표와 교통수요예측에 해당하는 예산을 모아 교통수요 예측팀이 사용하도록 했다. 연구 수행도 교통센서스팀과 유기적인 연계가 가능하도록 했다. 역사가 짧은 연구원에서 어벤저스 팀을 구성해 연구를 정석대로 진행하려고 한 것이다.

1997년 우리나라 경제가 작동 이상의 경고음을 내자 서울시도 위기를 감지했다. 그러나 각 부서는 1990년대 초에 구상된 사업들을 그대로 진행하기를 원했다. 서울시는 1980년대 중반부터 진행된 '단군 이래 최대의 호황기'를 만끽하면서 폭발적인 도시 개발과 급증하는 인구 증가에 고무되어 있었다. 이러한 자신감이 표출된 사례가 1990년 5월 고건 서울시장이 발표한 『2000년대를 향한 서울시 도시기본계획』이다. 서울시 인구는 2001년 추세적으로 1,450만명이 될 것으로 예상하고, 서울시 면적을 고려할 때 1,250만명이 적정하며 정부의 수도권 정비정책을 반영하여 1,200만명을 목표인구로 설정했다.

교통도 개발시대 패러다임에 편승했다. 2000년 기본계획은 서울시 자동차가 270만대가 되고, 교통수요는 서울시 내부의 일일 통행량이 3,500만 통행, 역외통행을 합치면 3,850만 통행으로 예상했다. 교통수단 분담율은 1988년 승용차 11.2%, 택시 16.0%, 버스 50.6%, 전철 16.8%에서 2001년 승용차 17.0%, 택시 6.0%, 버스 30.2%, 전철 46.8%로 전환될 것으로 추정했다. 수도권 광역교통 수요가 급격히 높아지고 있지만 광역교통 수단으로서 도시철도망의 기능이 미약해 신도시 교통문제 해결을 위한 교통수단이 필요하다고 했다. 그러나 도로와 도시철도 계획은 서울시 행정구역의 관점에서 벗어나지 못했다. 서울시 외곽과 연계되는 광역교통망 체계는 구체화되지 않았다. 1994년 여당이었던 민주자유당은 대도시 교통난 해소를 위해 '대도시교통종합대책기획단'을 구성했다. 그해에 건설부와 교통부가 합쳐져서 건설교통부가 탄생했다.

1990년대 서울시는 교통정책의 시대였다. 1990년 인당 국민소득이 일만 달러가 되고, 서울시 자동차 등록대수가 백만 대를 넘어섰다. 마이카 시대를 위해 3개 구간 40.1㎞의 내부순환로가 착공되었다. 서강대교, 청담대교, 가양대교, 암사대교가 건설되었고, 기존 한강교량은 확장되었다. 신도시와 연결하기 위한 광역도로망으로 분당-수서간 도시고속도로, 분당-내곡간 도시고속도로, 자유로, 제2자유로가 건설되었다. 대중 교통체계를 위해서 서울시 2기 지하철의 2~4호선 연장선과 5~8호선이 착공되었다. 1·2기 지하철 8개 노선의 총 연장은 335㎞에 달했다. 2기가 개통될 때 수송분담율은 45%를 목표로 했다. 서울시는 1993년 11월 지하철 수송분담율을 75%로 높이기 위해 총연장 120㎞의 「3기 지하철 기본계획」을 발표한다. 서울시민 네 명 중 세 명이 서울시를 다닐 때 지하철을 탄다는 것이다. 교통시설 건설의 황금시대였다.

1997년 교통센서스팀에서 서울시 교통센서스 결과를 발표했다. 1996년 기준으로 서울시 내부 수단통행량은 2,372만[1)] 통행이었다. 서울시와 인천·경기 간 통행을 합해도 2,909만 통행인 것으로 나타났다. 2000년 기본계획에서 예상했던 3,500만 통행과 3,850만 통행에 각각 32%와 24%가 낮은 수치였다. 도보를 제외한 수도권의 교통수단 분담율은 승용차 31.7%, 택시 11.0%, 버스 35.5%, 지하철 14.1%, 오토바이·기타 7.7%인 것으로 분석되었다. 2001년의 예측치와 비교하면 승용차는 14.7%, 택시는 5.0%, 버스는 5.3%가 높았고, 지하철은 무려 32.7%가 낮은 것으로 나타났다. 1996년 총

수단통행 중에서 서울시와 인천·경기 간 통행비중은 18.5%로 2001년 예측치인 10%보다 두 배 가까이 높았다.

과거 다른 연구들과 달리 3기 지하철 검토연구에서는 20여년에 걸친 수도권 읍면동 단위의 도시·교통자료를 DB로 구축해 꼼꼼하게 변화추이를 살펴보았다. 교통센서스 DB를 기초로 교통수요 예측팀에서 제시한 수치는 도시계획, 도로, 지하철 관련부서 모두에게 큰 충격이었다. 서울시 인구가 감소하고, 낮은 교통센서스 통행량을 기반으로 추정한 장래 교통수요 예측치도 상당히 낮아졌다. 기존의 도시사업과 도로계획, 지하철계획에서 적용했던 수치를 대폭 수정해야 했다. 서울시와 산하기관 등 모든 관련분야에서 반발이 심했다.

도시지표와 교통수요 예측치의 검증을 위해 대대적인 확인 작업이 시작되었다. 오류나 문제가 있으면 연구진은 심각한 비난과 책임 문제가 대두될 상황이었다. IMF 구조조정의 살벌한 풍토에서 책임자에 대한 문책까지 언급되었다. 도시지표와 교통수요 수정에 대한 압박도 있었다. 연구진은 좌고우면하지 않고 원칙대로 절차를 진행했다. 수차례에 걸쳐 연구원 내 모든 관련부서가 참여하는 검토회의가 실시되었다. 도시계획과 교통 분야의 최고 전문가들로 구성된 자문회의도 여러 차례 개최되었다. 「3기 지하철 기본계획」을 수립했던 교통연, 국토연 등 다른 기관 전문가들의 검증도 통과했다. 전문가들 사이에서 예측치에 대한 합의가 이뤄졌다.

서울시 관련부서들로부터의 동의만 남았다. 서울시 부서들과의 협의를 거쳐 마지막으로 지하철건설본부 전문가들과의 회의가 개최되었다. 발표와 토의 끝에 수십년 간 관련 업무를 담당해 업계 누구와도 논리에서 밀리지 않는다는 부장급 간부가 시정연 박사들에게 탄식조로 말했다. "추정치를 인정한다. 당신들은 제시한 수치가 실무적으로 어떤 의미를 가지는지 모를 것이다. 발표한 지하철 교통수요는 기존의 중량전철을 추진하기에는 미흡하고, 경량전철을 건설하기에는 약간 넘친다. 매우 애매한 숫자다. 기존의 건설계획이 딜레마에 빠졌다!" 한 고비를 넘겼지만 더 큰 장애물이 앞에 있었다.

도시지표와 교통수요 예측치를 반영해 도시계획과 도로, 지하철에 대한 기존의 정책과 계획들을 대체하는 새로운 방안이 필요했다. 도시계획에서는 스마트한 성장관리라는 새로운 정책이 대안으로 떠올랐다. 도로분야에서는 주요 간선도로 24개축 432.8㎞를 선정해 도로소통 능력을 개선하는 간선도로 교통종합개선사업이 힘을 받았다. 그동안 교과서에만 존재했던 도로기능별 역할을 서울시 도로들을 대상으로 적용해 차량통행이 중심이 되는 도로들은 속도 향상을 위해 대대적으로 정비하는 것이었다. 다른 도로들은 통행부담을 낮춰 보행자에게 돌려준다는 보행자 중심도로 정책도 탄력을 받았다.

가장 극적인 변화는 도시철도분야에서 있었다. 10조원의 건설비가 예상된 서울시 3기 지하철의 기존계획은 착공이 무기한 연기되었다. 사실상 폐기 수준에 가까웠다. 3호선 연장구간과 9호선만 살아남았다. 9호선은 수요를 끌어올리고 다른 노선과 환승을 강화하기 위해 급행열차가 운행되도록 계획이 전면적으로 수정되었다. 급행과 완행이 함께 운행될 수 있도록 열차 대피선이 설계에 반영되었고, 복합운행 시간표가 작성되었다. 기존계획에서 제시했던 10~

12호선은 광역철도와 경전철 사업으로 새롭게 검토되었다. 과거에는 도시철도와 버스가 경쟁관계라고 생각됐는데 경전철 수요를 넘어서거나 경전철 건설이 늦춰지는 지역에서 버스가 경전철을 보완하는 수단으로 대두되었다.

기존에는 간선도로 축을 따라 도시철도 노선을 신규로 건설하는 것이 중복사업이라고 회피되었다. 그러나 증가하는 광역교통 수요가 서울시를 중심으로 방사형으로 광역도로를 따라 확산되자 도로가 승용차로 꽉 막히는 교통정체가 명백했다. 기존의 10호선과 11호선을 변경해 광역철도 노선 두 개를 신설하는 사업이 검토되기 시작했다. 그러나 이 모든 변화를 촉발시킨 『제3기 지하철 노선검토 연구 보고서』는 보고서를 비공개하기로 결정하면서 결국 사장되었다. 관련된 모든 보고서들에서도 지표와 수요예측 정보는 공개가 최소화되었다. 보고서는 자신의 역할을 다하고 대중의 시야에서 사라졌다.

『제3기 지하철 노선검토 연구 보고서』의 잔영은 여러 곳에 남아 있다. 서울시 성장관리 정책과 2000년에 발간된 「서울시 간선도로 정비 기본계획」에 그림자가 있다. 서울지하철 9호선이 대표적으로 영향권에 있다. 다른 지하철과 유사한 속도로 운행될 뻔했던 노선이 총연장 31.7㎞ 역사 수 30개의 급행철도 노선으로 탈바꿈했다. 2000년 9월 1단계 구간의 건설이 승인되었고, 현재 서울시 한강 이남의 강서와 송파를 동서로 빠르게 연결해 서민들의 통행시간을 절약해주고 있다. 기존계획의 10~12호선도 경전철로 규모를 줄여 보다 경제적인 면목선과 목동선으로 부활했다. 2007년 서울시는 총연장 62.9㎞의 경전철 7개 노선에 대한 '서울특별시 10개년 도시철도기본계획'을 발표한다. 10호선과 11호선을 광역철도 노선으로 변경하자는 제안은 광역A선(신안산선)과 광역B선(신분당선)의 탄생으로 이어졌다. 신분당선은 2019년 현재 강남역에서 광교(경기대)역까지 운영되고 있으며 신안산선은 2018년 착공을 목표로 한다. IMF 위기의 순간에 수도권에서는 광역교통이라는 미래를 향해 한 걸음을 디뎠다.

경계가 사라진 이동

바람에 국경이 없듯이 사람들의 이동에 경계가 사라지고 있다. 광역교통은 지방자치단체의 행정구역을 넘어 지속적으로 증가하고 있다. 대표적인 지역이 서울시와 인천시, 경기도를 포함하는 수도권이다. 서울시와 인천시, 경기도는 수도권 교통정책 수립에 기초자료로 사용하기 위해 1996년과 2002년, 2006년, 2010년, 2016년의 총 다섯 차례[2]에 걸쳐 교통실태조사[3]를 실시했다.

교통 분야에서는 사람들의 이동을 통행이라는 단위를 통해 측정한다. 통행은 어떠한 목적을 가진 사람이 특정한 교통수단을 사용해 출발지에서 이동을 시작하여 도착지에서 정지하기까지의 행위를 말한다. 통행은 이동하는 목적에 따라 구분하는 목적통행[4]과 이동에 사용한 수단으로 구분하는 수단통행[5]이 있다. 한 사람이 출근이라는 목적통행을 할 때 집에서 사무실까지 승용차를 사용한다면 그의 목적통행과 수단통행은 각각 하나다. 그러나 만일 그가 출근을 위해 정류장까지 걸어서 마을버스를 타고, 시내버스로 갈아탄 후 지하철역에서 내려 지하철 3호선을 타고가다 2호선으로 환승해 사무실에 도착했다면 목적통행은 하나이지만 수단통행은 도보와 지하철 환승을 포함할 경우 다섯 개다. 지하철 환승을 고려하지 않는다면 네 개가 된다. 만일 도보거리가 오 분 이내라면 수단통행은 지하철 환승을 고려하지 않을 경우 세 개가 된다.

수도권에서 사람들의 이동은 지속적으로 증가하며 이동하는 지역도 점점 더 멀어지고 있다. 수도권 사람들의 총 목적통행은 1996년부터 2016년까지 1.4배 이상 지속적으로 증가[6]했다. 서울사람들이 서울시내에서 이동하는 목적통행, 즉 내부 목적통행은 동일 기간 동안 1.1배 증가한 반면 인천사람들의 내부 목적통행은 1.4배가 늘어나 수도권 평균 증가율과 동일했다. 인천사람들이 인천시에서 이동하는 목적통행이 서울사람들이 서울에서 이동하는 목적통행보다 더 빠르게 증가하는 것이다. 경기사람들의 내부 목적통행은 동일기간 동안 1.8배가 늘어나 경기사람들이 경기도에서 이동하는 목적통행이 서울시·인천시 보다 훨씬 높게 증가했다. 목적통행에서 서울시, 인천시, 경기도 간을 이동하는 사람들이 3개 광역시도 내부에서 이동하는 사람들보다 더 많이 증가하기 때문에 수도권의 광역 교통망에 대한 수요가 지속적으로 증가하고 있다.

서울시 내부 목적통행과 서울시와 인천시·경기도 간 목적통행을 합한 서울시 관련 총 목적통행량은 1996년에서 2016년까지 1.1배 증가했다. 그러나 서울시와 인천시·경기도 간 목적통행은 동일기간 동안 1.6배가 증가해 서울시 경계를 통과하는 목적통행의 비중이 서울시 관련 총 목적통행 중에서 지속적으로 높아지고 있다. 인천시 관련 총 목적통행량은 1996년에서 2016년까지 1.4배 증가했다. 그러나 인천시와 서울시·경기도 간 목적통행은 동일기간 동안 2.4배가 증가해 인천시 관련 총 목적통행과 비교하면 인천시 경계를 통과하는 목적통행의 비중도 지속적으로 높아지고 있다. 인천시의 경계를 통과하는 통행 증가율은 서울시·경기도보다 더욱 빠르게 높아지고 있다.

경기도는 1996년에서 2016년 동안 관련 총 목적통행량과 경기시계를 통과하는 목적통행량의 증가율이 모두 1.8배로 동일한 비율로 성장했다. 서울시와 인천시는 외부지역과의 진출입 목적통행이 내부 목적통행보다 더 지속적으로 증가하기 때문에 시 경계지역을 통과하는 통행에 대한 효과적인 정책이 요구된다. 경기도는 내부를 이동하는 통행과 서울시·인천시와 진출입하는 통행의 증가율이 거의 같지만 서울시보다는 빠르게 증가하고 인천시보다는 느리게 증가하고 있다. 경기도는 2016년 통행량 규모에서 서울시를 추월했다.

5개년도의 통행목적별 비율은 귀가통행이 40~43%대로 가장 많았고, 출근통행이 17~20%대, 친교·개인통행과 배웅통행을 합한 기타통행이 12~15%대, 등교통행이 7~11%대, 업무통행이 8~10.5%대, 쇼핑통행이 3~5%대, 학원통행이 3~5%대인 것으로 나타났다. 지난 20년 동안 진행된 통행목적별 비율의 변화추이를 살펴보면 귀가통행과 출근통행의 비율이 지속적으로 증가하는 추세다. 친교·개인통행과 배웅통행을 합한 기타통행과 업무통행, 학원통행은 2006년까지 증가하다가 그 이후에는 감소하고 있다. 등교통행은 학생 수 감소로 인해 지속적으로 감소하고 있다. 쇼핑통행도 온라인 쇼핑과 택배산업의 발전으로 감소하는 추세다. 연도에 따라 업무통행과 등교통행의 순위가 바뀌었고, 학원통행과 쇼핑통행의 순위도 바뀌었다.

2016년 수도권의 통행목적별 평균 통행거리를 살펴보면 23㎞인

업무통행 거리가 14㎞ 내외인 기타통행과 출근통행, 귀가통행 거리보다 150% 이상 길다. 등교통행이 약간 떨어진 11㎞이며 쇼핑통행이 6㎞, 학원통행이 5㎞로 다른 통행의 50% 정도 수준이었다. 면적이 605㎢인 서울시 통행거리는 수도권에 비해 전반적으로 짧다. 업무통행과 학원통행은 수도권에 비해 60% 정도 수준이며 기타통행과 쇼핑통행은 70%대, 출근통행과 귀가통행은 80%대이다. 등교통행이 수도권 대비 86%로 가장 높아 서울시 학생들이 다른 통행에 비해 상대적으로 가장 멀리 이동하고 있는 것을 알 수 있다. 서울시에서는 출근통행·귀가통행과 기타통행의 순서가 바뀐다. 인천시는 출근통행과 업무통행 등 직장과 연관된 통행이 수도권 평균보다 통행거리가 각각 3%와 17%가 길다. 등교통행은 95%로 수도권 평균에 근접한다. 기타통행과 쇼핑통행은 90% 정도이며, 귀가통행이 70% 수준으로 가장 낮다. 인천시는 출근통행과 기타통행 간, 등교통행과 귀가통행 간 순서가 각각 바뀐다. 경기도는 등교통행과 학원통행 등 학생 관련 통행과 출근통행, 쇼핑통행이 수도권보다 멀리 이동한다. 출근통행·등교통행과 기타통행 간, 등교통행과 귀가통행 간 순서도 바뀐다.

수도권 목적통행을 살펴본 결과 서울시, 인천시, 경기도 모두 통행량이 증가한다. 서울시, 인천시, 경기도 사이를 다니는 통행량이 계속 늘어나고, 서울시·인천시·경기도 경계를 진출입하는 통행량의 증가폭이 내부 통행량 증가폭보다 커서 광역통행이 지속적으로 증가하고 있다. 귀가통행과 출근통행은 그 비중이 증가하고 있다. 기타통행과 업무통행은 2006년까지 증가하다가 그 이후에는 감소한다. 학생관련 통행과 쇼핑통행은 감소추세다. 수도권에서 통행목적별로 경기도의 통행거리가 가장 길며 인천시와 서울시가 그 다음이다. 업무통행과 출근통행이 장거리 통행이며 기타통행, 귀가통행, 등교통행이 그 다음으로 길다. 따라서 증가하고 있는 지역 간 통행과 길어지고 있는 업무통행·출근통행에 적절하게 대처할 수 있도록 효과적인 광역교통 정책이 필요하다.

수도권 수단통행[7])도 목적통행과 유사한 흐름이 관찰된다. 수도권 사람들의 총 수단통행은 1996년부터 2016년까지 1.4배 이상 지속적으로 증가했다. 서울사람들의 내부 수단통행은 동일 기간 동안 1.1배 증가한 반면 인천사람들의 내부 수단통행은 1.4배가 늘어나 목적통행처럼 수도권 평균 증가율과 동일했다. 인천사람들이 인천시내를 이동하는 수단통행도 서울사람들이 서울에서 이동하는 수단통행보다 더 빠르게 증가하는 것이다. 경기사람들의 내부 수단통행은 동일기간 동안 1.9배가 늘어났다. 경기도 내부에서 이동하는 수단통행이 서울시·인천시 내부통행보다 훨씬 빠르게 늘어나는 것이다. 목적통행과 수단통행의 증가율을 살펴보면 서울시와 인천시는 목적통행과 동일한 수준으로 성장했지만 경기도는 수단통행이 목적통행보다 조금 더 높은 증가율을 보인다. 수단통행에서 서울시, 인천시, 경기도 간을 이동하는 사람들이 3개 광역시도 내부에서 이동하는 사람들보다 더 많이 증가하기 때문에 수단통행 측면에서도 수도권의 광역 교통망에 대한 수요가 지속적으로 증가하고 있다.

서울시 내부 수단통행과 서울시와 인천시·경기도 간 수단통행을 합한 서울시 관련 총 수단통행량은 1996년에서 2016년까지 1.2배 증가했다. 그러나 서울시와 인천시·경기도 사이를 다니는 수단통행은 동일기간 동안 1.6배가 증가해 서울시계를 통과하는 수단통행의 비중도 서울시 관련 총 수단통행 중에서 지속적으로 높아지고 있다. 인천시 관련 총 수단통행은 1996년에서 2016년까지 1.6배 증가했다. 인천시와 서울시·경기도 사이를 다니는 수단통행은 동일 기간 동안 2.4배가 증가해 인천시 관련 총 수단통행과 비교하면 인천시계를 통과하는 수단통행의 비중도 지속적으로 높아지고 있다. 경기도는 1996년에서 2016년 동안 관련 총 수단통행량과 경기시계를 통과하는 수단통행량의 증가율이 모두 1.8배로 동일한 비율로 성장했다. 서울시와 인천시는 외부지역과의 진출입 수단통행이 내부 수단통행보다 더 지속적으로 증가하기 때문에 시 경계지역을 통과하는 수단통행에 대한 효과적인 정책이 요구된다. 경기도는 내부를 이동하는 수단통행과 서울시·인천시와 진출입하는 수단통행의 증가비율이 거의 같지만 서울시보다는 빠르게, 인천시보다는 느리게 증가하고 있다.

수도권에서 교통수단별 비중은 승용차, 버스, 지하철, 택시, 오토바이·기타의 순이다. 승용차와 지하철 통행이 지속적으로 증가하며 버스, 택시, 오토바이·기타 통행은 감소하고 있다. 통행량 측면에서 수도권 수단통행의 변화추이는 목적통행과 유사했다. 서울시, 인천시, 경기도 모두 통행량이 늘어나며 광역통행도 지속적으로 증가한다. 광역권에서 증가하는 승용차통행과 지하철통행에 효과적인 광역교통 정책이 필요했다.

1기 신도시 건설로 서울과 신도시 간 교통문제가 심각해지자 중앙정부에서 광역교통정책이 중요한 과제로 떠올랐다. 국토교통부의 전신인 건설교통부는 1997년 7월 대도시권의 교통문제를 광역적으로 해결하기 위해 「대도시권 광역교통 관리에 관한 특별법」을 제정한다. 2000년 4월에는 「대도시권 광역교통 관리에 관한 특별법 시행령」을 개정해 법률제정 당시에 수도권을 대상으로 했던 대도시권의 범위에 부산·울산권과 대구권, 광주권, 대전권의 5개 광역시와 24개 중소도시를 포함시켰다. 2010년과 2015년에는 행정구역 개편에 따라 대도시권 범위를 조정했다. 한국교통연구원은 교통체계효율화법에 의해 2006년 광역권 여객통행실태조사를 실시한다. 조사 자료의 가구원별 평균 목적통행 수는 광주광역권이 2.60통행으로 가장 높았다. 전주대도시권 2.48통행, 대구광역권 2.47통행, 대전광역권 2.37통행, 수도권영향권 2.24통행, 부산·울산광역권 2.23통행 순으로 나타났다. 부산울산광역권을 제외한 다른 대도시권들의 인당 통행수가 수도권보다 높은 것이다. 대도시 인구가 교외로 이동하면서 광역교통이 우리나라 대도시권들의 공통적인 문제가 되었다.

백조가 되어야 하는 오리, 수도권교통본부

숭례문 광장 입구에서 남산으로 오르는 언덕길을 따라 150m를 걸어가면 오른쪽에 25층 높이의 콘크리트 건물이 나온다. 건물에서 숭례문이 내려다보이는 이 건물은 르 코르뷔지에의 제자로 유명한 건축가 김중업 선생이 설계한 단암빌딩이다. 2018년 10월 24일 오전 10시 반, 단암빌딩 21층의 회의실은 회의탁자 뿐만 아니라 뒷줄에 놓인 의자까지 사람들로 꽉 차 있었다. 회의실에서는 긴장감이 감돌았다. 수도권교통본부의 2018년 행정사무감사가 개최되는 날이었다. 회의실 정면에는 경기도 의원인 문경희 수도권교통본부 조합회의 의장과 인천시 의원인 김종인 부의장이 자리했다. 맞은편에는 주윤중 본부장과 김동욱 기획조정부장, 정상수 시설부장이 위치했다. 다른 조합위원들은 탁자의 긴 쪽에 마주보고 앉았다. 회의시간이 되자 문경희 의장이 수도권교통본부의 제64회 조합회의 임시회에 대한 개회를 선언했다.

회의록 서명위원 선출과 한 건의 시설개선사업을 심의한 후 행정사무감사가 시작되었다. 김동욱 부장의 업무보고가 끝났다. 이용재 위원이 GTX와 같은 광역철도와 간선급행버스체계(BRT) 간 중복될 때 교통수단간 기능 조정에 대해 첫 번째로 질의했다. 광역교통청 설립과 관련해 지연되고 있다는 답변이었다. 김광식 위원이 사전에 문의한 광역교통청 설치문제에 대해 문경희 의장이 질의했다. 본부는 교통청을 설치하는 대신에 광역교통위원회가 내년 1월에 출범하는 것 같다고 답변했다. 많은 사항들이 명확하지 않고 추진력은 약했다. 광역교통위원회와 수도권교통본부의 체제 이원화 여부, 불명확한 기관 간 업무분장, 조직구성과 권한 문제 등 중요한 사항들이 블랙박스 속에 있었다. 3개월 정도 남은 기간에 현안이 산적해 있었지만 자리에 있는 누구도 명확하게 상황을 알고 있지 못했다. 조직의 미래가 외부의 결정에 달려 있었다.

중앙정부와 기초자치단체 간 조정기능이 미약해 추진하고 있는 BRT사업은 노선이 지나가는 기초자치단체에서 하나라도 반대하면 전체사업이 한 발자국도 앞으로 나가지 못했다. 회의 말미에 문경희 의장과 조합위원들은 12월 말로 예정된 본부장과 부장들의 인사이동에 대해 우려하는 발언을 했다. 7월에 부임한 주윤중 본부장은 전임자의 잔여임기인 5개월만을 근무하고 12월에 서울시로 돌아가는 것으로 예정되어 있다. 서울시와 인천시, 경기도가 순환적으로 자리를 맡기 때문에 인천시와 경기도에서 파견된 두 명의 부장들도 12월에 복귀한다. 올해 7월에 출범한 민선 7기 광역시도 단체장이 자신의 정치적 미래를 위한 구상에 따라 인사권을 행사하기 때문이다. 내년 초에 개편되는 수도권교통본부는 파견된 지 1~2개월도 되지 않은 새 집행부에서 담당하게 되었다. 순환임기제에 대한 심각한 우려에도 불구하고 해결방법이 없었다. 수도권교통조합을 포함해 지난 15년의 본부 역사가 그대로 투영된 회의였다.

수도권 사람들은 지금 광역교통의 지옥에서 헤매고 있다. 신도시 주민들은 매일같이 새벽 일찍 출근을 위해 나와서 출퇴근에 네 시간을 허비한다. 서울로 향하는 간선도로는 출퇴근 시간에 교통 혼잡의 늪에 빠진다. 광역도로와 광역철도를 건설하는 계획은 진행이 지지부진하다. 약속은 매번 번복되고, 완공일자는 계속 늦춰지고 있다. 공부에 집중해야 할 초등학생은 학원을 왕복하는데 매일 두 시간을 소비한다.[8] 수도권 사람들은 지금보다 좋은 광역교통 서비스를 받을 자격이 있다. 수도권 2기 신도시 입주자들은 십여년전 아파트를 분양받으면서 교통 부담금으로 일인당 1,200~1,600만원씩 이미 지불했다. 신도시를 조성한 한국토지주택공사 등 사업시행자가 낸 교통 부담금이 건설사의 부지매수 금액에, 다시 주택 분양금액에 전이되었다. 주민들로부터 모든 비용을 미리 받은 정부가 제 할 일을 못하고 있는 것이다. 수도권 광역교통 문제에 책임이 있는 기관들이 그동안 해온 일들을 하나씩 되짚어 본다.

국토교통부는 광역교통 업무를 관할하는 중앙정부 부처다. 국토교통부는 광역교통 문제를 해결하기 위해 1997년 「대도시권 광역교통 관리에 관한 특별법」을 제정한다. 국토교통부 장관은 광역시도의 의견을 들어 20년 단위의 대도시권 광역교통기본계획을 수립한다. 광역교통기본계획의 주요사항을 변경하려고할 때는 공청회를 열어 주민과 전문가들의 의견을 들은 후 장관을 위원장으로 하는 국가교통위원회가 심의한다. 계획의 실행을 위해 광역교통시행계획과 추진계획을 수립하고, 집행실적에 대해 평가한다. 둘 이상의 지방자치단체에 걸친 주요사업이나 대규모 개발사업은 광역교통개선대책을 수립해 이행하도록 규정했다. 두 개 이상의 광역시도를 연결하는 광역도로와 광역철도, 광역철도역 인근에 건설되는 주차장, 공영차고지, 간선급행버스체계 시설, 환승센터 등 광역교통시설을 건설할 때는 국가가 재정을 지원하도록 했다.

법률은 수차례 개정되면서 오늘날의 구조를 갖추었다. 5년 단위 계획은 20년 단위로 바뀌었다. 심의기구로 '대도시권 광역교통위원회'를 신설했다가 폐지하고, 국가통합교통체계효율화법에 의해 운영되는 국가교통위원회에 업무를 이관했다. 1급 공무원을 단장으로 하는 광역교통개선기획단을 설치한 후 대도시권 광역교통정책실로 개편했다가 2005년 생활교통본부로 업무가 이관되면서 담당부서는 폐지되었다. 광역교통시설을 건설·개량하기 위해서 택지개발사업, 도시개발사업, 아파트지구개발사업 등을 대상으로 광역교통시설 부담금을 부과하는 조항이 신설되었다. 부담금을 받는 광역시도에는 지방광역교통시설 특별회계를 설치하도록 규정했다. 국토교통부는 현재 종합교통정책관 소속 교통정책조정과와 도시광역교통과, 철도국의 광역도시철도과, 도로국 등에서 광역교통 업무를 수행하고 있다.

국토교통부가 그동안 수행했던 광역교통 업무에 대해 교통 전문가들의 평가는 긍정적이지 않다. 이러한 평가는 「대도시권 광역교통관리에 관한 특별법」의 법률조항 변천사를 살펴보면 느낄 수 있다.

광역교통시설 대상의 확대, 광역교통시설 부담금의 부과, 지방광역교통시설 특별회계의 설치와 같은 발전적인 개정도 있다. 그러나 담당 조직은 폐지되고, 계획의 목표기간은 장기로 변경되었으며 심의기구는 이관되었다. 서울연구원에서 수십년 동안 수도권 교통문제를 연구해온 광역교통 전문가인 이광훈 박사는 2017년 발간한 저서에서 다음과 같이 평가했다. 그의 평가에 많은 교통전문가가 동의한다.

> "광역교통이라고는 해도 기존 건설교통부의 도로·철도사업부서와의 사업 영역이 명확하지 않아 실제 광역교통기획단의 사업 추진실적은 미흡하였다. 무엇보다도 「대도시권 광역교통 관리에 관한 특별법」에서 정의하고 있는 광역도로와 광역철도의 정의가 너무 협의적이어서 해당 사업을 추진하기가 어려웠다. … 이 시기 수도권 광역교통정책은 대부분 중앙정부 주도로 이루어졌다. 직접 당사자인 서울시와 인천시, 경기도의 역할은 버스 운영과 도로정비와 관련된 협의 수준에 머물렀다."[9)]

이제 서울시, 인천시, 경기도와 같은 수도권 광역자치단체의 차례다. 1기 신도시 건설로 수도권 광역교통에 대해 많은 문제가 제기되자 서울시와 인천시, 경기도는 1996년 광역교통정책 협의회를 구성했다. 세 개 광역자치단체의 교통국장은 협의회를 통해 일 년에 두 차례 정기회의를 가졌다. 광역버스 노선조정, 시계도로 병목구간 개선 등 다양한 현안과제가 협의 테이블에 올랐다. 더 체계적인 조직체계가 필요했다. 1998년 서울시정개발연구원에서 발간하는 서울시정포럼에 '미국 대도시권 광역계획기구(MPO : Metropolitan Planning Organization)'를 참고하여 광역교통 행정체계를 구축하자는 연구리포트가 기고되었다. 1998년 수도권 행정협의회에서 수도권광역교통기구의 필요성이 공식적으로 제기되었다. 기구 설립의 당위성이 힘을 받게 된 것이다.

수도권광역교통기구의 설립이 단계적으로 진행되었다. 1999년 교통개발연구원이 수도권광역교통기구 설립 타당성 조사연구를 수행했고, 이듬해 국토연구원이 교통연합 설립을 제의했다. 2001년 광역교통 부담금 제도가 도입되어 적극적인 광역교통대책이 가능해지자 기구 설립이 급물살을 탔다. 2003년 수도권 세 개 광역자치단체장들이 광역 교통기구 설치에 합의했다. 다음해에 수도권교통조합 설립 추진단이 구성되었다. 세 개 광역시·도지사가 설립계획을 확정하자 의회에서 수도권교통조합 규약을 의결했다. 2005년 행정자치부가 수도권교통조합 설립을 승인하자 서울·인천·경기 공무원이 교통조합으로 파견되었고, '2006년 수도권 가구통행실태조사'사업이 위임되었다. 2007년에는 수도권교통조합을 수도권교통본부로 명칭을 변경한다.

교통 전문가들은 수도권교통본부를 '미운 오리새끼'인 수도권 광역교통 문제를 해결할 '백조'로 보았다. 그러나 수도권교통본부는 곧 한계를 보였다. 굴곡진 버스노선, 과다한 환승시간, 급증하는 장거리 통행 등의 문제는 수도권 주민들의 승용차 의존도를 심화시켰다. 2004년 서울시는 대중교통체계 개편을 통해 간선, 지선, 광역, 순환의 네 단계 버스위계를 세우고, 준공영제를 도입했다. 서울시가 치열한 경쟁으로 경제성이 떨어지는 광역버스 시장에서 발을 빼자 서울시 광역버스 운행회사 수가 줄어들었다. 수도권 광역버스는 경기도와 인천시의 몫이 되었다. 경기도는 정류장 수를 대폭 줄이고 급행으로 운행되는 광역버스 노선과 운행 대수를 지속적으로 증가시켰다. 서울시는 인천시와 경기도의 광역버스 증가로 서울시 내부의 교통혼잡이 심해진다고 생각했다. 조정기능이 약한 수도권 교통본부는 광역버스 증차를 요구하는 인천시·경기도와 증차에 반대하는 서울시 사이에서 갈등을 중재하지 못했다.

2006년부터 2017년까지 수도권에서는 490건의 광역버스 노선조정 신청이 있었다. 경기도가 92%인 452건으로 압도적으로 많고, 인천시가 6%인 28건, 서울시가 2%인 10건이다. 경기도 신청사례에서 그대로 받아들이는 인용은 12.4%에 불과했다. 수정인용을 포함해도 52%이다. 경기도의 광역버스 증차 등 조정신청에 서울시가 절반 정도를 마지못해 받아들이는 것이다. 그나마 과거에 비해 최근 수용하는 비율이 높아지고 있다. 인천시의 신청사례는 인용이 25%, 수정인용이 32%로 합하면 57%이다. 서울시의 인용비중은 50%이고, 수정인용을 더하면 60%가 된다. 제2자유로 건설에 대해서도 서울시와 경기도는 대립했다. 지자체 간 갈등으로 무산되고, 연기되는 사례는 차고 넘친다.

수도권교통본부는 간선급행버스(BRT) 업무를 주로 수행한다. BRT기본계획을 수립하고 실시설계와 시공까지 BRT사업의 전 과정을 담당하고 있다. 수도권을 대상으로 하는 대중교통 종합계획을 수립하고, 환승시설의 현황을 관리한다. 수도권 교통자료를 조사하는 교통센서스 업무도 위임받았다. 그러나 광역버스 노선 결정권이 없어 노선조정은 사전협의 수준에 머무른다. 주요 간선도로와 광역철도에 대한 핵심업무는 국토부에 밀려 권한이 약하다. 2014년 고속도로를 운행하는 수도권 광역버스에 대해 국토교통부가 입석운행 금지를 발표한 사례는 교통본부의 위상을 단적으로 보여준다. 수도권 광역교통에 대한 중요한 의사결정임에도 불구하고 교통본부의 역할은 미약했다.

수도권교통본부는 광역교통을 해결할 '백조'로 탈바꿈하지 못했다. 지난 14년의 본부 역사에서 총 열아홉 명의 본부장이 임명되었다. 본부장의 평균 임기기간은 8.7개월에 불과했다. 임명되고 업무를 조금 파악하게 되면 인사이동으로 다음사람이 파견되었다. 본부장은 서울시장과 경기도지사, 인천시장이 순서대로 돌아가면서 임명했다. 해당 순서가 돌아온 광역자치단체장은 정확하게 2년 동안 임명할 수 있었다.

사람을 적재적소에 배치하는 인사는 모든 일의 기본이다. 서울시 출신 본부장은 일곱 명이고 평균 재임기간은 10개월이다. 인천시 출신은 다섯 명이며 평균 9개월을 근무했다. 경기도가 파견한 일곱 명의 본부장이 재임한 기간은 평균 7개월에 불과했다. 본부장의 전문성도 문제가 많았다. 본부장 중에서 교통부서에서 과장급 이상의 보직에 근무한 사람이 열아홉 명중 삼분의 일이 안 되는 여섯 명이다. 교통에 대한 이해도가 있는 본부장은 서울시 출신이 세 명, 인천시가 두 명, 경기도는 한 명이었다.

수도권교통본부에 근무하는 오십여 명의 사람들은 대부분 서울시와 인천시, 경기도에서 파견한 공무원들이다. 본부장과 기획조정부장, 시설부장은 파견한 광역자치단체가 모두 다르게 짜여있다. 따라서 다음 광역자치단체장이 본부장을 임명하는 순서가 와서 새로운 본부장이 오면 기획조정부장과 시설부장도 다른 사람으로 바뀐다. 본부의 수뇌부가 일괄적으로 교체되는 것이다. 행정의 일관성과 업무의 지속성에 문제가 없을 수 없다. 교통본부는 잦은 인사이동에 BRT사업과 교통센서스 작성을 중심으로 한 업무로 광역교통의 큰 틀을 바꿀 수 없었다. 수도권교통본부의 위상은 조정권한이 약해 기초자치단체 등의 반대가 있으면 일 추진이 쉽지 않은 조직으로 전락했다. '귤이 회수를 건너면 탱자가 된다'는 옛말이 있듯이 '미국 대도시권 광역계획기구'의 아이디어는 우리나라의 행정체계에 안착하지 못했다.

수도권교통본부는 설립초기부터 개편논의에 휩싸였다. 2005년 11월 건교부는 대중교통 활성화를 위해 '수도권 광역교통청'을 추진하겠다고 했다. 노무현정부와 여당인 열린우리당이 당정협의에서 신설을 논의했다. 그러나 결실은 없었다. 이년 뒤 이번에는 한나라당 소속인 김문수 경기도지사가 건교부에 신설을 강력하게 주장했다. 이듬해 이명박 정부가 들어서자 김문수 지사는 인수위에 신설을 다시 요청한다. 2009년에는 여당인 한나라당 손범규의원과 유정복의원이 연달아 또다시 수도권 광역교통청 신설을 주장했다. 대한교통학회, 철도협회 등 관련 민간기관에서도 2007년과 2009년, 2011년 학술세미나를 개최해 설립의 타당성을 역설했다. 2014년에는 제6회 지방선거에서 경기도 지사후보로 나섰던 새누리당의 정병국의원이 가세했다. 보수와 진보정당을 망라해서 여당이 되면 모두 한 목소리를 냈다. 그러나 결국에는 제자리였다.

수도권교통본부는 '시작은 창대했으나 끝은 미약'한 행정기구가 되었다. 2017년 4월 12일 경기연구원 주최로 국회도서관 소회의실에서 '대도시권 광역교통기구 설립방안 토론회'가 개최되었다. 발표자와 토론자, 심지어 교통본부 조합의장까지 교통본부의 문제에 대해 목소리를 높였다. 그러자 조직개편에 대한 논의가 다시 시작된다. '광역교통청 설립'은 19대 대통령선거에서 더불어민주당 문재인 후보와 자유한국당 홍준표 후보, 바른정당 유승민 후보의 공약에 포함되었다. 문재인대통령 취임 후 국정기획자문위원회는 7월 '국정운영

5개년 계획' 100대 과제에 2018년 광역교통청 신설을 포함한다.

새로운 시도가 있었다. 2018년 11월 14일 국회 국토교통위원회 교통법안소위는 '대도시권 광역교통 관리에 관한 법률 개정안'을 최종 의결했다. 개정안은 국토교통부 소속의 광역교통 컨트롤타워인 '대도시권 광역 교통위원회' 출범을 골자로 했다. 조직은 위원장과 본부장을 한 명씩 두고, 국토부와 기획재정부, 행정안전부 등 고위 공무원을 포함해 30여명 이내로 구성하는 안이었다. 중앙위원회 밑으로 수도권, 부산권, 호남권 등 권역별 위원회가 함께 가동된다.[10] 이것이 우리가 그동안 애타게 갈망했던 해답인가? 이 주제에 천착해온 경기연구원의 조응래 박사는 2017년 말 발의된 개정안에 있었던 광역교통시설의 구축·관리, 광역대중교통 노선·공급조정 등이 모두 빠져 차라리 수도권교통본부의 기능을 강화하는 것이 바람직하다고 주장한다. 대통령 공약실천이라는 명목으로 수도권교통본부와 크게 다르지 않는 기구를 고위공무원 자리를 늘리기 위해 개편할 필요가 없다는 것이다.[11] 그동안 일선에서 이 문제에 대해 많은 것들을 느끼고 경험했던 수도권교통본부와는 제대로 된 소통이 부족하다. 폭넓은 소통 없이 추진되는 것에 많은 교통 전문가들이 의아해 하고 있다. 제대로 된 소통은 실수를 줄인다.

정부의 '대도시권 광역교통위원회' 추진방안은 여러 교통전문가들의 우려에도 불구하고 계획대로 추진되었다. 2019년 3월 19일 2개국 7개과로 구성된 대도시권광역교통위원회가 출범했다. 20일이 지난 4월 8일 오전 10시 30분 단암빌딩 21층의 회의실에서 후속조치로 수도권 교통본부를 해산하는 회의가 개최되었다. 그러나 앞으로 '대도시권 광역교통위원회'가 수도권 광역교통을 어떻게 다룰 것인지에 대한 자세한 설명없이 일방적으로 해산을 결정하자는 안건은 위원들의 반대로 부결되었다. 결국 11일 후인 4월 19일 대도시권 광역교통위원장이 회의에 참석해 관련사항에 대해 설명한 후 수도권 교통본부의 해산이 결정되었다.

수도권을 포함한 대도시권 주민들은 해마다 교통 혼잡으로 수십조 원의 가치가 있는 시간을 길에서 허비한다. 광역교통 문제가 줄어들면 가족과 함께 보내거나 자신을 위해 투자할 수 있는 막대한 시간이다. 타인을 위해 봉사하거나 휴식을 통해 피로를 줄이는데 쓰일 수도 있다. 우리 사회를 위해 귀중하게 쓰일 수 있는 기회의 시간이다. 낭비되는 시간을 줄이면 국가와 기업의 경쟁력이 높아진다. 광역교통의 악화로 국민의 피로도가 증가하는 것은 우리 사회의 발전에 해가 된다. 그런데도 광역교통의 네트워크는 때때로 단절되어 있고, 수시로 막힌다. 승용차, 도시철도, 버스 등 교통수단들은 서로 유기적으로 연결되어 있지 못하다. 빠른 교통수단과 쉽게 접근하도록 하는 교통수단 간에 위계 있게 기능하고 있지도 않다. 지자체장들은 자신들의 정치적 이해관계에 따라 행동하며 서로 책임을 미룬다. 예산은 부족하고, 민원에 휘둘려 공공을 위한 추진력은 약하다. 총체적인 난국을 책임감을 가지고 풀 주체가 없다.

이 주제에 대해 국민들의 폭넓은 의견수렴을 통해 오늘날 우리에게 필요한 해답을 찾는 「공론화 위원회」가 필요하다. 국민과 중앙정부, 지자체, 전문가들이 함께 지혜를 모아 해결해야 한다. 또 다른 시행착오를 할 시간이 우리에게는 이제 남아있지 않다. 광역교통 문제가 우리의 경쟁력을 갉아먹고 피로사회로 이끌어 희망이 사그라지게 하지 않도록 올바른 행동이 필요할 때다.

<5개년도 「수도권 교통센서스 DB」 분석결과 요약>

□ 수도권 총 목적통행

- 수도권 총 목적통행은 수도권에서 출근, 등교, 귀가. 업무・귀사, 쇼핑, 여가・외식・친교, 학원, 배웅, 기타목적으로 이동한 모든 통행을 합한 수치를 말한다. 1996년 4,234만 통행에서 2002년에는 1996년 대비 111%로 늘어난 4,710만 통행이 되었다. 2006년에는 121%인 5,106만 통행, 2010년에는 135%인 5,709만 통행, 2016년에는 144%인 6,110만 통행으로 증가했다.
- 서울시 내부 목적통행은 서울시민이 서울시 출발지에서 서울시 도착지로 이동하는 모든 목적통행을 합한 수치를 말한다. 1996년 2,015만 통행에서 2002년에는 1996년 대비 98%로 2%가 줄어든 1,975만 통행이 되었다. 2006년에는 조금 증가하여 99%인 2,000만 통행, 2010년에는 109%인 2,196만 통행, 2016년에는 111%인 2,227만 통행이 되었다.
- 인천시 내부 목적통행은 인천시민이 인천시 출발지에서 인천시 도착지로 이동하는 모든 목적통행을 합한 수치를 말한다. 1996년 387만 통행에서 2002년에는 1996년 대비 111%로 늘어난 432만 통행이 되었다. 2006년에는 114%인 442만 통행, 2010년에는 128%인 497만 통행, 2016년에는 136%인 528만 통행이 되었다.
- 경기도 내부 목적통행은 경기도민이 경기도 출발지에서 경기도 도착지로 이동하는 모든 목적통행을 합한 수치를 말한다. 1996년 1,265만 통행에서 2002년에는 1996년 대비 124%로 늘어난 1,572만 통행이 되었다. 2006년에는 146%인 1,848만 통행, 2010년에는 166%인 2,099만 통행, 2016년에는 183%인 2,318만 통행이 되었다.
- 서울시와 인천시, 경기도의 내부 목적통행을 모두 합한 수치를 수도권 총 목적통행으로 나누면 수도권 내부통행비가 된다. 1996년 수도권 내부통행비는 86.6%였으나 2002년에는 84.5%로 감소하였고, 이후에도 2006년 84.0%, 2010년 83.9%, 2016년 83.0%로 지속적으로 감소하였다.

<5개년도 「수도권 교통센서스 DB」 분석결과 요약>(계속)

- 서울시 유출입 목적통행은 서울시로 진입 또는 진출하는 인천시와 경기도 목적통행을 합한 수치를 말한다. 1996년 518만 통행에서 2002년에는 1996년 115%로 늘어난 595만 통행이 되었다. 2006년에는 127%인 657만 통행, 2010년에는 139%인 717만 통행, 2016년에는 155%인 805만 통행이 되었다.
- 인천시 유출입 목적통행은 1996년 100만 통행에서 2002년에는 1996년 대비 145%로 늘어난 145만 통행이 되었다. 2006년에는 160%인 160만 통행, 2010년에는 187%인 187만 통행, 2016년에는 236%인 236만 통행이 되었다.
- 경기도 유출입 목적통행은 1996년 464만 통행에서 2002년에는 1996년 대비 128%로 늘어난 592만 통행이 되었다. 2006년에는 145%인 675만 통행, 2010년에는 164%인 761만 통행, 2016년에는 183%인 847만 통행이 되었다.
- 서울시 관련 총 목적통행은 서울시 내부 목적통행과 서울시로 진입 또는 진출하는 인천시와 경기도 목적통행을 합한 수치를 말한다. 1996년 2,015만 통행에서 2002년에는 1996년 대비 98%로 2%가 줄어든 1,975만 통행이 되었다. 2006년에는 조금 증가하여 99%인 2,000만 통행, 2010년에는 109%인 2,196만 통행, 2016년에는 111%인 2,227만 통행이 되었다.
- 인천시 관련 총 목적통행은 1996년 387만 통행에서 2002년에는 1996년 대비 111%가 늘어난 432만 통행이 되었다. 2006년에는 114%인 442만 통행, 2010년에는 128%인 497만 통행, 2016년에는 136%인 528만 통행이 되었다.
- 경기도 관련 총 목적통행은 1996년 1,265만 통행에서 2002년에는 1996년 대비 124%가 늘어난 1,572만 통행이 되었다. 2006년에는 146%인 1,848만 통행, 2010년에는 166%인 2,099만 통행, 2016년에는 183%인 2,318만 통행이 되었다.

<5개년도 「수도권 교통센서스 DB」 분석결과 요약>(계속)

- 서울시 유출입 목적통행을 서울시 관련 총 목적통행으로 나누면 서울시 유출입 목적통행비가 된다. 1996년 서울시 유출입 목적통행비는 20.4%였으나 2002년에는 23.2%로 증가하였고, 이후에도 2006년 24.7%, 2010년 24.6%, 2016년 26.6%로 지속적으로 증가하는 추세다.
- 1996년 인천시 유출입 목적통행비는 20.6%였으나 2002년에는 25.2%로 증가하였고, 이후에도 2006년 26.5%, 2010년 27.4%, 2016년 30.9%로 지속적으로 증가하는 추세다.
- 1996년 경기도 유출입 목적통행비는 26.8%였으나 2002년에는 27.3%로 증가하였고, 이후에도 2006년 26.8%, 2010년 26.6%, 2016년 26.8%로 지속적으로 증가하는 추세다.

□ 수도권 통행목적별 통행량 비율

- 1996년의 수도권 통행량을 통행목적별로 살펴보면 귀가통행이 41.2%로 가장 많았다. 출근통행이 17.3%, 친교・개인통행이 12.7%, 등교통행이 10.9%, 업무통행이 9.4%, 쇼핑통행이 4.6%, 학원통행이 3.0%, 배웅통행이 0.9%인 것으로 나타났다. 귀가통행은 주로 다른 통행들과는 반대방향으로 이동한다.
- 2002년 통행목적별 비율은 귀가통행이 40.6%로 가장 많았다. 출근통행이 17.3%, 친교・개인통행이 12.7%, 업무통행이 10.0%, 등교통행이 9.9%, 쇼핑통행이 4.5%, 학원통행이 3.9%, 배웅통행이 1.1%로 조사되었다. 1996년과 비교해 업무통행과 등교통행의 순위가 바뀌었고, 학원통행과 배웅통행의 증가가 두드러진다.
- 2006년 통행목적별 비율은 귀가통행이 40.6%로 가장 많았다. 출근통행이 17.9%, 친교・개인통행이 13.7%, 업무통행이 10.4%, 등교통행이 8.9%, 학원통행이 4.6%, 쇼핑통행이 4.2%, 배웅통행이 1.1%로 조사되었다. 2002년과 비교해 학원과 쇼핑의 순위가 바뀌었고, 출근과 친교・개인, 업무, 학원의 증가가 눈에 띈다.

<5개년도 「수도권 교통센서스 DB」 분석결과 요약>(계속)

- 2010년 통행목적별 비율은 귀가통행이 43.1%로 가장 많았다. 출근통행이 19.9%, 친교・개인통행과 배웅통행을 합한 기타통행이 13.1%, 등교통행이 8.7%, 업무통행이 8.0%, 쇼핑통행이 3.5%, 학원통행이 3.7%로 조사되었다. 2006년과 비교해 등교통행과 업무통행의 순위가 바뀌었고, 귀가통행과 출근통행의 증가가 눈에 띈다.
- 2016년 통행목적별 비율은 귀가통행이 43.4%로 가장 많았다. 출근통행이 21.9%, 친교・개인통행과 배웅통행을 합한 기타통행이 12.4%, 업무통행이 8.3%, 등교통행이 7.2%, 쇼핑통행이 3.7%, 학원통행이 3.1%로 조사되었다.

□ 2016년 수도권 통행목적별 평균 통행거리

- 2016년 수도권의 통행목적별 평균 통행거리를 가장 긴 순서대로 나열하면 업무통행 23.0㎞, 기타통행 14.4㎞, 출근통행 14.3㎞, 귀가통행 13.8㎞, 등교통행 10.9㎞, 쇼핑통행 6.1㎞, 학원통행 5.2㎞이다.
- 서울시는 업무통행 14,3㎞, 출근통행 11.6㎞, 귀가통행 11.0㎞, 기타통행 10.0㎞, 등교통행 9.4㎞, 쇼핑통행 4.2㎞, 학원통행 3.3㎞인 것으로 나타났다. 수도권 거리와 비교하면 출근통행・귀가통행과 기타통행의 순서가 바뀌며 전반적으로 수도권 평균보다 통행거리가 짧다.
- 인천시는 업무통행 26.8㎞, 출근통행 14.7㎞, 기타통행 12.4㎞, 등교통행 10.2㎞, 귀가통행 9.5㎞, 쇼핑통행 5.5㎞, 학원통행 5.1㎞로 분석되었다. 수도권 거리와 비교하면 출근통행과 기타통행 간, 등교통행과 귀가통행의 순서가 각각 바뀐다. 출근통행과 업무통행 등 직장과 연관된 통행은 수도권 평균보다 통행거리가 길다.

<5개년도 「수도권 교통센서스 DB」 분석결과 요약>(계속)

- 경기도는 업무통행 16.7㎞, 출근통행 15.8㎞, 등교통행 11.5㎞, 기타통행 11.3㎞, 귀가통행 10.5㎞, 쇼핑통행 6.7㎞, 학원통행 5.5㎞이다. 수도권 거리와 비교하면 출근통행과 기타통행 간, 등교통행과 귀가통행의 순서가 각각 바뀐다. 수도권 평균보다 대부분 통행거리가 길다.

□ 수도권 총 수단통행(지하철 환승을 단일통행으로 계산)

- 수도권 총 수단통행은 승용차, 택시, 지하철·전철·철도, 시내버스, 광역버스, 마을버스, 시외·고속버스, 기타버스, 소형·중대형 화물차, 도보, 자전거, 오토바이·기타수단으로 이동한 모든 통행을 합한 수치를 말한다. 1996년 4,726만 통행에서 2002년에는 1996년 대비 115%로 늘어난 5,455만 통행이 되었다. 2006년에는 128%인 6,035만 통행, 2010년에는 134%인 6,320만 통행, 2016년에는 144%인 6,783만 통행으로 증가했다.
- 서울시 내부 수단통행은 서울시민이 서울시 출발지에서 서울시 도착지로 이동하는 모든 수단통행을 합한 수치를 말한다. 1996년 2,372만 통행에서 2002년에는 1996년 대비 98%로 2%가 줄어든 2,336만 통행이 되었다. 2006년에는 다시 증가하여 106%인 2,516만 통행, 2010년에는 109%인 2,584만 통행, 2016년에는 110%인 2,611만 통행이 되었다.
- 인천시는 1996년 418만 통행에서 2002년에는 1996년 대비 118%로 늘어난 491만 통행이며 2006년에는 125%인 524만 통행, 2010년에는 130%인 543만 통행, 2016년에는 138%인 578만 통행이다.
- 경기도는 1996년 1,349만 통행에서 2002년에는 1996년 대비 130%로 늘어난 1,750만 통행이 되었다. 2006년에는 150%인 2,024만 통행, 2010년에는 167%인 2,255만 통행, 2016년에는 187%인 2,520만 통행이다.

<5개년도 「수도권 교통센서스 DB」 분석결과 요약>(계속)

- 서울시와 인천시, 경기도의 내부 수단통행을 합한 수치를 수도권 총 수단통행으로 나누면 수도권 내부통행비가 된다. 1996년 수도권 내부통행비는 87.6%였으나 2002년에는 83.9%로, 2006년 83.9%로 지속적으로 감소했고, 2010년 85.2%로 상승했다가 2016년 84.2%로 감소하였다.
- 서울시 유출입 수단통행은 서울시로 진입 또는 진출하는 인천시와 경기도 수단통행을 합한 수치를 말한다. 1996년 538만 통행에서 2002년에는 1996년 136%로 늘어난 730만 통행이 되었다. 2006년에는 141%인 760만 통행으로 증가하다가 2010년에는 137%인 737만 통행으로 감소했고, 2016년에는 156%인 841만 통행이 되었다.
- 인천시 유출입 수단통행은 1996년 103만 통행에서 2002년에는 1996년 대비 166%로 늘어난 171만 통행, 2006년에는 215%인 221만 통행이 되었다. 2010년에는 184%인 189만 통행으로 감소했다가 2016년에는 236%인 243만 통행으로 증가하였다.
- 경기도 유출입 수단통행은 1996년 482만 통행에서 2002년에는 1996년 대비 147%로 늘어난 711만 통행, 2006년에는 167%인 805만 통행으로 증가했다. 2010년에는 162%인 780만 통행으로 약간 감소했다가 2016년에는 182%인 876만 통행이 되었다.
- 서울시 관련 총 수단통행은 서울시 내부 수단통행과 서울시로 진입 또는 진출하는 인천시와 경기도 수단통행을 합한 수치를 말한다. 1996년 2,909만 통행에서 2002년에는 1996년 대비 105%인 3,065만 통행이 되었다. 2006년에는 계속 증가하여 113%인 3,277만 통행, 2010년에는 114%인 3,321만 통행, 2016년에는 118%인 3,451만 통행이 되었다.
- 인천시는 1996년 521만 통행에서 2002년에는 1996년 대비 127%가 늘어난 662만 통행이, 2006년에는 143%인 746만 통행이 되었다. 2010년에는 141%인 732만 통행으로 약간 감소했다가 2016년에는 158%인 821만 통행이 되었다.

<5개년도 「수도권 교통센서스 DB」 분석결과 요약>(계속)

- 경기도는 1996년 1,831만 통행에서 2002년에는 1996년 대비 134%가 늘어난 2,461만 통행이 되었다. 2006년에는 155%인 2,829만 통행, 2010년에는 166%인 3,035만 통행, 2016년에는 185%인 3,396만 통행이다.
- 서울시 유출입 수단통행을 서울시 관련 총 수단통행으로 나누면 서울시 유출입 수단 통행비가 된다. 1996년 서울시 유출입 수단통행비는 18.5%였으나 2002년에는 23.8%로 증가하였고, 2006년에는 23.2%, 2010년 22.2%로 감소했다가 2016년 24.4%로 증가했다.
- 1996년 인천시 유출입 수단통행비는 19.8%였으나 2002년에는 25.8%, 2006년 29.7%로 증가했다가 2010년 25.9%로 감소했고, 2016년 29.6%으로 증가했다.
- 1996년 경기도 유출입 수단통행비는 26.3%였으나 2002년에는 28.9%로 증가하였고, 2006년 28.4%, 2010년 25.7%로 감소했다가 2016년 25.8%로 다시 증가했다.

□ 수도권 통행수단별 통행량 비율

- 1996년의 수도권 통행량을 도보를 제외한 통행수단별로 보면 버스통행이 35.5%로 가장 많았고, 승용차통행이 31.7%, 지하철통행이 14.1%, 택시통행이 11.0%, 오토바이・기타통행이 7.7%인 것으로 나타났다.
- 2002년 통행수단별 비율은 승용차통행이 36.4%로 가장 많았고, 버스통행이 32.1%, 지하철통행이 15.5%, 택시통행이 9.2%, 오토바이・기타통행이 6.8%인 것으로 나타났다. 1996년과 비교해 승용차통행과 버스통행의 순위가 바뀌었고, 승용차통행과 지하철통행의 증가가 두드러진다.

<5개년도 「수도권 교통센서스 DB」 분석결과 요약>(계속)

- 2006년 통행수단별 비율은 승용차통행이 39.1%로 가장 많았고, 버스통행이 31.4%, 지하철통행이 15.0%, 오토바이·기타통행이 7.3%, 택시통행이 7.2%로 조사되었다. 2002년과 비교해 오토바이·기타통행과 택시통행의 순위가 바뀌었고, 승용차통행의 증가가 눈에 띈다.
- 2010년 통행수단별 비율은 승용차통행이 37.2%로 최고였다. 버스통행이 31.5%, 지하철통행이 15.9%, 택시통행이 7.8%, 오토바이·기타통행이 7.6%로 조사되었다. 2006년과 비교해 택시통행과 오토바이·기타통행의 순위가 다시 바뀌었고, 지하철통행과 택시통행의 증가가 눈에 띈다.
- 2016년 통행수단별 비율은 승용차통행이 37.5%로 가장 많았고, 버스통행이 28.9%, 지하철통행이 22.9%, 택시통행이 6.5%, 오토바이·기타통행이 4.2%로 조사되었다. 2010년과 비교해 순위는 그대로이며 승용차통행과 지하철통행의 증가가 눈에 띈다.
- 5개년도의 통행순위별 비율의 변화추이를 보면 승용차, 버스, 지하철, 택시, 오토바이·기타의 순위가 고착화되는 것을 알 수 있다. 승용차와 지하철 통행이 지속적으로 증가하며 다른 통행은 감소하고 있다.

1) 지하철 노선을 갈아타는 통행을 단일통행으로 계산하고, 도보를 포함한 자료다.

2) 1996년과 2002년은 3개 광역시도가 수행했고, 2005년부터는 3개 광역시도로부터 수도권교통조합(현 수도권교통본부)이 위임받아 수행했다.

3) 교통실태조사는 조사대상 가구에 속한 가구원들의 일일 통행특성을 파악하기 위한 것이다. 가구현황과 가구원특성, 개인별 통행특성에 대해 설문조사 방식으로 진행된다. 수도권 전체가구의 약 2% 내외를 조사대상으로 선정한 후 가정방문조사를 실시한다. 누락된 대상은 전화조사를 통해 보완한다. 설문조사가 완료되면 자료를 전산 입력한 후 여러 단계의 전수화 과정을 통해 수도권 전체가구의 통행특성 자료를 만든다. 다양한 검증과정을 통해 자료를 보정한 후 수도권 사람들의 이동을 대표하는 교통센서스 DB를 확정한다.

4) 목적통행은 출근, 등교, 귀가. 업무/귀사, 쇼핑, 여가/외식/친교, 학원, 배웅, 기타목적의 아홉 개 유형으로 구분한다.

5) 수단통행은 승용차, 택시, 지하철/전철/철도, 시내버스, 광역버스, 마을버스, 시외/고속버스, 기타버스, 소형/중대형 화물차, 도보, 자전거, 오토바이/기타수단의 열두 개 유형으로 분류한다.

6) 이 수치를 포함해 통행과 관련한 구체적인 수치는 2장의 끝에 제시했다.

7) 지하철 노선을 갈아타는 통행을 단일통행으로 계산하고, 도보를 포함한 자료다.

8) 2018년 11월 13일자 조선일보의 "1인당 1200만원씩 내고도... 새벽 2시간 '고난의 출근길'"기사 참조

9) 이광훈, 2017, 서울 교통정책 변천사, pp. 424-426, 서울연구원.

10) 홍성용, 'GTX 건설 빨라질듯...광역교통위 출범' 2018.11.15.일자 매일경제신문 기사

11) 조응래, '용두사미가 된 광역교통청 설립' 2018년 10월 25일자 중부일보 기사

3. 약화되고 있는 지역경제 기반

우리는 아직도 70년대식 성장 산업시대를 살고 있다

"지금은 상황이 어떻습니까? 벌써 20년도 넘었군요. 그때 현장을 본 기억이 아스라합니다. 갯벌을 매립한 간척지가 어마어마했는데요."

맞은편 자리에서 온화한 표정을 띤 채 L박사가 질문했다. 반갑게 자리를 권하고 차를 한잔 내면서 서로 근황을 물은 뒤 건넨 말이었다. 8차로나 되는 넓은 대로변에 접해있는 정부출연연구기관인 K연구원 10층 빌딩의 사무실 중에서 전망이 좋은 편인 L박사의 연구실은 창문 쪽으로 회의 탁자가 배치되어 있어 의자에 앉은 채로 고개를 조금 돌리면 맞은편 도로를 걸어가는 사람들과 업무용 빌딩들, 빌딩 숲 너머 아파트단지들이 훤히 내다 보였다. 우리가 서로 알게 된 지 오년이 넘었지만 그의 오랜 실물정책 경험에서 다져진 전문가적 자신감과 솔직함은 때때로 내게 경외감으로 다가오곤 했다. 평생 정부정책 연구에 몰두한 학자답게 L박사는 정년을 몇 달 앞두고 있으면서도 지적 호기심을 감추지 못하고 눈빛을 반짝이며 내 대답을 기다리고 있었다. 어떻게 상황을 설명해야 할까 잠시 고민한 끝에 내가 그의 질문에 답했다.

"지금은 산업단지가 다 조성되었어요. 입주업체들도 많이 들어왔습니다. 분양률이 거의 백 프로라 한국토지공사가 성공한 프로젝트라고 합니다. 입주계약업체 중에서 가동업체의 비율은 절반 조금 넘습니다. 그런데 1988년에 작성한 K연구원의 개발계획 보고서를 저희 연구진이 검증했더니 고용예측, 경제성분석, 시설계획 등 많은 사항들에서 문제가 많았습니다. 어떻게 그렇게 예측이 많이 틀릴 수 있나요?"

약간 힐난의 감정이 섞인 질문이었다. 그가 빙그레 웃으며 다시 말했다.

"교수님, 그 보고서는 우리가 24년 전에 한 연구 결과물입니다. 변명 같지만 미래사회와 경제를 예측하는 것은 매우 어려운 작업입니다. 1988년에는 현대가 미국으로 자동차를 수출하기 시작했고, 삼성도 핸드폰을 만들기 시작했어요. 기술이 우리 사회를 얼마나 바꿀지, 우리 경제가 어떻게 발전할지 누구도 정확하게 몰랐지요. 오늘날의 시각과 분석기법으로 보면 허점이 많을 겁니다. 그때 우리는 아무것도 없는 상태에서 논리적인 결과물을 만들어 내기 위해 속된 말로 '맨땅에 헤딩'했어요."

L박사와 내가 대화를 나누고 있는 주제는 군산2국가산업단지[1])다. 그와 이 대화를 한지도 벌써 육년이 지났다. 지금으로부터 30년 전에 그는 그 산업단지의 개발계획을 수립한 K연구원의 연구진 중 한명이었다. 나는 우연히도 계획수립 후 24년이 지난 시점에 그 산업단지가 완공된 이후에 대한 평가에 참여하게 되었다. 오랜 기간 동안 대규모로 조성된 한 산업단지를 초기에 계획한 전문가와 완공된 후 오년이 지나 평가한 다른 전문가가 만나 허심탄회하게 대상사업에 대해 논의하게 된 것이다. 우리나라의 계획 실정에서 이런 일은 매우 드물다. 대부분의 경우에는 참여자 기록이 사라졌

거나 보고서를 찾기 어려워 사업의 초기 계획가들을 잘 모른다. 참여자를 알게 되어도 만나기 어렵고, 만나도 이런저런 이유로 솔직한 답변을 기대하기 어렵다. 그런데 대규모 국책사업의 계획을 처음 시작한 사람과 완공 후 결과를 지켜본 사람이 서로를 신뢰하면서 정책의 집행과정을 되짚어보는 자리를 가지게 된 것이다.

L박사와의 토론은 이 분야에 대한 나의 이해도를 높이는 계기가 되었다. 나는 우연과 필연이 겹쳐 군산2국가산업단지의 사후평가 과제에 참여하였다. 우리나라의 법제도 중에서 '건설공사의 사후평가'제도가 있다.2) 국가, 지방자치단체, 공기업, 준정부기관, 지방공사, 지방공단 등의 기관이 발주(發注)하는 건설공사나 건설기술용역의 공사비가 삼백억원을 넘을 경우 전체 건설공사가 준공된 이후 오년 이내에 공사내용과 효과를 조사하고 분석해서 사후평가서를 작성해야하는 제도다. 건설공사를 계획했을 때의 예측수요와 공사비, 공사기간과 기대효과를 공사이후의 실제상황과 비교해 평가하고, 주민과 사용자의 만족도를 조사해 사업의 문제점을 찾고 개선방안을 도출하기 위한 것이다.

한 엔지니어링 업체가 2011년 여름에 군산2국가산업단지의 일부지역을 대상으로 하는 사후평가 용역을 수주했다. '건설공사의 사후평가'제도가 2000년에 도입되었기 때문에 일반적으로는 사후평가 항목과 절차, 기초자료와 평가방식에 대한 업체들의 노하우와 경험, 기존의 보고서들이 오랜 기간 동안 쌓여있어 한 푼이라도 아쉬운 수주업체가 모든 업무를 직접 수행한다. 그런데 당시에 아직 군장국가산업단지로 불리었던 군산2국가산업단지에 대한 사후평가 업무는 달랐다. 기존의 다른 건설공사 유형과 달리 한국토지공사가 조성한 산업단지를 대상으로 한 최초의 용역이었던 군산2국가산업단지 사후평가 용역은 앞으로 발주될 모든 산업단지 사후평가 용역의 표준사례가 될 것이었다. 군산2국가산업단지 용역 이전에 산업단지 유형을 대상으로 다른 기관에서 두 건의 사후평가 용역이 발주되어 완료되었지만 '건설공사 사후평가 시행지침'에서 요구하는 사항들을 적절하게 다루지 못했다는 평이었다.

군산2국가산업단지의 사후평가 수주업체는 결단이 필요했다. 대부분의 엔지니어링 업체가 그렇듯이 수주업체도 학술적 특성이 강해 새로운 아이디어와 분석기법 개발이 요구되는 수요분석과 사업효과분석, 주민의 호응도와 사용자 만족도 조사 업무를 수행할 자신이 없었다. 사후평가 업무에 대한 한국토지공사의 요구는 까다로웠다. 산업단지 사후평가 항목별로 기초자료와 분석기법들이 관련 학계와 정부출연연구기관 전문가들의 검증을 거쳐야 한다는 것이었다. 이러한 전문 검증기관 중에는 공공투자에 대한 대표적인 정부출연연구기관인 K연구원도 포함되어 있었다. 수주업체는 자신들이 어렵다고 생각했던 업무에 대해 외부의 도움을 받기로 결정했고, 돌고 돌아 내게 그 기회가 왔다.

군산2국가산업단지는 전라북도 군산시 서쪽 바닷가에 조성된 대규모 산업단지 권역에 속한다. 이 산업단지 권역에는 2015년 12월 기준으로 683만㎡ 규모의 군산국가산업단지와 1,461만㎡의 군산2국가산업단지[3], 1,849만㎡의 새만금산업단지, 564만㎡의 군산일반산업단지가 입지해 있다. 네 개의 산업단지가 서로 연접해 있어 모두 합하면 전체규모는 4,557만㎡가 된다. 군산시에는 네 개의 농공단지가 있으며 이들 농공단지 면적의 합계는 80만㎡이다.

군산일반산업단지는 이곳의 산업단지들 중에서 첫 번째로 조성된 단지다. 1970년대 정부는 금강하구에 유사가 퇴적되어 형성된 대규모 간척지에 주목했다. 1976년 3월 정부는 다가오는 서해안 시대에 중심 산업기지를 건설해 지역경제를 발전시킬 목적으로 군산시 서쪽 10㎞에 위치한 소룡동 일대를 전용공업단지로 지정했다. 1978년부터 2005년까지 778억원의 사업비가 투입되었고, 65개 업체에서 5,268명이 근무하는 군산일반산업단지(제1공단)가 조성되었다. 군산일반산업단지가 순조롭게 출범하자 1979년 군산시는 인접한 오식도와 내초도 일원의 간척지 206만평에 군산 제2공단 개발계획을 수립했다. 개발사업의 추진은 십여년 동안 부진하다가 1987년 8월 산업기지개발구역으로 지정되면서 급물살을 타게 되었다.[4] 1988년부터 1994년까지 2,413억원의 사업비가 소요된 군산국가공업단지는 1996년 7월 군산국가산업단지로 명칭이 변경되었고, 입주업체 176개 중 149개 업체가 가동되면서 6,082명이 근무하고 있다.

노태우정부가 출범하고 서울올림픽이 성공적으로 개최되었던 1988년은 세계적인 격변의 시대를 여는 해이기도 했다. 동구권에서 민주화 혁명의 불길이 타오르면서 우리나라는 헝가리를 시작으로 소련, 중국 등 당시의 사회주의국가들과 차례로 수교했다. 북방외교가 힘을 받으면서 중국과 가까운 서해안지역의 가치가 급등했다. 1987년 대통령 선거에서 노태우 후보가 대선공약으로 발표했던 22조원 규모의 새만금 국책사업이 추진되고, 341㎞의 서해안고속도로가 착공되자 서해안지역이 주목받았다. 이런 분위기에 부응해 군산지역에 군산일반산업단지와 군산국가산업단지의 부지들을 합한 것보다 더 큰 규모의 사업이 기획되었다. 군산국가산업단지가 전북 군산과 충남 장항을 연결하는 대규모 '광역산업기지(군장산업기지)'조성사업으로 확대된 것이다. 1989년 8월 건설부[5]는 군산국가산업단지의 인접지역을 산업기지개발구역으로 지정해 사업을 본격적으로 추진했다. 군장산업기지의 청사진은 2021년까지 군산과 장항지역의 해면 4천60만평을 매립하는 것이었다. 그러나 개발계획이 여러 번 변경되고, 환경단체의 반대가 극심해지자 2007년 충남 서천군은 장항지역의 갯벌 매립을 포기했고, 결국 군산지역에서만 산업단지가 조성되었다.[6]

새만금산업단지는 군산시 바닷가에 조성된 네 개의 산업단지 중에서 가장 마지막으로 추진되었다. 새만금 개발사업은 전북 옥구군을 중심으로 금강, 만경강, 동진강 하구를 둘러싼 갯벌을 간척하기 위해 1971년 수립된 옥서지구 농업개발계획이 시초다. 새만금 개발사업은 두 단계로 기획된 옥서지구 계획의 2단계사업을 약 3.5배 확대한 것이다.[7] 준설토를 활용한 매립지 291㎢와 호수와 늪 지역 118㎢를 합한 409㎢의 간척지가 1991년 11월 착공해 2010년 4월 준공된 33.9㎞ 길이의 새만금 방조제 안쪽에 조성되었다. 정부는 2008년 5월 새롭게 형성된 간척지 중 18.5㎢의 면적을 환 황해권의 전략적 중요성, 외국인투자 유치 확대를 위한 최적입지, 낙후된 전북경제 활성화 등을 고려해 새만금산업단지를 포함한 새만금·군산 경제자유구역으로 지정고시했다. 석 달 후 관리기관으로 새만금·군산 경제자유구역청[8]이 개청되었고, 다시 한 달 후 한국농어촌공사가 사업시행자로 지정되었다. 2008년부터 2023년까지 진행되는 사업으로 2.5조원의 사업비가 투입된다. 산업단지의 조성목적은 저탄소 녹색성장의 친환경산업단지를 목표로 동북아 전략거점 및 지식창조형 산업단지로 육성하는 것이며 5개 업체가 입주해 1개 업체가 가동되고 있다.

산업단지는 국가의 주요 제조 산업을 중심으로 관련 시설들을 집적해 일자리 창출에 핵심기능을 담당하도록 조성되는 단지를 말한다. 산업단지는 1890년 경제학자 앨프리드 마셜이 쓴 『경제학의 원리*The Principles of Economics*』에서 제시한 '산업의 집적화' 개념을 기반으로 한다. 18세기 중반 영국에서 산업혁명이 촉발되자 유럽 각국은 공업화를 추진하였다. 20세기에 마셜의 아이디어는 산업단지*industrial park*, 기업도시*company town*와 같은 개념으로 확장되어 국가의 경제 성장, 지역 균형발전, 일자리 창출 등을 위해 전 세계에서 다양한 형태로 추진되었다. 우리나라에서는 1960년대부터 국가가 주도하는 산업 육성정책을 위해 철강, 조선, 자동차, 화학제품과 같은 특정산업을 중심으로 산업단지가 조성되었다. 1962년 울산 공업단지와 1964년 한국 수출산업 국가단지를 건설하면서 수출 중심의 제조업이 육성되었고, 1970년대에는 중화학공업을 중심으로 경제성장을 추진하기 위해 산업단지가 조성되었다. 1980년대에는 지역 균형발전과 지방산업 육성을 위하여 농공단지가 개발되었고, 1990년대부터는 과학기술을 기반으로 한 첨단산업단지들이 조성되기 시작했다.

우리나라 주요 산업단지들의 대다수는 박정희정부가 추진한 수출주도형 중화학공업 육성정책에 뿌리를 두고 있다. 군산시 서쪽 바닷가에 입지한 네 개의 산업단지가 형성한 대규모 산업단지 권역은 그 대표적인 사례다. 군산시 산업단지 권역의 부지면적 대부분은 1989년대 후반에 본격적으로 추진되었다. 그러나 해안매립지를 대상으로 자동차·조선·발전기 등 대기업이 주도하는 국가주도형 산업단지라는 특성에는 박정희시대의 산업패러다임이 살아있다.

군산시는 산업단지 관점에서 우리나라의 대표적인 기초자치단체다. 2017년 말 기준으로 군산시의 산업단지 관리면적은 47.6㎢로 전국 산업단지 관리면적의 4.0%를 점유해 226개 기초지자체 중에서 전남 광양시와 여수시, 대전 유성구, 경남 창원시, 경북 포항시 다음으로 6위다.[9] 산업단지에 입지해 있는 업체 수는 753개로 전국산업단지 대비 0.8%로 22위를 차지하고 있으며 고용자 수는 전국 산단 대비 0.9%인 19.6천명으로 27위를 기록했다. 생산액은 11.9조원으로 전국 산단 대비 1.1%를 점유해 24위이며 수출액은 0.9%인 38.9억 달러로 23위에 위치했다. 서해안 시대의 핵심 관문이자 대표적인 산업중심도시인 군산시에 입지한 네 개의 국가·일반 산업단지를 살펴보면 오늘날 우리나라의 지역경제 문제를 어느 정도 이해할 수 있다. 특히 아직도 조성되고 있는 새만금산업단지를 제외한 세 개의 대상 산업단지 중에서 군산2국가산업단지는 가장 규모가 크고 가장 최근에 완공되어 분석대상으로 적절하다.

군장국가산업단지에서 명칭이 변경된 군산2국가산업단지는 전라북도 군산시 서쪽 14㎞ 지점에 위치해 있으며 육지면적 15.8㎢과 해면면적 34.7㎢을 합해 지정된 총 면적이 50.5㎢에 달하는 대규모 단지다. 군산2국가산업단지는 해상매립을 통해 국토를 확장하여 서해안 시대의 전진기지를 조성함으로써 국토의 균형발전을 도모하고, 신규 공업용지에 대한 수요를 충족할 목적으로 조성되었다. 산업단지 조성기관은 한국토지개발공사[10]로 1990년부터 2006년까지 8천억원의 사업비가 투입되었으며 현재 한국산업단지공단이 관리하고 있다.

지난 30년 동안 우리나라의 산업구조는 예상을 뛰어넘어 급격하게 변화했다. 군산2국가산업단지를 대상으로 과거 세 번에 걸쳐 수행되었던 고용자 예측은 모두 총체적인 실패작으로 드러났다. 1988년 군산2국가산업단지가 처음 계획되었을 때 기계업종 1만4천명, 자동차업종 1만명, 목재업종 3천명, 기타 연관업종 1만6천명을 포함해 4만3천명이 산업단지에 근무한다고 예측되었다. 1995년 5월에 발간한 한국토지개발공사의 보고서는 『공업단지 개발편람(1991)』 자료를 적용해 음식료품업종 7,270명, 종이 및 종이제품업종 4,820명, 조립금속업종 20,430명, 기타제조업종 22,350명 등 총 고용자가 54,870명이 될 것으로 예측했다. 2010년에 군산시가 수립한 『2015년 군산도시관리계획』에서는 산업단지에 68,657명이 근무할 것으로 예상했다. 그런데 2017년 군산2국가산업단지에 근무하는 고용자수는 6,761명이었다. 1988년 K연구원 예측치의 15.7%, 1995년 한국토지개발공사 예측치의 12.3%, 2010년 군산시 예측치의 9.8%에 불과하다. 더구나 2015년 11,131명을 정점으로 지난 2년 동안에는 하락하는 추세다. 군산2국가산업단지에서 실제로 근무하는 고용자수가 예측했던 수치의 9.8~15.7% 수준으로 3만6천명에서 6만2천명까지 예측에 차이가 난다.

산업단지에 업체의 입주가 부진했던 것은 아니다. 군산2국가산업단지는 분양률 100%로 초기에 입주계약을 한 업체는 398개였으며 2017년에는 입주계약 업체 수를 넘어서는 424개 업체가 가동되고 있다. 산업단지가 준공된 2007년 1월 이후 일 년 동안 가동업체 수 증가율과 고용자수 증가율이 비슷해 가동업체 당 고용자수는 2007년부터 2008년까지 약간 증가했다. 그러나 단지가 활성화되면서 가동업체 당 고용자수는 2008년부터 2009년까지 급격하게 증가한 후 2010년부터는 지속적으로 하락하고 있다. 가동업체들의 총 생산액은 2003년부터 2013년까지 지속적으로 증가하다가 2014년부터는 감소하는 추세다. 고용자 일인당 생산액은 2003년 9.3억원을 정점으로 2009년 2.2억원으로 하락했다가 다시 증가해 2017년에는 5.0억원에 도달했다. 가동업체들의 총 수출액은 2003년 5천8백만 달러를 기록한 뒤 2006년까지는 없었다가 준공된 첫해에 백만달러를 시작으로 증가하는 추세다. 즉 초기에는 성장하다가 안정화단계에 접어든 후 최근에는 어려움을 겪는 것으로 보인다. 이런 흐름을 보여주는 다양한 그림들은 <부록 그림 3-1>에 첨부했다.

산업단지에서 업체수가 가장 많은 업종은 기계이고, 다음으로는 운송장비, 석유화학인 것을 알 수 있다. 업종별 고용자수 비중은 운송장비가 가장 높았다가 2017년 기계업과 순위가 바뀌었으며 석유화학이 최근에 12.6%로 상승했고, 다른 업종들은 10% 미만이었다. 업체당 평균 고용자수는 운송장비와 음식료가 매우 높았다가 2016년 이후 급격하게 하락했다.<부록 그림 3-2 참조>

군산2국가산업단지 투자에 대한 경제적 효과는 예측했던 것보다 높았다. 1988년 K연구원은 군산2국가산업단지를 대상으로 16개 시나리오를 가지고 경제적 타당성을 분석한 후 가장 적절한 시나리오의 편익비용(B/C) 비율이 1.14라고 결론지었다. 산업단지 조성에 경제성이 있다고 판단한 것이다. 산업단지가 완공되었을 때 공사비는 물가상승, 설계변경 등으로 예상했던 것보다 약 18%가 더 증가했다. 그래도 단지 완공 후 오년이 지났을 때 경제적 타당성을 검증한 결과 산업단지를 조성해 발생한 생산액 증가율이 1988년 예상치보다 훨씬 높아 편익비용(B/C) 비율이 2.53인 것으로 나타났다. '산업단지에 대한 건설투자로 인한 지역경제 파급효과'를 편익에 포함하면 편익비용 비율은 3.85로 더 높아졌다.[11] 군산2국가산업단지에 대한 정부의 투자는 타당한 결정이었다. 산업단지에 입주한 업체들이 과거에 예상했던 고용자수와 비교하면 10% 정도만 고용했지만 과거에 예측했던 것보다 더 많은 생산액을 산출하는 것으로 나타났다. 이것은 우리의 인당 GDP가 1988년에 비해 현재 더 높아진 것을 통해 이해할 수 있다. 우리 경제가 그 만큼 더 고도화된 것이다.

군산2국가산업단지에 계획했던 것보다 더 적은 일자리가 창출되면서 건설된 단지 시설들에 문제가 발생했다. 4만6천명에서 6만8천명이 근무할 것으로 예측되자 사업 시행기관은 원활한 교통을 위해 내부도로는 4~6차로로, 외부도로는 6~10차로로 넓게 건설했다. 그런데 단지 조성 후 근무인원이 계획수치의 10~25%에 불과해 차량통행이 예상보다 적어지자 직선으로 설계된 광로는 화물차량의 과속과 불법 좌회전, 보행자의 긴 횡단시간으로 대형 교통사고와 보행 안전사고의 위험이 높았다. 가로변에는 불법 주정차 문제가 빈번하게 발생했다. 교통수요가 적어 대중교통 노선이 잘 운행되지 않자 대중교통에 대한 불만도 높았다. 지난 30년 동안 삶의 질에 대한 선호도가 많이 변화했다.

삶의 질에 대한 우리사회의 패러다임이 바뀌면서 군산2국가산업단지에 건설된 의료 및 사회복지시설, 문화시설, 체육시설, 공원녹지 등에 대한 불만도 높았다. 정부는 근무자들의 요구사항을 충족시키기 위해 산업단지 완공 후에도 15차례나 사업계획을 변경해

시설을 보완해야 했다.

사회적으로 가장 큰 문제는 산업단지를 조성해도 일자리 창출이 예상했던 것보다 적다는 것이다. 군산2국가산업단지는 우리나라에서 예외적인 상황이 아니라 보편적인 상황이다. 한국산업단지공단의 통계자료를 살펴보면 2016년 기준으로 우리나라에서는 총 지정면적 1,400㎢에 1,158개 산업단지가 조성되었다. 국가산업단지가 지정면적은 789.4㎢로 전체 산업단지 면적의 56.4%를 차지하나 단지 수는 42개로 가장 적고, 일반단지는 면적이 528.9㎢로 전체 산업단지 면적의 37.8%이나 단지 수는 627개로 가장 많다. 농공단지는 75.6㎢에 468개가 있고, 2006년 산업입지법 개정으로 도입되어 2007년부터 지정되기 시작한 도시첨단단지는 6.6㎢의 면적에 21개가 지정되어 있다. 전체 산업단지 지정면적의 규모는 서울시의 2.3배에 달한다. 총 지정면적 중에서 기업들이 입주한 산업시설 용지는 660.4㎢이며 입주기업은 92,615개사이고, 가동기업은 85,130개사로 215만 7,284명이 근무하고 있다. 가동업체 당 평균 고용자수는 25명이다. 입주기업의 업종은 제조업이 88.6%로 기계가 33.3%, 전기전자가 17.1%, 석유화학이 8.0%, 운송장비가 7.0%를 점유해 중화학공업이 중심이며 비제조업은 11.4%을 차지한다.[12)]

그런데 2015년을 정점으로 전체 산업단지의 고용자수가 감소하고 있다. 고용비율이 가장 높은 국가산업단지가 고용감소를 이끌고 있다. 산업단지 생산액도 2014년을 정점으로 감소추세다. 국가산업단지의 생산액은 2013년부터 줄어들었고, 농공단지도 2015년을 정점으로 감소하고 있다. 일반단지와 도시첨단단지가 아직 증가하나 국가산업단지의 비중이 높아 감소흐름을 바꾸지 못한다. 산업단지

전체 수출액도 2014년을 정점으로 감소하고 있으며 그 원인은 국가산업단지의 급격한 수출금액 위축이다. 우리나라가 지식기반 경제로 빠르게 전환되면서 가동업체당, 고용자당, 생산액당 필요 부지면적도 지속적으로 감소하고 있다. 고용자당 생산액은 2011년을, 부지면적당 생산액은 2012년을, 가동업체당 생산액은 2014년을 정점으로 각각 하락추세다. 산업단지의 생산성이 떨어지면서 수출비중도 낮아지고 있다. 우리나라 경제를 지탱하는 뿌리가 흔들리고 있어 근본적인 변화가 필요한 시점이다.

<그림 3-1a>는 우리나라의 지역별[13)]로 산업도시 유형을 지정한 결과를 그림으로 나타낸 것이다.[14)] Level 5~7로 선정되어 산업도시 특성이 강한 46개 기초지자체는 주로 수도권지역과 수도권에 연접한 충청 남·북도의 기초지자체들이 하나의 권역으로 묶이고, 부산시·울산시·포항시를 중심으로 한 경상 남·북도와 전라남도 여수시·광양시의 남해안지역 기초지자체들이 또 하나의 권역으로 묶이는 것을 알 수 있다. 두 개의 권역 사이에는 산업도시의 잠재력을 가진 지역들이 광범위하게 분포하고 있으며 전라북도 군산시·익산시, 광주광역시 광산구, 전라남도 영암군, 대구광역시, 경상북도 구미시 등과 같은 산업지역이 개별적으로 분포하고 있다. 즉 산업도시 관점에서 우리나라는 수도·충청권과 동남·남해권의 양극체제이며 호남권에서는 군산시·익산시와 광주시, 영암군이, 대경권에서는 대구시·구미시가 독립적인 중심지로 기능하고 있다. 이런 패턴은 <그림 3-1b>의 산업단지 고용자 분포에서도 유사하게 나타난다.

지난 16년 동안 기초지자체의 평균 고용자수를 나타낸 <그림

3-1c>을 보면 이러한 산업의 양극체제가 더욱 뚜렷하게 보이며 경부고속도로를 따라 연결된다는 것을 알 수 있다. 동일 기간 동안의 인구대비 고용자 비율을 나타낸 <그림 3-1d>을 보면 거주인구 규모에 영향을 받아 이런 고용자 집중현상이 순화되는 것을 알 수 있다. 거주인구가 상대적으로 적은 강원도부터 충청 남・북도까지의 중부벨트지역에 대한 인구대비 고용자 비율이 높아진다.

우리나라의 전국 고용자수는 2001년 14.1백만명에서 2016년 21.3백만명으로 지속적으로 증가하고 있다. 2016년 전국 고용자수가 2001년에 비해 50% 이상 증가한 것이다. 229개 분석단위지역 중에서 고용자가 1만5천명 미만인 지자체는 22.3%인 51개이고, 1만5천~5만명 미만인 지자체는 30.1%인 69개, 5만~15만명 미만인 지자체는 34.5%인 79개, 15만명 이상인 지자체는 13.1%인 30개였다. 229개 지자체 중에서 과반이 넘는 54.1%인 124개는 변화가 없으며 변화가 적은 지자체는 19.3%인 44개였고, 변화가 큰 지자체는 26.6%인 61개였다.[15] 권역별로 변화패턴을 분류한 결과는 뒤에 첨부했다.

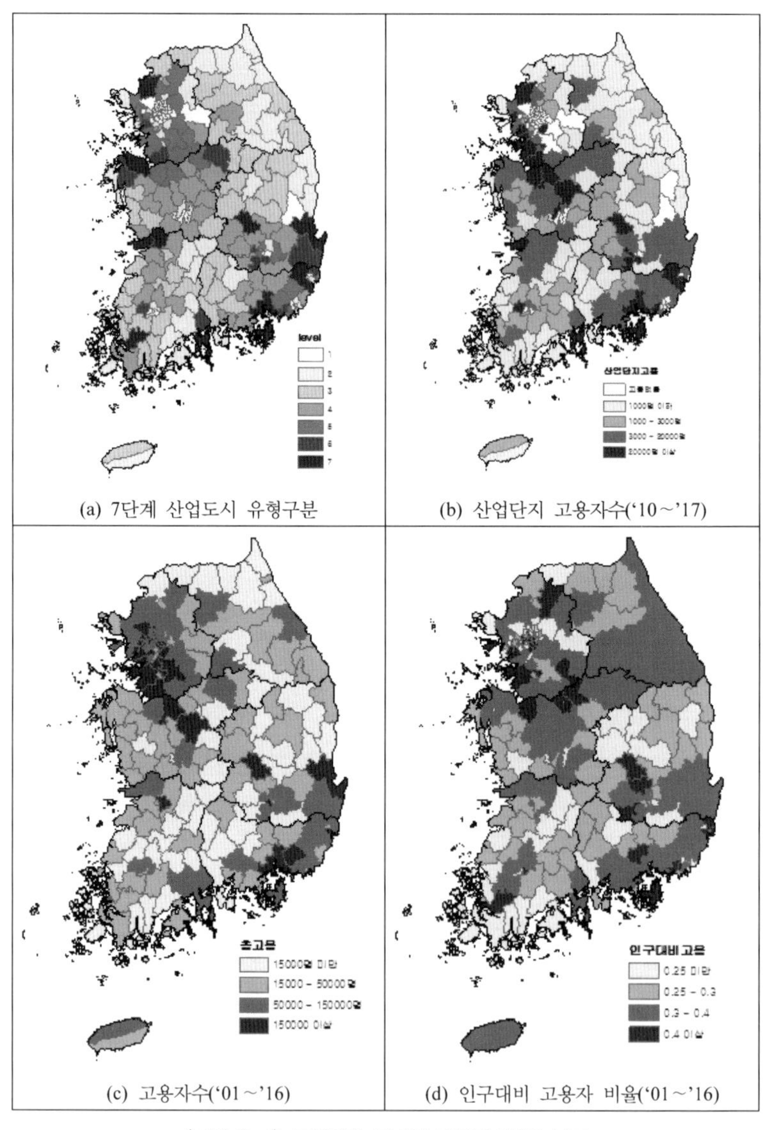

(a) 7단계 산업도시 유형구분

(b) 산업단지 고용자수('10～'17)

(c) 고용자수('01～'16)

(d) 인구대비 고용자 비율('01～'16)

〈그림 3-1〉 고용관련 지표의 기초지자체별 분포

※ 자료출처 : 1. 산업단지는 전국산업단지현황통계 통계표(한국산업단지공단) 자료임
2. 인구는 주민등록인구 현황이며 고용자수는 전국사업체조사 자료임

문제는 권역별로 고용자의 규모와 증가율에서 차이가 크다는 것이다. 지난 16년 간 수도권의 기초지자체별 평균 고용자는 131천명으로 권역 중에서 가장 높다. 제주도가 99천명으로 그 다음이고, 동남권(71천명), 대경권(54천명), 충청권(53천명), 호남권(38천명)의 순이다. 강원도가 27천명으로 가장 낮다. 수도권은 평균 고용자수가 15만명을 초과하는 지자체가 21개로 전국의 30개 중 70.0%를 점유한다. 수도권은 5만~15만명의 구간에서도 32개가 있어 전국의 79개 중 40.5%로 고용자 5만명 이상의 구간에서 과반에 근접한다. 1만5천~5만명의 구간에서 비율이 가장 높은 권역은 충청권이며 1만5천명 미만의 고용자가 많은 권역은 호남권이다. 수도권의 66개 기초지자체 중에서 변화가 없는 지자체는 15개로 22.7%에 불과하나 제주도가 50%, 동남권이 59.0%, 충청권이 62.5%, 대경권이 67.7%, 호남권이 70.7%, 강원도가 83.3%로 모두 50% 이상이다. 강원도에서 충청권과 대경권을 거쳐 호남권으로 연결되는 중부벨트지역에서 고용에 변화가 없는 기초지자체가 60%를 넘는다. 이들 중부벨트에서 일자리 창출을 위한 근본적인 변화의 동력이 필요한 상황이다. 광역지자체에 대한 개혁이 그 동력을 창출하는 방안이 될 수 있다.

약화되고 있는 지방자치단체의 경제 자립능력

"우리 군의 2014년 재정자립도는 14.4%이며 주요 산업은..."

2016년 8월말 한 기초지자체의 상황실에서 발표가 진행 중이었다. 국토교통부가 주관하는 '지속가능성 평가를 통한 대한민국 도시대상'의 현장실사를 위해 도시대상 평가단의 실사팀 중 하나가 수상후보에 오른 지자체들 중에서 세 번째 대상지를 방문해서 담당 공무원의 발표를 듣고 있었다.

> "잠깐만요. 재정자립도 14.4%가 맞습니까? 그게 정확한 수치입니까?"

심사팀의 한 평가위원이 담당자의 발표 도중에 고개를 갸웃거리며 질문했다.

> "네. 맞습니다. 우리 군은 농업이 중심이고, 내세울만한 제조업이 없습니다. 따라서 군수님은 다양한 축제와 문화사업을 통해 관광 산업을 육성하려고 합니다. 최근에는 연수원도 건설했습니다."

발표하던 해당군청의 담당자가 혹시라도 실수하는 것이 아닐까 하는 긴장된 목소리로 답변했다. 이 대화를 통해 우리는 우리나라의 자치단체들이 얼마나 열악한 경제 자립능력을 가지고 있는지를 다시 한 번 확인할 수 있다. 그리고 인구 고령화가 급격하게 진행되면서 자립능력은 더욱 악화되고 있다.

지자체의 경제적 자립능력을 파악할 수 있는 지표가 재정자립도[16]다. 우리나라의 지난 18년(2001~2018년) 동안 재정자립도를 살펴보면 전국 지표는 2001년 57.6%에서 2014년 50.3%까지 지속적으로 하락하다가 2017년 53.7%로 상승한 후 2018년 53.4%로 다시 하락하고 있다. 전국의 18년 평균인 53.6%을 초과하는 광역지자체는 일곱 개이고 열 개는 전국 평균보다 낮다. 특히 수도권에 속하는 경기도(73.4%)와 부산시·울산시에 연접한 경남도(40.8%)

를 제외한 일곱 개 도는 모두 35.0%이하로 재정자립 능력이 매우 열악한 것으로 나타났다. 재정자립도 측면에서 특별시·광역시와 도간 심각한 격차는 단순히 중앙정부의 재정권을 광역지자체로 이관하는 재정분권으로 해결되기 어렵다. 오히려 권역별로 특별시·광역시와 도를 통합해 권역의 경제자립을 위해 함께 노력하는 광역지자체의 전면적인 개편이 필요하다.

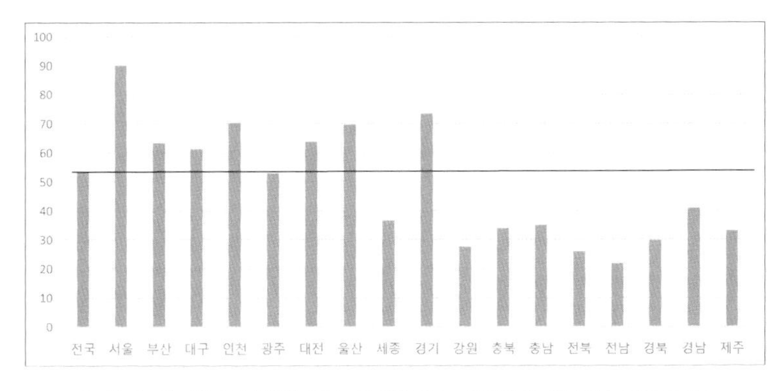

〈그림 3-2〉 광역지자체별 지난 18년(2001~2018년) 간 평균 재정자립도

광역지자체의 더 큰 문제는 인구고령화, 무상보육 등으로 복지·교육 관련지출이 증가하면서 그동안 형편이 좋았던 광역지자체의 재정자립도가 급격하게 나빠지고 있다는 것이다. 2001년과 2018년을 비교하면 17개 광역지자체 중에서 하락한 지자체가 9개이고, 그 중에서 10%이상 하락한 7개는 모두 특별시와 광역시였다. 상승한 지자체는 8개이나 세종시를 제외하고는 대부분 증가율이 10% 미만으로 낮았다. 수도권과 울산시, 세종시를 제외한 12개 광역지자체의 재정자립도는 25~60%의 구간으로 수렴하고 있다. 수도권과

광역시들은 지속적으로 하락하고 있으며 충청 남·북도와 경상남도는 상승하고, 전라 남·북도, 경상북도, 제주도는 하락 후 다시 상승하고 있다.<부록 그림 3-3 참조>

기초지자체를 대상으로 재정자립도를 들여다보면 지자체의 경제적 자립문제는 더 심각해진다. 229개 분석단위지역 중에서 지난 18년 동안 평균 재정자립도가 50%이상인 지자체는 20개(8.7%)이고, 25~50%미만인 지자체는 95개(45.5%), 15~25%미만인 지자체는 67개(29.3%), 15%미만인 지자체는 47개(20.5%)였다. 즉 지자체에서 쓰이는 예산의 절반 이상을 자신의 행정구역에서 이루어지는 경제활동으로 거둬들인 세금과 수입으로 충당하는 지자체가 십분의 일도 되지 않는 것이다. 심각한 문제는 지자체에서 쓰이는 예산의 사분의 삼 이상을 해마다 중앙정부에 손 벌리는 지자체가 전체의 절반인 것이다. 더 큰 문제는 이런 현상이 앞으로도 개선될 여지가 별로 없다는데 있다. 과반이 넘는 132개(57.6%) 지자체에서 변화가 없으며 재정자립도가 개선되는 지자체는 불과 17개(7.4%)였고, 나빠지는 지자체가 80개(34.9%)였다.[17] 재정자립도가 좋아지는 기초지자체가 십분의 일도 되지 않고, 더 악화되는 지자체가 삼분의 일을 넘는다. 권역별로 변화패턴을 분류한 결과는 뒤에 첨부했다.

권역별로 기초지자체의 재정자립도를 살펴보면 권역 간 격차가 크다는 것을 알 수 있다. 재정자립도가 50%이상인 20개의 기초지자체 중에서 19개가 수도권에 있으며 비수도권지역에서는 울산시 울주군만 기준을 간신히 넘었다. 수도권 기초지자체의 평균 재정자립도는 43.9%로 일곱 개 권역 중에서 가장 높다. 수도권의 66개 지자체 중에서 재정자립도가 50%이상인 지자체는 19개(28.8%)이고, 25~50%미만인 지자체가 43개(65.2%), 15~25%미만인 지자체가 4개(6.1%)이며 15%미만인 지자체는 하나도 없다. 즉 수도권의 기초지자체들은 서로 간 격차가 크지만 다른 권역들에 비해서는 아직 양호한 편이다. 제주도의 2개 기초지자체의 평균 재정자립도는 33.0%로 7개 권역 중에서 2위다. 제주도는 모두 25~50%미만의 구간에 속해 기초지자체간 격차는 가장 적다. 동남권 기초지자체의 평균 재정자립도는 3위인 27.2%이다. 동남권은 재정자립도가 50%를 넘는 지자체가 울산 울주군 1개(2.6%)이며 25~50%미만인 지자체가 20개(51.2%), 15~25%미만인 지자체가 12개(30.8%)이고, 15%미만인 지자체가 6개(15.4%)다. 동남권은 수도권보다는 나쁘지만 다른 권역들보다는 한 단계 위다.

충청권과 대경권, 강원도는 권역 내에서 기초지자체간 격차가 크며 순위가 내려갈수록 하향 평준화한다. 충청권 기초지자체의 평균 재정자립도는 7개 권역 중에서 4위인 23.1%이다. 충청권은 재정자립도가 50%를 넘는 지자체가 없고, 25~50%미만인 지자체가 10개(31.3%), 15~25%미만인 지자체가 17개(53.1%)이며 15%미만인 지자체가 5개(15.6%)다. 5위인 대경권 기초지자체의 평균 재정자립도는 22.0%이다. 대경권도 재정자립도가 50%를 넘는 곳이 없고, 25~50%미만인 지자체가 10개(32.3%), 15~25%미만인 지자체가 12개(38.7%)이며 15%미만인 지자체가 9개(29.0%)다. 강원도 기초지자체의 평균 재정자립도는 6위인 19.3%이다. 강원도도 재정자립도가 50%를 넘는 곳이 없고, 25~50%미만인 지자체가 4개(22.2%), 15~25%미만인 지자체가 9개(50.0%)이며 15%미만인 지자체가 5개(27.8%)다. 세 개 권역 모두 15~25%미만인 지자체의 비중이 가장 높고 충청권과 강원도에서는 그 비중이 절반을 넘는다. 대경권은 충청권·강원도에 비해 25~50%미만 구간의 비중이 상대적으로 높지만 15%미만 구간의 비중도 높다. 즉 대경권에서 기초지자체 간 차이가 더 크다.

호남권은 더 심각하다. 호남권 기초지자체의 평균 재정자립도는 16.9%로 권역 중에서 가장 낮다. 호남권도 재정자립도가 50%를 넘는 지자체가 하나도 없고, 25~50%미만인 지자체가 6개(14.6%), 15~25%미만인 지자체가 13개(31.7%)이며 15%미만인 지자체가 22개(53.7%)로 과반을 넘는다. 수도권의 모든 지자체는 재정자립도가 15%를 넘는 반면에 호남권은 15%미만 구간의 비중이 가장 높았다. 권역별, 특히 수도권과 호남권간 격차가 매우 심각한 상태다.

그런데 기초지자체의 경제적 자립능력은 앞으로가 더 문제다. 우리가 광역지자체의 재정자립도에서 보았듯이 기초지자체의 재정자립도도 지속적으로 나빠지고 있다. 재정자립도가 다른 권역에 비해 상대적으로 가장 높은 수도권에서는 변화가 없는 지자체가 15개(22.7%), 개선되는 지자체가 7개(10.6%), 악화되는 지자체가 44개(66.7%)다. 수도권 다음으로 권역별 평균 재정자립도가 높은 동남권에서는 변화가 없는 지자체가 20개(51.3%), 좋아지는 지자체가 2개(5.1%), 나빠지는 지자체가 17개(43.6%)다. 충청권에서는 변화가 없는 지자체가 24개(75.0%), 개선되는 지자체가 3개(9.4%), 나빠지는 지자체가 5개(15.6%)다. 대경권에서는 변화가 없는 지자체가 23개(74.2%), 좋아지는 지자체는 하나도 없고, 악화되는 지자체가 8개(25.8%)다. 즉 재정자립도가 높은 수도권에서도 악화되고 있는 지자체가 삼분의 이를 차지하고 있으며 동남권, 충청권, 대경권에서도 상당수 기초지자체의 재정자립도가 나빠지고 있다. 기초지자체의 경제적 자립능력이 서서히 붕괴되고 있는 것이다.

재정자립도가 다른 권역에 비해 상대적으로 가장 낮은 호남권에서는 변화가 없는 지자체가 35개(85.4%), 개선되는 지자체가 1개(2.4%), 나빠지는 지자체가 5개(12.2%)다. 거의 대부분의 기초지자체에서 개선의 여지가 없는 상태인데 상대적으로 나았던 기초지자체도 더욱 악화되고 있는 것으로 보인다. 강원도에서는 변화가 없는 지자체가 15개(83.3%), 좋아지는 지자체가 2개(11.2%), 악화되는 지자체가 1개(5.6%)로 현상유지 수준이었다. 제주도의 2개 지자체는 모두 상향하고 있어 재정지원에 대한 중앙정부의 근심을 덜어주고 있다.

기초지자체의 재정자립도가 전반적으로 악화되는 것이 지역생산성이 나빠졌기 때문이 아닐까? 이런 의문에 답할 수 있는 지표가 지역총생산(GRDP)[18]*Gross Regional Domestic Product*이다. 지난 11년(2005~2015년) 동안 지역총생산액은 <그림 3-6>에서 보듯이 모든 권역에서 증가했다. 전국적으로 지역총생산액은 2005년 892.4조원에서 2015년 1,545.5조원으로 73.2%가 증가했다. 동일기간 동안 충청권이 109.2%, 제주도가 92.9%, 수도권이 75.0%, 강원도가 71.9%, 호남권이 62.5%, 동남권이 60.0%, 대경권이 58.8%로 각각 증가했다. 충청권과 제주도, 수도권이 전국 증가율을 넘어섰다. 권역별로 지역총생산액이 감소한 것은 아니었던 것이다. 이것을 확인하기 위해 기초지자체를 대상으로 분석한다.

많은 사람들은 헌법을 개정해 재정분권을 확대하겠다면 기초지자체 재정에 대한 결과의 평등이 올 것이라고 생각한다. 그러나 이

것은 사실과 다르다. 왜냐하면 기초지자체의 경제력에 대한 출발선이 다르기 때문이다. 기초지자체를 대상으로 하는 229개 분석단위 지역 중에서 지난 11년 동안 평균 지역총생산이 10조원 이상인 지자체는 13.5%인 31개이고, 3~10조원 미만인 지자체는 35.4%인 81개, 1~3조원 미만인 지자체는 31.4%인 72개, 1조원 미만인 지자체는 19.7%인 45개였다. 즉 지역총생산 3조원을 기준으로 기초지자체가 크게 두 그룹으로 나뉘는 것이다. 양 극단에 속하는 기초지자체간 차이는 매우 크다. 기초지자체 일곱 개 반 중에서 하나는 10조원이 넘어 경제규모가 크기 때문에 문제도 많지만 규모의 경제를 가진다. 기초지자체 다섯 개 중에서 하나는 1조원도 안될 정도로 작다. 서로 경제력에서 열배 이상 차이가 난다.

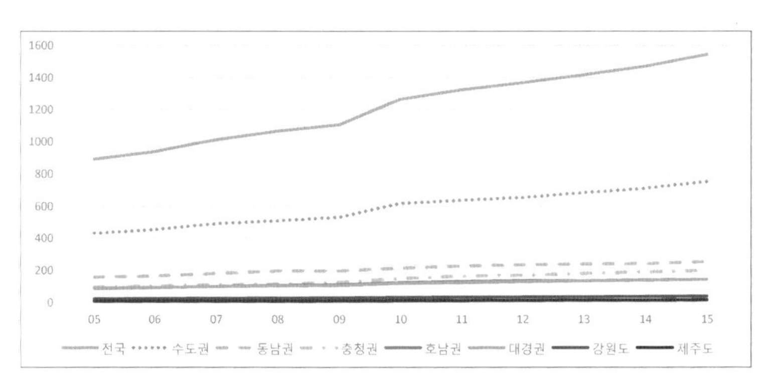

〈그림 3-3〉 권역별 지난 11년(2005~2015년) 간 지역총생산의 변화추이(조원)

권역별로 기초지자체의 평균 지역총생산을 살펴보면 재정자립도와 같이 권역 간 격차가 크다는 것을 알 수 있다. 평균 지역총생산이 10조원이 넘는 31개 기초지자체 중에서 19개가 수도권에 있어 삼분의 이 가까이 된다. 수도권 기초지자체의 11년간 평균 지역총생산은 약 9.3조원으로 권역 중에서 1위다. 수도권에서는 지역총생산이 10조원 이상인 지자체가 19개(28.8%)이고, 3~10조원미만인 지자체가 33개(50.0%), 1~3조원미만인 지자체가 12개(18.2%)이며 1조원미만인 지자체는 2개(3.0%)다. 즉 수도권의 기초지자체들은 서로 간 격차가 크지만 다른 권역들에 비해서는 아직 양호한 편이다. 제주도의 평균 지역총생산은 약 5.5조원으로 권역 중에서 2위다. 제주도는 모든 지자체가 3~10조원 구간에 있다. 동남권 기초지자체의 평균 지역총생산은 약 5.4조원으로 권역 중에서 3위다. 동남권은 지역총생산이 10조원 이상인 지자체가 6개(15.4%)이고, 3~10조원미만인 지자체가 14개(35.9%), 1~3조원미만인 지자체가 14개(35.9%)이며 1조원미만인 지자체는 5개(12.8%)다. 충청권 기초지자체의 평균 지역총생산은 약 4.5조원으로 권역 중에서 4위다. 충청권은 지역총생산이 10조원 이상인 지자체가 3개(9.4%)이고, 3~10조원미만인 지자체가 10개(31.2%), 1~3조원미만인 지자체가 12개(37,5%)이며 1조원미만인 지자체는 7개(21.9%)다.

대경권과 호남권, 강원도는 지역총생산 측면에서 다른 권역에 비해 경제규모가 큰 지자체의 비중이 현저하게 적다. 대경권 기초지자체의 평균 지역총생산은 약 3.8조원으로 권역 중에서 5위다. 대경권은 지역총생산이 10조원 이상인 지자체가 2개(6.4%)이고, 3~10조원미만인 지자체가 9개(29.0%), 1~3조원미만인 지자체가 10개(32.3%)이며 1조원미만인 지자체는 10개(32.3%)다. 호남권 기초지자체의 평균 지역총생산은 약 2.9조원으로 권역 중에서 6위다. 호남권은 지역총생산이 10조원 이상인 지자체가 1개(2.4%)이고, 3

~10조원미만인 지자체가 10개(24.4%), 1~3조원미만인 지자체가 15개(36.6%)이며 1조원미만인 지자체는 15개(36.6%)다. 강원도 기초지자체의 평균 지역총생산은 약 1.7조원으로 권역 중에서 가장 낮다. 강원도는 지역총생산이 10조원 이상인 지자체가 없고, 3~10조원미만인 지자체가 3개(16.7%), 1~3조원미만인 지자체가 9개(50.0%)이며 1조원미만인 지자체는 6개(33.3%)다. 수도권은 3조원을 넘는 지역총생산을 가진 기초지자체가 넷 중 셋이고, 동남권은 절반, 충청권은 다섯 중 둘, 제주도는 모두 넘는다. 그런데 대경권과 호남권, 강원도는 10조원이 넘는 지자체가 현저하게 적고, 셋 중 둘 이상의 지자체가 3조원미만인 지역총생산을 가진다.

기초지자체들이 지역총생산 측면에서 성장을 위한 달리기를 한다고 해도 모두 똑같은 속도로 달리는 것이 아니다. 따라서 필연적으로 뒤처지는 기초지자체가 발생한다. 229개 지자체 중에서 과반이 넘는 53.3%인 122개는 주목할 만큼 큰 변화가 없으며 지역총생산이 크게 증가한 지자체는 26.6%인 61개고, 변화가 있지만 평균증가율보다 적게 증가한 지자체가 20.1%인 46개다.[19] 즉 절반 조금 넘은 기초지자체에서 지역총생산액이 일정한 상태를 유지했다. 기초지자체 중에서 사분의 일이 경제성장을 통해 지역총생산액이 다른 지자체들보다 더 많이 늘어난다. 기초지자체 중에서 오분의 일은 평균치보다는 낮게 경제가 성장한다. 권역별로 기초지자체들의 지역총생산에 대한 변화패턴을 분류한 결과는 뒤에 첨부했다.

권역별로 기초지자체의 지역총생산의 변화추이를 살펴보아도 재정자립도와 같이 권역 간 격차가 크다는 것을 알 수 있다. 수도권의 66개 지자체 중에서 지역총생산의 변화가 없는 지자체는 27개

(40.9%)이고, 크게 성장하는 지자체가 22개(33.3%), 적게 성장하는 지자체가 17개(25.8%)다. 즉 수도권의 기초지자체 중에서 크건 작건 성장하는 지자체가 다섯 중 셋이다. 제주도는 2개 기초지자체의 지역총생산이 모두 크게 성장하고 있다. 충청권에서는 지역총생산의 변화가 없는 지자체가 16개(50.0%)이고, 크게 성장하는 지자체가 14개(43.8%), 적게 성장하는 지자체가 2개(6.2%)다. 수도권과 인접한 충청권이 세종시 건설 등 최근의 정부정책으로 경제적 역동성을 가지는 지자체의 비중이 높아진 것으로 판단된다. 동남권에서는 지역총생산의 변화가 없는 지자체가 19개(48.7%)이고, 크게 성장하는 지자체가 11개(28.2%), 적게 성장하는 지자체가 9개(23.1%)다. 동남권은 수도권에 비해 변화가 없는 지자체와 변화가 적은 지자체의 비중이 증가한 반면 크게 증가하는 지자체의 비중은 줄어들었다. 경제의 역동성이 수도권보다 약간 낮은 것이다.

호남권, 대경권, 강원도는 지역총생산의 변화가 없는 지자체가 절반을 넘고, 크게 성장하는 지자체가 다섯 개 중 하나도 되지 않아 경제의 역동성이 매우 떨어진다. 호남권에서는 지역총생산의 변화가 없는 지자체가 28개(68.3%)이고, 크게 성장하는 지자체가 7개(17.1%), 적게 성장하는 지자체가 6개(14.6%)다. 대경권에서는 지역총생산의 변화가 없는 지자체가 17개(54.8%)이고, 크게 성장하는 지자체가 3개(9.7%), 적게 성장하는 지자체가 11개(35.5%)다. 강원권에서는 지역총생산의 변화가 없는 지자체가 15개(83.3%)이고, 크게 성장하는 지자체가 2개(11.1%), 적게 성장하는 지자체가 1개(5.6%)다. 경제적 성장성 측면에서 권역별 격차가 크다. 아직 경제적 역동성이 있는 수도권, 제주도, 충청권, 동남권과 성장성이 약화된 호남권, 대경권, 강원도로 구분된다.

지금까지 다루었던 평균 재정자립도와 지역총생산 자료를 종합해 보면 우리는 새로운 정보를 얻을 수 있다. 바로 지역 클러스터의 존재다. 그리고 평균 재정자립도와 평균 지역총생산의 지역 클러스터는 유사하다. 기초지자체의 평균 재정자립도와 지역총생산을 그림으로 보면 유사한 패턴을 가진 몇 개의 지역[20]을 확인할 수 있다.<부록 그림 3-4 참조> 평균 재정자립도 자료를 보면 수도권, 충청권, 동남권, 제주도는 단일지역이며 각각 3개, 3개, 6개, 2개의 중심지를 가지고 있다. 재정자립도가 상대적으로 낮은 호남권, 대경권, 강원도는 여러 개의 지역으로 세분된다. 호남권은 3개의 지역이 있으며 각각의 지역은 2개의 중심지가 있다. 대경권은 2개의 지역이 있으며 각각의 지역은 1개의 중심지가 있다. 강원도는 3개의 지역이 있으며 <지역 1>과 <지역 2>는 1개의 중심지가, <지역 3>은 2개의 중심지가 있다. 전국을 기준으로 지역을 구분하면 수도권+충청권+강원도가 74개 기초지자체로 구성되는 단일지역을 형성하고, 동남권+대경권+호남권 일부가 33개 기초지자체로 구성되는 두 번째 지역을 형성한다. 우리나라는 재정자립도 관점에서 두 개의 권역으로 나뉘는 것이다. 기초지자체들의 재정자립도에 대해 지역을 구분한 결과는 뒤에 첨부했다.

지역총생산을 보면 재정자립도와 유사하게 수도권, 충청권, 동남권, 제주도가 단일지역으로 각각 2개, 3개, 5개, 2개의 중심지를 가지고 있다. 지역총생산이 상대적으로 낮은 호남권, 대경권, 강원도는 여러 개의 지역으로 세분된다. 호남권은 3개의 지역이 있으며 각각 3개, 5개, 3개의 중심지가 있다. 대경권은 2개의 지역이 있으며 각각의 지역은 1개의 중심지가 있다. 강원도는 3개의 지역이 있으며 각각의 지역은 1개의 중심지가 있다. 전국을 기준으로 지역을 구분하면 수도권+충청권+강원도가 68개 기초지자체로 구성되는 하나의 지역을 형성하고, 동남권+대경권+호남권 일부가 42개 기초지자체로 구성되는 두 번째 지역을 형성한다. 우리나라가 두 개 권역으로 나뉘는 것이다. 기초지자체들의 지역총생산에 대해 지역을 구분한 결과는 뒤에 첨부했다.

평균 재정자립도와 지역총생산은 지역구분에서 유사한 패턴을 보인다. 얼마나 유사하게 분류되는 것일까? 수도권의 기초지자체들 중에서 두 지표가 동일한 그룹에 속하는 지자체들은 25개(37.9%)다. 재정자립도보다 지역총생산이 높은 그룹에 속하는 지자체는 36개(54.5%)이며 낮은 그룹에 속하는 지자체가 5개(7.6%)다. 충청권은 두 지표가 동일그룹에 속하는 지자체들이 20개(62.5%)고, 재정자립도보다 지역총생산이 높은 그룹에 속하는 지자체는 12개(37.5%)이며 낮은 그룹에 속하는 지자체는 없다. 호남권은 두 지표가 동일그룹에 속하는 지자체들이 30개(73.2%)다. 재정자립도보다 지역총생산이 높은 그룹에 속하는 지자체는 8개(19.5%)이며 낮은 그룹에 속하는 지자체가 3개(7.3%)다.

대경권은 두 지표가 동일그룹에 속하는 지자체들이 21개(67.7%)다. 재정자립도보다 지역총생산이 높은 그룹에 속하는 지자체는 4개(12.9%)이며 낮은 그룹에 속하는 지자체가 6개(19.4%)다. 동남권은 두 지표가 동일그룹에 속하는 지자체들이 20개(51.3%)다. 재정자립도보다 지역총생산이 높은 그룹에 속하는 지자체는 17개(43.6%)이며 낮은 그룹에 속하는 지자체가 2개(5.1%)다. 강원도는 두 지표가 동일그룹에 속하는 지자체들이 12개(66.6%)다. 재정자립도보다 지역총생산이 높은 그룹에 속하는 지자체는 3개(16.7%)이며 낮은 그룹에 속하는 지자체가 3개(16.7%)다. 제주도는 모두 두 지표가 동일그룹에 속한다.

두 지표 간 비교에서 주목해야 할 지자체들은 네 개 그룹이다. 첫 번째는 재정자립도가 변화 없으면서 지역총생산이 높거나 재정자립도가 개선되면서 지역총생산도 평균보다 큰 구간에 속하는 기초지자체들이다. 이 그룹의 지자체들은 앞으로 잘하면 재정자립도가 개선될 수 있다. 수도권에 9개, 충청권에 12개, 호남권에 6개, 대경권에 1개, 동남권에 9개, 강원도에 2개, 제주도에 2개 등 전국에 모두 41개가 있다. 두 번째로 주목해야할 기초지자체들은 재정자립도가 나빠지고, 지역총생산이 변화가 없는 그룹이다. 수입은 일정한데 쓸 곳이 더 늘어나 앞으로 형편이 더 나빠질 기초지자체들이다. 수도권에 18개, 충청권에 1개, 호남권에 1개, 대경권에 1개, 동남권에 8개, 강원도에 1개 등 전국에 30개가 있다. 수도권은 대도시 도심 인근의 기초지자체들이며 동남권은 대도시 도심과 주변지역이고, 충청권, 호남권, 대경권 등은 도심지역이다. 인천시 옹진구, 강원도 속초시와 같이 성장지역과 떨어져 있는 곳도 있다.

세 번째로 주목해야할 기초지자체들은 지역총생산은 커지는데 재정자립도가 낮아지는 그룹이다. 많이 버는데 살림살이가 나빠지고 있는 기초지자체들이라고 말할 수 있다. 수도권에 13개, 충청권에 2개, 호남권에 1개, 대경권에 2개, 동남권에 2개 등 전국에 20개가 있고, 강원도와 제주도에는 없다. 급격하게 성장하고 있는 지역이거나 신도시가 건설되는 등 도시개발이 활발해지면서 인프라 건설에 비용투자가 많아 개발 스트레스를 받고 있는 지역들이다.

마지막으로 주목해야할 기초지자체들은 지역총생산에는 변화가 없으나 재정자립도가 개선되고 있는 그룹이다. 수입에는 변화가 없는데 재정자립도가 높아지고 있는 기초지자체들이다. 경기도 과천시와 강원도 태백시와 정선시의 3개 기초지자체가 이 그룹에 속한다. 기초지자체가 살림을 잘하는 것 일수도 있고, 강원랜드 수익배분 등 세외수입의 영향일 수도 있다.

이제 지역경제에 대한 결론을 말해야 할 때다. 박정희 산업신화는 이제 서서히 한계에 도달하고 있다. 우리는 그동안 새로운 정책들을 시도해 왔지만 지역경제 측면에서 근본적인 변화를 만들지 못했다. 일괄적으로 재정분권을 확대하는 것은 경제력에서 수십 배나 차이가 나고, 성장추세도 다르며 주민들의 요구조건도 천차만별이어서 다양한 상황에 처해있는 지자체들에게 도움이 되지 못하고, 상황을 오히려 악화시킬 수 있다. 산업, 고용, 재정자립도, 지역총생산 등 지역경제를 대표하는 모든 지표들이 우리나라의 양극화를 극명하게 나타내고 있다. 인구고령화, 무상보육 등으로 복지・교육 관련지출이 증가하면서 그동안 형편이 좋았던 지자체들도 지역경제의 자립능력이 급격하게 나빠지고 있다. 강원도에서 충청권과 대경권을 거쳐 호남권으로 연결되는 중부벨트지역은 소수의 거점을 제외하고는 산업, 고용, 재정자립도, 지역총생산 등 지역경제를 대표하는 모든 지표가 전반적인 정체의 늪에 빠져 있는 것으로 보인다. 따라서 광역지자체들이 스스로 자립할 수 있는 근본적인 행정개혁이 필요하다. 지방자치 개헌이 이러한 행정개혁을 위해 추진되어야 한다.

수도·충청권과 동남·남해권으로 현재 양극화되어 있는 지방경제 체제를 중부벨트지역을 육성해 전국이 골고루 성장하는 다극체제로 전환해야 한다. 이를 위해서 권역별로 특별시·광역시와 도를 통합해 권역의 경제자립을 위해 함께 노력하도록 하는 광역지자체의 전면적인 개편이 필요하다. 핵심도시들을 중심으로 경제활동이 서로 연계되는 기초지자체들이 함께 협력하는 단일 지역경제권이 개혁의 핵심이다. 경제부문에서 중앙정부와 지자체 간 행정조직과 행정사무의 개편이 이러한 목적을 이루기 위해 수반되어야 한다. 자세한 개편방안은 9장에서 다룬다.

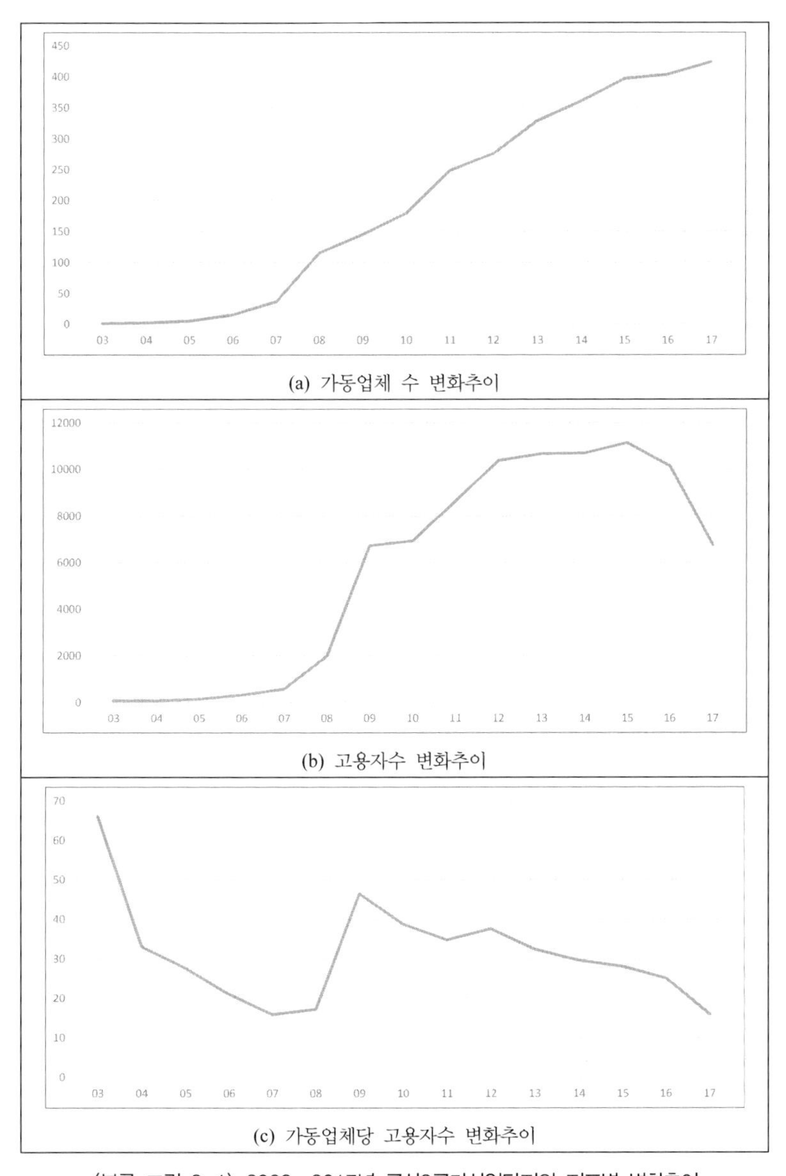

(a) 가동업체 수 변화추이

(b) 고용자수 변화추이

(c) 가동업체당 고용자수 변화추이

〈부록 그림 3-1〉 2003~2017년 군산2국가산업단지의 지표별 변화추이

※ 자료출처 : 한국산업관리공단, 「전국산업단지현황통계 통계표」 매년 4분기 기준

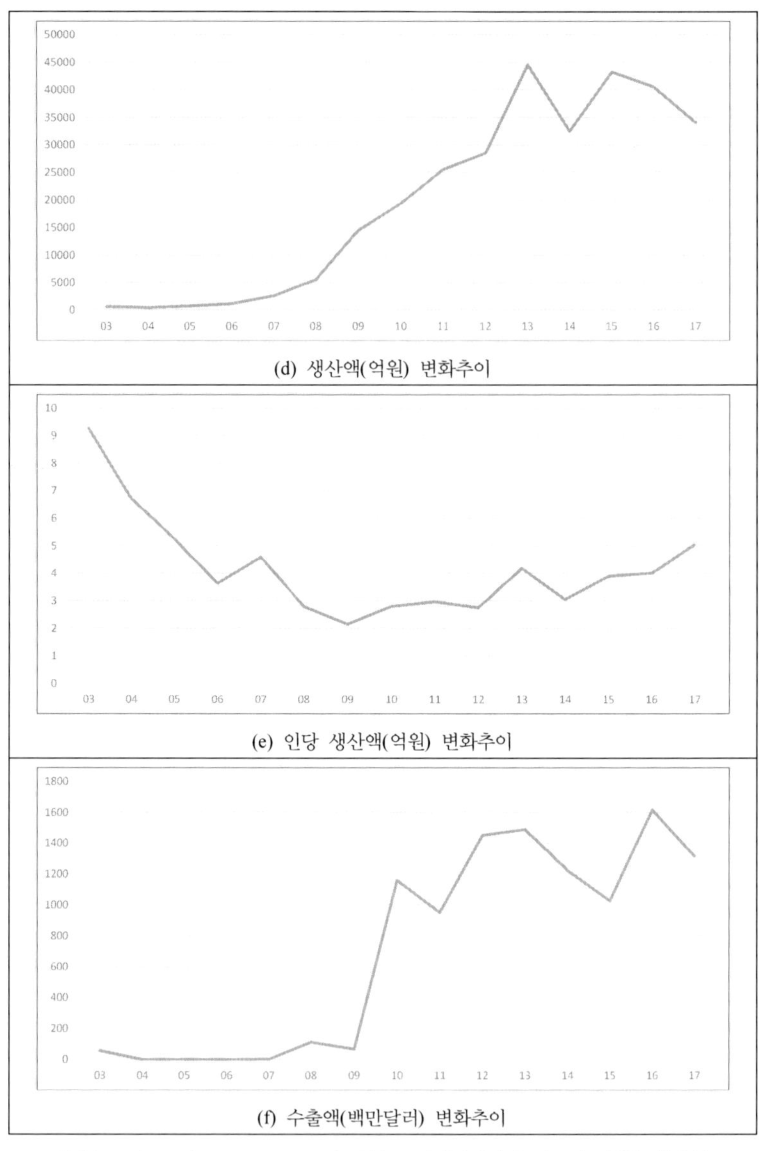

(d) 생산액(억원) 변화추이

(e) 인당 생산액(억원) 변화추이

(f) 수출액(백만달러) 변화추이

〈부록 그림 3-1〉 2003~2017년 군산2국가산업단지의 지표별 변화추이(계속)

※ 자료출처 : 한국산업관리공단, 「전국산업단지현황통계 통계표」 매년 4분기 기준

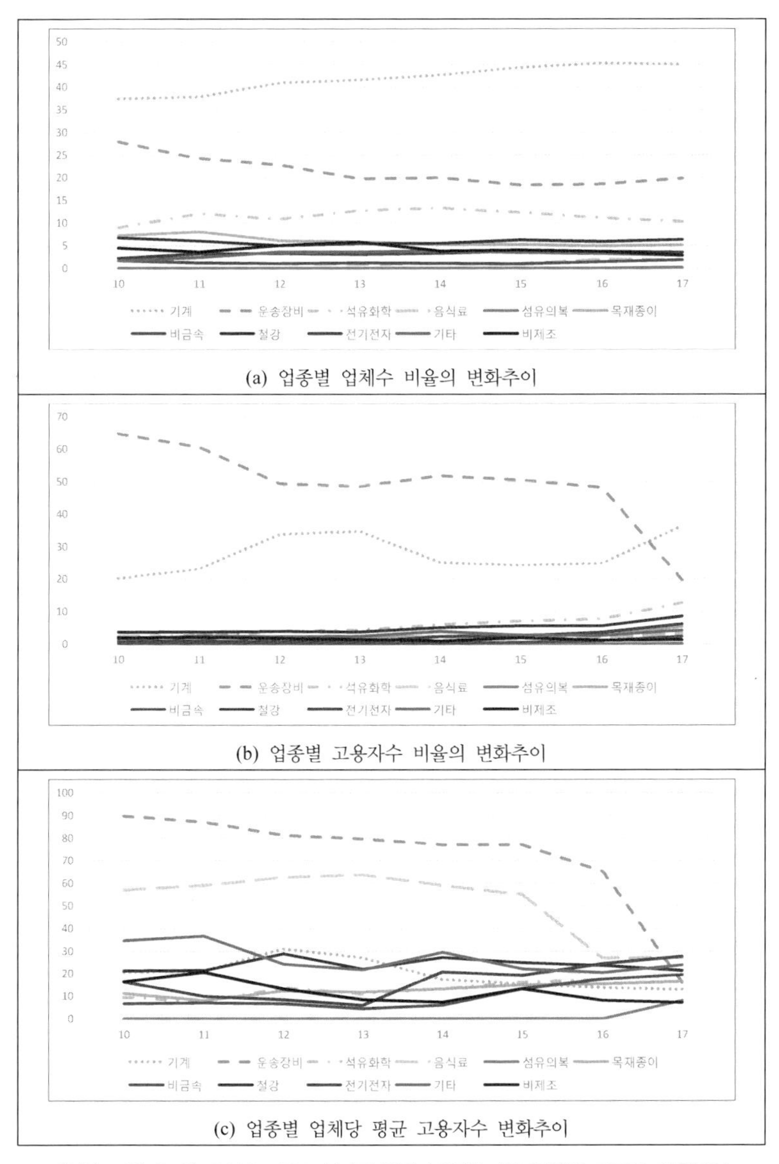

(a) 업종별 업체수 비율의 변화추이

(b) 업종별 고용자수 비율의 변화추이

(c) 업종별 업체당 평균 고용자수 변화추이

〈부록 그림 3-2〉 2010~2017년 군산2국가산업단지의 업종별 지표의 변화추이

※ 자료출처 : 한국산업관리공단, 「전국산업단지현황통계 통계표」 매년 4분기 기준

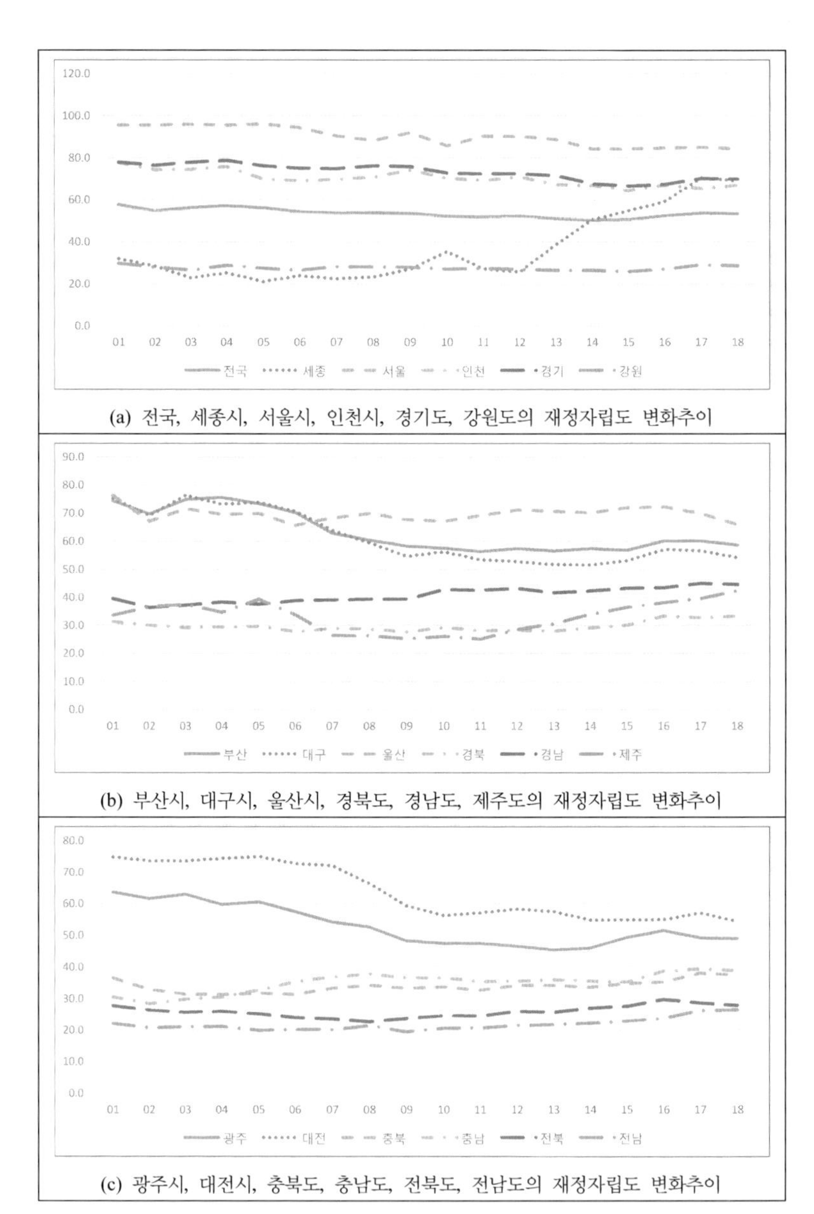

(a) 전국, 세종시, 서울시, 인천시, 경기도, 강원도의 재정자립도 변화추이

(b) 부산시, 대구시, 울산시, 경북도, 경남도, 제주도의 재정자립도 변화추이

(c) 광주시, 대전시, 충북도, 충남도, 전북도, 전남도의 재정자립도 변화추이

〈부록 그림 3-3〉 17개 광역지자체의 2001~2018년 동안 재정자립도 변화추이

※ 세종시의 재정자립도는 2013년부터이며 2012년까지는 연기군 사료임

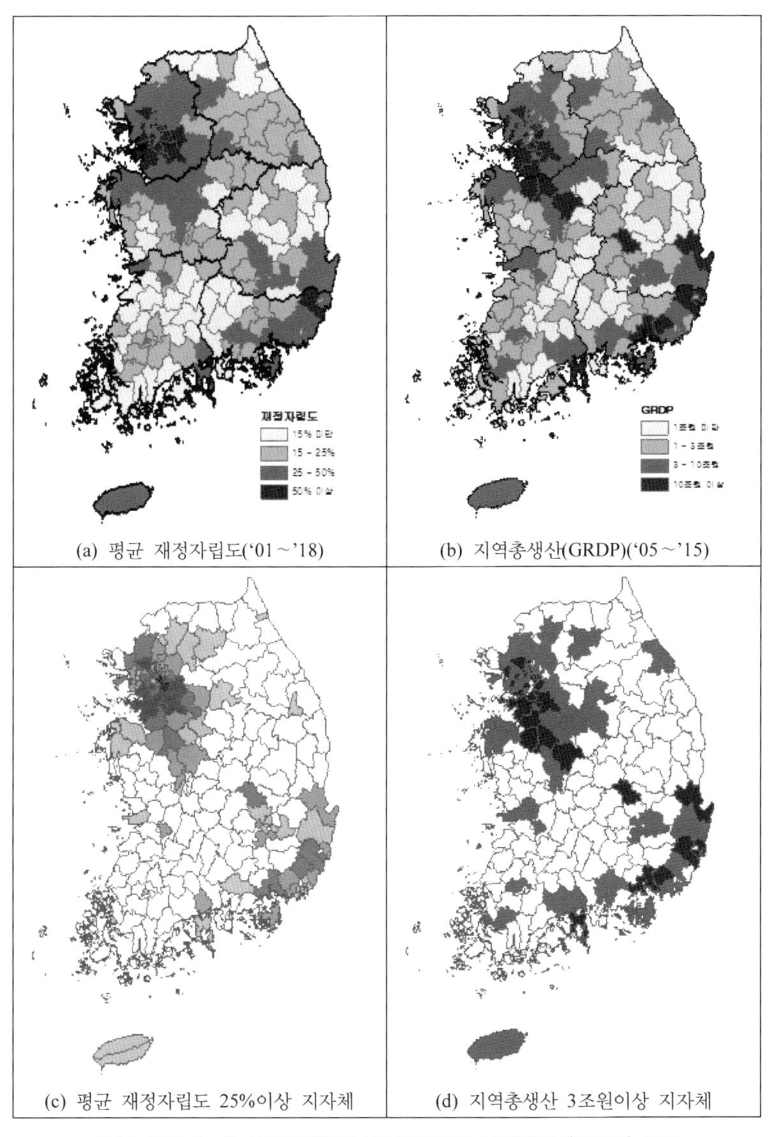

(a) 평균 재정자립도('01～'18)

(b) 지역총생산(GRDP)('05～'15)

(c) 평균 재정자립도 25%이상 지자체

(d) 지역총생산 3조원이상 지자체

〈부록 그림 3-4〉 기초지자체의 재정자립도와 지역총생산(GRDP) 분포

※ 자료출처 : 1. 재정자립도는 국가통계포털 시군구 재정자립도 자료
2. 지역총생산은 국가통계포털 시군구 GRDP자료(서울은 '10～'15년 자료)

〈권역별 기초지자체의 고용자 변화패턴 구분〉

구 분			개 수		소속 지자체
수도권 (66)	변화 없는 지자체		15	6.6%	서울 강북, 도봉, 동작, 인천 동구, 계양, 강화, 옹진, 경기 동두천, 과천, 구리, 의왕, 여주, 연천, 가평, 양평
	변화 있는 지자체	큼	27	11.8%	서울 마포, 강서, 구로, 금천, 송파, 인천 중구, 연수, 서구, 경기 수원, 성남, 의정부, 평택, 고양, 남양주, 오산, 시흥, 군포, 하남, 용인, 파주, 이천, 안성, 김포, 화성, 광주, 양주, 포천
		적음	24	10.5%	서울 종로, 중구, 용산, 성동, 광진, 동대문, 중랑, 성북, 노원, 은평, 서대문, 양천, 영등포, 관악, 서초, 강남, 강동, 인천 남구, 남동, 부평, 경기 안양, 부천, 광명, 안산
충청권 (32)	변화 없는 지자체		20	8.7%	대전 대덕, 충북 제천, 보은, 옥천, 영동, 진천, 괴산, 단양, 증평, 충남 공주, 보령, 논산, 계룡, 금산, 부여, 서천, 청양, 홍성, 예산, 태안
	변화 있는 지자체	큼	10	4.4%	대전 서구, 유성, 세종, 충북 청주, 충주, 음성, 충남 천안, 아산, 서산, 당진
		적음	2	0.9%	대전 동구, 중구
호남권 (41)	변화 없는 지자체		29	12.7%	광주 동구, 남구, 전북 정읍, 남원, 김제, 진안, 무주, 장수, 임실, 순창, 고창, 부안, 전남 목포, 담양, 곡성, 구례, 고흥, 보성, 화순, 강진, 해남, 무안, 함평, 영광, 장성, 완도, 진도, 신안
	변화 있는 지자체	큼	9	3.9%	광주 서구, 광산, 전북 전주, 군산, 완주, 전남 순천, 나주, 광양, 영암
		적음	3	1.3%	광주 북구, 전북 익산, 전남 여수

〈권역별 기초지자체의 고용자 변화패턴 구분(계속)〉

구 분			개 수		소속 지자체
대경권 (31)	변화 없는 지자체		21	9.2%	대구 서구, 남구, 경북 김천, 안동, 영주, 영천, 상주, 문경, 군위, 의성, 청송, 영양, 영덕, 청도, 고령, 성주, 칠곡, 예천, 봉화, 울진, 울릉
	변화 있는 지자체	큼	2	0.9%	대구 달성, 경북 경산
		적음	8	3.5%	대구 중구, 동구, 북구, 수성, 달서, 경북 포항, 경주, 구미
동남권 (39)	변화 없는 지자체		23	10.0%	부산 중구, 서구, 동구, 영도, 동래, 남구, 북구, 사하, 연제, 수영, 사상, 울산 중구, 경남 통영, 밀양, 의령, 창녕, 고성, 남해, 하동, 산청, 함양, 거창, 합천
	변화 있는 지자체	큼	10	4.4%	부산 해운대, 강서, 기장, 울산 북구, 울주, 경남 사천, 김해, 거제, 양산, 함안
		적음	6	2.6%	부산 부산진, 금정, 울산 남구, 동구, 경남 창원, 진주
강원도 (18)	변화 없는 지자체		15	6.6%	동해, 태백, 속초, 삼척, 홍천, 횡성, 영월, 평창, 정선, 철원, 화천, 양구, 인제, 고성, 양양
	변화 있는 지자체	큼	2	0.9%	춘천, 원주
		적음	1	0.4%	강릉
제주도 (2)	변화 없는 지자체		1	0.4%	서귀포
	변화 있는 지자체	큼	1	0.4%	제주
		적음	0	0.0%	-

※ 분석자료 : 통계청 KOSIS 사업체기초통계자료의 16년(2001~2016년) 고용자료
※ 분류기준 : ① 변화 없음 : 표준편차 5천 미만
② 변화 큼 : 표준편차 5천 이상, 16년간 증감률(50.7%)에 비해 높음
③ 변화 적음 : 표준편차 5천 이상, 16년간 증감률(50.7%)에 비해 낮음

〈권역별 기초지자체의 재정자립도 구분〉

구 분			개 수		소속 지자체
수도권 (66)	변화 없는 지자체		15	6.6%	서울 중랑, 강북, 관악, 인천 중구, 남동, 강화, 경기 수원, 구리, 시흥, 안성, 포천, 여주, 연천, 가평, 양평
	변화 있는 지자체	상향	7	3.1%	인천 동구, 연수, 경기 과천, 오산, 하남, 이천, 화성
		하향	44	19.2%	서울 종로, 중구, 용산, 성동, 광진, 동대문, 성북, 도봉, 노원, 은평, 서대문, 마포, 양천, 강서, 구로, 금천, 영등포, 동작, 서초, 강남, 송파, 강동, 인천 남구, 부평, 계양, 서구, 옹진, 경기 성남, 의정부, 안양, 부천, 광명, 평택, 동두천, 안산, 고양, 남양주, 군포, 의왕, 용인, 파주, 김포, 광주, 양주
충청권 (32)	변화 없는 지자체		24	10.5%	대구 유성, 충북 충주, 제천, 보은, 옥천, 영동, 진천, 괴산, 음성, 단양, 증평, 충남 천안, 공주, 보령, 논산, 계룡, 당진, 금산, 부여, 서천, 청양, 홍성, 예산, 태안
	변화 있는 지자체	상향	3	1.3%	충남 아산, 서산, 세종
		하향	5	2.2%	대전 동구, 중구, 서구, 대덕, 충북 청주
호남권 (41)	변화 없는 지자체		35	15.3%	광주 서구, 남구, 전북 군산, 정읍, 남원, 김제, 완주, 진안, 무주, 장수, 임실, 순창, 고창, 부안, 전남 목포, 여수, 순천, 나주, 담양, 곡성, 구례, 고흥, 보성, 화순, 장흥, .강진, 해남, 영암, 무안, 함평, 영광, 장성, 완도, 진도, 신안
	변화 있는 지자체	상향	1	0.4%	전남 광양
		하향	5	2.2%	광주 동구, 북구, 광산, 전북 전주, 익산

〈권역별 기초지자체의 재정자립도 구분(계속)〉

<table>
<tr><th colspan="3">구 분</th><th colspan="2">개 수</th><th>소속 지자체</th></tr>
<tr><td rowspan="3">대경권
(31)</td><td colspan="2">변화 없는 지자체</td><td>23</td><td>10.0%</td><td>대구 수성, 달성, 경북 경주, 김천, 안동, 영주, 영천, 상주, 문경, 경산, 군위, 의성, 청송, 영양, 영덕, 청도, 고령, 성주, 칠곡, 예천, 봉화, 울진, 울릉</td></tr>
<tr><td rowspan="2">변화
있는 지자체</td><td>상향</td><td>0</td><td>0.0%</td><td>-</td></tr>
<tr><td>하향</td><td>8</td><td>3.5%</td><td>대구 중구, 동구, 서구, 남구, 북구, 달서, 경북 포항, 구미</td></tr>
<tr><td rowspan="3">동남권
(39)</td><td colspan="2">변화 없는 지자체</td><td>20</td><td>8.7%</td><td>부산 서구, 기장, 울산 중구, 울주, 경남 창원, 진주, 통영, 사천, 김해, 밀양, 의령, 함안, 창녕, 고성, 남해, 하동, 산청, 함양, 거창, 합천</td></tr>
<tr><td rowspan="2">변화
있는 지자체</td><td>상향</td><td>2</td><td>0.9%</td><td>부산 강서, 경남 거제</td></tr>
<tr><td>하향</td><td>17</td><td>7.4%</td><td>부산 중구, 동구, 영도, 부산진, 동래, 남구, 북구, 해운대, 사하, 금정, 연제, 수영, 사상, 울산 남구, 동구, 북구, 경남 양산</td></tr>
<tr><td rowspan="3">강원도
(18)</td><td colspan="2">변화 없는 지자체</td><td>15</td><td>6.6%</td><td>춘천, 원주, 강릉, 동해, 삼척, 홍천, 횡성, 영월, 평창, 철원, 화천, 양구, 인제, 고성, 양양</td></tr>
<tr><td rowspan="2">변화
있는 지자체</td><td>상향</td><td>2</td><td>0.9%</td><td>태백, 정선</td></tr>
<tr><td>하향</td><td>1</td><td>0.4%</td><td>속초</td></tr>
<tr><td rowspan="3">제주도
(2)</td><td colspan="2">변화 없는 지자체</td><td>0</td><td>0.0%</td><td>-</td></tr>
<tr><td rowspan="2">변화
있는 지자체</td><td>상향</td><td>2</td><td>0.9%</td><td>제주, 서귀포</td></tr>
<tr><td>하향</td><td>0</td><td>0.0%</td><td>-</td></tr>
</table>

※ 분석자료 : 통계청 KOSIS 재정자립도의 18년(2001~2018년) 자료
※ 분류기준 : ① 변화 없음 : 표준편차 4미만
② 상향추세 : 표준편차 4 이상, 증감률(+)
③ 하향추세 : 표준편차 4 이상, 증감률(-)

〈권역별 기초지자체의 재정자립도 지역 구분〉

구 분		중심지수	지자체수	소속 지자체(중심지는 진하게 표시함)
수도권	단일지역	3	66	**서울 서초, 강남, 중구** 외 수도권 전체
충청권	단일지역	3	32	**충북 청주, 충남 천안, 아산** 외 충청권 전체
호남권	지역 1	2	14	**전북 전주, 군산,** 익산, 정읍, 남원, 김제, 완주, 진안, 무주, 장수, 임실, 고창, 부안
	지역 2	2	22	광주 동구, **서구**, 남구, 북구, 광산, 전남 **목포,** 나주, 담양, 고흥, 보성, 화순, 장흥.,강진, 해남, 영암, 무안, 함평, 영광, 장성, 완도, 진도, 신안
	지역 3	2	5	전남 **여수**, 순천, **광양**, 곡성, 구례
대경권	지역 1	1	24	대구 중구, 동구, 서구, 남구, 북구, 수성, 달서, 달성, 경북 김천, 안동, **구미**, 영주, 영천, 상주, 문경, 경산, 군위, 의성, 청도, 고령, 성주, 칠곡, 예천, 봉화
	지역 2	1	7	경북 **포항**, 경주, 영덕, 청송, 영양, 울진, 울릉
동남권	단일지역	6	39	**부산 강서, 울산 남구, 울주, 경남 창원, 김해, 양산**을 포함한 동남권 전 지역
강원도	지역 1	1	6	**춘천**, 홍천, 철원, 화천, 양구, 인제
	지역 2	1	3	**원주**, 횡성, 영월
	지역 3	2	9	강릉, 동해, **태백, 속초**, 삼척, 평창, 정선, 고성, 양양
제주도	단일지역	2	2	**제주, 서귀포**

※ 분석자료 : 통계청 KOSIS 재정자립도의 18년(2001~2018년) 자료

〈전국기준 기초지자체의 재정자립도 지역 구분〉

구분	중심지	지자체수	소속 지자체
수도권+ 충청권+ 강원권	서초 강남 중구	74	서울 전 지역, 인천 중구. 동구, 남구, 연수, 남동, 부평, 계양, 서구 대전 서구, 유성 세종 경기 수원, 성남, 의정부, 안양, 부천, 광명, 평택, 동두천, 안산, 고양, 과천, 구리, 남양주, 오산, 시흥, 군포, 의왕, 하남, 용인, 파주, 이천, 안성, 김포, 화성, 광주, 양주, 포천, 여주, 가평 강원 춘천, 원주 충북 청주, 진천, 음성 충남 천안, 아산, 서산, 당진
호남권+ 대경권+ 동남권	울산 울주 경북 구미 경남 창원 전남 광양	33	부산 중구, 부산진, 동래, 남구, 해운대, 사하, 금정, 강서, 연제, 수영, 사상, 기장 대구 중구, 북구, 수성, 달서, 달성 울산 남구, 동구, 북구, 울주 전남 여수, 광양 경북 포항, 경주, 구미, 경산, 칠곡 경남 창원, 진주, 김해, 거제, 양산

* 재정자립도 25%이상 지자체중 서로 인접한 지역만 포함함
* 위에 포함되지 않는 나머지 122개 지자체는 재정자립도 25% 미만이거나 지역에 속하지 않고 독립적인 경우임

※ 분석자료 : 통계청 KOSIS 재정자립도의 18년(2001~2018년) 자료

〈권역별 기초지자체의 지역총생산(GRDP) 변화패턴 구분〉

구 분			개 수		소속 지자체
수도권 (66)	변화 없는 지자체		27	11.8%	서울 용산, 성동, 광진, 동대문, 중랑, 성북, 강북, 도봉, 노원, 은평, 서대문, 양천, 구로, 금천, 동작, 관악, 강동, 인천 계양, 강화, 옹진, 경기 동두천, 과천, 의왕, 여주, 연천, 가평, 양평
	변화 있는 지자체	큼	22	9.6%	인천 중구, 연수, 서구, 경기 수원, 성남, 의정부, 안양, 광명, 평택, 안산, 고양, 구리, 남양주, 오산, 하남, 파주, 안성, 김포, 화성, 광주, 양주, 포천
		적음	17	7.4%	서울 종로, 중구, 마포, 강서, 영등포, 서초, 강남, 송파, 인천 동구, 남구, 남동, 부평, 경기 부천, 시흥, 군포, 용인, 이천
충청권 (32)	변화 없는 지자체		16	7.0%	대전 동구, 충북 제천, 보은, 옥천, 영동, 괴산, 단양, 증평, 충남 계룡, 금산, 부여, 서천, 청양, 홍성, 예산, 태안
	변화 있는 지자체	큼	14	6.1%	대전 서구, 유성, 세종, 충북 청주, 충주, 진천, 음성, 충남 천안, 공주, 보령, 아산, 서산, 논산, 당진
		적음	2	0.9%	대전 중구, 대덕
호남권 (41)	변화 없는 지자체		28	12.2%	광주 동구, 남구, 전북 정읍, 남원, 김제, 진안, 무주, 장수, 임실, 순창, 고창, 부안, 전남 목포, 담양, 곡성, 구례, 고흥, 보성, 화순, 장흥, 강진, 해남, 함평, 영광, 장성, 완도, 진도, 신안
	변화 있는 지자체	큼	7	3.1%	광주 서구, 광산, 전북 군산, 완주, 전남 나주, 영암, 무안
		적음	6	2.6%	광주 북구, 전북 전주, 익산, 전남 여수, 순천, 광양

〈권역별 기초지자체의 지역총생산(GRDP) 변화패턴 구분(계속)〉

구 분			개 수		소속 지자체
대경권 (31)	변화 없는 지자체		17	7.4%	대구 남구, 경북 안동, 영주, 상주, 문경, 군위, 의성, 청송, 영양, 영덕, 청도, 고령, 성주, 예천, 봉화, 울진, 울릉
	변화 있는 지자체	큼	3	1.3%	대구 동구, 북구, 달성
		적음	11	4.8%	대구 중구, 서구, 수성, 달서, 경북 포항, 경주, 김천, 구미, 영천, 경산, 칠곡
동남권 (39)	변화 없는 지자체		19	8.3%	부산 중구, 서구, 동구, 영도, 동래, 남구, 북구, 사하, 수영, 경남 밀양, 의령, 창녕, 고성, 남해, 하동, 산청, 함양, 거창, 합천
	변화 있는 지자체	큼	11	4.8%	부산 강서, 기장, 울산 중구, 북구, 울주, 경남 통영, 사천, 김해, 거제, 양산, 함양
		적음	9	3.9%	부산 부산진, 해운대, 금정, 연제, 사상, 울산 남구, 동구, 경남 창원, 진주
강원도 (18)	변화 없는 지자체		15	6.6%	동해, 태백, 속초, 삼척, 홍천, 횡성, 영월, 평창, 정선, 철원, 화천, 양구, 인제, 고성, 양양
	변화 있는 지자체	큼	2	0.9%	춘천, 원주
		적음	1	0.4%	강릉
제주도 (2)	변화 없는 지자체		-	-	-
	변화 있는 지자체	큼	2	0.9%	제주, 서귀포
		적음	-	-	-

※ 분석자료 : 통계청 KOSIS 지역총생산(GRDP)의 11년(2005~2015년)자료(서울은 최근 6년)
※ 분류기준 : ① 변화 없음 : 표준편차 0.5 미만
② 변화 큼 : 표준편차 0.5 이상, 11년간 평균 증감률에 비해 높음
③ 변화 적음 : 표준편차 0.5 이상, 11년간 평균 증감률에 비해 낮음

〈권역별 기초지자체의 지역총생산(GRDP) 지역 구분〉

구 분		중심지수	지자체 수	소속 지자체(중심지는 진하게 표시함)
수도권	단일지역	2	66	**서울 강남, 중구** 외 수도권 전체
충청권	단일지역	3	32	**충북 청주, 충남 천안, 아산** 외 충청권 전체
호남권	지역1	3	14	**전북 전주, 군산, 익산**, 정읍, 남원, 김제, 완주, 진안, 무주, 장수, 임실, 고창, 부안
	지역 2	5	22	광주 동구, **서구**, 남구, **북구, 광산**, 전남 **목포**, 나주, 담양, 고흥, 보성, 화순, 장흥, 강진, 해남, **영암**, 무안, 함평, 영광, 장성, 완도, 진도, 신안
	지역 3	3	5	전남 **여수, 순천, 광양**, 곡성, 구례
대경권	지역 1	1	24	대구 중구, 동구, 서구, 남구, 북구, 수성, 달서, 달성, 경북 김천, 안동, **구미**, 영주, 영천, 상주, 문경, 경산, 군위, 의성, 청도, 고령, 성주, 칠곡, 예천, 봉화
	지역 2	1	7	경북 **포항**, 경주, 영덕, 청송, 영양, 울진, 울릉
동남권	단일지역	5	39	**울산, 남구, 북구, 울주, 경남 창원, 김해**를 포함한 동남권 전 지역
강원도	지역 1	1	6	**춘천**, 홍천, 철원, 화천, 양구, 인제
	지역 2	1	3	**원주**, 횡성, 영월
	지역 3	1	9	**강릉**, 동해, 태백, 속초, 삼척, 평창, 정선, 고성, 양양
제주도	단일지역	2	2	**제주, 서귀포**

※ 분석자료 : 통계청 KOSIS 지역총생산(GRDP)의 11년(2005~2015년)자료(서울은 최근 6년)

〈전국기준 기초지자체의 지역총생산(GRDP) 지역 구분〉

구분	중심지	지자체수	소속 지자체
수도권+ 충청권+ 강원권	강남 중구	68	서울 전 지역(강북, 도봉 제외) 인천 중구. 남구, 연수, 남동, 부평, 계양, 서구 대전 중구, 서구, 유성 세종 경기 수원, 성남, 의정부, 안양, 부천, 광명, 평택, 안산, 고양, 남양주, 오산, 시흥, 군포, 용인, 파주, 이천, 안성, 김포, 화성, 광주, 양주, 포천 강원 춘천, 원주 충북 청주, 충주, 진천, 음성 충남 천안, 아산, 서산, 당진
호남권+ 대경권+ 동남권	울산 남구 경북 구미 경남 창원 전남 여수	42	부산 동구, 부산진, 남구, 해운대, 사하, 금정, 강서, 연제, 사상 대구 중구, 동구, 북구, 서구, 수성, 달서, 달성 울산 남구, 동구, 북구, 울주 전남 여수, 순천, 광양 경북 포항, 경주, 구미, 경산 경남 창원, 진주, 통영, 사천, 김해, 거제, 양산

* 지역총생산(GRDP) 3조원 이상 지자체 중 서로 인접한 지역만 포함함
* 위에 포함되지 않는 나머지 119개 지자체는 지역총생산(GRDP) 3조원 미만이거나 지역에 속하지 않고 독립적인 경우임

※ 분석자료 : 통계청 KOSIS 재정자립도의 18년(2001 ~ 2018년) 자료

1) 1989년 8월 개발구역을 지정(건설부 고시 제467호: '90.8.18)했을 때의 명칭은 '군장 산업기지'였다. 이 명칭은 '군·장 국가공단 군산지구'를 거쳐 '군장국가산업단지'로 변경되었다가 2007년 장항지역의 산업단지 개발계획이 취소되면서 2011년 7월 '군산2국가산업단지'로 최종적으로 확정되었다. 사업명칭이 변경된 지 삼 개월 후 고시(익산지방국토관리청 고시 제2011-243호)되었다.

2) 공공건설 사업을 계획할 때 추정한 수요, 공사비, 공사기간, 기대효과, 사업관리 내용 등에 대해 준공 이후에 재평가해 이후에 유사한 사업을 추진할 때 과거의 평가결과를 참고함으로써 발주청의 시행착오를 줄이기 위해 시행하고 있는 제도다. 국토교통부 소관의 「건설기술 진흥법(법률 제15719호)」 제52조와 「건설기술 진흥법 시행령(대통령령 제29360호)」 제86조, 「건설기술 진흥법 시행규칙(국토교통부령 제521호)」 제46조, 「건설공사 사후평가 시행지침(국토교통부 고시 제2018-545호」을 근거로 한다. 「공공건설사업 효율화 종합대책('99.3.)」에 따라 1999년 6월에 수행된 『국도건설공사의 사후평가 연구(건설교통부)』에서 개념을 정립했고, 2000년 3월 「건설기술관리법 시행령」에 제38조의 18을 신설해 도입했다. 2001년 5월 「건설공사 사후평가 시행지침」이 작성되었고, 2009년 8월에는 「건설공사 사후평가 매뉴얼」이 마련되었다. 2012년 1월 「건설기술관리법」 제21조의6 조항이 신설되었다. 지침은 수차례 개정되었다. 「건설기술관리법」은 건설기술 관리체계를 규제 중심에서 관련 산업의 진흥과 지원 중심으로 전환하기 위해 2013년 5월 전부개정을 통해 「건설기술 진흥법」으로 명칭이 변경되었다.

3) 최근 군산2국가산업단지가 경제자유구역에서 해제되었다. 기존 1,336만㎡ 면적의 군산2국가산업단지에 해제된 군산자유무역지역을 합한 면적이다.

4) 정준모, 2015 「서해안 시대의 희망, 군산산업단지」, 2015년 12월 9일 전북도민일보 기사.

5) 1994년 건설부와 교통부가 통합해 건설교통부가 출범했고, 2008년 해양수산부와 합쳐 국토해양부가 설립되었다. 2013년 국토교통부와 해양수산부로 분리되었다.

6) 정준모, 2015 「서해안 시대의 희망, 군산산업단지」, 2015년 12월 9일 전북도민일보 기사.

7) 새만금 간척 사업 위키백과 홈페이지.

8) 2013년 9월 새만금개발청이 설립되면서 10월 폐지되었다.

9) 군산시의 산업단지 지정면적은 98㎢로 전국 산업단지 지정면적의 6.9%를 점유해 226개 기초지자체 중에서 경기도 시흥시, 전남 광양시 다음으로 3위이다.

10) 1996년 한국토지공사로 명칭이 바뀌었고, 2009년 대한주택공사와 통합해 한국토지주택공사로 새롭게 출범했다.

11) 이도명 · 김시일 · 김근봉 · 김근영 외, 2012, 『군장국가산업단지(군산지구) 조성공사 4개 공구 사후평가용역 보고서』, 한국토지주택공사.

12) 한국산업단지공단, 2017, 『통계로 본 한국의 산업단지 15년, 2001~2016』.

13) <그림 3-3>의 지역 분석단위는 226개의 기초자치단체와 세종특별자치시, 제주특별자치도의 제주시와 서귀포시를 합해 총 229개이다.

14) 필자가 2017년 10월 대구한의대에서 열린 대한국토 · 도시계획학회 추계학술대회에서 발표한 「1997 아시아 금융위기와 2007 세계금융위기의 우리나라 산업도시 고용영향 분석」 학술발표논문에서 우리나라의 기초지자체를 산업도시 관점에서 일곱 개 유형으로 구분한 자료를 참조했다. Level Ⅰ은 산업단지가 없고 제조업 LQ지수가 1 미만인 '비산업도시(51개)'다. Level Ⅱ는 산업단지(일반산단/농공단지)가 1~3개 조성되었으나 제조업 LQ지수가 1미만이고 감소추세인 '비산업 전환지역(48개)'이다. Level Ⅲ은 산업단지가 4개 이상이나 제조업 LQ지수가 1미만이고 증가/감소추세가 혼재된 '산업도시 잠재지역(40개)'이다. Level Ⅳ는 제조업 LQ지수가 1을 초과하며 증가추세인 '산업도시 후보지역(43개)'이다. Level Ⅴ는 국가산단은 없으나 일반산단 등이 입지해 발전한 '자생 산업도시(24개)'다. Level Ⅵ은 국가산단이 1개 입지하고 제조업 종사자수 LQ지수가 1 이상이며 제조업 종사자수가 1만5천명 이상인 '부핵심 산업도시(12개)'다. Level Ⅶ은 국가산단 2~3개를 포함한 산단 7~17개가 집약된 '핵심 산업도시(11개)'다.

15) 229개 지역분석단위 기초지자체에 대해 지난 16년(2001~2016년) 간 고용자료(사업체기초통계)의 평균과 표준편차(5천), 지난 16년간 증감률(50.7%)을 기준으로 변화없는 지자체(표준편차 5천미만), 변화가 큰 지자체(표준편차가 5천 이상이고 증감률 기준이상), 변화가 적은 지자체(표준편차가 5천 이상이고 증감률 기준미만)의 3단계로 구분하였다.

16) 행정안전부가 산정하는 지표로 '일반회계의 세입 중 지방세와 세외수입의 비율'이다. 재정수입의 자체 충당 능력을 나타내는 세입분석지표로 비율이 높을수록 세입징수 기반이 좋다는 것을 의미하기 때문에 중앙정부의 지자체 재정지원, 지방재정의 발전적 운영에 활용되고 있다. 재정자립도는 다음과 같이 산출한다. 재정자립도={(지방세+세외수입)×100}÷일반회계예산규모

17) 229개 지역분석단위 기초지자체에 대해 지난 18년(2001~2018년) 간 재정자립도의 평균과 표준편차(4), 지난 18년간 증감률(+/-)을 기준으로 변화없는 지자체(표준편차 4미만), 변화가 상향인 지자체(표준편차가 4이상이고 증감률 +), 변화가 하향인 지자체(표준편차가 4이상이고 증감률 -)의 3단계로 구분하였다.

18) 지자체별로 생산, 소비, 물가 등의 자료를 바탕으로 해당지역에서 경제활동으로 부가가치를 얼마나 생산했는지를 나타내는 지표다. 지역총생산이 높으면 지역의 재정자립도가 높아질 수 있고, 낮으면 재정자립도도 내려가 중앙정부의 지원이 필요하게 된다. 지역소득의 생산, 분배, 지출과 경제주체 간 소득순환을 파악해 지역경제 실태를 포괄적으로 나타내기 때문에 경제정책 수립에 필요한 자료다.

19) 229개 지역분석단위 기초지자체에 대해 지난 11년(2005~2015년) 간 지역총생산액(단위 : 조원)의 평균과 표준편차(0.5), 지난 11년간 증감률을 기준으로 변화 없는 지자체(표준편차 0.5미만), 변화가 큰 지자체(표준편차가 0.5이상이고 평균 증감률에 비해 높음), 변화가 적은 지자체(표준편차가 0.5이상이고 평균증감률에 비해 낮음)의 3단계로 구분하였다.

20) 평균 재정자립도와 지역총생산을 권역별 내림차순으로 정리한 후 각 지표에서 가장 높은 기초지자체를 중심지로 선정한 후 GIS소프트웨어의 데이터 특성과 공간적 인접성을 고려한 Grouping Analysis기능을 활용해 각 중심지에서 가까운 지자체를 우선적으로 해당 지역권역에 포함하였다.

4. 중앙정치에 예속된 지방자치

풀뿌리 민주주의 현장에서 일어난 일

제7회 전국 동시지방선거와 관련한 범죄의 공소시효 마지막 날인 2018년 12월 13일 검찰이 윤장현 전 광주광역시장을 공직선거법 위반 혐의로 불구속기소했다. 노무현 전 대통령의 부인 권양숙 여사 행세를 한 여성에게 속아 6.13 지방선거에서 후보 공천을 기대하며 돈을 보낸 혐의였다. '가짜 권양숙 사건'으로 세간에 알려진 사건의 전모는 이렇다. 50세의 김모씨가 권양숙 여사 행세를 하며 재선을 바라던 윤 전 시장에게 접근해 추미애 더불어민주당 당시 대표, 이용섭 현 광주광역시장, 문재인 대통령 등을 언급하며 선거에 도움을 줄 것처럼 문자를 보냈다. 당시 재선을 앞둔 광주광역시장이었던 윤 전 시장이 이에 호응해 4억5천만원을 송금한 것이다.[1] 윤 전 시장은 이틀간 검찰 조사를 받고 난 후 "수사가 불공정하다"며 진술조서에 서명날인을 거부하는 등 혐의를 전면 부인했다. 검찰은 "김씨의 진술과 둘 사이의 문자 메시지 및 대화내용 등을 검토한 결과 혐의가 인정된다"고 판단해 기소했다.[2] 더불어민주당의 거센 바람이 분 제7회 전국 동시지방선거에서 여당의 텃밭에서 재선을 원했던 윤장현 광주광역시장은 여당의 공천을 받는 것이 곧 당선이라고 생각했을 것이다. 그래서 이런 사건이 발생한 것이다.

공정하고 건강한 경쟁은 지방자치를 발전시킨다. 사년 전에 있었던 제6회 지방선거에서 대구광역시장 선출과정은 이러한 명제가 현실에서 어떻게 작용하는지 보여주는 대표적인 사례다. 2014년 2월 4일 지방선거에서 대구광역시장 예비후보자의 등록신청이 가능해졌다. 처음으로 대구시장 출마를 선언했던 주성영 전 국회의원을 필두로 총 8명이 당시 여당이었던 새누리당 예비후보로 출마의사를 밝혔다. 야권에서는 이원준 정의당 후보, 송영우 통합진보당 후보, 이정숙 무소속 후보가 예비후보로 등록했다. 그러나 19대 국회의원선거에서 대구 수성갑 선거구에 출마했던 김부겸 전 국회의원이 3월 24일 민주당 예비후보로 등록하면서 상황이 바뀐다. 김부겸 후보의 출마선언으로 긴장한 새누리당 대구시당은 자체심사를 통해 3월 말 예비후보를 4명으로 압축하고, 다음달 20일에 경선투표를 통해 후보를 결정하겠다고 선언했다.[3)]

김부겸 후보가 출마를 선언하고 이틀 후 민주당과 새정치연합이 합당해 새정치민주연합이 출범했다. 당시 박근혜 대통령의 '정치적 고향'으로 불렸던 대구는 전국규모 선거에서 투표율이 항상 최하위권을 기록해 '지역정치의 고인물'이라고 평가받았다. TK출신의 새누리당 전략통 인사가 "대구시장은 항상 중앙 정치권으로서는 부담이 없거나 쉽게 대할 수 있는 그런 만만한 사람이 됐다. 그게 대구의 가장 큰 문제였다. 그런데 이번에도 크게 다르지 않다. 지역 여론이 달라지고 있다는 것을 피부로 느낄 수 있는데도 당에서는 여전히 안일하게 생각하고 있다. 잡아놓은 고기에 먹이를 줄 필요가 있느냐며…."고 말할 정도였다. 그런데 김부겸 후보가 돌풍을 일으키며 지역정서가 변하기 시작했다. 새누리당의 한 인사는 "대구 분위기가 참 묘하다. 한마디로 이상기류"라고 상황을 설명했다.[4] 건강한 여야 경쟁에 불이 붙었다.

진보에서도 대구출신 대권주자를 키워놓아야 한다는 지역정서가 싹트자 새누리당에서 이변이 발생했다. 경선 초기에는 '박근혜계'로 분류된 서상기 후보와 조원진 후보가 양강(兩强)을 형성했었다. 그런데 4명으로 압축된 새누리당 경선후보 중에서 3위를 달리던 권영진 후보가 예상을 깨고 대구실내체육관에서 열린 후보자 선출대회에서 1위를 기록한 것이다. 이재만 후보가 2위를 해 서상기 후보와 조원진 후보는 3위와 4위로 밀려났다. 변화에 대한 강렬한 욕구와 기존 정치권에 대한 강한 불신이 혁신적인 결과로 나타난 것이다.[5] 다음날 상대당인 새정치민주연합은 새누리당 대구시장 후보 경선에서 권영진 전 의원이 선출된 것을 '환영한다'고 논평했다.[6] 강력한 경쟁 상대당의 당내 경선결과에 환영한다고 입장을 표명한 것은 우리나라 정치사에 매우 이례적인 일이다. 두 사람은 곧 공정하면서도 치열한 선거전에 돌입했다.

2014년 대구시장을 향해 격돌했던 두 사람의 경쟁을 가장 잘 표현한 글이 영남대 김태일 교수의 시사저널 칼럼이다. 그 내용은 다음과 같다.

> "이번 지방선거에서 유권자들이 가장 행복했던 곳이 어딜까. 대구광역시다. 왜? 경쟁이 있었기 때문이다. 대구는 그동안 경쟁이 없는 도시였다. 대구에서는 특정 정당 명찰만 달면 "막대기를 꽂아도, 심지어 강아지를 내보내도 당선된다"는 자조적인 말이 있을 정도다. 이런 곳에서 치열한 정치적 경쟁이 생겼다는 것은 전국적인 화젯거리가 되기에 충분했다.…보수 정당의 권영진은 변화・혁신・소통을 강조한 반면, 진보 정당 김부겸은 책임・능력・신뢰를

강조했다. 권영진이 원칙적이며 도전적이었다면, 김부겸은 포용적이고 융합적이었다....선거 결과는 권영진과 김부겸 모두의 승리였다. 권영진이 당선됐으나 김부겸도 정치적으로 유의미한 득표를 했다. 대구 사람들이 가장 행복했을 거라는 얘기를 한 것은, 전에 없던 이런 흥미로운 경쟁 과정을 즐길 수 있었기 때문이다. 이런 경쟁 과정의 경험은 대구 사람들로 하여금 경쟁이 얼마나 재미있고 유익한 것인가를 알게 하는, 즉 '경쟁 감수성'을 증대시킬 것이다. 경쟁과 정치적 다양성이 존재하지 않던 땅에서 새로운 가능성을 보여준 권영진과 김부겸의 경쟁은 두고두고 화제가 될 것 같다.(김태일, 시사저널 2014년 6월 11일자 칼럼기사 중에서)"

새정치민주연합 김부겸 후보가 대구시장 선거에서 '기호 2번'으로 40.3%를 득표하자 정치평론가들과 언론사들은 '지역주의의 철옹성' 대구에서 '호남당 후보'가 '아름다운 선전'을 펼쳐 '40%라는 기적'을 만들었다고 말했다. 모두 "기적이 일어났다," "지역주의가 흔들린다," "'대구 콘크리트'에 금이 갔다," "대구 유권자가 '호남당 후보'에 마음을 열기 시작했다," "정당 대신 인물을 보고 투표하는 성숙한 유권자가 늘어나고 있다…"고 소리 높여 외쳤다. 선거 결과가 나오자 김부겸 후보는 "변화에 대한 강한 열망을 느꼈고, 가슴 깊이 새긴다"면서 "대구시민과 함께 보낸 시간들, 시민들 곁에서 행복했다"고 패배를 인정했다.[7] 그는 2년 뒤 국회의원에 당선된다.

세 번째는 분위기가 다른 스토리다. 2014년 제6회 경기지사 선거에서 있었던 일이다. 당시 야권에서는 안철수 의원이 신당을 만들어 민주당과 서울시장과 경기지사 후보를 나눈다는 선거연대 '빅딜설'이 퍼졌다. 박원순 서울시장을 탄생시킨 사람이 안철수 의원이기 때문에 안철수 신당은 경기지사에 후보를 낸다고 예측되었다.[8] 야당인 민주당에서는 4선인 원혜영 의원이 새해가 시작한 다음날인 2일 경기도의회에서 경기지사 출마를 공식 선언했다. 노무현정부의 국정홍보처장이었던 김창호 후보와 '준비된 경제도지사'를 표방한 김진표 의원이 민주당 후보대열에 합류했다. 새누리당에서는 김문수 지사가 불출마를 선언하자 4선의 원유철 의원이 여당에서는 최초로 1월 5일 출마를 선언했다. 곧이어 4선의 정병국 의원과 김영선 전 국회의원이 각각 출판기념회를 열고 새누리당 경선에 참여했다. 3대 3의 대결이 시작되었다.

그런데 상황이 묘하게 흘러가기 시작했다. 새누리당과 민주당의 여섯 명 후보 모두 한 후보가 다른 후보들에게 압도적으로 우위를 보이지 못했다. 그 당시 새누리당의 고민은 선두인 정병국 후보와 원유철 후보가 민주당의 김진표 후보에게 10% 이상 열세라는 것에 있었다. 민주당의 고민은 안철수 신당에서 김상곤 경기교육감을 영입해 경기지사 후보로 내세우려 한다는 것이었다. 야권연대가 이루어지지 않을 경우 3당 체제에서 승리할 수 있을 것인가가 고민이 되었다. 진보 측에서는 1회를 제외한 네 차례 선거에서 보수 측에 경기지사를 내주었다. 특히 5회 경기지사 선거에서는 민주당 김진표 후보가 국민참여당 유시민 후보로 야권 단일화를 했어도 한나라당의 김문수 후보에게 패배한 아픈 역사가 있었다. 그래서 정치공학적 행위가 가동되기 시작했다.

야권이 새누리당보다 하루 먼저 움직였다. 3월 4일 김상곤 경기교육감이 교육감직을 사퇴하고 통합신당의 경기지사 출마를 발표했다.[9] 일주일이 지난 12일 야권 후보경쟁에 뒤늦게 뛰어든 김상곤 후보가 경기지사 출마를 공식 선언하면서 "버스 완전공영제를 단계적으로 실시하여 무상 대중교통의 첫걸음을 떼겠습니다"라는 발언으로 '무상버스'공약을 발표했다. 경기도 교육감 때의 '무상급식'에 이은 '무상버스'공약은 경기지사 선거를 새로운 논란으로 이끌었다. 당장 40년 지기의 운동권 동지였던 원혜영 후보가 "허구적 주장에 불과하다. 무상 시리즈의 덫에서 빠져나와야 한다"고 비난했다. '버스공영화'를 대표공약으로 내세운 원후보가 가장 큰 피해를 입게 된 것이다.

새누리당도 만만치 않았다. 새누리당에서는 '승산 있는 유력후보 동원령'을 내리고 중진을 차출하겠다고 했다. 유력한 대상자인 남경필 의원은 이미 불출마 선언을 하고, '남원정 트리오'로 정치적 동지를 자처했던 정병국 의원에게 경기지사 출마를 적극 권유한 상태였다. 3월 5일 당 지도부로부터 경기지사 출마 압박을 받아온 5선의 남경필 의원이 경기지사 출마를 전격 선언했다.[10] "정치판에는 영원한 적도, 영원한 동지도 없다"고 하는 말이 실감나도록 보수와 진보 양측 모두 경기지사 선거에서 승리만을 원했다.[11]

김상곤 후보의 '무상버스'공약은 여야후보 모두에게 큰 파장을 일으켰다. 김상곤 후보가 '무상 대중교통'을 언급하기 전까지 여야 각 후보들은 경제와 일자리 창출, 주택문제와 주거복지, 교육과 학교폭력, 대북교류와 관광 등 다양한 이슈에 대해 공약을 발표하고 있었다. 그런데 김상곤 후보가 '무상버스' 공약을 내세우면서 제6회 경기지사 선거는 교통정책 공약으로 승부가 나게 되었다. 그때까지 각 후보의 교통공약은 새누리당에서 정병국 후보가 수도권 광역교통청 신설을, 원유철 후보가 GTX 환승센터 설치와 제2경부고속도로 조기 건설을, 김영선 후보가 '경기만 스마트 고속도로' 건설과 '경기순환철도망' 구축을, 남경필 후보가 버스 준공영제를 제시했었다. 민주당에서는 김진표 후보가 '그물망 급행 G1X(경기순환철도)'를, 원혜영 후보가 버스공영제를 발표했다. 버스가 주요 관심사가 되자 김진표 후보는 '경기~서울 3060분 통근시대'와 버스 준공영제를, 정병국 후보는 '빠름빠름 광대역버스'와 스마트 광역환승센터를, 원유철 후보는 2층 버스와 '경기스마트 교통체계'를, 남경필 후보는 굿모닝 버스와 신개념 멀티환승터미널을 공약에 추가했다.

그 당시 여론조사에서 선두권을 달리던 김상곤 후보의 '무상버스'공약은 다른 후보들의 타겟이 되었다. 공약의 실현가능성에 대해 모든 후보가 의문을 제기했다. 경기도와 유사한 규모를 가진 지역을 대상으로 하는 대중교통시스템에서 무상 정책은 유례가 없기 때문이다. 다른 후보들은 매년 2~5조원의 예산이 필요하다고 했다. 김상곤 후보는 3월 20일 기자회견을 통해 "전세계의 많은 도시들이 버스 공영제를 실시하고 적지 않은 숫자의 미국 유럽 브라질 도시들이 무상버스를 운영하며 전남 신안군 버스가 공영제이고, 프랑스 샤토후와 에스토니아 탈린의 버스가 무상"이라고 했다.

김상곤 후보는 "무상버스와 단계적 버스 공영제를 진행"해 '65세 이상 어르신, 장애인, 평일 초중학생과 고교생, 평일 오전 11시부터 오후 2시까지 비혼잡시간, 시군과 협의한 무상버스의 날'에 무상버스를 운영하겠다고 했다. 예산 우려에 대해 첫해에는 어르신, 장애인, 초중학생을 대상으로 956억원이 들고, 단계적으로 대상을 확대하면 둘째 해에는 1,725억원이, 셋째 해에는 2,686억원이 소요된다고 했다.[12] "경기도 재정이 일반회계 기준으로 13조 원 규모인데,

무상버스 재원이 956억 원으로 총 재정에 불과 0.7% 남짓"이라면서 "SOC 예산을 조금만 조정"하거나 "전시성 홍보성 사업을 제로베이스에서 검토"해 마련할 수 있다고 주장했다.[13] 언론이 곧 검증에 들어갔다.

'무상버스'공약에 대해서 보수경향의 언론은 반대를, 진보경향의 언론은 찬성하는 입장이었다. 『88만원 세대』저자인 우석훈박사와 같이 찬성하는 학자도 있었지만 예산문제로 중립적이거나 부정적인 의견이 더 많았다. 인구 4만4천 명의 신안군과 1천2백만 명이 사는 경기도를 비교하는 건 무리라고 지적했다. 경기도에서 무상버스제도를 시행하려면 매년 1조9천억 원의 세금이 든다고 계산했다. 벨기에의 하셀트시는 1996년부터 버스를 무료화 했지만 적자가 계속 늘자 결국 2014년 이 제도를 폐지했다.[14] 무상버스가 숙성을 거치지 않은 공약이며 여론조사에서 새누리당 남경필 후보에게 뒤지자 여론의 관심을 끌기 위해 급조해서 던졌다고도 했다. 무상버스에 대한 논란이 커지자 실행방안 발표날짜를 엿새나 앞당겼지만 직장인과 대학생 같이 버스이용이 빈번한 사람들이 빠졌고, 서울지역과의 연계방안도 언급이 없다고 했다.[15]

무상버스에 대한 해외사례로 거론한 프랑스 샤토후와 에스토니아 탈린도 잘못 제시된 사례였다. 프랑스 샤토후는 앵도르주의 주도인 샤토루*Châteauroux*를 잘못 안 것이었고, 면적 25.5㎢에 인구가 46,386명이며 시내버스 노선이 12개에 불과한 작은 도시였다. 2001년부터 무료 대중교통서비스를 제공하고 있는 것은 맞으나 시민들이 대중교통을 잘 이용하지 않아 대중교통 시스템이 붕괴직전이어서 시장이 버스이용을 활성화하기 위해 무료를 결정한 것이었다.

그런데 프랑스에서는 샤토루가 시 전체에 무료버스 요금제도를 적용한 가장 크고 유일한 도시였다. 또한 무료제도 도입 후 승객들이 함부로 다루어 버스의자 파손율이 열배 가까이 증가했고, 승객들이 버스를 자신의 자가용처럼 생각해 자기집 앞까지 가서 내려주라고 요구해 시는 곤란을 겪고 있었다. 시는 대형 사업체를 대상으로 대중 교통세를 인상해 무상버스 예산을 확보했다.[16]

에스토니아의 탈린도 적절하지 않은 사례였다. 에스토니아의 수도인 탈린*Tallinn*은 면적이 서울시의 약 사분의 일 크기인 159.2㎢에 45만여명이 거주해 인구가 서울시의 5% 정도인 작은 도시다. 탈린의 도심은 중세성벽과 건물들을 그대로 보존해 유네스코 세계유산으로 지정되어 있다. 김상곤 후보가 '무상버스'공약을 제시했던 2014년 당시 탈린에는 64개의 버스노선, 4개의 트램, 7개의 트롤리 버스가 운영되고 있었다. 탈린은 2012년까지 대중교통에 고정요금제를 적용하다가 2013년 1월부터 탈린에 거주지를 등록한 도시주민들에게 버스·트램·트롤리 버스에 한해 무료요금을 적용하고 있다. 물론 관광객과 타 도시 방문자들은 요금을 낸다. 대중교통 연장은 744㎞, 차량수는 433대, 일일평균 승객수는 31만여명으로 인당 일일평균 0.72회를 탑승했다.

에스토니아 탈린에서 문제가 되는 것은 예산이었다. 무료화 전 2010년 기준으로 탈린시 대중교통의 소요비용은 버스 31.93백만 유로, 트롤리버스 10.83백만 유로, 트램 7.43백만 유로를 합해 총 50.18백만 유로가 매년 소요되었다. 탈린시는 요금으로 15.98백만 유로를 확보하고, 시가 재정을 지원해 29.37백만 유로를, 기타재원에서 0.38백만 유로를 확보해 운영했다.[17] 그런데 2013년 이후부터는 인구 45만 도시에서 최소 5천만유로, 약 640억원 이상을 시가 매년 재정적으로 부담했다.[18] 수도이면서 작은 도시라 가능했다. 이를 당시 경기도민 1,250만명으로 환산하면 1조 8천여억원의 예산을 매년 부담하는 것이다. 2014년 경기도청 일반회계 예산 13조원의 약 14%에 달하는 막대한 액수다.

설상가상으로 몇몇 언론사들이 경기도 싱크탱크인 경기개발연구원의 비공개 내부 연구자료가 김상곤 후보 진영으로 건네져 무상버스의 소요예산 산출근거로 사용되었다고 보도했다. 복수의 경기도 관계자가 "경기연 내부연구자료 유출의혹이 제기돼 확인한 결과, 내부적으로 연구 중이던 미완성자료와 김 전교육감 측이 인용해 발표한 데이터가 대부분 일치했다"면서 경기연의 연구자료 중 상당수는 그대로 인용했지만, 일부는 가공했고 일부는 아예 무시하는 등 자신들에게 필요한 데이터만 사용했다고 말했다.[19] 결국 "비현실적인 선심성 공약"으로 정책의 신뢰도를 떨어뜨린다는 비난[20]에 도덕성 논란까지 제기되면서 김상곤 후보의 지지율이 하락하기 시작했다.

4월이 되자 상황이 조금씩 정리되기 시작했다. 4월 3일 새누리당에서는 남경필 후보를 제외한 정병국, 원유철, 김영선 세 후보가 '反 남경필 단일화'에 합의했다.[21] 나흘 후 여론조사를 통해 정병국 후보가 단일화 승자로 확정되었고, 원유철 후보와 김영선 후보는 후보직을 사퇴했다. 새누리당에서는 남경필 후보와 정병국 후보가 준결승전에서 만나게 된 것이다.

민주당에서는 갈등이 폭발했다. 3월 26일 야권의 합당으로 출범한 새정치민주연합에서 경기지사 예비후보들 간 '룰의 전쟁'이 과

열 양상을 보이면서 경선이 파행위기까지 치닫게 되었다. 처음 발표한 경선 시행세칙에 대해 원혜영 후보가 반대했고, 김상곤 후보가 '중대결심'을 운운하며 기름을 붇자 김진표 후보가 선거 캠페인 활동의 중단을 선언했다.[22] 우여곡절 끝에 경선은 다시 진행되었다. 4월 15일 김창호 후보가 후보직에서 사퇴하고 김상곤 후보를 지지 선언한 후 선거대책위원장을 맡겠다고 했다. 민주당은 3파전으로 준결승전을 치르기로 결정했다. 다음날 선거에 영향을 주는 큰일이 발생한다.

6회 지방선거를 50일 앞둔 4월 16일 오전 8시 50분에 전라남도 진도군 해상에서 여객선 세월호가 침몰했다. 사고 선박에는 수학여행 중이던 경기도 안산 단원고 학생 325명과 교사 14명, 일반인 104명, 선원 33명이 탑승하고 있었다. 사고 소식을 접한 온 국민이 모두 무사히 살아 돌아오기를 염원했다. 가족들이 사고현장으로 향했고, 시간이 지남에 따라 희망이 절망으로 바뀌면서 온 나라가 비탄에 빠졌다. 여야는 국가적인 비극이 닥치자 지방선거 운동과 경선일정을 전면적으로 중단했다. 새누리당 경기도지사 경선에 나선 남경필, 정병국 후보는 이날 오후로 예정됐던 텔레비전 토론을 연기하고, 진도 구조현장으로 달려갔다. 새정치연합 경기도지사 예비후보인 김진표, 김상곤, 원혜영 후보도 공식일정을 취소하고 현장으로 내려갔다.[23] 결국 사고는 재난으로 확대되었고, 단원고 학생 250명과 교사 11명을 포함해 304명이 사망·실종되었다.

5월 2일 여야 모두 경기지사 경선을 재개했다. 국가적 애도 분위기 속에서 적극적인 자기홍보나 언행은 여론의 역풍을 맞을 수 있었다. 후보들의 출퇴근길 인사나 차량유세가 사라졌고, 공식일정도

제한적으로 진행되었다. 합동연설회나 TV토론가 축소되었고 당원이나 대의원에 대한 지지호소도 일대일 대면이 선호되었다.[24] 교통에서 재난안전관리로 공약의 최우선순위가 바뀌었다. 세월호 참사로 박근혜 대통령의 지지도가 60% 이상에서 50% 초반까지 10% 이상 하락하면서 새누리당의 남경필과 정병국 후보가 불리한 상황에 처하게 되었다. 두 후보는 세월호 참사 당일에 개최할 예정이었던 OBS 경인TV 토론회를 5월 7일 실시하고, 10일 열린 후보선출대회에서 지지를 호소했다. 결과는 남경필 후보의 6대 4 승리였다. 다음날에는 새정치민주연합이 경선을 치러 48.2%의 득표율을 기록한 김진표 후보가 최종 승리자가 되었다.[25]

'보수 정당의 개혁 성향 후보'인 새누리당 남경필 후보와 '개혁 정당의 보수 성향 후보'인 새정치민주연합 김진표 후보가 결선에서 맞붙게 되었다. 투표일 삼일 전 통합진보당 백현종 후보가 사퇴했다. 결국 6.4지방선거에서 남경필 후보가 4만2천표 차이로 승리자가 되었다.

지방선거 해부하기

전국 동시지방선거를 전면적으로 실시한지 23년이 지났다. 모두 일곱 번이 치러진 현행 지방선거의 장단점이 드러날 시기다. 지방선거의 희망과 문제가 눈에 보이고 있다. 앞 절에서 제시한 세 개의 광역자치단체 지방선거 관련 스토리는 단적인 예다. 우리는 대구시장 선거에서 희망을 보았다. 세 개의 사례 중에서 압권인 것은 제6회 지방선거의 경기지사 건이다. 우리나라 정치에서 문제라고 지적받고 있는 거의 모든 상황이 이 선거에서 모둠찌게로 발생했다. 유력정당 간 합당으로 인한 제 식구 챙기기, 지방선거에 중앙당 개입으로 인한 후보 교체, 부실공약과 상대후보 공약 베끼기, 공공기관 미공개 정보 활용으로 인한 도덕성 논란, 선두후보에 대항하는 후보 단일화, 선거일정 진행 중 규정변경 시도, 후보사퇴 중대결심 발언과 항의적 선거운동 중단, 후보직 사퇴 후 유력후보 선거대책위원장 맡기, 막판 후보사퇴로 인한 진영 단일화 등 생각할 수 있는 모든 일들이 단일지역 선거에서 총체적으로 발생했다.

모두 전국규모 선거들에서 우리가 익숙하게 보아왔던 상황들이다. 일반적으로는 그중에서 몇 개 정도가 발생한다. 이렇게 한 선거에서 모두 발생하는 것은 처음이다. 거기에 국가적 재난발생으로 선거판도도 급변했다. 제시한 열 개의 상황들이 불과 삼 개월 사이에 일어났다. 어떤 작가가 소설을 쓰기위해 경기지사 선거에서 있었던 일들을 플롯으로 작성하려고 해도 상상하기 힘들 것이다. 한 가지 다행인 것은 선거가 진행되는 동안에는 어떤 후보에 대해서도 스캔들로 인한 정쟁이 없었다는 것이다. 만일 스캔들 관련 흑색선전과 비리와 직권남용 폭로까지 있었다면 전국규모 선거의 완벽한 문제선거 종합선물세트가 될 뻔 했다. 전국 동시지방선거가 시행된 지 20여년이 지나 우리가 민주주의의 꽃이라는 지방자치 제도가 정착되었을 시기에도 왜 이런 일들이 발생하고 있을까?

2017년 5월 문재인정부가 들어서면서 '연방제 수준의 강력한 지방분권공화국 건설'을 핵심공약으로 제시했다. 문재인대통령은 2017년 6월 14일 청와대에서 열린 전국 시도지사 간담회에서 "연방제에 버금가는 강력한 지방분권제를 만들겠다"고 밝혔다.[26][27] 그리고 연방제 수준에 버금가는 '지방분권과 권력구조 개편을 위한 헌법개헌'을 추진하기로 대국민 약속을 선언했다.[28] 우리나라는 단일국가로 국가와 지방자치단체의 2원적 행정체계이며 지방자치단체는 다시 광역과 기초로 구분되어 3단계의 행정체계로 이루어져 있다. 2018년에 진행된 개헌논의의 핵심사항 중 하나인 '지방분권개헌'은 그동안 준연방주의 또는 연방제 수준이라는 표현으로 국가-광역-기초의 3단계 행정체계에서 광역의 권한을 연방국가의 지방국가에 준하는 수준으로 강화하겠다는 의미로 받아들여졌다.[29][30][31][32][33] 따라서 '연방제 수준의 지방분권 또는 지방정부'는 기초 지자체보다는 광역 지자체와 관련성이 높다.[34]

오늘날 우리나라 지방자치에서 가장 큰 문제는 광역자치단체의 미약한 자치권과 지방자치에서 발생하고 있는 이슈의 전국화 현상, 그리고 미흡한 정치지도자 육성체계다. 우리나라 지방자치에서 미흡한 입법·재정·조직 등에 대해서는 이미 많은 정치·행정학자들이 문제제기를 했기 때문에 여기에서 별도로 논의하지 않는다. 선진국들이 추진하고 있는 지방분권적 성향 강화, 도농 복합정부 형성, 규모의 지방정부 만들기, 행정구역 내 대도시권 중시, 통합 조정기능 강화 등 광역자치단체의 다섯 가지 개편방향에 대해서도 서론에서 언급했기 때문에 다시 말하지 않으려 한다. 도시학자로서 문제제기 하고 싶은 사항은 광역자치단체의 규모와 특성이 왜 지방자치에서 중요한가이다.

논의를 잠시 다른 방향으로 돌려서 생각해보자. 유엔에는 현재 193개 회원국이 있다. 유엔으로 대표되는 국제기구들은 '갖고 있는 힘이 어느 정도인지, 어떤 국내 체제를 갖고 있는지에 관계없이 주권 국가들은 본질적으로 평등하다'라는 「베스트팔렌 원칙」[35]을 기반으로 운영된다. 그러나 국제정치를 살펴보면 영토와 인구, 군사력과 경제력이 큰 대국과 소국 간에는 역할과 영향력 등에서 차이가 있다. 유엔에는 다섯 개의 상임이사국이 있고, 유엔운영비도 국가의 능력에 따라 차등적으로 배분한다. 당연하게 광역자치단체도 행정구역과 주민수, 정치력과 경제력에 따라 역할과 영향력에 차이가 있다. 경제선진국인 G7국가들의 개편방향을 보면 일정 수준 이상의 역할을 수행한다고 보는 광역자치단체의 규모는 인구측면에서 최소 2.5백만명이며 평균적으로는 5백만명 내외이고, 3백~1천만명 범위에 주로 분포한다. 광역자치단체의 적정규모에 대해서는 학자마다 생각이 다를 수 있고, 역사와 문화가 다른 해외사례가 정답이 될 수 없지만 우리가 그들의 선택을 살펴볼 필요는 있다.

적정한 규모를 가진 광역단체장의 직위는 선진국의 차세대 정치지도자 육성시스템에서 중요한 부분을 차지하지만 우리나라에서는 아직 그렇지 못하다. 1987년 개헌으로 우리가 87체제를 출범한 이후 7명의 대통령이 선출되었다. 모든 대통령은 국회의원 경험이 있어 확률적으로 100%다. 대선이전에 당대표를 역임한 후보는 다섯 명[36]으로 71%다. 광역단체장을 역임한 대통령은 한명으로 확률이 14%로 뚝 떨어진다. 선거비용의 50%를 보전 받는 유효득표수의 10%이상을 얻은 대선 후보자는 모두 열아홉명이다. 모든 후보가 국회의원을 역임해[37] 확률적으로는 100%이고, 대선이전에 당대표를 역임한 후보는 열다섯 명[38]으로 79%가 되어 대통령 당선자의 당대표 확률보다 높아진다. 광역단체장을 역임한 후보는 세 명[39]이어서 16%로 낮다. 그래서 2011년 10월 서울시장 재・보궐선거에 출마하려던 안철수 교수에게 김종인 前 청와대경제수석이 서울시장

보다 2012년 국회의원에 출마하라고 조언했을 것이다.

우리나라 대통령제의 원조인 미국은 지난 55년(1963~2018년) 동안 총 열 명의 대통령이 있었다. 대통령이 가졌던 정치경력을 살펴보면 상·하원을 합한 국회의원 출신이 다섯 명이고, 주지사 출신이 네 명이며 한 명은 기업가[40]다. 광역자치단체 출신의 대통령 선출 확률이 우리나라보다 세배 가까이 높고, 국회의원 출신과 쌍벽을 이룬다. 그러나 우리나라에서는 현재 대통령이 되기 위해 가장 좋은 코스가 국회의원에 당선되고, 의정활동을 통해 정치적 역량을 키워 당대표로 선출된 후 대선에 도전하는 것이다. 광역단체장 출신으로 유일하게 대선에서 승리한 이명박 대통령도 한나라당에서 오랫동안 정치경력을 쌓은 친형인 5선의 이상득 국회의원이 도와주지 않았다면 어려웠을 것이다. 우리나라에서는 대통령을 꿈꾸는 정치인들이 광역단체장의 경력을 대통령직을 위해 거치는 바람직한 코스가 아니라고 생각하는 것 같다.

현재의 지방자치체제에서 대권을 꿈꾸는 정치인들의 이러한 생각은 잘못된 것이 아니다. 현재의 광역지자체는 특별시·광역시·특별자치시와 같은 대도시행정구역과 광역도·특별자치도와 같은 중소도시·농촌 복합행정구역으로 구분된다. 따라서 대도시 관점이나 중소도시·농촌 복합행정구역 관점과 같은 좁은 시각을 가지고 다양한 사회문제를 바라볼 수밖에 없다. 주요 선진국들의 광역자치단체는 관할행정구역에 대도시권과 농촌지역이 모두 포함되어 있기 때문에 도심과 부도심, 지구중심, 도시외곽 주거지역, 산업지역, 농촌 등 다양한 지역을 포괄적으로 바라보는 정치적 식견을 갖출 수 있다. 이러한 식견의 차이는 대통령으로 국정 전반을 관장하게 될 때 정책의 성공과 실패를 가르는 중요한 요소로 작용한다. 특히 87체제가 배출한 대통령들의 대다수가 대선에 승리하기 전에 행정경험을 가지지 않은 것은 5년 단임 대통령제를 운영하고 있는 우리나라에서 집권초기의 정책실수 가능성을 높이는 요인이 된다.

우리는 현재의 국가시스템에서 광역단체장의 위상이 어느 정도인지 본능적으로 간파하고 있다. 87체제에서의 총 22회 전국규모 선거에서 국민들이 대선과 총선, 지선에 참여하는 투표율은 각 선거가 자신들의 삶에 영향을 미치는 수준을 평가하는 바로미터라고 생각할 수 있다. 지방선거 측면에서 87체제의 31년(1987~2018년) 기간은 1987년부터 1992년까지의 1기와 1992년부터 2008년까지의 2기, 2008년부터 2018년까지의 3기로 구분할 수 있다. 1기는 지방자치가 시행되기 전의 시기라 논외로 한다.

2기는 87체제에서 1단계 지방자치가 실현된 시기다. 14대 총선과 14대 대선, 1회 지선을 하나로 묶고, 15대 총선과 15대 대선, 2회 지선을 하나로, 16대 총선과 3회 지선, 16대 대선을 하나로, 17대 총선과 4회 지선, 17대 대선을 하나로 묶으면 일정한 패턴이 나타난다. 첫 번째 패턴은 87 민주주의 체제가 내 삶을 획기적으로 바꿀 것이라는 기대가 너무 높았는지 선거가 진행될수록 그룹별 투표율이 점점 낮아지는 것이다. 두 번째 패턴은 그룹 내에서 대선>총선>지선 순으로 투표율에 차이가 있는 것이다. 2기에서는 지선의 투표율이 동일 그룹 내에서 상대적으로 가장 낮아 국민들은 지방선거의 결과가 대선과 총선보다 자신의 삶에 가장 영향이 적다고 생각하는 것으로 보인다.

2008년 4월에 실시된 18대 총선은 국민들의 생각이 변화한 변곡

점으로 작용했다. 3기에서 5회 지선과 19대 총선, 18대 대선을 하나로, 6회 지선과 20대 총선, 19대 대선을 하나로 묶으면 2개의 그룹이 형성된다. 7회 지선의 세 번째 그룹은 이제 시작단계다. 3기의 두 그룹을 살펴보면 2기와 반대로 투표율이 점점 상승하고 있다. 지선의 투표율은 총선과 비슷한 수준이다. 즉 3기에서는 그룹 내에서의 투표율이 대선>총선=지선 순으로 나타난다.

다음의 사항들이 이러한 투표율 패턴의 변화를 이끈 요인으로 판단된다. 첫 번째는 2007년 12월의 17대 대선에서 서울시장을 역임한 이명박 후보가 광역단체장으로는 최초로 대통령에 당선되었다는 것이다. 두 번째는 2009년 5월 노무현 前 대통령의 서거 후 2010년 6월 실시된 제5회 지방선거에서 진보진영이 결집해 다수의 광역단체장을 배출한 것이다. 19대 대선에서 문재인 후보가 간발의 차이로 패하고 난 후 리턴매치처럼 보수와 진보 간 치열한 접전이 있었던 6회 지방선거에서 진보진영의 차세대 지도자들이 살아남았고, 보수진영의 차세대 지도자들이 새로 당선된 것도 영향이 있다. 그러나 대선과 비교하면 투표율에 20% 정도 차이가 있어 국민들은 아직 지방자치의 결과가 자신의 삶에 영향을 미친다고 피부로 크게 느끼지 못하는 것 같다.

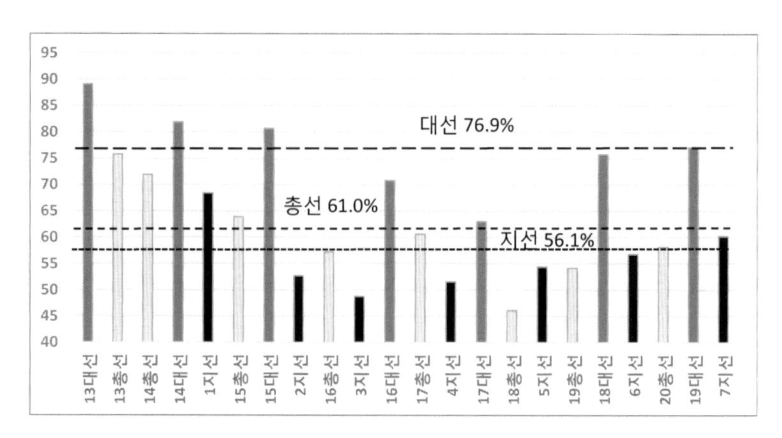

〈그림 4-1〉 87체제에서 대선·총선·지선 투표율의 변화추이

우리나라 지방자치에서 두 번째로 큰 문제는 지방자치에서 발생하고 있는 이슈의 전국화 현상과 그로인한 쏠림현상이다. 민주주의 체제에서 선거제도는 현재 정부를 운영하고 있는 정치 지도자가 계속 정부를 이끌어도 되는지를 국민이 심판하는 장으로 기능한다. 만일 현직에 있는 정치지도자가 이끌어가는 방식에 문제가 있다면 우리는 선거를 통해 새로운 정치지도자를 발굴해 현행 지도자를 교체할 수 있다. 따라서 심판은 선거에서 정치권의 물갈이와 새 피 수혈이라는 중요한 역할을 수행한다. 그런데 선거에서의 심판이 과도하게 이루어지면 우리는 민주주의의 또 다른 중요한 기능인 정부에 대한 권력견제의 붕괴라는 새로운 문제에 직면하게 된다. 보수와 진보 한쪽으로 지나치게 쏠림현상이 발생하게 되면 승기를 잡은 진영에서는 검증되지 않은 정치인들이 자리를 차지하게 되고, 반대편 진영에서는 우수한 정치인이라도 기회를 상실해 건강한 민주주의 체제를 유지하는데 독으로 작용한다.

지방자치에서 발생하고 있는 이슈의 전국화 현상이란 보수/진보 정당에서 지방선거에 전국적인 소수의 정치이슈를 정치쟁점으로 극대화해 지자체의 지리적 환경과 경제사회 여건에 기반한 다양한 정치적 논제를 덮고 전국에서 동일하게 투표하도록 만드는 것을 말한다. 2014년과 2018년의 미국 중간선거에서 '오바마케어'[41]와 '국세감면', '불법이민자 대처'와 같은 전국적 정치이슈가 중요한 지역이슈들을 압도해 주지사와 지방선거에 크게 영향을 미친 것이 대표적이다. 오랜 민주주의 역사를 가진 정치 선진국도 지방선거에서 이슈의 전국화 현상이 민주주의체제의 대표적인 문제로 제기되고 있다.[42]

지방선거에서 이슈의 전국화 현상은 지방선거 후보자들이 지역의 특정문제에 대해 고민해 공약을 제시하기 보다는 중앙당이 제시한 공약을 그대로 따르도록 한다. 그 결과 지자체장으로 당선되면 지역문제에 제대로 대처하지 못해 주민들의 불만이 쌓인다. 더 큰 문제는 지자체장으로 당선된 주요요인이 전국이슈이기 때문에 지방에서 정책실패가 쌓여도 지역정치인들이 지역특성을 고려한 정책개발에 몰두하기보다 중앙당의 의중을 따르는데 있다. 지방선거의 쏠림현상으로 지방의원들도 동일정당 소속이라 지자체장에 대한 견제가 사라지고, 중앙당의 지자체와 지방의회 지배력은 막강해진다. 풀뿌리 민주주의체제에서 정치신인이 지역정치의 밑바닥부터 차근차근 행정경험과 정치력을 쌓아 상위단계로 진입하기보다 중앙당의 권력향방을 주시하고, 명령을 충실하게 수행하는 것에 더 관심을 가진다. 중앙정치에서 여야가 교체되면 지방선거에서 인물교체의 쓰나미가 닥쳐 이번에는 반대편에서 이 현상이 되풀이된다. 그 결과 양극 정당체제는 더 견고해지고, 지방에서도 정쟁이 격해진다.

우리나라 선거에서 이런 쏠림현상은 지방선거의 광역단체에서 가장 심하게 대두되고 있다. 대선과 총선에서는 선거가 심판기능을 수행해도 쏠림현상이 상대적으로 적고, 권력견제가 이루어지고 있다. 기초의회도 쏠림현상이 있는 기초단체장을 견제할 정도로 균형적이다.

87체제에서 실시된 대선과 총선의 선거일 사이에는 최소 4개월 이상의 격차가 있었다. 따라서 국민들은 대선과 총선에서 과거 집권여당에 대한 심판뿐만 아니라 새로운 여당에 대한 견제도 고려했다. 보수/진보진영 대선 지지율과 총선 지지율을 비교하면 이 두 가지 방향이 지혜롭게 이루어진 것을 알 수 있다. 그러나 같은 날짜에 선거가 실시된 보수/진보진영 광역단체장 지지율과 기초단체장 지지율, 광역의원 지지율은 매우 유사한 패턴을 보인다. 지방선거의 다른 세 개 선거와 비교하면 기초의원 지지율은 광역의원에 비해 작은 선거구를 기반으로 해 인물위주로 투표하면서 지방선거에서 이슈의 전국화 현상에 영향을 적게 받는다. 따라서 기초단체장이 보수/진보의 한쪽으로 쏠리더라도 상대편이 기초의회에서 견제할 수 있는 최소 의원을 확보할 수 있다. 그런데 광역의원 지지율은 광역단체장 지지율과 거의 동일한 형태로 나타나기 때문에 지방선거의 쏠림현상으로 보수/진보의 한쪽 진영에서 광역단체장과 광역의회를 동시에 석권하면서 광역 지자체에서는 다른 진영에서 전혀 견제기능을 발휘할 수 없다. 정당별 대선의 후보지지율과 정당별 총선의 국회의원 점유율, 지선의 광역·지초지자체 점유율에 대한 그림은 뒤에 첨부했다.

현재의 우리나라 지방자치체제에서는 정치지도자 육성체계가 제대로 기능하지 못해 우리는 항상 정치지도자의 부족에 시달리고 있다. 이것이 우리나라 지방자치에서의 세 번째 문제다. 광역지자체의 미약한 자치권과 지방자치에서 발생하고 있는 이슈의 전국화 현상은 중앙당에 의한 광역지자체의 지배권을 확고하게 만든다. 따라서 대권을 꿈꾸는 정치인이라면 국회의원 공천권을 행사할 수 있는 당대표를 선망한다. 지방자치에서 발생하고 있는 이슈의 전국화 현상으로 중앙당의 지배력이 강력한 현행 지방자치제에서는 기초단체장과 기초의원 후보자 선정에 국회의원이나 당협위원장의 영향력이 크기 때문에 중앙정치의 입김으로부터 자유로울 수 없다. 이슈의 전국화 현상으로 광역단체장과 광역의회의 쏠림현상이 극심하기 때문에 광역단체장이나 광역의원 후보도 지역현안에 대한 고민보다는 중앙당의 권력향배에 더 민감하게 된다. 따라서 정치현안마다 자신의 정체성과 정책방향을 명확하게 제시하지 않아 정치적 중량감이 적고, 지역과제를 해결할 수 있는 능력이 부족한 정치인이라도 정치계보를 내세워 중앙당의 낙점을 바라고 광역단체장 후보로 나선다. 준비되지 않은 후보는 부실한 공약과 지역감정을 통해 당선을 바란다.

지방선거의 핵심인 광역단체장의 후보 선정과정에서 중앙당의 의중에 의존하거나 영향력이 과도하게 반영되는 것은 지방자치의 발전에 장애가 되고 있다. 그래도 지방자치가 20년 이상 시행된 현 시점에서 이런 현상이 지속되는 것은 현재의 지방자치에 제도적인 문제가 있기 때문이다. 따라서 보다 성숙한 지방자치를 위해 광역지자체의 지역분권 강화와 개편, 지방선거에서 동시에 실시되고 있는 자치단체장과 지방의회 선거의 분리, 광역의회에서의 연동형 비례제 적용의 세 가지 방안을 제안한다.

광역지자체의 지역분권 강화와 개편은 성숙한 지방자치를 위해 첫 번째로 필요한 사항이다. 광역지자체의 지역분권 강화는 입법·재정·조직 등에서의 권한 강화를 말하며 현재 다수의 정치·행정학자들이 방안을 제시하고 있다. 도시학자로서 필자가 강조하려는 것은 입법·재정·조직 등에서의 권한 강화와 함께 필요한 광역지자체의 개편이다. 현재 우리나라의 광역지자체는 대도시와 주변지역이 행정구역으로 분리된 형태다. 특별·광역시의 단체장은 중소도시와 농촌지역의 문제를 모르며 광역도지사는 대도시의 다양한 사항에 대한 행정경험이 없다. 서울시와 경기도를 제외한 대부분의 광역시·도는 인구규모가 선진국의 광역지자체보다 적다. 또한 인구·산업 등 광역지자체의 경제사회 규모는 자체로도 정치적 영향력을 생성한다. 따라서 충청권, 호남권, 대경권, 동남권 등 보다 포괄적인 행정구역을 가진 광역지자체로의 개편이 필요하다.[43]

성숙한 지방자치를 위해 두 번째로 필요한 사항은 현행 지방선거에서 동시에 실시되고 있는 자치단체장과 지방의회 선거의 분리다. 광역·기초 단체장은 현재의 지방선거 일정에 따라 투표하고 광역·기초 의원은 총선 일정으로 변경해 투표하는 것이다. 광역·기초 의원선거에서 이슈의 전국화 현상의 영향력이 줄어들고, 견제기능이 살아나며 쏠림현상은 약화된다. 호남권, 대경권, 동남권은 수도권과 충청권, 강원·제주에 비해 지역정서가 강하다.

호남권, 대경권, 동남권의 광역의원 선거를 보면 지역감정에 의한 투표행태가 상당히 강고한 것을 알 수 있다. 7회 지선에서의 동남권을 제외하면 호남권, 대경권, 동남권의 광역의원 후보들은 정당공천에 따라 당락이 결정되었다. 4회 지선의 호남권 점유율 변화는 열린우리당과 민주당간 지역맹주 경쟁으로 발생한 이례적인 사례다. 수도권과 충청권, 강원·제주의 광역의원 선거는 이슈의 전국화 현상에 대한 영향력을 확인할 수 있다. 이 현상이 심각했던 4회 지선에서 보수 1당은 수도권, 충청권, 강원·제주에서 75～95%의 점유율을 차지했다가 7회 지선에서는 4～15%로 떨어졌다. 4회 지선에서 진보 1당은 3～15%로 참패했다가 7회 지선에서는 75～95%로 역전했다. 우리는 광역의회 선거에서 널뛰기 현상이 극심한 것을 확인할 수 있다.

우리나라 행정체계에서 광역의회의 견제기능은 매우 중요하다. 지난 21년(1998～2018년)의 우리나라 예산을 살펴보면 중앙정부가 약 60.5%를, 광역지자체가 20.7%를, 기초지자체가 18.8%를 사용했다. 광역과 기초지자체를 합한 비율은 39.5%로 미국의 주정부와 지방정부를 합한 48%에 비해 8.5%의 차이가 있지만 우리나라의 지자체 예산비율도 적지 않음을 알 수 있다.

우리나라에서 2018년 광역지자체 예산이 142조원에 달해 광역의회는 광역지자체의 예산사용을 견제하고 감시할 수 있어야 한다. 따라서 연동형 비례제 적용이 가장 시급한 곳은 광역의회 선거다. <그림 4-2>는 실제 광역의회 선거결과와 두 개의 시나리오에 의한 선거결과를 비교한 그림이다. 시나리오 1은 무소속을 제외한 지역의원 수에서 지역의원을 5명 이상 확보했거나 정당 지지도가 3%이상인 정당의 비율을 적용한 사례다. 시나리오 2는 지역의원 최대 당선자를 고려해 광역의원 수를 25% 증원한다고 가정하고 정당 지지도 비율을 적용한 사례다.

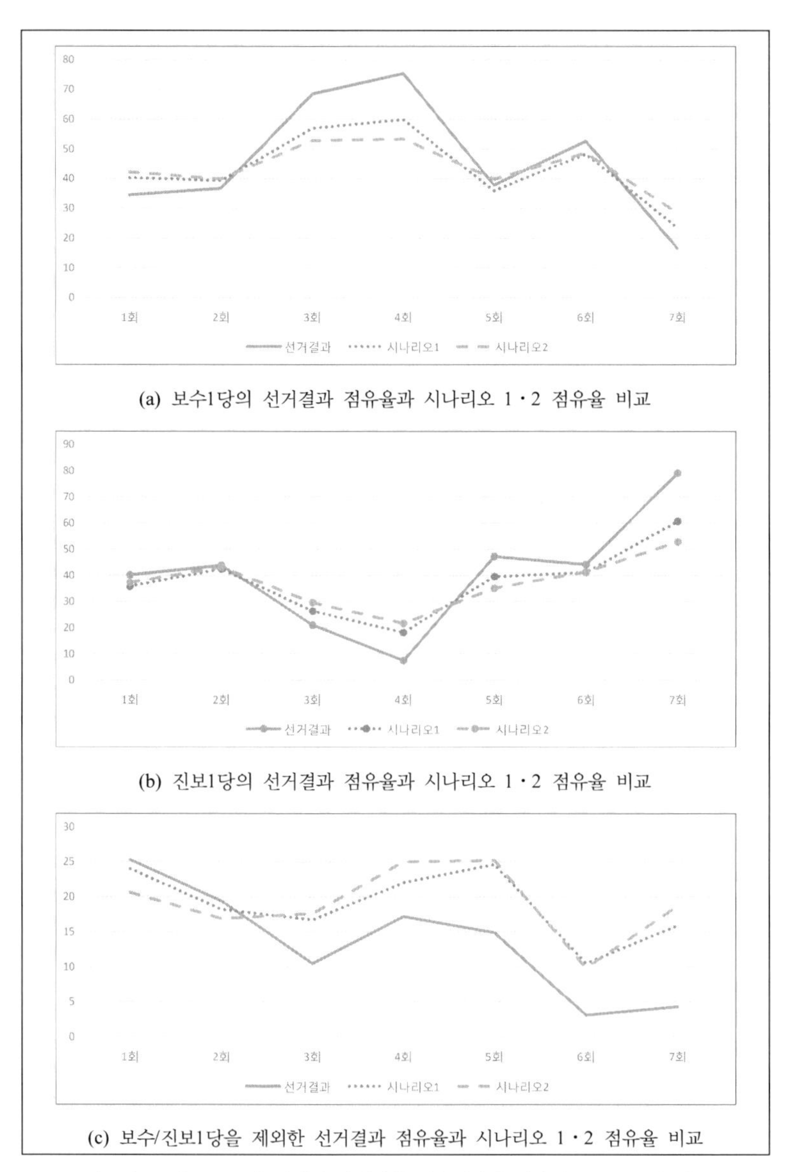

(a) 보수1당의 선거결과 점유율과 시나리오 1·2 점유율 비교

(b) 진보1당의 선거결과 점유율과 시나리오 1·2 점유율 비교

(c) 보수/진보1당을 제외한 선거결과 점유율과 시나리오 1·2 점유율 비교

〈그림 4-2〉 1~7회 지선의 광역의원 선거결과와 시나리오 1·2 점유율

전국단위로 연동형 비례제가 적용된 시나리오 1과 2에서 광역의원의 쏠림현상은 완화되었다. 연동형 비례제로 확보되는 광역 비례의원은 각 정당이 전국적으로 고르게 인재육성이 되도록 호남권, 대경권 등과 같이 지역감정이 극심한 지역에 우선적으로 배정해야 한다. 전국단위의 연동형 비례제는 보수/진보 1당을 제외한 정당들의 광역의원 점유율을 높여 양당체제에서의 극심한 정치 갈등을 지방자치에서 완화하고 제3의 대안세력을 키우는데 크게 기여한다.

〈부록 그림 4-1〉 정당별 대선의 후보지지율과 지선의 광역·기초지자체 점유율

※ 대선의 정당별 후보 지지율은 기권과 무효를 포함한 선거인수 대비 비율임

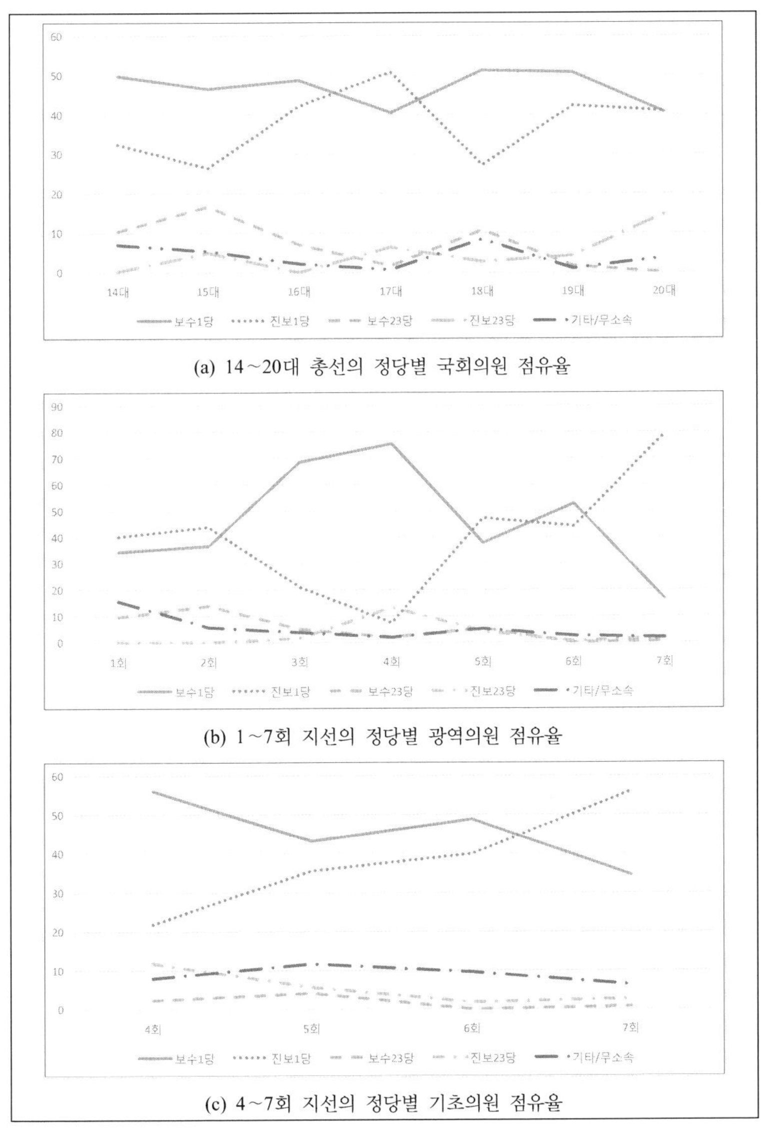

(a) 14~20대 총선의 정당별 국회의원 점유율

(b) 1~7회 지선의 정당별 광역의원 점유율

(c) 4~7회 지선의 정당별 기초의원 점유율

〈부록 그림 4-2〉 정당별 총선의 국회의원과 지선의 광역·기초의원 점유율

※ 1~3회 지선에서는 기초의원에 대해 정당공천제를 실시하지 않았음

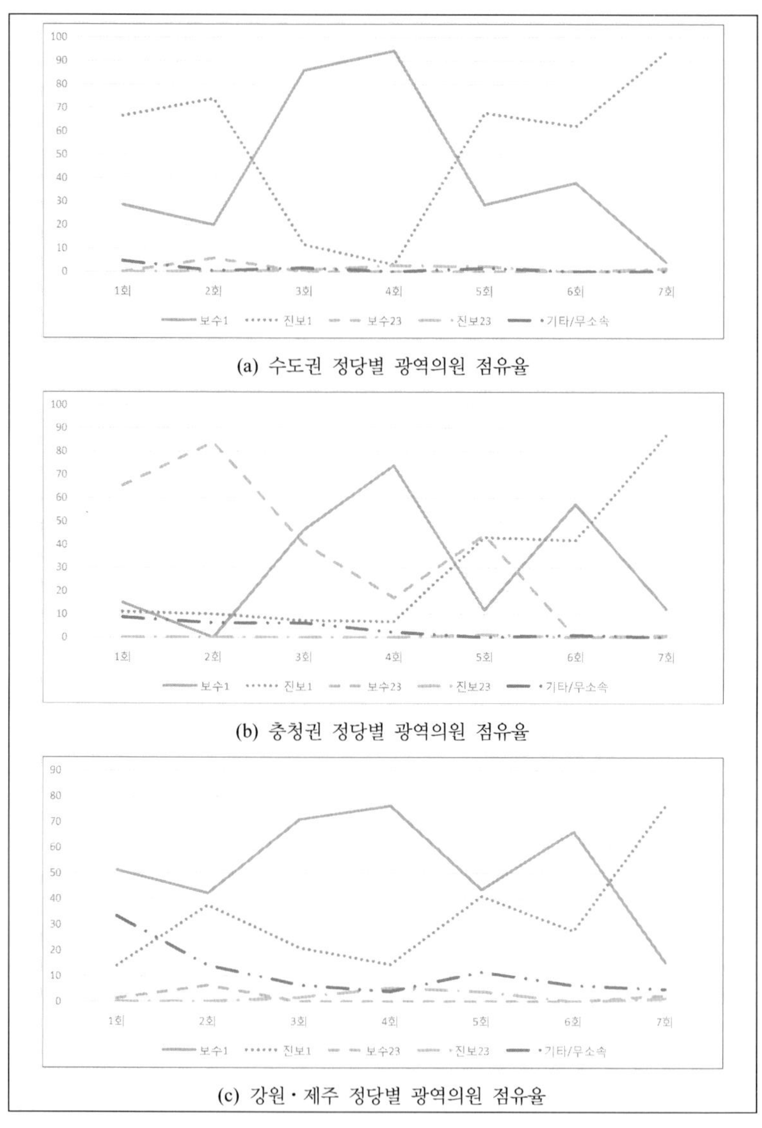

(a) 수도권 정당별 광역의원 점유율

(b) 충청권 정당별 광역의원 점유율

(c) 강원·제주 정당별 광역의원 점유율

〈부록 그림 4-3〉 1~7회 지선의 격차가 적은 권역별 정당의 광역의원 점유율

※ 보수/진보 2·3은 보수/진보 2위 정당과 3위 정당을 합한 점유율을 말함

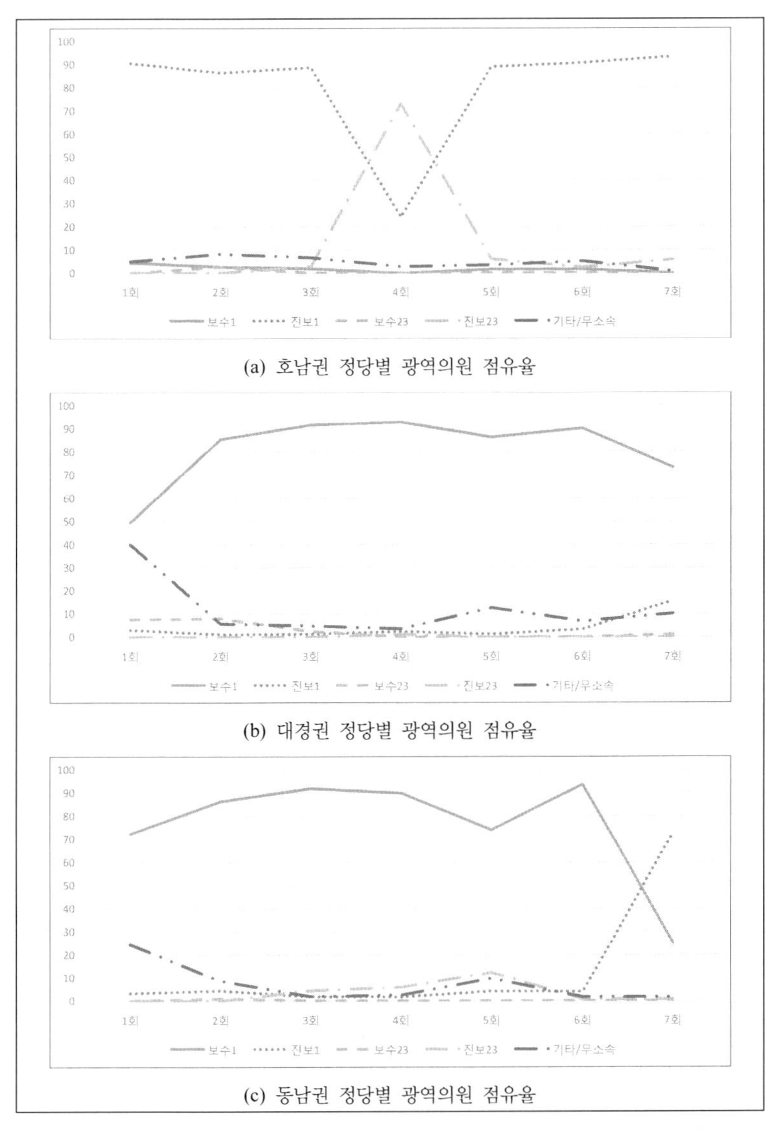

(a) 호남권 정당별 광역의원 점유율

(b) 대경권 정당별 광역의원 점유율

(c) 동남권 정당별 광역의원 점유율

〈부록 그림 4-4〉 1~7회 지선의 격차가 큰 권역별 정당의 광역의원 점유율

1) 김호, 2018, 「'가짜 권양숙 사건' 윤장현 선거법 기소에 '머쓱해진' 경찰」, 중앙일보 2018년 12월 14일자 기사.

2) 김성현, 2018, 「윤장현 공직선거법 위반혐의 기소」, 조선일보 2018년 12월 14일자 기사.

3) 구대선, 2014, 「대구시장 선거 예비후보만 12명」, 한겨레 2014년 3월 24일자 기사.

4) 서상현, 2014, 「'박근혜 안방'에서 진짜 일내는 거 아냐? 김부겸 대구시장 후보, 보수층 끌어안으며 철옹성 공략」, 매일신문 2014년 4월 2일자 기사.

5) 권호, 2014, 「새누리 대구시장 후보 '비박'권영진...경선 이변」, 중앙일보 2014년 4월 4일자 기사.

6) 김백겸, 2014, 「새정치연합, 새누리당 대구시장 후보 권영진에 이례적 환영...왜?」, 민중의소리 2014년 4월 30일자 기사.

7) 유지웅 · 김영화, 2014, 「김부겸 "대구에서의 도전, 온 몸 던져 이어가겠다"」, 평화뉴스 · 프레시안 2014년 6월 6일자 기사.

8) 성한용, 2014, 「경기지사 선거 '후보'보다 '구도'가 관건」, 한겨레 2014년 1월 2일자 기사.

9) 온라인뉴스팀, 2014, 「김상곤, 경기교육감 사퇴...지사 출마 선언」, 한겨레 2014년 3월 4일자 기사.

10) 연합뉴스, 2014, 「남경필 "새정치 내가 하겠다" 경기지사 출마 선언」, 한겨레 2014년 3월 5일자 기사.

11) 김현일, 2014, 「남경필 vs 정병국, 김상곤 vs 원혜영 동지는 간데없고 적으로: 여야 경기도지사 후보 경선... '쇄신파 동지' '40년 지기' 승부」, 시사저널 2014년 4월 2일자 기사.

12) 김상곤, 2014, 「해내는 사람은 길을 찾고 못하는 사람은 핑계를 찾는다」, 김상곤 경기도지사 예비후보 기자회견문(2014년 3월 20일).

13) 김고은, 2014, 「김상곤 · 남경필 경기도 무상버스 논리 대결」, 한국기자협회 라디오시사프로그램 브리핑 2014년 3월 24일자 기사.

14) 탐사플러스 앵커, 2014, 「[탐사플러스 8회] '공약 검증' 경기 무상버스」, JTBC뉴스 2014년 4월 6일자 방송.

15) 이오성 · 김동인, 2014, 「시동 건 무상버스 선거판 가로지르나」, 시사IN 2014년 3월 31일자 기사.

16) Henry Grabar, 2012, 「What Really Happens When a City Makes Its Transit System Free?」, CITYLAB 2012년 10월 26일자 기사.

17) Tallinn City Government, 2011, 『Statistical Yearbook of Tallinn 2011』.

18) Tallinn 위키피디아 홈페이지와 Public transport in Tallinn 위키피디아 홈페이지.

19) 김만구 · 남궁진, 2014, 「김상곤, 경기연 내부자료 '무상버스' 산출근거 활용」, 중부일보 2014년 3월 24일자 기사.

20) 남궁진, 2014, 「"비현실적 선심성 공약"..."새정치민주 신뢰도 떨어뜨려" 비난 봇물」, 중부일보

2014년 3월 21일자 기사.

21) 김재득 · 남궁진, 2014, 「새누리 경기도지사 후보 '反 남경필 단일화' 합의」, 중부일보 2014년 4월 4일자 기사.

22) 강건택 · 송진원, 2014, 「김진표 선거운동 중단…野경기경선 '파행위기'(종합)」, 연합뉴스 2014년 4월 11일자 기사.

23) 김경욱 · 서보미 · 이승준, 2014, 「정치권도 '세월호 참사 충격'…지방선거 경선일정 중단」, 한겨레 2014년 4월 16일자 기사.

24) 김동현, 2014, 「tbs전망대-재개된 6.4 지방선거 경선...세월호 참사 영향은?」, tbs 2014년 5월 3일자 기사.

25) 조혜정 · 이승준, 2014, 「남경필 대 김진표…경기지사 대진표 확정」, 한겨레 2014년 5월 11일자 기사.

26) 전혁수, 2017, 「문재인, 노무현의 지방분권 이어간다」, 미디어스 2017년 6월 15일자 기사.

27) 성경륭, 2017, 「분권국가와 지역균형발전: 미래 비전과 과제」, 『새정부의 지방분권균형발전 토론회 자료』, 2017년 7월 19일, 한국지방행정연구원 · 행정자치부.

28) 조성호, 2018, 「21세기 선진 국가경영시스템: 중앙집권을 넘어 지방분권체제로」, 『이슈&진단』 314호, 경기연구원.

29) 박용근, 2017, 「연방제 버금가는 지방분권…김부겸, 제2국무회의 검토」, 경향신문 2017년 7월 12일자 기사.

30) 김진국, 2018, 「지방분권 개헌이 참여정치를 완성할까」, 중앙일보 2018년 1월 25일자 기사.

31) 염태정신진호, 2018, 「"국민 똑똑해졌는데 정부는 80년대 수준…자치가 답이다"」, 중앙일보 2018년 1월 26일자 기사.

32) 한상준, 2018, 「지자체 대신 '지방정부'표현…지방세 종목-세율 조례로 결정」, 동아일보 2018년 3월 22일자 기사.

33) 김광수, 2018, 「"연방제 수준의 지방분권 보장하라"」, 한겨레 2018년 3월 22일자 기사.

34) 김남철, 2018, 「독일 연방주의와 연방주의개혁의 우리나라 지방분권개헌에의 시사점 –지방분권과 지방자치의 관점에서-」, 『공법학연구』제19권 제3호.

35) 헨리 키신저, 2014, 『헨리 키신저의 세계질서』, 민음사.

36) 16대 대선의 노무현 후보, 17대의 이명박 후보가 제외된다. 18대에서 문재인 후보는 역임하지 않았지만 이후 당대표를 하고 19대에 당선되어 포함한다.

37) 대선에 세 번 도전했던 이회창 후보가 첫 번째 도전에서는 국회의원을 역임하지 않았지만 이후에는 국회의원 당선 후 지원해 국회의원 경험후보에 포함한다.

38) 15대 대선의 이인제 후보와 19대의 홍준표 후보가 추가로 제외된다.

39) 15대 대선의 이인제 후보가 경기지사를, 17대의 이명박 후보가 서울시장을, 19대의 홍준표 후보가 경남지사를 각각 역임했다.

40) 현직인 45대 트럼프대통령은 상 · 하의원과 주지사 경험이 없다.

41) 2010년 3월 23일 미국 대통령 버락 오바마가 서명한 미국 연방법 중 하나인 「환자보호 및 부담적정보호법(Patient Protection and Affordable Care Act)」에 의해 개편된 미국의 의료보험제도를 말한다.

42) Hopkins(2018), Theiss-Morse외(2018), Mason(2018) 등의 대표적인 연구가 있다.

43) 광역지자체에 대한 상세한 개편방안은 9장에서 제시한다.

2부

지역 게임의 판도라 상자를 열다

우리의 삶은 언제나 우리가 살아가고 있는 <땅>에 의해 형성돼 왔다. 전쟁, 권력, 정치는 물론이고 오늘날 거의 모든 지역에 사는 인간이 거둔 사회적 발전은 지리적 특성에 따라 이뤄졌다.

- 팀 마샬 -

5. 지방자치의 트로이 목마

랜드마크에서 애물단지로

경기도 남부에 위치한 용인시청에서 서쪽으로 약 2㎞ 떨어진 나지막한 야산에 ㈜용인경량전철의 본사건물과 차량기지가 있다. 기업명은 '용인에버라인'이다. 수원신갈 IC에서 용인시청을 향해 중부대로를 타고 승용차로 20분 정도 가다 삼가삼거리에서 우회전해 작은 길을 따라 200m를 올라가면 도착한다. 이 민간 기업으로 인해 2018년 12월 경기도 의회에서 개최된 예산결산 특별 위원회의 예산심의에서 경기도와 의회가 정면으로 충돌했다.

논쟁은 경기도 SOC 예산의 배분에서 시작되었다. 경기도가 2019년도 예산계획에서 용인시, 의정부시 등에서 운영하는 경전철에 대한 예산지원을 줄여 민간 버스업체에게 재정지원을 대폭 늘리겠다고 하자 도의회가 '교통예산 역차별'이라고 문제를 제기한 것이다.[1)2)] 교통수단과 지역을 고려해 경기도의 SOC 예산을 배분하는 방안에 대해 경기도와 기초지자체간, 기초지자체를 대표하는 도의원 상호간 이해관계가 첨예하게 맞서면서 갈등이 증폭되었다.[3)4)] 도대체 왜 경기도 예산안을 심의하는데 민간기업이 운영하는 경전철이 쟁점의 불씨가 되는가? 이 이야기의 시작은 약 30년 전인 1990년대 초로 거슬러 올라간다. 선진적이고 참신했던 사업 아이디어가 시대의 격랑에 부딪치고 우여곡절 끝에 실현된 후 많은 이들의 애물단지로 전락한 스토리다.

용인시는 최근에 가장 급성장한 도시 중 하나다. 1992년 18만명이 거주했던 용인군은 1996년 3월 도농복합형태의 시로 승격하면서 폭발적으로 인구가 증가한다. 지난 25년 동안 인구가 5.5배 성장하면서 2017년에는 인구 백만명을 돌파해 '특례시'[5]지정의 대상이 되었다. 인구가 급증하면서 용인시의 재정도 급격하게 팽창했다. 2018년 용인시 예산은 2조4,173억원이다. 재정자립도는 지난 5년(2014~2018년) 동안 60.7~63.4%로 전국의 기초지자체 중에서 최상위권인 5~7위를 기록했다. 이런 변화의 쓰나미가 닥치면서 용인시 행정은 1995년부터 본격적으로 시행된 지방자치제와 맞물려 요동쳤다. 민선 7기까지 용인시를 이끈 일곱 명의 시장 중에서 1기부터 5기까지 다섯 명의 시장이 기소되어 징역형이나 집행유예를 선고받았다. 기소 사유는 모두 다르다.[6] 그러나 다섯 명 모두 시장 재임 중에 용인에버라인이 오늘의 애물단지로 취급받는데 직간접적으로 관련이 있는 결정들을 내렸다.

용인에버라인은 마름모꼴 형태인 591㎢ 면적의 용인시 중앙지역을 시청을 중심으로 U자형으로 지나는 연장 18.4㎞의 경량전철[7] 노선명이자 기업명이다. 용인시의 면적은 서울시의 98% 정도다. 용인시와 면적이 유사한 서울시에서는 중량전철 노선 9개와 경량전철 노선 1개가 운영되며 분당선 등 5개의 도시철도 노선이 지나고 있다. 2017년 용인시 인구는 100만명으로 986만명인 서울시의 10%이다. 용인에버라인은 지하철과 버스의 중간정도 수송량을 담당하는 AGT-LIM시스템이어서 완전 무인방식으로 운영된다. 2005

년 12월 공사를 착공해 2010년 10월 완공했고, 우여곡절 끝에 2013년 4월 개통했다. 용인에버라인 15개 역 중에서 서쪽 끝에 위치한 시점인 기흥역은 분당선과 연결되며 동쪽 끝의 종점인 전대·에버랜드역은 에버랜드 정문과 1.5㎞ 떨어져 있다.

용인에버라인은 2013년 3월 용인 경전철 민간투자사업을 목적으로 설립된 NH농협금융지주의 자회사다. '수익형 민자사업방식(BTO)*Build Transfer Operate*'[8]으로 운영되는 기업이다. 용인에버라인을 건설하는데 총 1조127억원이 들었다. 국고가 1,313억원, 지방비가 2,460억원, 민간자본이 6,354억원 투입되었다. 국고와 지방비, 민간자본의 비율은 각각 13.0%와 24.3%, 62.7%를 점유한다.[9] 2016년 기업의 자본금은 286억원이며 자산은 2,647억원이다. 매출액은 437억원이고 영업이익은 약 35억원이나 1조 사업비로 인한 부채의 이자 지불 등으로 순이익은 마이너스 133억원인 적자기업이다.[10] 2016년 8월부터 신분당선을 운영하는 네오트랜스㈜가 용인에버라인을 대신해 운영을 맡고 있다.

용인에버라인이 그동안 걸어온 발자취는 2000년대를 전후한 우리나라 현대사의 축소판이다. 그 한걸음마다 우리 사회가 가지고 있는 다양한 욕망과 실수, 장밋빛 전망과 부패사슬의 고리에 의한 어두운 그림자가 스며들어 있다. 용인 경량전철은 1990년대 교통학계와 정부, 기업의 의지가 모여 시작되었다.

1989년 정부출연기관인 교통개발연구원[11]은 『2000년대를 향한 장기종합교통정책연구』 보고서에서 신교통수단 도입을 정책방향으로 제시했고, 1993년에는 『수도권 및 부산권 지역의 경량전철 도입을 위한 타당성 조사』보고서를 작성했다. 1994년에는 『교통부문 민자유치 기본계획 수립방안』을 발표해 교통부문에 대한 민자유치를 제안했다.[12] 환경친화적이고 서울지하철보다 건설비가 적게 든다는 장점은 설득력이 있었다. 환경단체를 포함한 각계 전문가들이 경전철 건설에 찬성했다. 그러나 벤치마킹의 원조였던 외국에서는 그시기에 신기술에 대한 열정이 식어갔고, 출퇴근용이기 보다는 대체 교통수단으로 기능하는 경전철에 대한 관심이 줄어들고 있었다.

'세계화'를 기치로 내건 정부는 교통학계에서 제시한 경전철이라는 신교통시스템이 가진 정책적 매력에 주목했다. 막대한 건설비가 필요한 중량전철에 비해 경제적이고 친환경적인 경전철은 도시 교통난 해소에 이상적인 시스템으로 보였다. 도심 내부를 순환하거나 전철・버스 환승센터와 대규모 주거단지를 왕복하거나 도시와 관광지를 연결하는 교통수단으로 효용성이 높았다. 공항 터미널 간을 연결하고, 공항과 도심을 왕복하는 교통수단으로서도 유용했다. 따라서 경전철 도입을 적극적으로 장려했다. 1994년 8월 사회기반시설에 민간자본을 유치하는 법률(민자유치촉진법)이 제정되었다. 당시 용인시 등 경기도 남부는 난개발과 극심한 교통혼잡으로 정부에 대한 비판의 목소리가 높았다. 1995년 8월 경기도가 경전철 건설에 대한 검토를 용인시에 요청했다. 용인시는 민자유치 시설사업으로 추진하기 위해 다음해에 교통개발연구원에게 『용인경량전철 건설 및 운영기본계획』수립용역을 발주했다. 용역결과로 그해 11월에 「경전철 운영기본계획(안)」에 대한 공청회가 개최되었고, 한 달 후 「용인 경량전철 건설 및 운영 기본계획」이 수립되었다. 재정경제원[13]은 1997년 4월 용인 경전철 사업을 민자유치 대상사업으로 고시했다.[14]

1993년 문민정부가 들어섰다. 정권 초기에 경기침체가 지속되자 기업투자를 유인하고 경제를 활성화하기 위해 '신경제 100일 계획'과 '신경제 5개년계획'을 연달아 발표했다.[15] 집권 2년차인 1994년이 되자 정부는 도로, 철도, 항만 등 사회간접자본(SOC)시설을 건설하는 민간 기업들에게 획기적인 지원정책을 펴기로 했다. 사업은 출자총액 제한에서 예외로 처리하고, 시설재는 상업차관을 대폭 허용하며 자금차입 이자를 손비로 인정하고, SOC시설 부동산의 양도소득세를 감면해 주며 비업무용 판정도 연기한다고 했다.

재계는 화답했다. 그때까지 국가사업은 정부가 기획하고, 예산을 확보하면 기업은 공사하고, 자재를 납품하는 역할에 그쳤다. 민간주도의 SOC 투자방식이 실현되면 재계의 순위가 바뀔 수 있었다. 대기업들은 전담팀을 구성해 다양한 사업을 구상했다. 1995년 4월 대한상의가 「주요 대기업들의 민자유치사업 참여계획」을 발표했다. 24개 대기업집단이 검토한 민자유치 대상사업은 92건이었고 사업비가 74조7천억원에 달했다. 한 달 전 정부가 확정해 고시한 민자유치사업 기본계획의 12개 사업 9조7천4백억원과 비교하면 건수는 7.6배이고, 사업비는 7.7배였다.[16][17] 1996년 정부는 재계의 의견을 수렴해 현금차관 도입과 법인세 감면을 포함한 SOC 민자사업 활성화대책을 시행하기로 결정했다.[18] 이 결정은 다음해 우리나라가 IMF위기를 겪는 한 요인이 된다.

1990년대에 민자유치를 통한 SOC 건설 붐이 일자 한 대기업에서 그 당시로서는 참신했던 사업 아이디어를 구상했다. 성사되면 그 기업이 가지고 있던 다양한 고민을 일석삼조(一石三鳥)로 해결할 수 있었다. 아이디어는 용인 경전철을 분당 신도시 이후를 고려한 대규모 도시개발과 연계하는 것이었다. 소극적인 자세에서 벗어나 단계적인 참여로 선회했다. 1990년대 분당, 산본 등 5대 신도시로 물밀듯이 사람들이 이주하자 수도권 교외화 현상이 대세가 되었다. 우리보다 앞서 대도시 교외화가 진행되었던 일본은 새로운 개발방식을 고안해 이 문제에 대처했다. 민간기업의 대규모 택지개발과 연계한 민간철도 건설이었다. 부동산 개발기업이 대도시 외곽에 대규모 택지를 조성하고, 공동주택을 분양해 막대한 개발이익을 확보한다. 이익의 일부를 투자해 대도시로 연결하는 도시철도를 건설하고, 운영해 다시 수익을 확보한다. 개발이익이 커서 교통수요는 중요하지 않았다. 일본에서 가능성이 확인된 방법이었다.

1990년대 중반 그 기업의 이익이 획기적으로 증가하자 이 사업 아이디어가 민자유치사업으로 용인시에 실행 가능해졌다.[19][20] 그 때까지 택지개발은 한국토지공사[21]와 같은 공공부문의 업무였다. 만일 그 대기업이 초기의 사업 아이디어를 끝까지 실행할 수 있었다면 우리는 최초로 민간이 개발한 기업도시[22]의 성공사례와 민간자본으로 건설해 운영하는 '민간도시철도'[23]를 가졌을 것이다. 우리나라 경영학계의 교과서뿐만 아니라 도시학계와 교통학계의 교과서에 기업도시와 민간철도라는 새로운 페이지가 추가되었을 수도 있었다.

민간기업이 대규모 택지개발사업을 추진하는 것은 쉬운 일이 아니었다. '농지의 보전 및 이용에 관한 법률'의 개정으로 준농림지에 전용허가를 받아 주택건설이 가능해지자 경부고속도로와 연접한 용인시 서부지역이 대규모로 개발되었다. 상대적으로 용인시 동부지역을 개발하는 사업은 경쟁력이 떨어졌다. 서부지역의 개발 추진으로 용인시 계획인구가 급증하자 동부지역에서의 대규모 신도시 개발은 허가받기가 더 힘들어졌다. 1기 신도시 입주와 주택임대사업자제도, 부동산실명제로 부동산 시장이 어느 정도 안정되면서 정부가 대규모 택지개발에 부정적이었던 것도 추진동력을 약화하는데 기여했다. 사업 타당성 조사에서 수행한 수요예측에 이익이 남지 않고, 에버랜드 유원지 조성계획에도 경전철 수요가 45% 수준에 불과하다는 사실은 사업추진을 어렵게 했다.[24] 그러나 사업 추진에 긍정적인 부분도 있었다. 용인시가 용인 경전철 사업에 의지가 있었고, 민자사업으로 추진한다면 정부는 실적이 늘어나 반대할 이유가 없었다. 사업 추진이 기로에 선 순간이었다.

1997년말 사업의 추진 여부를 판단할 결정적인 요인이 나타났다. IMF 외환위기가 발생한 것이다. 기업들은 이익이 손실로 바뀌었고, 생존을 위해 몸부림쳤다. 민간자본의 도시개발과 도시철도 운영이라는 사업구상은 한여름 밤의 꿈처럼 추진동력이 사라졌다. 그러나 '정치는 살아있는 생물'이라고 김대중 전대통령이 말했듯이 '정책과 사업도 스스로 생존을 위해 행동하는 생물'과 같다. 좋은 정책이든 나쁜 정책이든 사람들의 희망과 욕망, 공명심과 자만심, 신뢰의 인맥관계와 부패의 먹이사슬을 기반으로 스스로 살길을 연다. 사실 착한 정책도 나쁜 정책도 없다. 그 정책이 당초의 목적대로 자신의 길을 가도록 규정하는 제도와 운용하는 사람이 문제다. 만일 정책이 시대흐름에 적합하지 않다면 구상단계에서 폐기해야 한다. 그러나 실패한 정책이나 사업에서는 우리의 욕심과 자만심과 부패의 먹이사슬 때문에 이러한 규칙이 지켜지지 않았다. 용인 경전철은 1999년 9월 용인시장 재보궐 선거에서 부활한다.

1999년 7월 한나라당 소속의 민선 1기 윤병희 용인시장이 건설업체로부터 수억원의 뇌물을 받은 혐의로 구속되어 사직하면서 시장 직이 공석이 되었다. 1회에 이어 2회 지방선거에서 용인시장에 당선된 지 일 년 만이었다. 두 달 후 재보궐 선거에서 용인시의 민선 2기 부시장으로 시장 권한대행을 역임했던 예강환 새정치국민회의 후보가 '용인 경전철 추진'을 핵심 공약으로 내걸었다.[25] 선거에서 예강환 후보는 37%의 지지를 얻어 2위인 무소속의 김학규 후보를 3% 차이로 누르고 당선된다. IMF 위기를 벗어나기 위해 긴축재정을 운용했던 정부는 공공예산 투입에 난색을 표했다. 용인시는 용인 경전철 사업을 추진하기 위해 새로운 대안에 의존했다. 민간자본의 유치였다.

1990년대 중후반에 민간투자사업(민자사업)[26]이 제도화되었다.[27] 그러나 민간투자사업은 특혜시비를 우려해 수익률이 제한되었고, 그 결과 추진성과가 매우 부진했다. IMF 이후 외국자본 등 민간자본을 적극적으로 유치해 경제를 활성화하고 성장 잠재력을 높일 수 있도록 법령 개선이 필요하다는 목소리가 높아졌다. 1998년 12월 법률명이 「사회간접자본시설에 대한 민간투자법(민간투자법)[법률 제5624호]」으로 변경되면서 법률조항이 전부 개정되었다. '최소운영수입 보장제도(MRG)'[28]와 민간이 제안하는 '수익형 민자사업방식(BTO)'이 도입되었다. 사업 선정과 관리를 위해 타당성 분석이 의무화되었고, 국토연구원에 민간투자지원센터가 설립되었다. 법률 개정으로 MRG와 BTO라는 양 날개를 얻게 된 용인시는 공공예산의 지원 없이도 민자 유치를 통해 용인 경전철 사업을 추진할 수 있다고 판단했다. 1999년 12월 기획예산처는 용인 경전철을

SOC 민간투자사업으로 다시 지정했다.

용인시가 경전철사업을 실행하기 위해서는 두 개의 고비를 넘어야 했다. 첫 번째 고비는 사업타당성 분석을 수행할 수 있는 기관을 찾는 것이었다. 여러 기관들과 접촉했지만 결국 1996년부터 용인경량전철 사업에 관여했던 교통개발연구원이 『용인시 경량전철 실행플랜』 용역을 수주했다. 교통개발연구원이 가지고 있는 교통분야 전문 국책연구기관이라는 신뢰성과 건설교통부와의 관계가 고려되었다.

두 번째 고비는 더 어려웠다. IMF 이후 국제기준에 적합한 유인체계를 통해 외국자본을 중장기적으로 참여시키겠다는 정부정책에 적합한 민간투자자를 확보하는 것이었다. IMF위기 후 집권한 김대중 정부는 민자유치 제도를 종합적으로 개선하기 위해 수요업계, 전문가, 관계부처가 참여한 「민자유치 대책반」을 구성했다. 대책반의 건의를 받아들여 정부는 1998년 6월 「민자유치 종합대책 및'98 민자유치기본계획 수립」을 발표한다. 대책에서는 외국자본의 참여를 확대할 수 있도록 국내외 투자자의 공정한 경쟁을 장려했다. 추진방식도 정부발주보다는 비즈니스딜*Business Deal*방식을 추천했다.[29] 경량전철 사업에 경험이 있는 외국자본이 필요했다. 단거리 여객기와 자가용 비행기, 대중교통시설, 군수산업, 교통부문 투자서비스를 사업영역으로 하는 캐나다의 다국적 기업인 봄바르디아*Bombardier*[30]가 용인 경전철 사업에 관심을 보였다.

2000년 7월 용인시가 도시철도 기본계획을 수립하고, 건교부에 건의했다. 교통개발연구원이 실행플랜 용역을 수행하면서 교통수요 추정에 문제가 발생했다. 교통수요가 기대했던 것만큼 많지 않은 것이었다. 용인시 동부지역의 대규모 택지개발이 진행되지 않고, IMF로 개발사업들의 추진도 원활하지 않았다. 발주처에서는 사업 추진을 위해 수요가 충족되어야 한다고 했고, 그 당시 용역기간의 연장은 대부분 연구책임자의 무능으로 귀결되는 분위기였다. 교통수요 추정에 대한 당시의 관행, 사업자들로부터의 로비 등이 영향을 미친 『용인시 경량전철 실행플랜』보고서가 2001년 9월 용인시에 납품되었다.[31] 경전철 이용자가 개통 예정년도인 2006년 일일 15.2만명, 2021년 20.4만명, 2036년 22.8만명으로 예측된 수치가 제시되었다. 오늘날 운행되고 있는 노선과 15개 역사가 제안되었고, 총 공사비는 5,500여억원으로, 도입시스템은 비용편익비가 1.55가 넘는 고무차륜 AGT이 추천되었다.[32]

2001년 12월 건교부가 '도시철도 기본계획'을, 기획예산처가 '민간투자시설사업 기본계획안'을 각각 승인했다. 용인시는 '민간투자시설사업 기본계획'을 고시(제2001-295호)했다. 2002년 6월에 실시된 제3회 지방선거에서 한나라당의 이정문 후보가 56%를 얻어 현직시장인 새천년민주당의 예강환 후보를 12% 앞질러 시장에 당선되었다. 이정문 후보도 용인 경전철 추진을 공약으로 내걸어 사업 진행에는 변화가 없었다. 이정문시장이 취임한 첫 달에 민간투자사업 계획서가 제출되었다. 에버랜드를 소유한 삼성이 응찰한다는 루머는 실현되지 않았고, 봄바르디아 컨소시엄의 단독 접수였다. 다음 달에 교통개발연구원이 사업계획을 평가했고, 한 달 후 용인시와 교통개발연구원 간에 협상의뢰에 대한 업무협약서가 체결되었다. 실시 협약안이 타당한지 2003년 10월 용인시가 국토연구원의 민간투자지원센터에 검토를 의뢰했고, 두 달 후 검토가 끝나자 조달청의 공사비 단가에 대한 적정성 검토도 통과했다.

2003년 12월 용인시 민간투자사업 심의위원회를 거쳐 캐나다 봄바르디아 컨소시엄이 우선협상 대상자로 선정되었다. 대림산업, 한일건설, 고려개발이 컨소시엄에 참여했다.[33] 다음해 3월 기획예산처의 민간투자사업 심의위원회를 통과했다. 용인경전철(주)이 설립되었고, 세 달 후 사업 시행자가 지정되면서 실시협약, 금융약정, 공사도급 계약, 운영관리 계약이 체결되었다. 교보생명, 국민은행, 대한생명이 주간사가 되고 기업은행 등 12개 금융사가 참여하는 프로젝트 금융(PF)에서 6,145억원을 조달했다.[34] 2005년 5월 실시계획 승인을 신청했고, 교통·환경 등 영향평가를 차례로 통과해 12월에 공사가 착공되었다.

모든 절차가 순차적으로 적법하게 진행되었지만 문제제기가 있었다. 2004년 시의회 행정사무감사에서 박순옥 시의원이 과다한 수요예측, MRG 90% 보장 등 협약내용에 대해 이의를 제기했다. 수지, 구성을 포함하도록 하는 노선의 전면 재조정 요구는 동백지구, 구갈지구 등 경전철 노선이 지나는 지역주민들의 거센 반발을 불러일으켰다. 아파트 입주예정자들은 비상대책위를 구성했고, 시의회 홈페이지에 비난의 글을 게시했으며 의원 퇴진운동과 손해배상 소송도 거론했다. 박의원은 사이버 공간에서 인신공격을 받는다고 경찰에 수사의뢰를 하겠다고 했다. 용인시는 사업의 백지화 요구가 사업자에 의한 위약금과 지역주민들의 손해배상 소송을 초래하기 때문에 박의원에게 의견을 철회할 것을 요청했다. 2005년 5월 용인시민 364명이 감사원에 국민감사를 청구했으나 다음해 6월 문제없는 것으로 감사결과가 나왔다. 이의제기는 일단락되었다. 모두 문제없을 것이라고 생각했을 것이다. 10년이 경과한 민선 지방자치 시대에 '에이스 용인*Ace Yongin*'[35]을 표방하는 용인시가 용인경전철이라는 랜드마크를 통해 최고의 지자체로 우뚝 설 것을 기대했다.

용인경전철 공사가 진행되면서 상황은 서서히 바뀐다. 2006년 5월 제4회 지방선거에서 국토부 공무원 출신인 한나라당 서정석 후보가 53.5%를 득표해 다른 후보들을 압도적으로 누르고 용인시장이 되었다. 처음에는 정거장 명칭 변경 등 사소한 것들이었다. 곧 사업 진행에 크게 영향을 미치는 것들로 문제가 상향된다. 2007년 7월 감사원이 용인시를 대상으로 실시한 「공공시설 민간투자사업 추진 실태」 감사결과를 발표하면서 사업추진을 보류하는 결정이 필요했다고 지적했다. 용인 경전철사업은 사업시행자에게 30년간 최소운영수입 90%를 보장하는 것으로 계약했었다. 감사원은 사업자의 운영수입보장금 규모가 줄어들도록 협약내용을 변경하라고 요구했다.

용인경전철은 기흥역에서 분당선과 환승하는 것으로 계획되었다. 그런데 2008년 말 완공을 목표로 했던 분당선 연장사업은 녹십자 공장 이전이 지연되면서 개통이 계속 늦어졌다. 용인 경전철 개통이 2009년 후반으로 가시화되자 MRG 계약에 의해 교통수요 예측치와 실제 교통량 간 발생하는 막대한 차이로 인한 손실을 용인시 예산으로 사업자에게 지불해야 했다. 협상이 필요했다. 2007년 11월 서정석시장이 봄바르디아사의 회장을 만났다. 다음해 4월 실시협약 변경협상단이 구성되었고, 수십 차례의 협상과 국내기업 간 내부회의가 개최되었다. 2009년 5월 봄바르디아 컨소시엄과 손실보상율을 79.9%로 낮추는데 합의했지만 아직도 막대한 적자가 예상되었다. 용인시는 분당선 연장선의 죽전~기흥구간 조기개통을

위해 공사비용도 일부 부담했다.[36)]

2010년 2월 경기개발연구원이 용인시로부터 의뢰받은 『용인경전철 활성화방안 수립』보고서를 제출했다. 2011년에 개통될 경우 교통수요가 49,372명으로 예측되어 1995년 협상했던 교통수요 146,180명과 MRG수요 116,796명에 비해 절반 이하인 것으로 나타났다.[37)] 용인 경전철 수요를 높이기 위해 환승할인, 수입사업 창출, 에버랜드 활용, 셔틀버스 운행조정, 역세권 개발 등 다양한 방안이 고려되었지만 결정적인 한방은 없었다. 손실보상율을 낮췄어도 용인 경전철이 개통되면 용인시가 막대한 금액을 보상하는 것은 명백했다.

2010년 6월 제5회 지방선거에서 민주당 김학규 후보가 46.5%를 득표해 시장에 당선되었다. 용인시의 리더십이 또 바뀐 것이다. 전임자와 달리 김학규 시장은 강경노선을 선택했다. BTO방식의 민간투자사업은 법령에 따라 사업자가 공사 준공보고서를 제출하면 15일 이내에 주무관청의 준공확인을 받고, 관리운영권을 얻어야 시설을 운영할 수 있다. 용인경전철이 2010년 6월 완공되었다. 육 개월 후 용인시는 준공확인을 거부했고, 용인경전철(주)은 운영적자 등을 이유로 용인시를 대상으로 수원지법에 준공확인 거부취소 가처분신청을 제기했다. 다음해 1월 용인경전철(주)이 용인시에 사업해지를 통보했으나 용인시는 구조물 균열, 엘리베이터 감전사고 우려, 스크린도어와 미끄럼 방지시설의 미설치, 운행소음 등 시설하자가 있다고 계약해지는 받아도 시설인수는 거부했다. 용인시는 시민의 안전한 운행을 위해 보수공사를 완료해야 준공을 확인할 수 있다고 했다. 2007년 한국철도시설공단의 시공점검에서 부실공사 의혹이

제기된 적도 있었다. 용인경전철(주)은 시가 승인한 도면대로 시설을 설치했고, 용인시가 MRG부담을 우려해 준공을 지연한다고 비난했다. 일반적으로 이런 상황은 결국 관의 승리로 귀결된다. 그러나 이번에는 달랐다.

만일 사업시행자 컨소시엄이 국내 기업들로만 구성되었으면 용인시의 뜻대로 진행될 수도 있었다. 그러나 상대는 세계 각국을 대상으로 500여개의 대중교통 사업을 해 산전수전을 다 겪은 다국적 기업 봄바르디아였다. 사업 해지통보 한 달 후 용인경전철(주)은 국제상업회의소(ICC)의 국제중재재판소(ICA)*International Court of Arbitration*[38]에 중재를 신청한다. 문제가 심각해지자 용인시 의회는 2011년 3월 경전철 개통지연 원인과 책임을 파악하기 위해 '용인경전철 조사특별위원회'를 구성한다. 그해 10월 국제중재재판소는 용인시가 용인경전철에게 우선 5,159억원을 지급하라는 1차 판결을 내렸다.

ICA의 판결로 용인시에 비상이 걸렸다. 지급을 미룰 경우 압류·차압 등으로 용인시 행정이 마비될 수 있었다. 경전철이 개통되면 30년간 약 2조 5천억원을 지급해야 될 상황이었다. 두 달 후 재협상이 개시되었다. 그때까지 행정안전부는 용인시의 지방채 발행에 부정적이었다. 만일 허가할 경우 지자체가 방만하게 경영하거나 부실경영을 하고 지방채 발행으로 수습하는 선례가 될 수 있기 때문이다. 그러나 재정자립도 최상위인 기초지자체의 파산이 초래할 파장도 고려해야 했다. 결국 2012년 4월 행안부가 용인시에게 배상금 정산을 위한 지방채 4,420억원의 발행을 승인했다. 용인시는 사업해지를 철회하고, 용인경전철의 정상화를 위해 '새로운 사업구조로의 전환'을 위한 양해각서를 체결했다. 두 달 후 ICA가 용인시에게 '경전철 운행을 못해 발생한 손실 2,628억원을 용인경전철에 지급'하라는 2차 판결을 통보했다. 2차 배상금은 지방채 발행없이 민자투자금으로 전환해 30년간 분할 상환하기로 했다.[39] 용인시는 뼈를 깎는 긴축재정을 통해 빚을 갚기 시작했다. 2009년 10월 정부는 고시사업에서 MRG제도를 폐지하고, '투자위험부담제도'를 도입했다.

누군가 책임을 져야 했다. 2011년 9월부터 용인경전철에 대한 비리수사를 촉구하는 언론보도가 이어졌고, 리베이트 수수 등에 대한 진상규명을 원하는 여론이 들끓었다. 검찰이 내사에 착수했고, 용인시 의회가 수사를 의뢰했다. 수원지방검찰청 특별수사부가 육개월 간 수사하고 이정문 전 시장을 부정처사후수뢰 혐의로 구속기소했다. 또한 용인경전철(주) 김학필 대표이사를 불구속 기소했으며 관련자 10명을 기소했다. 시・연구원・사업시행자간 유착, 시의회・시민・언론의 감시기능 미흡, 과도한 하도급으로 인한 부실공사 등이 문제로 제기되었다.[40] 검찰은 개선방안으로 운행 안전성의 점검, 실시협약 하자의 시정, 봄바르디아 운영책임의 담보조치, 교통수요예측의 객관성 확보, 국고지원 민자사업의 감독 강화를 제시했다.[41]

2013년 4월 용인에버라인이 개통되었다. 세 달 후 용인경량전철(주)이 봄바르디아 컨소시엄의 사업시행자 지위와 관리운영권을 인수했고, 용인시와 변경실시 협약을 체결했다. 사람들은 새로운 교통수단이 생겼다고 그동안 해왔던 교통행태를 쉽게 바꾸지 않는다. 따라서 새로운 교통시스템에 대한 교통수요가 예측수치에 도달하기 위해서는 시간이 필요하다. 그러나 운행첫날 일일승객이 8천여명에 불과하자 2010년에 5만3천여명, 재검증한 2011년 3만2천여명을 예측했던 경기개발연구원에게도 과대추정이라고 비난이 쏟아졌다.[42) 용인에버라인이 운영 손익을 맞추려면 일일 이용자가 6만명 정도 되어야 했다.

2014년 6회 지방선거에서 새누리당 정찬민 후보가 시장에 당선되었다. 그해에 분당선과 환승통로가 연결되었고, 수도권 전철의 통합 환승운임체계로 편입되었다. 주말 승객수가 3.3만명을 기록해 일일평균 이용자가 1.5만명이 되었다. 2015년 3월 일일 이용자 3만명을 넘어섰고, 8월에는 용인경전철로 발행했던 지방채를 전액 상환했다. 다음해 5월 일일 승객수가 4만명을 돌파했고, 월평균 일일 승객수도 3만명에 근접했다. 다른 교통수단에 비해 시간과 요금에서 경쟁력이 떨어져 수요증가는 더뎠다. 아직 일일 3만명이 더 이용해야 균형재정이 되기 때문에 용인에버라인의 적자행렬은 상당기간 지속될 것이다.

트로이 목마들에 되풀이되는 카산드라[43)]의 경고

지도자로 선출된 사람들은 무엇인가 자신의 업적을 기념비로 남기고 싶어 한다. 고대 로마에서도 그랬다. 로마제국이 견실하게 성장해갈 때는 오늘날 국도의 원조인 아피아 가도, 도시공원의 원조인 빌라 아드리아나, 상수도 시설인 수도교와 분수, 하드리아누스 도서관과 같은 도시기반시설을 정치 지도자들이 자신의 돈으로 건설해 로마시민들이 이용하도록 했다. 로마가 정점에서 기울기 시작했을 때 로마시민들의 여흥을 위해 콜로세움을 건설했다.

국가의 발전에 필요한 도로, 철도와 같은 교통시설은 막대한 건설비가 소요되나 운영수입으로 수지를 맞추기 힘들다. 오늘날 IMF

와 세계은행을 앞세워 전세계를 대상으로 국가의 균형재정을 강조하는 미국도 19세기 후반에 경제성장을 위해 상당한 길이의 도로와 철도를 건설할 때에는 주정부와 기업들이 유럽의 자본을 빌린 후 수시로 파산을 선언해 불량 채무국가로 낙인찍혔었다.[44] 그러나 이제 시대가 바뀌었다. 현대 지구촌 사회는 개인이나 기업이나 국가나 신용이 중요한 사회가 되었다. 도시기반시설을 기획할 때는 그 필요성과 운영수지에 대해 보다 꼼꼼하기 확인해야 하고, 건설하고 관리할 때에는 추가비용이 들지 않도록 스마트하고 철저하게 진행해야 한다. 이러한 기본에 충실하지 않았을 때 우리는 지방행정의 대형 참사를 맞이한다.

우리나라에서 개통된 경전철은 현재 여덟 개 노선이다. 추가로 네 개 노선이 공사 중에 있고, 일곱 개 노선이 계획단계이며 서른두 개 노선이 사업추진을 포기하거나 중단했다.[45] 개통된 여덟 개 노선 중에서 네 개는 사업시행자가 광역지자체이거나 정부·광역지자체 산하의 공사로 재정사업으로 건설했다. 나머지 네 개는 BTO방식의 민자사업으로 추진했다. 그중 하나가 용인에버라인이다. 그렇다면 부산의 김해경전철, 경기의 의정부경전철, 서울의 우이신설선 등 다른 세 개 노선은 문제가 없을까? 결론적으로 말하면 세 개 노선 모두 막대한 적자가 발생해 재정적으로 큰 문제에 봉착해 있다.

세 개 노선 중에서 가장 먼저 개통된 것은 부산시 사상구와 경남 김해시를 연결하는 김해경전철이다. 23.4㎞인 연장에 21개 역을 가진 노선으로 부산·김해 경전철 주식회사가 운영하고 있다. 사업비는 국고 1,824억원, 지방비 1,825억원, 민자 6,761억원으로 총 1조 410억원이 들었다. 국고와 지방비, 민간자본의 비율은 각각 17.5%

와 17.5%, 65.0%이다.[46] 2017년 자본금은 912억원이고 자산은 6,465억원이며 매출액은 679억원, 영업이익은 약 171억원이다. 그러나 사업비 1조원에 의한 MRG로 부산・김해 경전철(주)의 순이익은 마이너스 478억원이다.[47] 1992년과 1994년 교통개발연구원은 부산・김해경전철의 수요가 개통년도에 일일 17만 6천358명, 최종연도에 34만 225명이 될 것이라고 예측했다. 부산시와 김해시는 2002년 MRG 보장기간을 20년으로, 보장율을 76%인 13만 4천32명으로 해 심시협약을 체결했다.[48] 그러나 예상적자가 20년간 1.6조원으로, 연간 보전액이 약 8백억원으로 분석되었으며[49] 2011년 9월 개통 후 매년 천억여원의 지속적인 적자로 현실화되었다. 국내자본인 BNK금융지주 산하의 부산은행이 소유해 2017년 4월 MRG를 폐지하고, 비용보전방식(MCC)으로 협약을 변경했다. 효율적인 운영을 위해 사업시행자(BGL), 운영사(BGM), 선로보수・기술(BGT) 3개사를 통합해 '뉴 부산・김해경전철'을 출범했다.

두 번째 개통노선은 경기도 의정부시를 운행하는 의정부경전철이다. 10.6㎞인 연장에 15개 역을 가진 노선으로 2012년 6월 개통했으나 운영하던 의정부경전철 주식회사가 2017년 5월 파산하면서 현재 인천교통공사가 위탁 운영하고 있다. 사업비는 국고 728억원, 지방비 1,552억원, 민자 2,470억원으로 총4,750억원이 들었다. 국고와 지방비, 민간자본의 비율은 각각 15.3%와 32.7%, 52.0%이다.[50] 국무총리실은 2011년 예상적자가 10년간 1천억원으로, 연간 보전액이 약 1백억원으로 분석했다.[51] 개통 후 감사원은 "2014년 경 완전 자본잠식으로 운행중단 가능성이 있다"고 "사업을 중도 해지하면 돌려줘야 할 약 3800억원을 의정부시 재정 형편으로 부담하기 어려우

므로 파산에 대비한 대책을 마련하라"고 감사결과를 발표했다. 협약 수요는 일일 79,049명이나 2012년 7~9월 이용자가 일일 11~13천명으로 14%에 불과해 파산이 불가피하다는 것이었다. 감사원의 예측은 현실화되어 2012년부터 2014년까지 매출액은 소폭 증가했으나 영업손실이 매년 200억원을 초과하면서 순손실이 급격하게 증가했다.[52] 결국 누적적자가 2천억원을 넘자 파산으로 향했다.

세 번째 노선인 서울의 우이신설선은 서울시 강북구와 동대문구를 잇는 경전철 노선이다. 11.4㎞인 연장에 13개 역을 가진 노선으로 2017년 9월 개통했으며 주식회사 우이신설경전철이 운영하고 있다. 사업비는 9,299억원이 들었고 국고와 시비, 민간자본의 비율은 각각 12%와 28%, 60%이다.[53] 사업시행자는 일일 이용자수가 13만2541명일 것으로 예상했으나 개통 후 일주일 평균 일일 이용자는 5만8669명으로 수요예측치의 44%이 불과했다. 협약시 MRG를 적용하지 않아 상당기간 동안 적자가 불가피하고, 무임수송률이 30%를 넘어 중앙정부 지원의 필요성을 제기하고 있다.[54][55] 개통 두 달간 19회의 운행지연과 신호설비 장애·관제업무 미숙으로 인한 무정차 통과와 같은 사례는 우이신설선의 안전에 대한 심각한 우려를 낳고 있다.[56] 민자사업으로 추진된 네 개의 경전철 노선이 모두 실패로 귀결된다면 이는 우리나라 행정체계와 의사결정 시스템에 문제가 있다는 것이다. 이러한 실패는 경전철 사업에 그치지 않는다. 853억원의 건설비가 소요된 인천의 월미 은하레일은 운행도 못하고 백지화가 되었다. 우리는 다른 분야에서도 유사한 사례를 볼 수 있다.

지역의 랜드마크인 공공청사가 또 다른 사례다. 경기도, 충북도,

경남도, 대구시, 인천시 등 도청과 시청이 이전을 계획하고 신청사를 건립하려고 하는 곳마다 지역의 이해관계와 비용문제로 갈등이 폭발했다. 공공청사가 이전을 하거나 신축을 해도 새로운 문제가 제기되었다. 축산농가 악취와 열병합발전소 논란, 열악한 정주여건으로 논란이 끝이지 않는 충남도청[57], 1,974억원의 건설비와 전기세 24억원을 포함한 78억원의 유지비가 들어 호화청사와 에너지낭비 1위의 불명예를 쓴 용인시 청사[58], 3,222억원의 사업비를 들여 연면적 7만4309㎡으로 공무원 인당 33.99㎡(약 10평)의 근무면적에 에너지 효율 등외로 분류되어 호화청사로 비난받은 성남시 청사[59][60]는 대표적인 사례다. 전북도청, 전남도청, 강원 원주시청, 경북 포항시청, 서울 관악구청과 용산구청, 금천구청도 모두 문제가 제기되었다. 정부의 공공청사 표준설계면적 기준을 준수하지 않고, 외관에만 신경을 써 에너지와 공간 효율이 낮으며 시민·장애인에 대한 배려가 부족하다는 것이었다.[61] 지방자치제가 실현되면서 기초 지자체에 대한 중앙정부의 관리체제가 제대로 작용하지 않는 것이다.

기초지자체가 랜드마크를 형성하려고 한 욕심이 문제를 일으킨 것도 있다. 문화체육관광부는 근대문학자료를 체계적으로 집대성할 대표기관이 필요하다는 문학계의 요구를 수용해 1996년부터 국립한국문학관의 건립을 추진했다. 2016년 건립 부지를 공모하자 24개 지자체가 '문학수도'가 되려고 과열 유치경쟁을 벌여 추진이 중단되었고, 다음해 용산 국립중앙박물관 부지가 선정되었으나 논쟁은 계속되고 있다.[62] 정부의 '코리아 둘레길 조성'도 지자체들이 포함되기만을 원할 뿐 체계적인 관리가 되지 않아 논란이 되고 있다. 천억원 규모의 국립철도박물관 건립사업은 유치전에 뛰어든 11개 지자체의 과열로 다음해에 국토부가 결국 보류하였다.[63] 함양군과 화천군의 이외수 문학관 유치경쟁은 133억의 혈세를 투자한 화천군과 이외수간 퇴거 갈등으로 법정 다툼으로까지 확대되었다.[64] 이런 문제가 발생하지 않을 수 있었을까?

이 문제에 대한 해답이 있다. 용인경전철 사업에 대한 대검찰청의 비리수사 결과와 「지자체의 무분별한 경전철사업 추진, 대폭 정비 한다(2011.3.11.)」라는 국무총리실 보도자료에서 해결방안의 일부가 제시되어 있다. 첫 번째 해답은 광역자치단체의 통제와 감독이 강화되어야 한다는 것이다. 대검찰청은 상급단체의 통제와 감독이 이루어지지 않은 채 용인시가 독자적으로 사업을 추진한 것을 문제 삼았다. 국무총리실은 기초지자체가 광역지자체와 사전협의를 의무화하도록 국토부의 민자사업 업무처리지침을 제정하도록 지시했다.

두 번째는 해당 관할구역 내에서 폐쇄적인 노선계획과 교통수요 추정을 지양하고, 상위 교통계획 및 생활권과 연계를 강화하라는 것이다. 다시 말하면 해당 대도시권 전체의 광역교통체계를 고려해서 추진하려는 사업의 교통수요를 추정하고, 타당성을 검토해 진행하라는 것이다. 이런 일을 위해서는 해당되는 대도시권의 모든 지역을 포함해 광역 도시계획을 수립하고, 교통체계를 기획하며 교통시스템을 운영하는 총괄적인 전문행정기관이 필요하다. 이런 기관이 존재하면 적절한 교통수요 예측, 고비용 사업비와 부실시공 방지, 시설관리와 운행 미숙 예방이 가능해진다.

1) 김성주, 2018, 「경기도의회 "기준없는 교통예산 역차별"」, 2018년 12월 6일 경인일보 기사.

2) 김정희, 2018, 「이기형 도의원, 예산결산특위서 '경전철 수도권 환승손실보전'변경 지적」, 2018년 12월 6일 전자신문 기사.

3) 윤종화, 2018, 「경기도의회 예결특위, SOC 예산 놓고 이해관계 충돌」, 2018년 12월 5일 경기방송 기사.

4) 최연호, 2018, 「7호선 연장 · 버스지원...도의회 예결위, 건교위 예산 집중 추궁」, 2018년 12월 5일 경기일보 기사.

5) 2018년 10월 행정안전부가 발표한 '지방자치법 전부개정안(행정안전부 공고 제2018-676호)'에서 제시한 개념이다. 정부로부터 광역시에 준하는 자치권을 부여받는, 인구가 백만명 이상이 되는 대도시를 말한다.

6) 김기성, 2016, 「민선 20년 용인시 역대 시장 5명 전원 '징역'...비리로 얼룩진 지방자치」, 한겨레 2016년 4월 22일자 기사 참조.

7) 서울지하철과 같은 중량전철과 대비해 차량의 중량이 가볍고, 건설비가 적으며 수송용량이 낮은 궤도계통의 교통수단을 총칭하는 용어다. 시간당 수송량이 9천~18천명 수준이고, 승객 승차대가 낮아 승 · 하차가 편리한 신교통수단이다. 배기가스의 배출이 작아 환경친화적인 교통수단이라고 말한다.

8) 민간이 시설을 건설하고 직접 운영하는 사업을 말한다. 자체적으로 수입창출이 가능한 시설을 대상으로 정부가 민간에게 위탁하는 방식으로 이루어지며 민간사업자는 시설 완공 후 국가 또는 지자체에 소유권을 넘기고, 일정한 기간 동안 관리운영권을 확보해 요금 등으로 수익을 얻은 후 기간이 종료되면 정부에 인도한다.

9) 김형진, 2011, 「경전철 사업의 문제점과 개선방안」, 『이슈와 논점』 제317호, 국회입법조사처.

10) 용인경량전철 위키백과 홈페이지.

11) 2005년 7월 한국교통연구원으로 개칭했다.

12) 류호상 · 이상봉, 2011, 『용인 경전철 건설 사례』, 중앙공무원교육원.

13) 여러 차례 부처 명칭이 변경된 후 2008년부터 기획재정부가 사용되고 있다.

14) 류호상 · 이상봉, 2011, 『용인 경전철 건설 사례』, 중앙공무원교육원.

15) 이용, 2008, 「경기부양」, 대전일보 2008년 11월 15일자 기사 참조.

16) 정재령, 1995, 「기업 SOC사업 참여확산-92건 74조규모」, 중앙일보 1995년 4월 6일자 기사 참조.

17) 차병석, 1995, 「국내 주요대기업 금년중 투자계획 SOC유치사업 총 92건 달해」, 한국경제신문 1995년 4월 5일자 기사 참조.

18) 김동영, 1996, 「재계 「SOC바람」 강해진다/정부,민자사업 활성화대책 확정따라」, 한국일보 1996년 7월 17일자 기사 참조.

19) 오태진, 1994, 「사회간접자본 대기업 본격투자 계획」, 조선일보 1994년 1월 13일자 기사 참조.

20) 김동영, 1996, 「재계 「SOC바람」강해진다/정부,민자사업 활성화대책 확정따라」, 한국일보 1996년 7월 17일자 기사 참조.

21) 2009년 10월 대한주택공사와 통합해 한국토지주택공사로 새롭게 출범했다. 7장에서 자세하게 다룬다.

22) 기업도시에 대해서는 7장에서 자세하게 다룬다.

23) 일본에서는 이러한 도시철도를 국가가 관리하는 국유철도(국철)에 반대되는 사철(私鉄)이라고 부른다. 일본에는 국철을 민영화한 JR과 사철, 그리고 제3섹터철도가 있다. 사철은 현재 대형 사철 16개사를 포함해 72개가 있고, 제3섹터철도는 160개가 넘는다.(장범석, 2018, 아웃소싱 타임즈 2018년 9월 27일 기사 참조)

24) 이병우, 2008, 「고양시, 경전철을 진단한다 3」, 고양신문 2008년 11월 26일자 기사 참조.

25) 정락인 · 이하늬, 2012, 「돈 먹는 애물단지 된 용인시 '꿈의 경전철'」, 시사저널 2012년 4월 17일자 기사 참조.

26) 정부를 대신해서 민간이 도로, 철도, 학교, 하수시설 등 사회기반시설을 건설 · 운영하여 공공서비스를 제공하는 것으로 공공(정부)는 계획 수립, 실시계획 승인, 사업수행 지원을 하고, 민간은 시설의 설계, 건설, 자금조달, 운영을 담당하는 것이다. 민간자금을 끌어들여 부족한 재정을 보완하고, 운영면에선 민간의 창의와 효율을 활용하기 위한 방안이다.(육동한 · 김재진 · 전지성, 2017; 네이버 지식백과)

27) 1994년 8월 「사회간접자본시설에 대한 민간자본유치촉진법(민자유치촉진법)」이 제정되었고, 1997년 8월 민간사업자의 원활한 재원조달과 민자유치사업의 민간부문 제안이 가능하도록 법률이 개정되었다.

28) 공공부문에서 민간 사업자의 수입이 안정적으로 유지되도록 실시협약을 할 때 사전에 예측한 총수입의 일정비율을 보장하는 것이다. 교통시설에서는 협약에 적용되는 교통수요에 인당 운임을 곱해 매출을 정하고, 총 매출의 80% 등으로 민간 사업자의 수익을 보장한다. 따라서 교통수요를 추정하는 것이 매우 중요하다.

29) 기획예산위원회 공보관실, 1998, 「민자유치 종합대책 및'98 민자유치기본계획 수립」자료 참조.

30) 봄바르디아는 도시철도, 버스 등 차량과 장비 제작, 대중교통시설 건설과 운영, 신호시스템과 교통정보 관리시스템 구축, 대중교통 민자투자 등 대중교통에 대한 토탈 서비스를 제공하는 기업이다. 봄바르디아는 전세계 60개국의 200개 이상의 도시에서 500여개의 대중교통 사업을 통해 5억명 이상에게 대중교통서비스를 제공하고 있다. 오스트레일리아의 FLEXITY 2, 중국 상해의 INNOVIA APM 300, 독일 TALENT 2, 이탈리아 V300ZEFIRO, 오스트리아 비엔나의 FLEXITY 등 다양한 도시철도 시스템을 건설해 운영하고 있다.(봄바르디아 홈페이지)

31) 류이근, 2013, 「'세금 먹는 하마'낳은 31명에 책임을 묻다」, 한겨레 2013년 10월 29일자 기사 참조.

32) 김연규 · 김경진, 2001, 『용인시 경량전철 실행플랜』, 교통개발연구원 · 용인시.

33) 경실련, 2003, 「우리나라 민자사업 어디로 가야 하는가? -민자사업의 문제2점과 개선방안-」자료 참조.

34) 교보생명, 2004, 「교보생명, 국민은행, 대한생명 '용인경전철'프로젝트파이낸싱」, NewsWire 2004년 7월 27일자 기사 참조.

35) 2004년 6월 용인시가 도시 정체성을 확립하고 세계화시대의 도시경쟁력을 확보하기 위해 발표한 도시브랜드다. 에이스는 최고, 최우수, 숙달한, 일류, 멋진 등의 의미로 용인시가 추구하는 미래비전과 일치한다고 했다.(박두호, 2004, 연합뉴스)

36) 류호상 · 이상봉, 2011, 『용인 경전철 건설 사례』, 중앙공무원교육원.

37) 유덕상, 2011, 「멈춰선 용인경전철, 이대로 둘 것인가? 국회 헌정관 토론회 지상중계」, 용인인터넷신문 2011년 5월 7일자 기사 참조.

38) 세계에서 가장 대표적인 기업관련 국제기관인 국제상업회의소(ICC: International Chamber of Commerce) 산하기관으로 프랑스 파리에 본부가 있으며 국제적 상업 갈등을 해결하기 위해 설립되었다. 세계 90여개국 100개 회원으로 구성되어 있다.

39) 용인 경전철 위키백과 홈페이지.

40) 이정하, 2012, 「[종합]용인경전철 '구조적 토착비리'의 부산물」, 중앙일보 2012년 4월 5일자 기사 참조.

41) 대검찰청, 「용인경전철 사업 비리 수사결과」, 2012년 4월 5일.

42) 김양수, 2013, 「용인경전철 수요예측, 7배나 부풀려져」, CBS 2013년 4월 30일자 기사 참조.

43) 트로이전쟁 신화에서 트로이 마지막 왕 프리아모스의 딸이자 예언자로 트로이 목마를 성안으로 들여서는 안 된다고 주장했다. 아폴론이 예언의 능력을 주었지만 아무도 그녀의 예언을 믿지 않는 형벌을 내렸다. 트로이인들이 그녀의 말을 따르지 않고 목마를 성안으로 들여 결국 멸망했다.

44) 론 처노, 2007, 『금융제국 J.P.모건 1부』, 플래닛.

45) 경전철 나무위키 홈페이지.

46) 김형진, 2011, 「경전철 사업의 문제점과 개선방안」, 『이슈와 논점』 제317호, 국회입법조사처.

47) 부산-김해경전철(기업) 나무위키 홈페이지.

48) 김예린 · 조나리, 2016, 「엉터리 수요예측 시 재정 파탄 위기…사업 재구조화로 부담 감소 추진」, 김해뉴스 2016년 6월 22일자 기사 참조.

49) 국무총리실 보도자료, 2011, 「지자체의 무분별한 경전철사업 추진, 대폭 정비 한다」, 국무총리실 평가총괄정책관실 2011년 3월 11일.

50) 김형진, 2011, 「경전철 사업의 문제점과 개선방안」, 『이슈와 논점』 제317호, 국회입법조사처.

51) 국무총리실 보도자료, 2011, 「지자체의 무분별한 경전철사업 추진, 대폭 정비 한다」, 국무총리실 평가총괄정책관실 2011년 3월 11일.

52) 2012년 매출액은 27억원, 영업손실 203억원, 순손실 315억원을, 2013년 매출액은 68억원, 영업손실 264억원, 순손실 443억원을, 2014년 매출액은 87억원, 영업손실 222억원, 순손실 1,081억원을 기록했다.(의정부 경전철, 나무위키 홈페이지)

53) 이남진, 2011, 「서울 경전철 목동 · DMC · 우이연장선 '빨간불'」, 머니투데이 2011년 11월 20일자 기사 참조.

54) 정혜아, 2017, 「우이신설선 일주일 이용객 수요예측 절반에도 못 미쳐」, new1뉴스 2017년 9월 10일자 기사 참조.

55) 이현승, 2017, 「[적자노선의 탄생]① 개통하자마자 적자예상 우이신설선, 파산 향해 달리나」, 조선비즈 2017년 10월 3일자 기사 참조.

56) 박철근, 2017, 「지연운행 · 무정차 통과 · 공짜 손님…우이신설선 탈선 위기」, 이데일리 2017년 11월 9일자 기사 참조.

57) 우명균, 2018, 「충남도청 이전 5년 6개월…내포신도시 현주소는?」, 충남일보 2018년 8월 8일자 기사 참조.

58) 뉴시스, 2010, 「비난 화살 지자체 호화청사 "예산 낭비 더는 없다"」, 『뉴시스아이즈』 제161호, 2010년 1월 18일자 기사 참조.

59) 한현자, 2008, 「호화 성남시청 신축현장, 너무 허망했다」, 오마이뉴스 2008년 12월 2일자 기사 참조.

60) 김성모, 2010, 「호화논란 新청사들 '에너지 먹는 하마」, 조선일보 2010년 2월 1일자 기사 참조.

61) 조득진, 2018, 「[특집]호화청사, '국민의 눈'무서운 줄 모른다」, 『주간경향』1306호 2018년 12월 17일자 기사 참조.

62) 문화체육관광부 보도자료, 2017, 「국립한국문학관 추진 경과 및 향후 계획」, 문화체육관광부 문화예술정책실 2017년 11월 23일.

63) 김영재, 2017, 「(단독)국토부, 국립철도박물관 건립사업 '보류'」, 아시아뉴스통신 2017년 11월 4일자 기사 참조.

64) 이재현, 2018, 「소설가 이외수, 집필실 사용료 소송서 '승소'…화천군 '패소'(종합)」, 연합뉴스 2018년 12월 11일자 기사 참조.

6. 지역 이벤트의 유혹

참사로 끝난 축제 한마당

불타는 금요일의 저녁시간이었다. 제법 어둑해진 하늘 아래에 광장은 밝은 불빛으로 환해 어둠이 저만치 뒤로 물러나 있었다. 선선한 가을 날씨였지만 광장은 수많은 인파가 밀집해 내뿜는 열기로 달아올랐다. 그들 중 상당수는 주변에 빽빽하게 들어차있는 수십 동의 오피스 건물에 근무하는 직원들이었다. 퇴근시간이 되어 또는 저녁을 먹기 위해 건물에서 나와 삼삼오오 광장에 차례로 몰려들었다. 낮부터 진행된 일곱 개의 문화공연과 삼십여 동의 먹거리 및 홍보 이벤트 부스를 보기위해 찾아온 학생들과 지역 주민들도 있었다.

몰려든 수많은 군중들을 수용하기에는 비교적 공간이 좁은 광장이었다. 빽빽한 인파로 공연을 잘 보기가 어려워지자 몇몇 사람들이 조금 더 관람하기 좋은 곳을 찾기 시작했다. 그중에서 명당은 무대 좌측에서 조금 떨어져 있으면서 로열박스처럼 올라가 있는 곳이었다. 삼십여 명이 올라가면 꽉찰만한 공간으로 보였다. 저녁 공연이 시작되었다. 삼십분이 지나고 무대에서는 오늘의 첫 번째 팀으로 강렬한 무대 조명을 받은 걸그룹이 자신의 공연을 마무리하고 있었다. 다음으로는 다섯 개의 팀이 저녁 여덟시까지 추가로 공연을 진행할 예정이었다.

그때 갑자기 로열박스처럼 생겨 사람들이 올라가 공연을 지켜봤던 곳에서 우르릉 쾅하는 소리와 함께 비명소리가 터져 나왔다. 방금 전에 사람들이 서있던 곳은 텅 빈 채 완전히 아래로 휘어진 격자형 철제구조물이 깊은 어둠으로 향해 있었다. 환풍구 위에 서있던 사람들이 수십 미터 아래로 떨어진 것이다. 이십칠 명의 사상자가 발생해 우리가 판교 환풍구 붕괴사고라 부르는 또 다른 참사가 경기도 판교에서 발생했다. 2014년 4월 299명의 사망자를 포함해 476명의 인명피해가 난 세월호 침몰사고가 발생한지 육 개월 만이었다.

판교 환풍구 붕괴사고는 우리나라의 지역축제 사고 중에서 사망자가 가장 많이 발생한 사례다. 우리나라는 1995년 제1회 전국 동시지방선거를 실시하면서 지방자치제를 시작했다. 선거로 선출된 광역·기초 자치단체장은 자신의 역량을 보여주기 위해 각종 사업을 추진했다. 그러나 대부분의 지자체는 재정자립도가 열악해 많은 예산이 필요한 사업을 추진할 수 없었다. 치적이 될 수 있는 사업들은 성과를 올리기 위해 상당한 기간이 필요해 빠른 시일 내에 자신을 돋보이기 어려웠다.

이벤트에 목말랐던 많은 자치단체장이 지역축제에 관심을 보였다. 문화체육관광부의 전국 지역축제 통계에 의하면 우리나라는 지난 13년(2006~2018년) 동안 연평균 763건의 지역축제가 개최되었다. 기초자치단체별로 연간 세 건이 넘는 수치다. 지역축제는 2006년 726건에서 2008년 926건이 되었다가 2008년 경제위기 이후 육년간 위축되었다. 그러나 다시 증가해 2018년 886건이 되었다. 판교 환풍구 붕괴사고를 살펴보면 선출직 민선 자치단체장들이 우후죽순처럼 개최하고 있는 지역축제의 문제를 상세하게 파악할 수 있다.

판교 환풍구 붕괴사고는 2014년 10월 17일 오후 5시53분경 판교 테크노밸리 17호 일반광장인 유스페이스 인근 환풍구에서 일어난 사고를 말한다. 사고는 제1회 판교 테크노밸리 축제가 시작되고 한 시간 쯤 지나 행사가 절정기에 이른 시간에 발생했다. 야외 공연장 인근 지하주차장의 환풍구 위에 올라선 관람객들의 무게를 환풍구 덮개가 견디지 못하고 무너져 사람들이 20여 미터 아래의 유스페이스 주차장 환풍구 바닥으로 추락했다. 사고 후 십여 분이 지나 분당소방서에서 구급차 등 18대의 소방차량과 81명의 구조구급 대원이 투입되었다. 곧이어 7개 소방관서에서 소방차량 47대와 구조대원 138명이 추가로 도착해 사상자들을 병원으로 이송했다. 사고 후 한 시간이 지나 경기도에서 재난안전대책본부가 운영되었다. 오후 8시 25분경 성남시 분당구청 대회의실에 경기도와 성남시가 합동으로 5개반 88명으로 구성된 재난안전대책본부를 가동했다. 이 사고로 열여섯 명이 사망하고, 열한 명이 부상을 입었다.

이 사고는 우리나라 지역축제가 내포하고 있는 다양한 문제들을 적나라하게 보여준다. 첫 번째 문제는 주최자 논란이다. 판교 테크노밸리 축제는 판교 테크노밸리에서 열린 '사랑방 정오콘서트'가 기원이다. '사랑방 정오콘서트'는 판교 테크노밸리 입주기업의 임직원에게 음악과 함께하는 휴식시간을 제공하기 위해 월 1~2회 개최되었다. 콘서트가 호응을 얻자 판교업체 종사자들의 사기진작을 위해 제1회 판교 테크노밸리 축제가 기획되었다. 이데일리와 이데일리 TV가 행사의 주관기관이었다. 축제의 현수막에는 경기도와 경기과학기술진흥원, 성남시가 주최기관으로 명기되었다. 이재명 성남시장이 행사장에서 축사를 했다. 그러나 사고 후 관련기관 간 책임공방이 발생한다. 경기도와 성남시는 명의를 도용당했다고 했다. 이데일리는 합의를 거쳤다고 반박했다. 기관 간 사전협의가 있었으나 경찰 수사결과 이데일리와 경기과학기술진흥원의 책임으로 판명되었다. 경기과학기술진흥원의 묵인으로 경기도의 이름은 동의 없이 포함된 것으로 결론이 났다. 성남시는 소송을 통해 책임에서 벗어났다. 사고 다음날 경기진흥원의 안전대책을 담당했던 과장이 경찰조사 후 세 시간 만에 SNS에 사죄의 말을 남기고 십층 옥상에서 투신자살했다.

경찰조사 결과 경기과학기술진흥원과 이데일리의 책임은 부인하기 어려웠다. 축제 기획서에서는 진흥원 직원 네 명을 안전요원으로 배치하고, 안전교육을 실시한다고 했다. 그러나 교육은 없었고, 안전요원으로 지정된 직원들은 자신이 안전요원인지도 몰랐다. 행사를 추진했던 이데일리와 이데일리 TV는 예상보다 스폰서가 적게 들어와 예산이 삼분의 일로 줄자 행사계획을 변경했다. 최초 업체와의 계약을 취소하고 보다 적은 금액을 제시한 업체로 교체했다. 계약한 업체의 견적에는 안전관리 비용이 빠져 있었다. 사회자가 행사 전 관중들에게 질서와 안전을 요청했지만 통제 없는 발언은 효과가 없었다.

두 번째 문제는 지역축제 안전을 위한 제도다. 판교 테크노밸리 축제의 안전은 두 개의 제도로 규제되었다. 첫 번째는 「재난 및 안전관리기본법」[1])에 의한 '지역축제 안전관리계획'이다. 두 번째는 「공연법」[2])에 의한 '재해대처계획'이다. 「재난 및 안전관리기본법」의 '지역축제 안전관리계획'은 2005년 10월 경상북도 상주시에서 발생한 상주 콘서트 압사사고와 2009년 2월 경상남도 창녕군에서 발생한 화왕산 억새 태우기 축제사고로 도입된 제도다. 상주 콘서트 압사사고는 상주 자전거 축제 행사 중 하나로 상주 시민운동장에서 개최된 문화방송 가요콘서트를 관람하기 위해 입장하던 사람들이 한꺼번에 몰리면서 열한 명이 사망하고 칠십여 명이 부상한 사건이다. 화왕산 억새 태우기 축제사고는 화왕산 정상에서 억새 태우기 행사를 하다가 갑작스러운 역풍으로 불길이 방화선을 넘어 관람객 일곱 명이 사망하고 팔십일 명이 부상한 사건이다. 이 두 사고로 행정안전부는 영국에서 발전해 세계 각국에서 각종 행사와 축제에 적용하고 있는 『공연안전안내서[3]』를 참고하여 2013년 8월 지역축제 안전관리계획을 법으로 규정한다.

그러나 지역축제 안전관리계획의 규정은 판교 테크노밸리 축제에서 안전을 지키지 못했다. 「재난 및 안전관리기본법 시행령」은 축제기간 중 순간 최대 관람객이 삼천 명 이상으로 예상되어야 지역축제 안전관리계획을 수립하도록 규정했다. 관람객 수가 삼천 명 이하일 경우는 지역축제 안전관리 수립매뉴얼에서 권고사항으로 두었다. 2014년 2월 안전행정부에서 개최된 안전행정부, 문화체육관광부, 소방방재청 등 관계기관 담당자와 외부 자문위원들 간 회의에서 기준을 낮추자는 외부위원들의 의견은 지방자치단체들이 반발한다는 의견 때문에 받아들여지지 않았다. 적용기준은 삼천 명으로 결정되었다.

소방방재청이 2014년 지자체에 배포한 '지역축제장 안전관리매뉴얼 3차 개정안'도 현실에서는 적용하기 어려웠다. 매뉴얼은 지역축제 개최자가 행사 30일전에 안전관리계획을 수립하고, 21일 전까지 행사장 관할 지자체의 재난관리부서에 심의를 요청하도록 했다. 재난관리부서는 경찰서, 소방서, 지역안전관리위원회 위원 등에게 14일 전까지 사전검토를 요청하고, 10일전까지 지역안전관리위원회에서 심의해 5일전까지 심의결과를 관계기관에 통보하도록 하였다. 행사장은 행사 1~2일전에 재난관리부서 주관으로 합동 지도·점검하며 미흡할 경우 보완조치 후 축제가 열리도록 했다. 그러나 판교 테크노밸리 축제에서는 주최 측에서 행사개최 며칠 전에 공연장 무대 위치를 변경하면서 하루 전까지 무대를 설치하느라 안전을 점검할 시간이 없었다. 그래도 행사를 개최하는 데에는 아무런 문제가 없었다.

어떤 행정기관도 축제의 안전을 지키는데 책임 있게 행동하지 못했다. 경기과학기술진흥원은 일주일 전 "분당구청에 장소사용 신청과 안전점검을 요청"했고, 나흘 뒤인 14일 성남시로부터 "광장의 설치목적을 위반하는 사례가 발생하지 않도록 하기 바란다는 회신을 받았다"고 말했다. 그러나 김남준 판교 환풍구 추락사고 대책본부 대변인은 "사고가 난 일반광장은 별다른 허가 절차가 없다"고 말했다. 성남시와 경기도에서 축제에 대해 실질적인 안전관리가 수행되지 못한 것이다. 「공연법」의 '재해대처계획'도 2014년 당시 「공연법 시행령」에서 규정한 적용기준이 삼천 명 이상으로 판교 테크노밸리 축제의 안전을 지키는데 무용지물이었다. 판교 환풍구 붕괴사고 이후 국회의원들의 공연법 개정 법률안이 그해 11월 발의되었다. 일 년이 지난 이듬해 11월이 되어야 공연법 시행령의 적용기준은 일천 명이상으로 강화되었다.

세 번째 문제는 행사가 진행되는 유스페이스 광장에 대한 안전점검이다. 붕괴된 환풍구는 하청업체가 재하청하면서 시공면허가 없는 자재납품업자가 설계도를 무시한 채 불량하게 용접하고, 앵커볼트를 고정하지 않아 부실하게 시공했다. 사고가 발생한 유스페이스 2 건물은 다섯 차례에 걸쳐 정기점검을 받았지만 '이상 없다'는 판정을 받았으며 환풍구는 점검대상에서 빠져 있었다.[4] 우리사회는 지역축제의 안전성을 실질적으로 점검할 수 있는 전문가를 키우지 못했다. 정부가 작성한 「지역축제장 안전관리매뉴얼」은 다양한 유형의 행사에서 시설적인 안전점검을 실시하기에 부족하다. 기초자치단체의 문화체육부서나 재난안전부서 공무원들도 지역축제 행사에서 설치되는 시설에 대해 전문성을 가지고 안전점검을 수행하기 어렵다. 판교 테크노밸리 축제에서 경찰서와 소방서가 행사 개최에 대한 팩스를 받았지만 꼼꼼한 안전점검은 이루어지지 못했다. 제도만 있고 전문성이 없는 우리의 현실이 드러났다.

네 번째 문제는 판교 환풍구 붕괴사고에 대응하면서 수면위에 떠올랐다. 재난대응의 주체에 대한 문제다. 「재난 및 안전관리기본법」은 초기 현장대응에 책임이 있는 기초지자체가 수습에 나서고, 부족하면 광역지자체인 경기도와 중앙부처가 차례로 지원하는 것으로 체계가 되어있다. 사고 발생지역인 성남시와 경기도에 각각 별도로 지역재난대책본부를 설치해 재난을 수습해야 했다. 사고당시의 법률은 중앙부처 지원이 필요할 경우 안전행정부가 중앙재난안전대책본부를, 재난관리주관기관의 장이 중앙사고수습본부를 각각 설치하도록 규정하였다. 그러나 사고 초기에 성남시는 재난안전대책본부를 설치하는 것을 꺼려했다. 초기의 언론 브리핑에서도 책임을 회피하려는 발언이 나왔다. 피해자 보상, 행정적·정치적 책임 등의 문제 때문이었다. 결국 경기도와 성남시는 법적으로 규정되어 있지 않은 초법적 기구인 '합동재난안전대책본부'를 구성해 공동으로 책임을 지는 것으로 결정했다. 독일출장 중이던 남경필 경기도지사가 다음날 귀국해 자신의 책임을 선언하고 유족들에게 사과했다. 사고 발생 후 삼일 째 되는 날 이데일리, 경기과학기술진흥원과 보상합의가 타결되면서 문제는 수면 아래로 가라앉았다. 경기도와 성남시의 합동재난안전대책본부가 사고를 수습해가자 중앙정부에서는 별도의 본부를 설치하지 않았다. 이 사고는 「재난연감」 등 통계자료에 포함되지도 않았다.

이 문제는 유사한 사고가 발생할 경우 다른 상황으로 전개될 수 있다. 초기현장대응을 하는 기초지자체장과 지원하는 광역지자체장이 정당 소속이 다를 경우 발생하는 정치적 책임공방은 선진국에서 익숙한 주제다. 다음 선거에 크게 영향을 주기 때문이다. 판교 환풍구 붕괴사고에서는 비교적 초기단계에 이데일리와 경기과학기술진흥원의 책임이 명확해지면서 보상도 큰 문제가 되지 않았다. 만일 보상주체의 책임이 명확하지 않아 법정까지 가야 했거나 보상주체가 보상할 능력이 되지 않았다면 상황은 달라졌을 것이다. 성남시와 경기도의 책임공방도, 중앙정부의 개입도 현재의 결론과는 달랐을 수 있다. 「재난연감」에서는 2014년 담양 대덕 펜션 화재사고, 2014년 구룡마을 화재사고, 2015년 강화군 아름다운 캠핑마을 화재사고, 2015년 낚시어선 돌고래호 전복사고, 2016년 어선 201동경호 전복사고, 2016년 대구 서문시장 화재사고, 2017년 남양주 타워크레인 전도사고 등과 같이 판교 환풍구 붕괴사고보다 사상자 규모가 더 작은 사고가 지자체의 대응능력 부족으로 재난으로 기록된 사례를 여러 차례 볼 수 있다.

다섯 번째 문제는 현재의 행정체제에서는 지속적으로 증가하는 지역축제의 문제를 해결할 수 있는 뚜렷한 묘책이 없다는 것이다. 지역축제는 경제위기가 대두되지 않는다면 일반적으로 증가하는 추세다. 지역축제는 지방자치제가 본격화되면서 지역주민의 생활과 향토문화를 행사를 통해 집약하고, 표출하는 기회의 장으로 기능한다. 주5일 근무제로 인한 여가시간의 확대, 워라밸로 불리는 '일과 삶의 균형'을 찾는 생활태도, 문화와 관광으로 대표되는 고품격 삶의 질 추구 등은 지역축제의 활성화에 기폭제 역할을 했다. 그러나 증가하는 지역축제 개최에 걸맞게 안전을 실질적으로 관리할 수 있는 체제가 미흡하다. 중앙부처가 천여 개 가까이 되는 전국의 모든 지역축제에 대해 안전을 관리할 수는 없다. 일 년에 평균 3~4건 정도 행사를 개최하는 기초자치단체가 이를 전담할 수도 없다. 경찰서와 소방서의 역할도 한계가 있다. 안전관리를 포함해 지역축제를 사전·과정·사후 단계별로 평가할 표준화된 체제도 없다.

지역축제의 운영도 문제가 있다. 우리나라의 지역축제는 주민의 자생적인 기획으로 추진하기 보다는 '적은 예산 지원에 기반한 행정주도의 행사'로 대부분 시작되었다.[5] 외국에서는 축제준비위원회가 스폰서십 유치, 입장권 판매, 부스 임대 등으로 비용의 60%를 자체 조달하나 우리나라는 예산의 85%를 정부 보조금에 의존한다.[6] 축제의 예산규모가 수십 년째 변동이 없어 관광객의 수요변화에 적극적으로 대응하지 못한다. '지원기간 한도제(일몰제)'로 경쟁력 있는 축제를 지속적으로 발전시키지 못한다. 일률적인 잣대가 적용되어 국비 지원이 중단되면 광역단체의 예산 지원도 끊겨 의미

있는 축제가 사라진다. 지자체간 경쟁이 과열되어 벤치마킹이라는 이름으로 복제된 지역축제가 성행하면서 경제효과는 부풀려지고 있다. 지역인구의 고령화, 준비위원회의 부실한 전문성, 빈번한 축제로 인한 민간단체의 과중한 업무부담은 지역축제의 아킬레스건이다. 광역적 지방자치 차원에서 차별화된 행사기획과 전문적인 운영, 주민참여로 축제의 경쟁력을 높일 관리시스템이 필요하다.

지역의 조삼모사 체육 · 문화 · 관광 유치전쟁

지역 이벤트의 문제는 지역축제만 해당되지 않는다. 스포츠 행사는 더 큰 규모의 이벤트다. 전 세계인의 이목이 집중되는 월드컵 대회가 대표적인 사례다. 1990년 이탈리아대회부터 2018년 러시아 대회까지 여덟 번의 FIFA 월드컵대회가 개최되었다. 1990년과 1994년은 총 52번의 경기를 개최한 대회였다. 대회는 각각 12개 도시 12개 경기장과 9개 도시 9개 경기장에서 개최되었다. 경기장별로는 4.3개의 경기가 치러졌다. 1998년 경기수가 64개로 증가한 후 2002년 한일월드컵 대회를 제외한 다섯 차례의 대회는 최소 9개 도시 10개 경기장부터 최대 12개 도시 12개 경기장에서 개최되었다. 경기장별로는 5.7개의 경기가 열려 경기장의 활용도는 과거보다 높아졌다. 우리나라와 일본이 공동으로 개최한 2002년 FIFA 월드컵 대회만 예외였다. 두 나라는 각각 10개의 도시에서 10개씩 총 20개의 국제규격 월드컵경기장을 건설했다. 경기장 유치전이 과열되어 경기장별로는 3.2개의 경기만 치러진 것이다.

우리나라는 월드컵 이후 활용도를 우선적으로 생각하지 않은 것 같다. 각 지역은 유치경쟁에 사활을 걸었다. IMF 위기를 극복한지 얼마 되지 않았는데도 경기장 유치 경쟁에 처음에는 열여섯 개의 도시가 뛰어들었다. FIFA가 대회 흥행, 경기장 건설기간 연장우려 등의 이유로 한국의 열 개 도시 개최에 난색을 표명했다. 그러나 우리나라의 월드컵 조직위원회는 1997년 12월 '열개 도시'를 선정해 발표했다. 강원과 충북, 충남, 전남, 경북, 경남을 제외한 광역자치단체별로 하나씩 배분한 전형적인 지역 나눠먹기의 결과였다. 지역안배로 포항시 대신에 서귀포시가 선정되었다. 경기장 규모는 수용인원이 대전경기장의 사만여명에서 대구경기장의 육만 팔천여명까지 대규모였다. 우리나라의 개최 경기장수는 우리나라보다 인구규모가 두 배 조금 넘는 일본과 동수였다. 월드컵 대회 유치도시를 결정한 후 몇 차례에 걸쳐 여론조사 등을 통해 개최도시 수를 축소하려고 하였으나 한번 내린 결정은 번복되지 않았다.7)

한일 FIFA월드컵은 우리나라가 4강 신화를 쓰며 2002년 6월 성공적으로 끝났다. 흥분을 가라앉히고 지속가능한 운영을 위해 계산해야 할 시간이 왔다. 열 개의 경기장을 건설하는데 1조 9,503억원이 들었다. 경기장별로 2천여억원에 달하는 금액이다. 사업비 내역은 국고보조 2,714억원, 광역단체 보조 1,879억원, 자체예산 1조 2,025억원, 민간자본 782억원이다. 자체예산은 대부분 지자체가 지방채와 재정특별융자로 경기장 건설을 위해 투입한 부채였다. 서울, 부산, 대구, 광주, 대전 등 다섯 개의 도시는 국제대회 개최를 위해 경기장 건설을 지원하는 관련법에 따라 총 건설비의 30%를 국가가 지원했다. 인천, 울산, 수원, 전주, 서귀포는 국가보조를 받지 않는 조건으로 개최도시에 선정되었다. 그러나 그들도 취약한 지방재정으로 감당할 수 없다고 목소리를 높여 결국 국민체육진흥기금으로 건설비의 30%를 지원받았다.[8] 결국 국민의 혈세가 열 개의 월드컵 개최도시에 투입된 것이다. 이 사례는 이후 국가지원을 받지 않겠다고 이벤트를 유치하고 후에 국가지원을 받는 근거로 활용된다.

광역자치단체별 지역안배라는 명분에 열 개의 경기장을 건설하면서 개최도시와 광역지자체, 국가가 막대한 예산을 사용했다. 서울은 국고보조 600억원, 국민체육진흥기금 300억원, 자체예산 660억원, 민자 500억원 등 총 사업비 2,060억원을 투입했다. 부산은 국고보조 670억원, 지방채 807억원, 재특융자 639억원, 기타 자체예산 117억원 등 총 2,233억원이 들었다. 수원시는 경기도와 함께 월드컵 구장을 건설하고 관리하는 재단법인을 설립하는 방안을 고안했다. 경기도는 2000년 1월 「경기도 2002년 월드컵 수원 경기 추진위원회 설립 및 지원조례(경기도조례 제2967호)」를 제정해 '경기도 수원 월드컵경기장 관리재단'을 설립한다. 경기도와 수원시는 조례제정을 통해 시설비를 6대4로 분담하고, 경기장에 대한 지분도 같은 비율로 배분했다. 전주는 전라북도가 454억원의 도비를 투입했다. 서귀포에서도 제주도비 345억원, 국민체육진흥기금 285억원 등 총 1,125억원의 사업비가 소요되었다.[9]

열 개 월드컵 경기장의 첫 번째 문제는 연고구단이 없는 경기장이었다. 부산, 울산, 대전, 수원, 전주는 연고구단이 있었다. 연고구단이 없던 서울은 2002년 월드컵이 끝난 뒤 '서울 연고 프로축구팀 창단추진위원회'를 구성해 대한축구협회, 한국프로축구연맹과 함께 구단 창단을 위해 대기업들과 접촉했다. 다양한 시도가 모두 무산되자 서울시는 2004년 기존구단의 연고지 이전으로 정책을 변경한다. 결국 그해 2월 서울 연고를 희망했던 '안양 LG 치타스'의 유치에 성공해 구단 명칭을 바꾸어 'FC 서울'을 출범시켰다. 서귀포는 2006년 '부천 SK'를 이전시켜 '제주 유나이티드 FC'를 연고지 팀으로 보유하게 되었다. 대구와 인천은 2003년 대구 FC와 인천 유나이티드 FC라는 시민구단을 창단해 연고지 팀을 확보했다. 광주는 2003년 국군체육부대 소속 축구단인 상무를 유치했고, 2011년 광주 상무가 상주시로 이전하자 '광주 시민구단 준비위원회'를 발족해 시민구단인 광주 FC를 창단했다.

끝난 줄 알았던 월드컵 경기장의 연고지 팀 확보문제는 2010년대 들어 새로운 양상으로 전개된다. 2012년 인천유나이티드 FC가 숭의야구장을 헐고 새로 건설한 인천 축구전용경기장으로 이전했다. 이전의 명분은 트랙이 있는 종합 경기장인 문학경기장보다 작아 재정난에 허덕이는 중소구단에 어울린다는 것이었다. 근접해서 경기를 관람할 수 있다는 장점도 말했다. 구단은 스폰서 이탈, 광고수입 감소로 적자가 커지자 2012년 인천시로부터 긴급지원자금 20억원을 수혈 받았다. 이듬해에는 인천도시공사가 위탁운영을 맡았던 경기장 운영권을 확보해 경기장 대관료와 같은 고정비용 2억5천여만원을 절약했으며 수익원 확보를 위해 수익사업을 찾았다.[10] 생존을 위한 진지한 고민이 시작된 것이다. 2015년 말에는 부산에서 또 다른 움직임이 포착되었다. 성적부진으로 K리그 챌린지로 강등된 부산 아이파크가 2017년 월드컵 경기장 사용팀 중 두 번째로 홈구장을 변경한 것이다. 원래 부산 아이파크는 부산 구덕운동장을 홈구장으로 사용했었다. 2016년 시즌에서 K리그 클래식 승격이 좌절되고 아시아드 주경기장의 보수공사가 진행되자 제자리로 돌아간 것이다.

인천유나이티드 FC의 홈구장 이전을 보고 다른 시민구단들이 움직이기 시작했다. 대구 FC는 대구시민 종합운동장이 리모델링되자 국비 147억원, 시비 343억원 등 총 490억원의 예산으로 건설한 축구 전용구장인 대구 포레스트 아레나로 2019년 이전을 결정한다. 전용구장은 1만~1만5천석 규모의 관중석과 클럽하우스, 유소년전용축구장을 설치했다.[11] 이전명분은 6만6천여명 규모의 대구월드컵경기장이 너무 커서 관중이 적으면 황량해 보이고, 육상 경기용 트랙을 설치한 종합경기장이라 경기를 관람하기 불편하다는 것이었다.

우여곡절 끝에 시민구단으로 창단된 광주 FC도 홈구장 이전을 감행했다. 광주광역시는 2017년부터 영주 체육관 인근의 '서향순 올림픽 제패기념 양궁장'부지에 전용 연습구장과 클럽하우스 공사를 시작했다. 월드컵경기장 보조구장을 활용해 8천석~1만석 규모의 전용구장 건립도 추진했다. 건립명분은 역시 월드컵경기장이 사만명 규모로 너무 크고 전용구장이 아니어서 팬들의 경기 관람에 최적화되어 있지 않다는 것이었다.[12] FC 연습을 위한 축구전용잔디구장 조성에 국비 4.2억원, 시비 9.8억원 등 총 14억원이 소요되었다. 2019년부터 활용하게 되는 축구 전용구장은 관람석과 부대시설 건설에 국비 36억원, 시비 84억원 등 120억원의 예산이 책정되었다.[13] 열 개의 월드컵경기장 중에서 축구 전용구장이 아닌 네 개의 경기장이 다시 연고팀이 없게 되었다. 홈구장을 이전한 네 팀 중에서 부산 아이파크는 기업에 뿌리를 둔 주식회사이나 다른 세 팀은 시민주 공모에 의해 설립된 시민구단 팀이다. 처음부터 욕심이 앞서 계획을 잘못 세운 것인지 되돌아볼 필요가 있다.

월드컵 경기장이 가지고 있는 두 번째 문제는 경기장 운영비의 확보다. 2002년 한일월드컵이 끝났을 때 경기장 유치도시들은 연간 운용비용으로 20~40억원이 필요할 것으로 예상했다. 열 개 경기장의 운용비용 총액이 200~400억원인 것이다. 약 2조원에 달했던 건설비 투자에 대한 수익은 고려하지 않았다. 경기장이 노후화되어 언젠가 부담해야 할 재건축에 대한 감가상각비도 제외한 수치이다. 경기장의 지속가능한 운영을 위해 필요한 최소비용이다.

문제는 수익이다. 매년 수익이 비용보다 부족하면 지속적으로 혈세가 투입되어야 한다. 이 혈세가 경제 활성화나 복지와 같이 다른 곳에 쓰인다면 우리 사회가 한걸음 더 발전하도록 기여할 수 있는 귀중한 돈이다. 2000년대 초반에 월드컵 경기장 운영의 지속가능성에 대해 고민하지 않는 것은 아니다. 개최도시들은 경기장 활용 프로그램 개발을 위해 외부 전문기관에 용역을 주었다. 2001년 국정감사 자료에 따르면 서울은 연간 지출비용이 45억원, 수입이 66억원으로 21억원의 흑자를 예상했다. 광주는 지출이 22억원, 수입이 25억원으로 3억원의 흑자를 기대했다. 울산은 지출 16억원에 수입 20억원으로 4억원의 흑자로 나왔다. 모두 경기장 운영에 낙관적이었다.[14)]

흑자운영을 위한 다양한 시도가 있었다. 개최도시들은 경기장의 수익성을 높이기 위해 다목적 시민편의 시설과 문화공간을 추가로 설치할 계획을 세웠다. 서울은 대형 할인점을 유치하고, 각종 스포츠센터, 전문식당가, 열 개의 영화관, 월드컵 기념관의 설치를 추진했다. 부산은 축구교실을 활성화한다고 했다. 대구는 자동차극장과 골프연습장을 선택했다. 인천은 어린이박물관과 유스호스텔을 기획했다. 대전은 사람들이 오도록 수영장과 게임센터를 준비했다. 서귀포는 2000년 11월 미국기업 G-TEC와 아이맥스 극장 설치와 50년간 부대시설 사용권에 대해 투자협정을 체결했다. 경기장에 수익시설을 설치할 수 있도록 관련법령을 세 차례 개정했고, 임대기간을 20년으로 늘려주었다. 초기에는 적자가 불가피하지만 삼년정도 지나 시설들이 자리를 잡으면 수월하게 흑자로 전환될 것으로 예상했다. 우리의 예측력이 얼마나 정확한지 판단할 수 있는 시간이 우리에게 곧 닥쳤다. 실망스러운 결과였다.

월드컵 개최 후 삼년이 지난 2005년 열 개 경기장의 관리와 운영에 소요되는 예산은 253억여원이었다. 예상했던 운용비용 범위에 포함되는 수치다. 그러나 수입은 130여억원으로 예상했던 기대치에 훨씬 못미쳤다. 123억원 정도의 차액을 해당 지자체들이 부담해야 했다. 임대수요가 있는 수원구장은 가장 많은 20억3천만원의 수입을 올리나 지출이 40억원에 달해 19억7천만원의 적자를 보는 것으로 나타났다. 서울 상암경기장은 경기장 사용료와 임대사업으로 18억9천만원의 수입이 있으나 예상 지출액은 64억원으로 산정되었다. 대구는 월드컵경기 임대료를 제외하면 수입이 34백만원이고 제출은 13억61백만원이 예상되었다. 광주는 월드컵경기 임대료를 제외할 때 수입이 2억원이었고, 지출은 15억원이 나왔다. 서귀포는 수입이 거의 없어 15억원의 예산을 편성해 경기장 관리와 시설보수, 인건비를 지출했다.[15)]

시간이 지나도 상황은 좋아지지 않았다. 서귀포는 경기장을 관리하고 운영하는데 매년 3~4억원의 적자가 발생했다. 새로운 시도도 있었다. 서귀포시는 경기장 진입광장을 정비하고 우레탄으로 농구코트를 새로 조성했으며 시민들이 자주 찾아오도록 각종 운동기구를 설치했다. 그래도 여섯 개 입주업체들이 내는 임대료는 연 1억2천만원에 불과했다.[16] 추가지출로 재정을 악화시키는 새로운 문제가 발생했다. 경기장 시설의 보수보강 문제다. 월드컵이 끝나고 몇 년 되지 않아 상당수 경기장에서 경기장과 경기 관람석의 하자에 대한 보수가 실시되었다. 방수 미비와 마감변이 등으로 경기장 스탠드 바닥에서 하부 천정으로 물이 누수 되었기 때문이다.[17] 비용은 늘어나는데 수입은 예상 밖으로 적어 월드컵 경기장들이 만성적인 운영적자로 골머리를 앓게 되었다.

이런 상황은 축구에만 있었던 것이 아니다. 전라남도의 포뮬러 원 코리아 그랑프리대회(F1 국제 자동차 경주대회)는 또 다른 대표적인 사례다. 이 계획은 세계적인 도시학자 피터 홀*Peter Hall*이 제기한 '대재앙적인 도시계획의 실패'사례에 포함될 수준이다.[18] 민선 3기 지방자치단체장들의 임기가 일 년 조금 더 남은 2005년 3월 법인체인 엠브릿지 홀딩스(MBH)가 설립되었다. 엠브릿지 홀딩스의 설립목적은 전라남도 영암에 포뮬러 원(F1) 그랑프리대회를 유치하는 것이었다. 한 달 후 전라남도가 엠브릿지 홀딩스와 협정을 맺었고, 넉 달 후 영암을 기업도시 시범지역으로 선정한다. 제4회 전국 동시지방선거가 실시되는 2006년이 되자 계획은 급물살을 탔다. 이 한해 동안 포뮬러 원 대회와 기업도시를 위한 제도적 기반이 결정되었다.

숨 가쁘게 추진된 오년이었다. 2006년 1월 담당 행정기관으로 「영암군 기업도시 지원 사업소」가 설립되었다. 2개 부서에 여섯 명의 인력으로 구성된 사업소는 서남권 관광 레저도시를 이끌어갈 포뮬러 원 코리아대회와 영암·해남 관광레저형 기업도시 개발사업을 지원하기 위한 조직이다. 기업도시는 2006년~2025년 동안 전라남도 영암군의 총 면적 83.9㎢에 5만 세대, 계획인구 12만5천 명을 수용하는 21세기 동북아 최대 규모의 관광레저를 위한 친환경 국제 해양도시를 조성하는 것이었다.[19] 전라남도 의회가 2월에 F1대회의 유치동의안을 승인했다. 한 달 후 엠브릿지 홀딩스가 F1측과 프로모터 협약을 계약했고, 5월에는 전라남도와 경주장 건설 협약을 이끌어냈다.

제4회 지방선거에서 박준영 후보가 지사에 재선되어 7월에 취임하자 곧바로 F1 운영법인인 카보(KAVO)가 설립되었다. 카보 지분은 전남도와 전남개발공사 44%, SK건설 25%, 엠브릿지 홀딩스 17%, 농협 등 금융회사가 14%를 보유했다. 광역자치단체와 유관기관이 절반에 근접한 지분을 가진 채 F1 운영법인이 출범한 것이다. 대회실패는 도민의 부담으로 귀착된다. 한 달 후에는 F1 소유주인 버니회장이 방한해 F1대회의 한국유치를 공식적으로 발표했다. 2007년 7월 경주장 건설공사가, 두해 후에는 경주장 건축공사가 착공되었다. 그해에 국회가 F1지원특별법을 제정했으며 F1 조직위원회가 창립되었다. 다음해인 2010년 6월 박준영 지사가 3선에 성공하고, 네 달 뒤인 10월 첫 번째 F1대회가 개최되었다. 전라남도 영암에 F1대회라는 특수한 스포츠 행사를 추진하는데 진지한 고민이 있었던 것일까? 계획은 정말 타당했던 것인가?

'급하게 먹는 밥이 체한다'는 말이 있다. F1코리아 그랑프리대회에 딱 들어맞는다. 2010년 첫 대회가 개최되기 전부터 문제가 발생했다. 2010년 3월 감사원이 카보를 대상으로 감사를 실시했다. 한 달 후 F1경주장 조성사업에 참여한 금광기업이 유동성 위기로 법정관리를 신청했다. 금광기업은 카보의 엠브릿지 홀딩스 지분에 대해 채무보증을 선 회사였다.[20] 트랙이 완성되지 않았는데도 대회가 개최되었고, 열악한 숙박과 교통, 빈약한 주변시설과 운영미숙으로 총체적 실패로 귀결되었다. 매년 국비가 지원되었으나 문제는 쌓여갔다. 2013년 10월 네 번째 대회가 개최된 직후 대회의 지속성에 대한 박 전남지사의 발언이 있었다. 결국 12월에 2014년 대회를 중단하기로 결정했다.[21] 2015년 2월 이낙연 전남지사가 조직위원회 해산을 지시하면서 전라남도에 천문학적인 재정적자를 안긴 F1 코리아대회는 영구히 끝났다. 남은 숙제는 2016년까지 칠년간 대회 개최를 규정한 계약으로 F1측에 지불해야 하는 개최권료 4300만달러에 대한 지루한 법적 공방이었다. F1 경주장을 중심으로 관광레저형 기업도시를 건설하려는 꿈은 신기루처럼 사라졌다.

다음 실수를 예방하기 위해서라도 F1코리아 그랑프리대회가 얼마만한 실패인지 산정해보아야 한다. 대회에 1조원 가까운 투자가 이루어졌는데 연 평균 순수익은 5-6억원에 불과했다. 2010년부터 2013년까지 4년 동안 경주장 건설비 4천285억원, 대회운영비 3천67억원. 개최권료 1천970억원 등 총 8천752억원이 투입되었다. 매년 대회 개최권료가 오백억원 정도인 4천3백만달러에 달했다. 경기장 신설과 도로망 확충 등에 국비 900억원과 지방비 1,925억원이 투입됐고, F1운영기관인 카보가 자본잠식으로 사실상 파산하자 경기장 인수를 위해 1980억원의 지방채를 발행했다. 지방채 이자가 400억원을 초과할 것으로 예상되었다. 대회 운영적자는 2010년 677억원, 2011년 598억원, 2012년 394억원, 2013년 181억원으로 총 1902억원이 발생했다.[22] 운영이 악화되자 농협 등에서 빌린 지방채 규모가 2천848억원에 달하게 되었다. 2015년까지 갚은 원금은 1천618억원으로 2029년까지 잔액 1천230억원과 이자 252억원을 합해 1천482억원을 갚아야한다. F1과의 소송문제를 제외하고도 해마다 영암 경기장에서 백억원 이상의 수익이 있어야 부채를 청산하는 것이 가능하다.

투자비에 비해 수익은 미미했다. 2017년 총 수익은 31억1천4백만원으로 서킷 임대 26억원(83.6%), 부대시설 사용료 2억6천300만원(8.4%), 기타 2억5천100만원(8%) 등이다. 이월금을 포함한 총수입은 37억7천만원, 지출은 32억5천만원으로 순수익은 5억2천만원에 불과하다. 순수익은 2014년에도 5억2천만원이었고, 2015년에도 6억6천만원에 그쳤다. 2017년 영암 경주장의 가동일은 278일에 달한다. 혹한·혹서기, 시설 보수기간을 빼고 사용 가능한 293일 중에서 95%의 가동률이다. 거의 최대한 시설을 가동하고 있는 것이다. 아무리 사용료를 올리고 새로운 수익사업을 펼쳐도 부채를 갚기가 사실상 불가능하다.[23] 이러한 수익구조는 2018년 출범한 민선 7기에도 큰 부담으로 작용하고 있다. 뉴욕타임즈 같은 외신은 "애초 계획부터 잘못된 일"이라고 지적했다.[24]

다른 국제 스포츠행사도 정도의 차이가 있을 뿐이다. 2014년 인천시에서 개최된 아시안게임은 당초 2,652억원으로 예정되었던 국고 지원액이 5,931억원으로 증가했다. 2011년 대구 세계육상선수권대회와 2015년 광주 하계유니버시아드는 부족한 예산을 지원하기 위해 1천억원이 넘는 국고가 투입되었다.[25] 평창 동계올림픽도 예외가 아니다. 2012년 1월 국회는 '2018 평창 동계올림픽 및 장애인 동계올림픽대회 지원 등에 관한 특별법'을 제정해 경기장 건설비의

75%인 4,053억원을 국비에서 지원하도록 했다. 2017년 3월 확정된 4차 예산조정에서 세입 2조 5천억원, 세출 2조 8천억원으로 3천억원의 적자가 예상되자 문재인대통령이 공기업의 적극적인 후원을 공개 요청했다. 재정은 국내 공공기관과 민간기업의 후원금과 기부금으로 목표액 9400억원을 초과하는 1조 1,035억원을 모아 간신히 균형을 이루었다. 한국전력회사, 한국토지주택공사, 한국공항공사, 인천국제공항공사, 한국 마사회 등 34개 기관이 1,317억원을 후원해 적자를 해소한 것이다.[26][27] 평창올림픽 조직위원회는 625억원의 흑자를 달성했다고 발표했다. 정말 문제가 없는지 확인이 필요하다.

2018년 10월 강원도와 평창군 간 올림픽 1주년을 기념하는 'Again 평창'행사의 개최장소를 놓고 갈등이 발생했다. 30억원의 예산이 소요되는 행사다. 강원도는 추위를 염려해 1만명 이상이 수용 가능한 강릉 아이스아레나를 생각하나 평창은 군민의 자존심을 거론하며 무조건 평창 개최를 요구한다. 평창은 대규모 집회도 추진한다. 유사한 문제가 평창올림픽 개·폐회식장 건설에서도 있었다. 올림픽 조직위원회는 강릉 아이스아레나에서 개·폐회식을 하려고 했으나 평창의 결사반대로 결국 635억원을 들여 개·폐회식장을 건설했고, 식장에 지붕이 없어 개·폐회식을 할 때 추위에 초긴장을 했다. 식장은 유지비용 문제로 올림픽 후 또다시 비용을 들여 철거했다. 올림픽경기장 시설의 사후활용, 사용불가능 시설의 철거·복원, 지속가능한 운영도 문제가 제기되고 있다. 강원도청에서 열린 국정감사에서는 이 문제가 집중적으로 제기되었다. 강원도 부채 2,229억원 중에서 올림픽으로 인해 발생한 부채가 30%를 점유해 상환문제가 지적되었다.[28]

또 다른 문제도 있다. 2018년 9월에는 강원도개발공사가 운영권을 보유한 강원 평창군 알펜시아리조트 내 면세점이 운영을 중단했다. 면세점 개설이 우려되었는데도 강원도가 100% 출자·출연한 강원도개발공사는 2017년 1월 매장조성 18억원, 상품구매 4억원, 판매관리 27억원 등 총 49억 원을 투자해 면세점을 개장했다. 그런데 운영 첫해에 25억원의 적자를 기록하고, 올해에도 5억3천만원의 적자가 전망되자 휴업한 것이다. '올림픽특수'에 기대 안일하게 시장을 예측해 강원도민들의 혈세를 날렸다.[29] 평창올림픽이 끝나고 9개월이 지난 2018년 11월까지 시설공사와 설치대금, 체불임금을 받지 못한 하청업체들의 문제도 아직 해결되지 않았다.[30] 아직도 문제가 산적해 있다.

지역 이벤트의 문제는 다른 분야에도 있다. 2012년 여수에서 세계엑스포가 개최되었다. 국가관 건립비용을 참가국이 부담하는 '등록엑스포'가 아니라 유치국이 부담하는 '인정엑스포'였다. 정부가 3,846억원을 투자한 엑스포가 폐막되고 9개월 후에도 사후활용은 지지부진했다.[31] 민간주도로 개발하려는 방안들이 실현되지 않은 것이다. 여수엑스포 문제도 현재 진행 중이다.

마이스(MICE)산업[32]도 해당된다. 우리나라는 1979년 서울 강남구에 한국종합전시장 코엑스를 건립했고, 지상4층, 지하 4층 연면적 13만여평 규모로 확장했다. 2001년에는 전시면적 46천여㎡의 부산전시컨벤션센터 벡스코가 준공되었고, 2003년 연면적 62천여㎡의 제주국제컨벤션센터, 2005년 전시면적 54천여㎡의 경기도 일산 킨텍스가 차례로 건설되었다. 그러나 세계 MICE산업의 시장규모는 예상했던 것보다 줄어드는 추세이며 1993년 수준으로 수렴하고 있다. 그럼에도 불구하고 세계적으로 컨벤션센터에 투자하는 공공자본은 계속 늘어나 전시면적은 1990년에서 2005년까지 50%가 증가했다. MICE산업이 치열한 경쟁에 직면하게 된 것이다.[33] 2014년 국제컨벤션협회(AIPC)의 제프 도나히*Geoff Donaghy*회장은 컨벤션센터들이 당면한 가장 큰 문제로 무분별한 시설공급으로 인한 과도한 경쟁을 들었다.[34] 각종 이벤트들을 유치할 때 우리나라 광역지자체들은 낙관적으로 사업계획을 수립하고, 꼼꼼하게 활용도와 경제성을 검토하지 않은 채 추진했다. 결과는 총체적 실패로 귀결되고 있다.

광역권 지방자치제라는 대안

선진국에서는 광역 자치단체와 기초 자치단체의 역할이 다르다. 그러나 우리나라에서는 지역 이벤트에 대해 광역 지자체와 기초 지자체 간 차이가 별로 없다. 모두 중앙정부의 지원을 바라보고, 서로 경쟁한다. 진주시의 유등축제를 서울시가 벤치마킹해 유사한 등 축제를 개최하다가 명칭의 원소유권 때문에 소송을 당한다.[35] 경상남도가 창원시에서 1999년부터 2003년까지 「F3 코리아 슈퍼프리」라는 국제 자동차경주대회를 개최하자 전라남도가 영암에서 F1코리아 그랑프리대회를 개최하면서 기업도시를 추진해 막대한 부채에 시달린다. 2002년 한일월드컵을 개최했을 때 지역안배에 힘입어 경기장 건설에 국고지원을 이끌어내 경기장을 유치했던 도시들도 기약 없는 운영적자 행렬에 신음한다. 광역 지자체와 기초 지자체 모두 경쟁적으로 중앙정부의 예산을 따내 사업하려고 한다. 왜 이런 일들이 반복적으로 일어날까?

뿌리 깊은 우리나라의 지역 이기주의는 또 다른 문제다. 현재의 광역 지자체는 이러한 지역 이기주의를 해결할 역량이 부족하다. 기초 지자체가 과도하게 지역축제를 추진해도 광역 지자체가 먼저 나서기보다 행정안전부 지방재정경제실과 같은 중앙정부의 규제 목소리가 높다. 행안부가 직접 나서서 지자체의 행사·축제에 대한 원가정보를 통합해 공시하도록 하고, 유사·중복되거나 불필요하면 통합·조정해 지방재정 건전성을 높이도록 유도한다. 행사·축제의 경비절감 노력을 반영해 보통교부세를 배분한다.[36] 평창올림픽 개·폐회식장 지정과 올림픽 1주년 기념행사의 개최 장소를 결정하는 문제에서 평창의 반대 목소리에 대한 강원도의 대처는 지역 이기주의에 대한 광역 지자체의 대응역량을 파악할 수 있게 한다. 현재의 지방자치 체계에 문제가 있는데 자치권을 확대하고, 재정분권을 강화해 해결할 수 있을까?

우리나라의 광역행정체계가 수도권, 충청권, 호남권, 대경권, 동남권, 강원도, 제주도 등 5+2권역으로 구성된 자치분권 체제였다면 이 장에서 제기된 이벤트들은 큰 문제로 확대되지 않았을 것이다. 지난 13년(2006~2018년) 동안 개최된 지역축제 건수를 5+2권역으로 분류하면 수도권에서는 98~261건(13.5~28.6%)이 개최되었으며 충청권은 100~162건(15.8~22.6%), 호남권은 82~165건(11.6~22.2%), 대경권은 61~118건(8.3~15.0%), 동남권은 84~186건(12.1~20.2%), 강원도는 61~118건(8.5~16.5%), 제주도는 15~61건(2.4~8.4%)이 각각 개최되었다. 전국적으로 최소 555건에서 최대 926건으로 연평균 763건이다.[37] 제주도를 제외하면 개최건수와 점유율이 비교적 비슷하다. 따라서 권역별 광역행정체계를 통해 지역축제를 잘 관리할 수 있다.

지역축제는 권역별로 월 5~20건이 개최되었으며 평균적으로는 10건이 열렸다. 지역축제에 규모의 경제가 적용가능하다. 권역별로 지역축제를 전담하는 전문기관이 하나씩 있다면 관리가 가능한 규모다. 중앙정부가 광역지자체와 기초지자체를 대상으로 직접 나서지 않아도 된다. 권역별로 강화된 자치권이 있어 기초지자체의 지역축제 기획과 예산을 조정할 수 있다면 광역적 지방자치 관리가 가능하다. 권역별로 행정기구가 있다면 불필요한 지역축제를 폐지해 꼭 필요한 곳에 집중할 수도 있다. 유사한 행사가 개최되지 않도록 광역권 행정기구 간 지역축제의 내용과 개최시기를 협의해 조정할 수도 있다. 권역별 전문기관은 안정적인 개최건수가 확보되므로 지역축제를 기획하고 추진하기 위해 전문가를 채용하고, 안전관리 능력을 향상시킬 수 있다. 권역별 기관으로 지역특성을 이해하기 때문에 지역축제는 지속적으로 발전될 수 있다.

2002년 월드컵 개최도시도 우리나라의 광역행정체계가 5+2권역에 기반 했다면 5~7개 도시로 결정되었을 수 있다. 인구가 우리보다 배인 일본이 결정한 경기장 수의 절반이며 경제적으로 적절한 규모로 권역별 관중동원에서도 유리했을 것이다. 오늘날 열 개의 월드컵 경기장 중에서 네 개가 연고구단이 없다. 개최도시가 5~7개였다면 모든 경기장에서 연고구단이 유지되었다. 정부의 국비가 더 적은 경기장에 효율적으로 투입되고, 경기장의 사후활용 계획에도 더 집중할 수 있어 현재 모든 월드컵 경기장이 당면하고 있는 적자문제도 완화되었을 것이다. 3~5개 경기장이 건설되지 않아 혈세 투입과 재정 적자가 발생하지 않은 도시들은 다른 부문에 예산을 투입함으로써 더 발전했을 수 있다. 축구전용구장을 건설하는 계획에도 비난이 적어 더 빠른 결정으로 프로축구 활성화에 도움이 되었을 것이다. 모두 오늘보다 나은 모습이다.

5+2권역의 광역행정체계가 예산, 입법권 등에서 보다 큰 자치권을 가지고 운영되었다면 광역지자체들은 스스로 자립성을 키우고, 중앙정부에 대한 의존을 줄였을 수 있다. 광주시와 전라북도, 전라남도를 모두 포함하는 호남권 광역지자체가 행정단위였다면 오백만명 이상의 주민이 영향받는데 전라남도의 포퓰러 원 코리아그랑프리대회와 관광·레저형 기업도시 같은 재앙적 도시계획 사례가 발생할 수 있었을까? 만일 그런 재앙이 발생했더라도 인구 이백만여명의 전라남도보다는 오백만명이 넘는 호남권 광역행정기구가 피해를 최소화하고 부채를 갚는데 더 유리하다. 예산과 입법권에서 현재보다 강화된 자치권을 가진 강원도였다면 기초지자체가 지역 이기주의의 목소리를 높이기 어려웠을 것이다. 권역권 간 경쟁하는 광역 자치행정 체제가 되면 국민의 관심도가 높아져서 지자체 파산과 같은 문제가 현실적으로 다가오기 때문에 이벤트를 유치하는데 보다 신중해지고, 기획도 꼼꼼해진다. 바람직한 현상이다.

지역 이벤트의 문제는 현행 지방자치제의 문제를 극명하게 표출하고 있다. 그리고 그 대안인 5+2권역 기반의 광역행정체계가 가진 장점도 보여준다. 지방자치제를 개선하기 위한 개헌이 추진된다면 새롭게 바라보아야 할 주제다. 우리나라의 잠재성장률이 지속적으로 떨어지고 있다. 그동안 방만하게 추진했던 각종 이벤트들이 야기하는 만성적인 운영적자로 우리사회의 발전을 위해 사용되어야 하는 예산이 이곳저곳에서 축나고 있다. 지장자치 행정체계에 큰 변화가 필요한 시점이다.

1) 사고발생 당시에는 「재난 및 안전관리기본법(법률 제11994호)」제66조의 9(지역축제 개최 시 안전관리조치) 조항이며 현행 법(법률 제15764호)에서는 제66조의11(지역축제 개최 시 안전관리조치) 조항이다. 법조항은 큰 변화가 없다.

2) 사고발생 당시에는 「공연법(법률 제12133호)」제11조(재해예방조치) 조항이 해당되며 현행 법(법률 제15055호)에서는 제11조의2(안전관리비), 제11조의3(안전관리조직), 제11조의4(안전교육), 제11조의5(피난안내) 조항이 추가되었다.

3) 영국의 건강안전부서(Health and Safety Executive)가 관장하는 The event safety guide(HSG195)로 유럽 각국과 호주, 뉴질랜드 등에서 사용하고 있다.

4) 위키백과의 '판교 공연장 환풍구 붕괴사고' 홈페이지와 나무위키의 '판교테크노밸리 축제 환풍구 붕괴사고' 홈페이지 참조

5) 홍선영, 2018, 「지역과 축제」, 제주일보 2018년 10월 29일자 기사 참조.

6) 함영훈, 2018, 「축제 85% 국고 의존, 외국은 예산 60% 자체조달」, 헤럴드경제신문 2018년 11월 14일자 기사 참조.

7) 박태훈, 2017, 「1997년 12월 29일 '2002월드컵 10개도시'확정」, 세계일보 2017년 12월 24일자 기사 참조.

8) 옥대환, 2002, 「월드컵 경기장 - 애물단지인가 보물인가」, 월간조선 2002년 7월호 기사 참조.

9) 제주일보, 2015, 「적자 벗어나지 못하는 월드컵 경기장」, 제주일보 2015년 11월 19일자 기사 참조.

10) 이현준, 2013, 「인천utd, 축구전용경기장 직접 운영」, 경인일보 2013년 2월 12일자 기사 참조.

11) 윤부섭, 2015, 「야구 · 축구 전용구장에 더 큰 함성 울려 퍼진다」, 대구신문 2015년 9월 3일자 기사 참조.

12) 도영인, 2013, 「광주FC의 숙원사업 해결됐다...클럽하우스와 전용훈련구장 건립 확정」, 스포츠서울 2016년 5월 26일자 기사 참조.

13) 광주광역시, 2017, 『2017년 2월중 주요업무계획』 참조

14) 옥대환, 2002, 「월드컵 경기장 - 애물단지인가 보물인가」, 월간조선 2002년 7월호 기사 참조.

15) 채병선, 2005, 「월드컵 경기장의 효율적 이용」, 블로그 https://blog.naver.com/linoko/140014916668.

16) 제주일보, 2015, 「적자 벗어나지 못하는 월드컵 경기장」, 제주일보 2015년 11월 19일자 기사 참조.

17) 임윤규, 2017, 「화려했던 월드컵 경기장의 눈물 실용적인 지진 대비책이 필요하다」, 이코노미

뷰 2017년 3월호 기사 참조.

18) 영국의 도시학자인 피터 홀은 1980년 도시계획 학계에서 불후의 도서로 손꼽는『도시계획의 대재앙들(Great Planning Disasters)』을 발간했다. 그는 저서에서 대재앙적인 도시계획 사례들을 제시하고, 이런 일들이 일어나는 원인을 설명했다.

19) 네이버 향토문화전자대전의「영암군 기업도시 지원사업소」정보, https://terms.naver.com/entry.nhn?docId=2611359&cid=51951&categoryId=55290.

20) 배상현, 2010,「금광 법정관리 신청 F1경주장 건설 파장 미치나...PF 330억 채무보증 '촉각'」, 뉴시스 2010년 4월 28일자 기사 참조.

21) 송창헌, 2013,「[일지]F1 코리아GP 유치에서 중단까지」, 뉴시스 2013년 12월 5일자 기사 참조.

22) 허승・안관옥, 2015,「영암 F1 '엔진'끈다…1900억 적자 남기고 '조직위 해산'수순」, 한겨레 2015년 2월 8일자 기사 참조.

23) 임채만, 2018,「1조 투자 F1경주장 年수익 고작 6억」, 광주매일신문 2018년 1월 22일자 기사 참조

24) 허승, 2015,「뉴욕타임스 "영암 F1, 애초 계획부터 잘못된 일」, 한겨레 2015년 2월 17일자 기사 참조

25) 한국경제, 2016,「[사설] 지자체의 부실 행사, 특별법 만드는 의원들이 문제다」, 한국경제신문 2016년 6월 17일자 기사 참조.

26) 민웅기, 2017,「[언더커버] 2018평창 특집 3탄-평창의 경제올림픽 전망」, 일요신문 2017년 12월 29일자 기사 참조.

27) 신동립, 2018,「자세히 알고봅시다…평창동계올림픽, 이 엄청남 의미」, 뉴시스 2018년 2월 8일자 기사 참조.

28) 홍나라, 2018,「[국감현장]평창올림픽 경기장 사후활용 '대책 마련 시급'」, 서울경제신문 2018년 10월 22일자 기사 참조.

29) 이성현, 2018,「血稅만 뿌린 채…평창 면세점 폐업하나」, 문화일보 2018년 11월 9일자 기사 참조.

30) 유선희, 2018,「평창올림픽 흑자?…대금 못 받은 참여업체 '벼랑 끝'」, 노컷뉴스 2018년 11월 23일자 기사 참조.

31) 문형철, 2013,「세계적 관광지구?…여수엑스포장 사후활용 지지부진」, MBC뉴스 2013년 5월 13일자 기사 참조.

32) 마이스(MICE)산업은 부가가치가 높은 전시이벤트나 전시산업의 중요성이 커지면서 해당되는 회의(Meeting), 포상관광(Incentives), 컨벤션(Convention), 이벤트와 전시(Events & Exhibition)의 머리글자를 따서 별도로 분류한 산업을 말한다.

33) Heywood Sanders, 2005,『Space Available: The Realities of Convention Centers as Economic Development Strategy』, The Brookings Institution.

34) Exhibit City News, 2014,「Convention centers face fierce competition」2014년 5월 1일자 기사 참조.

35) 최정철, 2018,「새로운 행보가 필요한 서울 빛초롱축제」, 전북도민일보 2018년 11월 12일자 기사 참조.

36) 라동철, 2015,「'돈 먹는 하마'지방 축제… '원가' 공개한다」, 국민일보 2015년 9월 23일자 기사 참조.

37) 김용대 지역축제발전연구소장에 의하면 중앙정부에서 관리하지 않은 지자체 축제를 포함하면 세배 정도인 2,400여건이 전국에서 개최되고 있다.

7. 중앙정부의 시혜와 지역 파워게임

지역 파워게임의 전리품

우리나라는 전국 어디서나 30분 내에 고속도로를 이용할 수 있는 '7×9 격자형 고속간선망'[1)]이 건설되면서 하나의 생활권으로 연결되었다. 그래도 고속도로에서 한 시간 이상을 운전하는 것은 사람을 피곤하게 만든다. 서울 광화문광장에서 남쪽으로 350여㎞의 거리에 충절의 도시 진주시가 있다. 승용차로 경부고속도로 궁내동에 위치한 서울 톨게이트를 지나 경부고속도로와 통영대전고속도로, 남해고속도로의 세 개 고속도로를 연이어 갈아타고, 네 시간 반 동안 쉬지 않고 달려야 도착하는 도시다. 남해고속도로 문산 IC를 나와 북쪽으로 700m를 직진하다 좌회전과 우회전을 두 번 반복해 1㎞ 거리를 삼분정도 운전하면 우측에 높은 건물이 보인다. '천년나무'라는 모티브를 가지고 유선형의 독특한 형태로 설계해서 사람들의 눈에 확 띄는 빌딩이다. 진주시에서 가장 높아 랜드마크가 된 한국토지주택공사(LH공사)의 본사 사옥이다.

LH공사는 여러 측면에서 우리나라 1위의 공기업이다. LH 진주 본사는 10만여㎡ 부지에 연면적 14만여㎡를 차지하는 백여 미터 높이의 지하 2층 지상 20층 건물이다. 공사비는 3천6백여억원이 들었다. LH공사는 2015년 4월 경기도 분당의 본사에서 경상남도 진주혁신도시 '9블록'용지에 위치한 신축 건물로 이전했다. 6월 30일에는 개청식을 열어 이재영사장이 '비상 2030'로 불린 비전을 선포했다. 1천7백여명의 LH직원이 새로운 일터로 이주했다. 진주혁신도시의 열한 개 이전기관에 근무하는 임직원 삼천오백여명 중에서 47%를 점유하는 대규모다. 그들의 생활환경이 정부정책에 따라 한 순간에 바뀌었다.

LH공사 본사가 진주로 이전한지 삼년반이 지났다. 본사 이전으로 근무지가 바뀐 임직원들의 삶에 많은 변화가 있었다. 예상했던 대로 주거환경에서 가장 큰 충격이 왔다. 진주 혁신도시는 구도심으로부터 남강과 영천강을 건너 약 5㎞정도 떨어져 있다. 진주시는 주요 관공서, 우체국, 은행, 병원과 같은 도시기반시설이 기존 도심지역에 편중되어 있어서 혁신도시에 거주하는 사람들은 찾아가기가 불편하다. 이전한 공공기관들에 비해 민간·편익시설들의 입주가 계획보다 늦어져 주거지역의 생활여건도 좋지 않다. 여러 환경이 잘 갖추어진 수도권에서 이사한 사람들은 삶이 질이 떨어졌다는 것을 피부로 느낀다.

함께 이주하는 가족들도 힘들다. 혁신도시의 LH단지 아파트에 사는 초등학생은 인근 초등학교가 2019년 3월에 개교하기 때문에 영천강을 건너 2㎞ 떨어진 학교로 통학해야 한다. 영천강 좌측의 혁신도시에 거주하는 중·고등학생은 서쪽으로 남강을 건너거나 동쪽으로 영천강을 건너야 학교로 갈 수 있다. 문화시설과 상업시설이 아직 자리를 잡지 못해 수도권에 살 때보다 생활환경이 나빠졌다. 대중교통을 이용하는데도 불편하다. LH공사에서 진주도심에 있는 한일병원까지 승용차로는 7분이나 버스는 30~40분이 걸린다.

혁신도시에 대한 전반적인 정주여건의 만족도는 100점 기준에 절반인 52.4점에 불과했다. 경남지역으로 가족을 동반해 이주하는 직원들은 40.6%밖에 되지 않았다.[2)]

공공기관들의 구조적인 문제로 가족을 동반한 이주율을 높이기 어려운 것도 있다. LH공사와 같이 지사가 많은 공공기관들은 대부분 순환근무제[3)]라는 인사제도를 운영한다. 진주본사에서 근무하는 LH직원들도 인사이동에 따라 경기, 강원, 충북 등 다른 지역본부로 자리를 옮기게 된다. 수도권에 있는 집을 팔고, 학령기의 자녀들을 전학시키면서 가족들과 함께 진주로 이사했는데 몇 년 지나면 다시 다른 지역으로 이사하면서 모든 가족이 같은 일을 반복하는 것이다. 집을 구해 가족들과 함께 이사하는데 드는 각종 비용은 만만치 않다. 사춘기 자녀들의 빈번한 전학으로 새로운 문제들이 발생할 수도 있다.

가족 전체가 주거지를 옮긴다는 것은 쉽게 결정하기 어려운 사항이다. 배우자가 직장이 있는 맞벌이 가정에서는 배우자가 진주로 자리를 옮길 수 있는 근무지가 있거나 직장을 그만두어야 한다. 자녀들은 학업과 교우환경이 바뀌어 모든 것이 낯설어진다. 직원 자신도 때때로 수도권에서 업무가 발생해 저녁 늦게 끝난다 해도 이주하지 않았다면 자신의 집으로 귀가할 수 있다. 이주를 했다면 숙박시설에 묵어야 한다. 가족은 수도권에 남고, 자신이 단신으로 부임하는 것이 모든 사회적 비용을 고려할 때 더 유리하다. 그래서 절반 이상이 혼자 부임해 같은 처지에 있는 여러 직원들과 아파트에서 공동으로 사는 것을 선택했다. LH공사는 직원들을 위해 진주에 사택을 제공해야 했다.

지자체가 이런 현상을 손 놓고 보고 있지 않았다. 지자체는 혁신도시에서 가족들과 거주하는 공공기관 직원비율이 높지 않자 이전 공공기관에게 가족이주 비중을 높일 것을 요구하고 있다. 지자체에서 가족 이주율을 높이기 위해 이주 정착비를 지원하거나 조기정착을 위해 자녀에게 장학금을 지급한다.

정부가 채찍을 들었다. 정부는 순환근무제를 적용하는 공공기관이 제공하는 사택과 같은 직원용 숙소를 운영하는 기간을 공공기관 지방이전일로부터 4년으로 제한했다. 그 기한이 코앞에 다가왔다. 이전공공기관[4]들이 단신직원용 숙소의 운영기한을 연장하려면 소관부처, 기획재정부와 사전협의를 거쳐야 한다. 운영기한 1개월 전까지 국토교통부에 통보하여야 연장이 가능하다.[5] 중앙부처와 공공기관의 평가를 생각하면 사택의 운영기간을 연장하기가 어렵다. 사택이 줄어들면서 입주직원들의 주거불안이라는 새로운 문제가 커지고 있다. 경제력 부족 등으로 단신으로 부임하는 직원들의 주거복지는 나빠진다. 국민의 주거복지를 위해 존재하는 LH공사가 추구하는 정책목표와 모순된다.

LH본사에 근무하는 임직원들은 업무를 수행할 때 새로운 어려움이 생겼다. 교통이다. 진주에서 서울까지 KTX노선은 환승해야 하며 적어도 3시간 반이 걸린다. 환승시간과 서울 KTX역에서 목적지까지 가는 시간을 더하면 승용차와 별로 차이가 나지 않는다. 진주에서 세종시 정부청사까지 KTX로 가려면 환승해야 하며 KTX 2시간 40분과 대중교통 50분을 합해 3시간 반이 필요하다. 승용차가 오히려 한 시간 빠르다. 항공편으로는 대한항공이 진주 사천공항에서 서울 김포공항까지 아침과 밤에 두 편만 운행한다. 아시아나항공은 일주일에 두 편 제주도 왕복만 운행한다. 따라서 LH본사 직원들은 다른 도시에서 업무를 볼 때 대부분 승용차로 이동한다. 가장 효율적이기 때문이다.

LH공사가 진주시로 이전하게 된 것은 정부가 결정했다. 공공기관 지방이전을 담당한 국토교통부는 실무적으로 담당하는 LH공사가 솔선수범해야 한다고 했다. 그래서 LH 본사는 교통이 가장 불편한 진주시로 이전했다. 공공기관의 지방이전을 계획할 때는 화상회의 등을 통해 업무손실을 최소화한다고 했다. 그러나 공공기관이 이전한 후에도 우리나라의 업무수행 행태는 크게 바뀌지 않았다. 우리나라는 수도권에 인구의 절반이 거주하고, 국가 간선교통망은 서울을 향해 구축되었다. 따라서 LH가 필요로 하는 외부사람들이 참여하는 회의들은 주로 성남 오리에 위치한 LH공사 경기지역본부 건물에서 열린다. 세종시에 있는 국토교통부에서 회의를 해도 LH 본사 직원들은 승용차로 이동한다. LH공사의 업무는 사업 현장을 확인하거나 다른 기관들과 협의하는 일이 많다. LH본사에 근무하는 직원들은 적어도 일주일에 한번 이상 출장을 한다. 그 결과 LH 본사 직원들이 승용차로 고속도로를 달리다 어떤 휴게소에 들려도 한 팀 이상의 LH본사 직원들을 본다는 말이 생겼다. 시간소요, 차량소모, 유류비용, 사고위험 등 엄청난 국가적 낭비고, LH의 업무 손실이다.

LH의 인력관리에서도 문제가 발생하고 있다. LH공사의 재무상태는 2017년 말 자산 174조, 부채 131조, 부채비율 306%, 자본금 43조원으로 공기업 1위다. 자산총액으로 비교하면 363조원의 삼성그룹, 219조원의 현대자동차그룹에 이어 3위에 해당된다. 5대 대기업집단에 속하는 에스케이그룹과 엘지그룹, 롯데그룹보다 앞서고, 38개 기업이 소속된 ㈜포스코 자산총액의 2.2배에 달한다. 2018년에는 22조원의 예산으로 8,539명의 직원이 144개 사업장에서 11만호의 주택을 건설했다. 주거복지사업으로 103만호의 임대주택도 운영하고 있다.

LH는 2009년 부채비율이 524%에 달해 채권발행이 유찰되는 등 유동성 위기에 처한 적이 있다. 그래서 한국토지공사와 대한주택공사가 통합해 LH공사가 되었다. 2014년 재무전망에서는 2017년 부채가 기본적으로 193조원이고, 중장기 재무관리를 통해서도 163조원이 예상될 정도로 심각했다.[6)] LH는 구조조정과 뼈를 깎는 부채 감축 노력 끝에 정상화되었다. LH의 사업영역은 대내외의 경제여건에 크게 영향 받기 때문에 매우 우수한 인력이 필요하다. 만일 LH공사가 미래의 어느 순간 2009년을 넘어서는 위기를 맞이한다면 우리 사회는 주택공급과 주거복지에 대한 문제를 넘어서 심각한 상황에 처해질 수 있다.

LH 본사가 진주로 이전한 후 인력관리부서는 고민이 많아졌다. 상당수의 우수한 직원들이 자발적으로 퇴직하고 있기 때문이다. LH 본사가 위치했던 수도권 거주의 혜택이 사라지면서 급여나 처우가 좋은 다른 직장으로 이직이 증가하고 있다. 최근 SOC관련 정부부처의 민간경력직 5급 채용에 업무효율을 입증한 LH공사의 우수한 과장·차장급 직원들이 대거 지원해 임용되고 있다. 수도권 지방자치단체 소속의 공사나 대기업 SOC 관련기업에서 공고하는 경력직 자리에도 LH직원들이 이직하고 있다. 국회예산정책처(2016)에 따르면 지방 이전공공기관의 총 이전대상 직원 대비

2013~2015년간 자발적 퇴직자의 비중은 22.8%로 이전대상 직원의 약 사분의 일에 해당하는 규모다.[7] 그러나 헌법에 직업선택의 자유를 명문화한 대한민국에서 이전공공기관들이 우수한 직원들의 이직에 대처할 수 있는 묘안은 없다.

새로운 인재채용 방식도 LH인력관리부서에게 고민을 더한다. 이전공공기관의 「지역인재 채용제도 의무화」다. 이 제도는 이전공공기관이 본사가 위치한 광역시·도에 소재하는 지역대학과 고등학교를 졸업하였거나 졸업예정인 사람을 우선하여 채용하는 것을 말한다. 정부는 국가의 균형발전을 이룩하고 사회형평적인 관점에서 지역인력이 채용되도록 이 정책을 도입했다.[8] 모든 정책은 한번 법령에 들어와 제도화되면 스스로 성장한다. 2013년 3월 혁신도시법 제29조2로 자리 잡은 「이전공공기관의 지역인력 고용」제도는 2015년 12월 법률이 개정되면서 지역대학이었던 대상에 고등학교가 추가되었다. 제도를 적용하면서 논란이 발생하자 이전지역의 범위와 국가와 지방자치단체의 행·재정적 지원에 대한 근거 조항이 마련되었다. 2017년 10월 제도가 더 강화되었다. 혁신도시법 제29조2의 "우선하여 고용할 수 있다"라는 법률문항이 "대통령령으로 정하는 바에 따라 채용하여야 한다"고 의무화된 것이다. 국토부장관이 이전공공기관별 채용실적을 매년 공개하는 조항이 신설되면서 LH공사를 포함한 모든 이전공공기관은 급격한 변화가 초래하는 위험을 감지했다.

이전공공기관의 지역인력 고용제도가 도입된 후 지난 4년(2013~2017년) 동안 어느 정도 가시적인 성과가 있었다. 이전공공기관이 채용한 지역인재의 전체적인 규모는 2014년 8,693명 중 888명

(10.2%), 2015년 8,934명 중 1,109명(12.4%), 2016년 10,032명 중 1,334명(13.3%)으로 절대수치와 상대적인 비율 모두 증가하는 추세다. 그러나 이전공공기관의 지역인재 채용은 지역별 기관별로 차이가 크다. 20%가 넘는 지역이 있는 동시에 10%도 되지 않은 지역도 있다. 어떤 기관은 35%를 초과하는데 다른 기관은 5%도 되지 않는다.[9] 그래서 이전공공기관의 지역인재 채용제도가 의무화되었다.

김재환(2017)은 우리가 제도 의무화에 대해 심도 깊게 논의하도록 장점과 단점을 각각 세 개로 정리했다. 의무화의 첫 번째 장점은 지역출신 인재에게 출신지역의 일자리를 제공해 지역인재의 역외 유출로 심화되고 있는 지역 간 불균형을 억제한다는 것이다. 두 번째는 지방대학 출신에 대해 양질의 일자리를 제공해 지방대학의 위기해소에 기여하는 것이다. 마지막은 필요한 인력이 지역별로 적정하게 공급될 경우 지역별로 투자수요가 큰 각종 산업이나 그와 관련된 활동과 기능의 입지여건이 크게 향상될 수 있다는 것을 들었다.

의무화 제도의 첫 번째 단점은 수도권지역 대학 출신 또는 타 지역 대학 출신들에 대한 역차별 논란을 야기하는 것이다. 두 번째 단점은 공공기관 입사시험 성적에 따라 선발하는 현행 채용 제도에 비해 합격자의 질 저하로 업무의 전문성과 생산성을 저하시키고, 실적주의를 위협할 수 있다는 것이다. 이 제도가 가진 문제로 개인의 권익을 지나치게 침해하고 채용비율이 클 경우 대한민국 헌법의 평등권(제11조), 직업선택의 자유(제15조), 공무담임권(제25조)에 대한 위배할 우려가 있다고도 했다. 마지막 단점으로는 지방대학이나 지방 고등학교 출신을 채용하는 것을 장려하고, 그 지방출신이면서 타 지역 대학을 졸업한 사람은 배제하고 있는데 해당 인재가 지역을 대표하는 지역인재라고 할 수 있는지를 들었다. 현재의 제도에서는 고등학교까지 타 지역에서 공부했더라도 해당지역에서 대학을 졸업한다면 지역인재로 지원할 수 있다.

국토교통부는 지역인재 채용제도의 정착을 위해 2018년 1월 시행령을 개정했다. 개정사항은 지역인재 채용비율을 2018년도에는 18퍼센트 이상으로 하고 2022년 이후 30퍼센트 이상이 되도록 연차별로 증가시키는 것이다. 또한 선발예정인원 중 지역인재의 합격인원이 지역인재 채용비율에 미달하는 경우에는 선발예정인원을 초과하여 지역인재를 합격시키도록 하는 규정도 만들었다. 김재환은 역차별 논란 등 비판적 견해가 있더라도 지역 상황을 고려해 기준을 마련하고, 지역내 인적자원에 대해 투자해 의무화 제도의 안정화를 정착시켜야 한다고 했다. 지역사회 등과 연계·협력을 강화하고 제도에 대한 국민적인 공감대를 형성해 발전방안을 모색할 필요가 있다고도 했다. 그의 말이 기본적으로는 맞다. 그러나 지역인재 30% 채용의 의무화는 보다 큰 문제가 있다.

지역인재 채용제도의 30% 의무화가 이전공공기관의 미래에 미치는 영향은 생각하는 것보다 더 크다. 우리나라에서 혈연·학연·지연의 뿌리는 깊다. 지역인재 채용제도의 의무화는 학연과 지연이라는 두 개의 인연과 연관이 있다. 인사문제에서 공정성과 균형이 깨지면 새롭고 더 큰 문제가 발생할 것이다. 지역인재 채용제도의 30% 의무화가 십년정도 진행된 LH공사를 상상해보자. 특정지역 출신이 LH공사에서 주류를 형성할 수 있으며 그 세력은 매년 더

커진다. 어쩌면 국민을 위해 존재해야 하는 LH공사의 존재 목적이 어느 순간 그 세력의 안위를 위한 것으로 바뀔 수 있다. LH공사에서는 주류에 대항하는 반대세력도 형성될 것이다. 이 문제는 정도의 차이가 있으나 153개 이전공공기관에서 대부분 발생하게 된다. 우리는 최근 지자체에 소속된 공공기관에서 그런 위험을 보았다. 그런 상황이 되었을 때 정부는 이 문제를 해결할 수 있을까? 좋은 의도를 가지고 추진한 정책이 공공기관을 망가지게 한다.

지자체와 이전공공기관이 이러한 문제들을 해결하고 서로 협력하기 위해 상생의 길을 찾고 있다. 지자체와 이전공공기관이 참여하는 '혁신도시 상생협의회'를 조직해 정기적인 회의를 통해 지자체가 이전공공기관의 애로사항과 건의사항을 듣고 있다. 이전공공기관의 실무부서장이 참여하는 '공공기관장협의회'도 조직했다. 그러나 이런 정책들이 아직까지는 크게 효과를 보지 못하고 있다. 회의는 친목도모로 흐르고, 행동은 지자체를 대상으로 한 행정적 지원에 머무르고 있다. 혁신도시에 이주하는 공공기관들을 배분할 때 지역별 형평성에 중점을 두었기 때문에 입주기관 간 업무영역이 상이해 모든 참여주체에게 도움이 되는 장기적인 비전을 마련하기가 어려운 것이다.

LH공사 이전 후 진주시는 지방세 수입이 증가하고, 양질의 고용기회가 증가했다. 그럼에도 불구하고 진주시는 협력사업에 대한 참여, 지역사회에 대한 공헌·기부 등 새로운 요구를 했다. LH공사는 진주시와 2015년부터 주거지를 재생하는 진주옥봉 새뜰 마을사업을 추진했고, '집수리단 협동조합'의 설립을 지원했다. 2018년에는 경남도 교육청이 건립하는 진주수학체험센터에 3억원을 지원했다.

LH공사는 약 200억원을 투입해 2020년 완공을 목표로 진주시 복합문화도서관을 건립한다. 지역에서 생산되는 물품이나 서비스의 우선 구매도 요청되고 있다. LH와 같은 공공기관이 혁신도시에 이주한 후 지역 파워게임의 전리품으로 취급받지 않아야 한다.

중앙정부의 시혜와 지자체의 대응

중앙정부가 존재하는 중요한 이유 중 하나는 지역 간 불균형을 완화시킬 수 있도록 분배하는 기능이 필요해서다. 국토의 균형발전은 정부의 중요한 정책이며 국가자원의 배분을 통해서 이루어질 수 있다. 이때 중요한 것은 공정함이다. 공정하다는 것은 매우 어려운 개념이자 행위이다. 어떤 사람은 이용 가능한 자원을 n분의 1로 똑같이 나누는 것이 공정한 것이라고 주장한다. 다른 사람은 인구·면적 등에 비례해 나누는 것이 공정하다고 말한다. 동일한 인구수를 가진 지역이라도 노령 인구나 젊은 인구가 많은 지역에 더 중점을 두어야 공정한 것이라고 하는 사람도 있다. 자원 배분의 공정성이 무너지면 시혜가 된다. 어떤 정책이 시혜라고 생각된다면 사람들은 자기가 손해 보지 않고, 남보다 더 받기 위해 이전투구를 시작하며 결과에 승복하지 않는다.

우리나라 수도권은 전 국토면적의 11.8%다. 그러나 인구는 2,568만명으로 49.6%를, 고용자는 1,089만명으로 51.2%를 차지해 수도권 집중도가 다른 나라에 비해 높은 편이다.[10] 참여정부는 국가 균형발전을 위해 수도권 집중을 완화하고, 지방 자립도를 높이도록 공공기관의 지방이전 정책을 추진했다. 참여정부가 출범하고 4개월이 지난 2003년 6월 공공기관의 지방이전 추진방침을 발표했다. 2년 후에는 국무회의 심의를 거쳐 '공공기관 지방이전계획'을 발표했다. 이후 2년 반 동안 계획추진은 급물살을 탄다. 2005년 12월 혁신도시 10개의 입지를 선정했다. 공공기관의 지방이전과 관련한 두 개의 법률을 제정해 법적 근거를 마련했다.[11] 2007년 4월 모든 혁신도시의 지구지정을 완료하고, 석 달 후 용지보상을 시작했다. 12월에 이전공공기관 28개의 지방이전계획을 승인해 참여정부가 끝나기 전 향후 되돌릴 수 없도록 만들었다.

2008년 2월 출범한 이명박 정부가 혁신도시 추진을 재검토하려고 했으나 이전대상 지자체의 강력한 반발로 결국 LH공사 출범과 같은 기관통합으로 인한 조정 등 일부 수정에 그쳤다. 공공기관의 지방이전 계획은 관성에 따라 진행되었다. 2008년 10월 이명박 정부 출범 후 처음으로 이전공공기관 13개가 지방이전계획을 승인받았다. 2012년 7월 10개 기관의 이전계획이 승인받으면서 대상기관들의 엑소더스가 시작되었다. 2018년 11월까지 총 153개의 이전대상 공공기관 중에서 150개가 지방으로 이전했다.[12] 충청권으로는 충북 16개, 충남 8개, 세종 19개의 총 43개 기관이 이전했다. 호남권으로는 전북 13개, 광주・전남 17개의 30개 기관이 이동했다. 대경권은 대구 12개, 경북 14개의 26개 기관을 끌어왔다. 동남권에서는 부산 13개, 울산 9개, 경남 11개의 33개 기관을 유치했다. 강원도는 13개 기관을, 제주도는 8개 기관을 각각 확보했다.

오늘날 국토면적과 인구, 경제규모 측면에서 세계의 주요 선진국인 G7국가[13]들은 행정체제에서 지방분권적 특성이 강하다.[14] 1980년대 이후 연방제국가가 아닌 G7국가들은 지방분권을 위한 개혁을 차례로 추진했다. 프랑스는 1982년부터 2003년까지 국가 행정체계를 개혁하기 위해 지방분권 관련 법률을 40여개나 제정했다. 영국은 1990년대 후반부터 스코틀랜드, 웨일즈, 북아일랜드에 중앙정부의 대폭적인 권한이양이 이루어졌다. 일본도 1999년 '지방분권일괄법'을 제정해 '분권개혁'을 추진했다. 지방분권을 추진했던 선진국들이 중앙정부의 조직과 권한을 지방으로 이양하는 정책을 추진했던 반면에 참여정부는 공공기관을 이전하는 정책을 중점적으로 실행했다.

공공기관의 지방이전 정책이 이전 지자체에 주는 긍정적인 효과가 있다. 10개의 혁신도시로 115개 공공기관의 4만2천명 임직원이 이주해 도시인구가 2014년 59,205명에서 2016년 149,570명으로 2.5배 이상 증가했다.[15] 공공기관의 지역인재 채용율이 증가했고, 10개 혁신도시의 지방세 수입이 2013년 535억원에서 2017년 3,292억원으로 여섯 배 이상 증가했다. 증가한 지방세는 이전 지자체의 재정에 긍정적으로 작용해 지역경제의 성장에 기여하고 있다.

그러나 공공기관 지방이전 정책의 부정적인 영향도 쌓여가고 있다. 이전공공기관의 업무는 국가 전체를 대상으로 하기 때문에 지역에 특화된 사업을 중점적으로 추진하기 어렵다. 그럼에도 불구하고 일부 지자체는 지자체가 주관하는 행사자금의 지원이나 지역 생산물품의 과도한 구매를 요구한다. 혁신도시법에서 지역발전 상생기금을 조성하도록 했으나 전북을 제외한 대부분은 기금을 마련하지 않았다. 이전한 공공기관의 청사규모도 이전을 결정할 때의 정원을 기준으로 해 기관이 통합되거나 사업규모가 커져 임직원이 증가한 경우 사무공간이 부족하다. LH공사의 경우 '공공기관 지방이전계획'이 수립된 2015년의 임직원수는 5,960명이나 2018년은

8,539명으로 1.4배 이상 증가했다. 혁신도시 인구의 상당수가 구도심이나 인근 지역에서 유입되어 구도심의 공동화 현상이 심화되고 있으며 인근 지자체의 쇠퇴를 촉진하고 있다.[16)]

공공기관을 10개의 혁신도시로 이전할 때는 기관들의 업무영역과 기능, 지역 발전정도를 고려해 군집화시켰다.[17)] 그러나 정책은 기관 중심의 이전에 머물러 혁신도시를 균형발전의 거점으로 발전시키는데 미흡했다. 지자체의 열악한 재정으로 투자가 부족했고, 근시안적인 군집화정책은 이주공공기관 간 업무영역을 연계화하지 못해 시너지 효과와 발전 동력을 만들어내지 못했다.

우리나라는 676년 신라가 삼국을 통일해 단일국가를 수립한 이후 중앙집권적 특성이 지속적으로 강화되어 왔다. '말은 나면 제주도로 보내고, 사람은 태어나면 한양으로 보내라'는 속담이 있을 정도로 중앙정부의 권력이 강했다. 현재도 중앙정부의 권한과 재정이 크고, 지방정부는 약하다. 국가사무와 지방사무의 비율은 약 7대 3이며 국세대 지방세는 8대 2로 차이가 더 벌어진다. 지방자치단체는 중앙정부의 정책을 집행하는 하부기관으로 기능하며 행정 관할구역에 대한 정책결정권이 빈약하다. 지방자치단체의 국고보조금에 대한 의존도가 높아 무슨 사업을 하려고 해도 중앙정부의 재원이 필요하다.[18)] 중앙정부와 국회가 법률을 제정하고, 국고지원을 약속하면 지방자치단체가 경쟁적으로 사업에 뛰어드는 구조는 중앙집권체제의 대표적인 프레임이다. 국가의 균형발전 목표를 달성하기 위해 입법을 지원하고, 막대한 재원이 투입되었으나 실패로 귀결되고 있는 또 다른 사례가 기업도시 정책이다.

전국경제인연합회(전경련)는 기업도시를 민간 기업이 산업입지와 경제활동을 위해 필요한 용지를 주도적으로 개발하여 조성한 도시라고 정의했다. 전경련은 기업도시의 조성목적을 주택, 학교, 병원, 문화시설 등 거주 필요시설과 공장, R&D센터, 유통시설 등 산업시설을 복합적으로 건설해 유관 산업과의 연계성 및 효율성을 극대화하여 자족성을 높이는 것이라고 했다.[19] 세계적으로 통용되는 기업도시의 개념은 다르다. 기업도시(company town, company city)의 일반적인 의미는 한 도시에서 특정기업이나 특정기업군이 자생적으로 발전해 그 기업/기업군의 경제적 비중과 고용자수가 대상도시에 크게 영향을 미치는 도시이다. 우리나라 포스코의 포항시, 일본 토요타의 토요타시*Toyota city*, 미국 허쉬사의 허쉬시*Hershey*, 네덜란드 필립스의 필립스드롭시Philipsdorp, 덴마크 레고사의 빌룬트시*Billund* 독일 폭스바겐사의 울프버그시*Wolfsburg*와 메르세데스-벤츠사의 신델핑겐시*Sindelfingen*, 등이 이러한 기업도시에 해당된다.

2003년 10월 전경련은 기업의 투자의욕을 높이고, 일자리 창출을 위하여 기업도시의 조성을 정부에 제안했으며 다음해 6월에는 특별법 제정을 건의했다. 정부는 기업이 보유한 민간자본을 자발적으로 투입해 도시를 개발함으로써 기업의 국내투자를 확대하고, 입지 지자체의 경제 활성화와 자족성 강화를 위해 전경련이 제안한 기업도시 정책을 수용했다. 2004년 12월 건설교통부가 주관하는 「기업도시개발특별법」이 제정되었고, 이듬해 4월 시행령이 제정되었다. 법률에서는 기업도시를 네 가지 유형[20]으로 정해 민간기업 등을 개발시행자로 지정한 후 개발구역을 지정해 사업을 추진할 수 있도록 했다. 2005년 1월 정부가 기업도시개발을 위한 시범사업 추진계획을 고시했다. 삼 개월 후인 4월 건설교통부와 문화관광부가 기업도시 시범사업을 신청받자 여덟 개의 지자체가 유치신청서를 제출했다.[21] 경제정의실천시민연합(경실련)은 건교부의 기업도시 정책에 대해 초기에는 충분한 논의와 사회적 합의를 바탕으로 추진하자고 했으나 점차 비판의 강도를 높였다. 정부가 시범사업 지역을 발표할 때에는 정책의 전면 재고를 주장하였으나 결정을 뒤집을 수는 없었다.

정부는 국토연구원 등의 심사와 기업도시위원회의 심의를 거쳐 두 달 후인 7월에 지식기반형 2개, 산업교역형 1개, 관광레저형 1개 등 네 개 지자체의 사업을 선정했다. 한 달 후에 정부는 제3차 기업도시위원회를 열고 두 개의 관광레저형 시범사업을 추가로 확정했다.[22] 건교부와 문광부가 각각 3개씩 담당했다. 무주 관광레저 기업도시는 2006년부터 2015년까지 사업이 진행되며 계획인구 2만명에 총 사업비 1.5조원을 예상했다.[23] J프로젝트로 명명된 해남·영암 기업도시는 2006년부터 2012년까지 사업이 진행되며 계획인구 7만명에 총 사업비 10.5조원을 예상했다. 태안 기업도시는 2006년부터 2011년까지 사업이 진행되며 계획인구 1만명에 총 사업비 2조원을 투자하기로 했다.[24]

2000년대 중반기는 경제성장에 대한 낙관의 시대였다. 1996년부터 2005년까지 세계는 저금리와 부동산 버블에 의한 신경제 호황을 누리면서 '골디락스 경제'[25] 번영의 달콤함에 취해 있었다. 기업도시가 선정된 후 2년 동안 건설교통부는 기업도시의 이주대책 마련, 기업도시 추가지정, 토지가격 상승에 대한 개발이익 환수 등과 같이 정책 추진으로 인한 부정적인 영향을 최소화하는데 노력했다. 경실련 등 시민단체가 제기한 개발이익 환수와 기업에 제공할

인센티브를 위한 연구도 진행했다.[26] 중앙정부가 짜놓은 유치전쟁판에서 승리해 시범사업을 따낸 지자체들은 미래를 낙관하며 '골디락스 경제'가 끝났을 때 닥쳐올 사업 실행의 한파에 대해서 생각하지 못했을 것이다.

2007년 4월 원주 기업도시와 충주 기업도시 개발계획이 2008년 공사착공을 목표로 승인되었다. 세 달 후 정부가 발표한 2단계 균형발전 종합계획의 일환으로 '이전거점형'이 기업도시 유형에 새롭게 추가되었다. 10월에는 문광부가 담당하는 태안 기업도시 기공식이 개최되었다. 정점의 순간에 나락이 시작되었다. 세계 4위의 AIG 보험회사가 파산위기에 몰리고 BNP 파리바은행이 자산유동화 증권의 환매 중단을 선언했다. 동시다발적인 금융사들의 파산과 펀드의 상환 중단은 글로벌 신용경색을 초래했다. 상황은 삽시간에 서브프라임 모기지 사태로 확대된다. 2007~2008년 세계 금융위기가 시작된 것이다.

언론사들이 기업도시에 대한 위험을 감지했다. 중앙일보가 2007년 10월 포문을 열었다.[27] 그러나 언론은 아직 기업도시의 본질과 세계 금융위기가 기업도시에 초래할 위험을 이해하고 있지 못했다. 다음해 9월 세계 4대 투자은행 중 하나인 리먼 브라더스가 뉴욕법원에 파산보호를 신청했다. 세계가 본격적으로 금융위기에 빠져들자 기업도시의 상황이 보이기 시작했다. 이때부터 언론사들은 사태의 본질에 대해 기사를 내보낸다.[28][29][30][31] 정부는 기업도시를 활성화하기 위해 기업도시개발 특별법과 관련 제도를 수정했다. 최소개발면적기준을 완화하고, 규제특구와 같은 특례를 인정하였으며 관련 위원회의 심의를 완화하고, 혁신거점형 기업도시 유형을 폐지했다.

경제상황이 바뀌자 기업도시 투자기업들의 재무상태가 악화되었다. 탈락자가 나오는 것은 시간문제였다. 2011년 1월 정부가 대한전선이 참여했던 무주 기업도시의 개발구역 지정을 해제했다.[32] 무안 기업도시는 2013년 2월 국내단지를 시행했던 ㈜무안기업도시개발이 해체되었다. 한중단지를 맡았던 ㈜한중국제산업단지개발이 중국의 투자 철회로 사업취소가 되면서 결국 무안 기업도시도 지정해제 되었다. 영암·해남 기업도시는 공유수면 매립권의 양도·양수가 늦어지고, SK건설이 2단계 사업을 포기하면서 사업추진이 지연되었다.[33] 태안 기업도시는 기반시설에 대한 정부의 지원 부족과 투자 모기업인 현대건설이 법정관리를 거쳐 현대자동차그룹으로 합병되면서 사업진행이 낮은 수준에서 지지부진했다. 원주 기업도시도 일부 출자자가 워크아웃 되고, 토지보상비의 증가와 기업이전 보조금의 축소로 사업이 지연되었다.[34] 충주 기업도시만 당초 계획보다 1년 늦은 2012년 12월 준공해 16개 기업이 입주했다.[35]

2018년 6월 13일에 실시된 제7회 전국 동시지방선거에서 일부 지방자치단체 후보자들이 기업도시를 자신의 공약으로 제시했다. 국토부는 민간투자가 활성화될 수 있도록 기업도시 제도를 개선했다. 수도권을 제외한 모든 지역에서 복합적 성격의 기업도시 개발이 가능하도록 입지제한이 폐지되자 추진동력이 되살아나려고 한다. 정부는 기업도시특별법을 제정한 후 열두 차례에 걸쳐 법률을 개정했다. 시행령은 아홉 차례를 개정했다. 초기에 설정되었던 각종 규제는 지속적으로 완화되고 있다. 산업교역형과 지식기반형 사이에서도 어떤 차이가 있는지 명확하지 않다. 혁신도시, 경제자유구역, 산업단지, 세종시, 새만금명품복합도시, 지역특구, 연구개발특구, 첨단의료복합단지 개발사업 등과 경쟁구도가 형성되면서 이 정책의 유효성은 아직도 의심받고 있다.

상당한 예산이 기업도시에 투자되었다. 지정 해제된 두 개의 시범사업을 제외하고 네 개의 기업도시를 대상으로 2008년부터 2013년까지 투입된 국비는 665억원이었다. 2014년 이후 원주 기업도시에 지원할 예산으로 54억원이 국비에서 추가로 계획되었다. 2012년 완공된 충주 기업도시에는 143억원의 국비가 투입되었다. 사업추진이 지지부진했던 태안과 영암·해남에도 각각 132억원과 719억원의 국비가 지원되었다.[36] 지난 15년 동안 추진했던 기업도시 정책의 역사를 통해 우리가 얻은 교훈을 되짚어 보아야 한다. 중앙정부가 마련한 기업도시개발 특별법의 선정기준에 따라 국고지원을 받기 위해 지자체가 경쟁적으로 사업에 뛰어드는 프레임이 이번에는 유효한지 생각해 볼 때다.

중앙정부의 시혜 프레임은 보수/진보 정권에서 차이가 없다. 2014년 2월 박근혜 정부는 「경제혁신 3개년 계획」 담화문에서 '역동적인 혁신경제 전략'의 실행과제 중 하나로 '창조경제혁신센터 구축'을 발표했다. 창의성을 핵심가치로 첨단 정보통신 기술을 각 산업분야에 융합해 새로운 일자리와 부가가치를 창출하도록 특화된 전략산업을 주관하는 지역 혁신거점을 설립하겠다는 것이었다. 중앙정부 시혜 프레임에 따른 지역별 나눠주기 정책사례가 하나 더 추가되었다. 2014년 9월 대구 창조경제혁신센터가 설립된다. 같은 해 12월 「창조경제 민관협의회 등의 설치 및 운영에 관한 규정」을 개정해 창조경제혁신센터와 관련한 조항들을 신설했다. 2015년 7월까지 불과 10개월 사이에 전국 18개 시·도에서 한 달에 2개꼴로 센터가

들어섰다. 정부는 18개 시·도의 특성을 고려해 대기업을 하나씩 혁신주체로 지정해 센터와 연결시켰다. 2017년 2월에는 한국전력의 나주 에너지밸리에 빛가람 창조경제혁신센터가 추가로 개소했다. 19개 센터에서는 지역경제를 대표하는 대기업과 중소·벤처기업이 서로 협력해 온라인 아이디어 플랫폼인 '창조경제타운'을 운영하고, 멘토링을 통해 창업과 신산업 창출을 지원한다고 했다.

대통령의 역점사업으로 추진되는 정부의 시혜정책은 국정상황이 바뀌면 위기를 맞이한다. 2016년 11월 '최순실 국정 농단' 여파로 전남과 경기가 예산을 삭감했다.[37] 2017년 센터의 총예산은 590억원으로 출범 첫해의 1,013억원에 비해 절반 정도로 줄었다. 정부와 지자체가 19개 센터에 지원한 예산은 436억원이었다. 출범 당시에는 정부와 지자체가 각각 6대 4로 예산을 지원했고, 대기업들도 수십억원씩 지원했다. 이제 서울시는 예산을 전액 삭감했고, 대전, 전북, 경남도 예산을 줄였다. 센터장 공모에 지원자가 나서지 않고, 입주한 스타트업체들은 축소되는 지원과 정책변경에 불안해하고 있다.[38]

정부가 바뀌자 창조경제혁신센터 정책은 '계륵'같은 존재로 표류하기 시작했다. 신설된 중소벤처기업부가 담당부처로 지정되면서 운영 실태를 점검하고, '창업'과 '일자리'를 중심으로 개편을 추진하겠다고 했다. 혁신센터들의 반응은 부정적이었고, 대기업들은 발을 뺐다.[39] 2018년 '창조경제 민관협의회'와 '창조경제혁신센터 운영위원회'가 폐지되고, '지역창조경제협의회'가 신설되었다. 명분은 정부 주도의 하향식 의사결정체계에서 상향식으로 개선한다는 것이었다.[40] 중기부가 모든 센터에서 총 57건의 부정채용을 적발하자 센터의 지속가능성에 의문이 제기되고 있다.[41]

중앙정부 시혜 프레임에서 지자체 유치경쟁이 심각했던 사례가 '태권도 공원 조성사업'이다. 시작은 1996년 12월 대한태권도협회의 태권도성전 건립추진위원회 창립총회였다.[42] 1998년 4월 문화관광부(문광부)는 대통령 업무보고에서 태권도 발상지로서 역사성을 보존하고 태권도인들에게 정신적 구심점이 되도록 태권도 공원을 조성하겠다고 보고했다.[43] 2000년 1월 문광부가 2007년까지 국비 2천여억원을 들여 1백만평 규모의 태권도공원을 조성하겠다고 발표하자 지자체들이 유치경쟁에 나섰다. 24개 시・군이 유치위원회를 구성하고 후보지 신청을 했다. 서명운동, 주민결의대회, 성금모금, 이벤트 개최, 유력인사 초청 등으로 치열한 경쟁을 벌였다. 청와대, 문광부, 향우회, 국회의원을 대상으로 협조 서한문을 발송했고, 로비와 물밑 접촉이 난무했다.[44] 과열된 유치경쟁으로 흑색선전이 나돌았고, 수십억원의 혈세가 낭비되었다. 전면 재검토와 재추진 끝에 2004년 12월 무주군이 낙점되었다. 그러나 경주시와 춘천시의 선정 무효투쟁으로 최종결정 후에도 심각한 후유증에 시달렸다.

광역권 지방자치제였다면 바뀌는 것들

중앙정부가 관여하는 공공기관과 공적자산은 지역 파워게임의 대상으로 다루어지지 않아야 한다. 공공기관과 공적자산이 지역 파워게임의 전리품으로 전락하면 공정성에 기반한 자원 배분이라는 정부정책의 근간이 흔들리게 된다. 그러면 지방자치단체 간 치열한 이전투구가 벌어진다. 정책을 추진하는 단계마다 과도한 경쟁과 무분별한 투자, 정치권 개입에 대한 요구와 지역 간 갈등이 심화된다.

다른 곳에서 더 값지게 사용될 수 있었던 귀중한 혈세가 낭비되고, 고향을 사랑했던 지역주민들의 마음은 회복될 수 없을 만큼 상처받는다. 경쟁에서 승리한 지방자치단체도 낙관적인 사업계획과 무분별한 투자로 '승자의 저주'에 빠지기 일쑤다. 중앙정부도 정책 추진의 초기에는 배분권한을 행사하는 권력을 누리지만 정책이 실현단계에 이를수록 예상하지 못했던 문제들과 사회적인 분열로 후유증 수습에 급급해진다. 우리는 혁신도시와 기업도시, 창조경제혁신센터와 태권도 공원 조성사업에서 이러한 현상들을 지켜보았다. 이제는 중앙정부가 정책을 내세우고 지방자치단체가 무분별하게 달려드는 '중앙정부 시혜-지역 파워게임'의 프레임을 벗어날 때가 되었다.

우리나라의 지방자치제가 중앙정부의 대폭적인 권한이양이 이루어진 광역권 지방자치제였다면 상황은 다르게 전개되었을 것이다. 충청권, 전라권, 대경권, 동남권 등 인구가 오백만명 이상인 광역권 지자체는 광역 생활권을 형성하는 자립 경제권역으로 기능하기 때문에 중앙정부의 시혜적 정책에 대한 요구가 낮아진다. 광역권 지자체의 행정구역에 필요한 중앙정부의 정책 추진도 '광역권 지방자치단체 협의회'[45]를 통해 광역권 지자체 간 합의에 도달할 가능성이 높아진다. 태권도 공원 조성사업과 같이 우리나라에 필요한 중앙정부의 정책은 광역권 지자체 협의회를 통해 선정기준과 절차를 결정하고, 필요하다면 광역권 지자체 내부의 의사결정 체제를 통해 후보지들을 조정하면서 유치경쟁이 순화되고, 선정 후 후유증도 최소화될 수 있다.

충청권, 전라권, 대경권, 동남권 등 광역권 지자체는 관할 행정구역에 대전시, 광주시, 대구시, 부산시, 울산시와 같은 대도시를 중심으로 대도시 주변의 중소도시와 농촌지역이 포함된다. 광역권 지자체는 17개 광역시·도로 이루어진 현재의 광역시도 체제에 비해 인구와 경제규모, 산업기반이 커지고 균형적이어서 자체적인 대도시권역의 관점에서 지역 균형발전정책을 수립하고 추진할 수 있다. 이러한 지역특성에 기반한 광역권 지자체의 정책들은 정권교체에 따라 추진력에 부침이 있는 현재의 중앙정부 정책보다 실패할 확률이 적다. 광역권 지자체도 여야 정치세력의 교체가 발생하지만 현재보다 여야 간 균형적이고 선진화된 광역의회 체제가 뒷받침된다면 지역특성이 충분히 반영된 광역권 지자체 정책은 근간이 흔들리거나 대폭적인 수정이 어렵다. 따라서 정책 실패로 인한 자원낭비나 사회갈등을 줄일 수 있다.

광역권 지방자치제는 현재 추진되고 있는 지역균형발전 정책의 문제를 완화하는데도 기여한다. 이전공공기관의 지역인력 고용제도가 대표적인 사례다. 이전공공기관들은 2022년 이후 전체 채용인원 중에서 지역인재 채용이 30%이상 되어야 한다. LH공사의 경우 경상남도에서 대학을 나온 사람들을 30%이상 채용해야 하는 것이다. 이 제도가 지속될 경우 이전공공기관 모두에게 지역파벌이라는 새로운 문제가 발생할 수 있다. 우리나라가 광역권 지방자치제로 전환되면 LH공사에서 지역인력 고용제도가 적용되는 지역이 현재의 경상남도에 부산광역시와 울산광역시가 포함된다. 인재 선발범위가 확대되는 것이다.

지역 균형발전을 추구하는 지역인력 고용제도의 취지를 살리는 더 바람직한 방향은 현재와 같이 이전지역에서만 30%를 선발하기 보다는 지역별로 고르게 인재를 선발하는 것이다. LH공사와 같이 전국에 걸쳐 지역본부가 있는 공공기관은 일정규모를 지역별로 선발하는 것을 말한다. 광역권 지방자치제에서는 현재보다 광역 지자체의 숫자가 줄어들기 때문에 대상 공공기관을 모두 포함해 합의에 도달하기가 쉬워진다. 지방대학 졸업생들도 대상 공공기관 선택범위가 확대되기 때문에 특정 공공기관에 의존하는 것보다 바람직하다. 4차 산업혁명의 여파로 공공부문 개혁이 필요할 때에도 후유증을 최소화할 수 있다. 우리나라 공공부문의 미래를 위한 새로운 관점이 필요할 때다.

〈혁신도시 개요〉

시·도	기능군	면적 (천㎡)	인구 (천명)	사업비 (억원)	이전 기관	이전인원 (명)	시행자
부산	해양수산, 금융산업, 영화진흥 등	935	7	4,127	13개	3,122	부산도시
대구	산업진흥, 교육·학술진흥, 가스산업 등	4,216	22	14,501	11개	3,438	LH
광주·전남	전력산업	7,361	49	14,175	16개	6,923	LH 등
울산	에너지산업, 근로복지, 산업안전 등	2,991	20	10,390	9개	3,148	LH
강원	광업진흥, 건강생명, 관광 등	3,585	31	8,396	12개	6,113	:LH, 원주시
충북	정보통신, 인력개발, 과학기술 등	6,899	39	9,969	11개	3,116	LH
전북	국토개발관리, 농업생명, 식품연구 등	9,852	29	15,229	12개	5,300	LH, 전북개발
경북	도로교통, 농업기술혁신, 식품연구 등	3,812	27	8,676	12개	5,561	LH, 경북개발
경남	주택건설, 중소기업진흥, 국민연금 등	4,093	38	10,577	11개	3,999	LH, 경남개발
제주	국제교류, 교육연수, 국세관리 등	1,135	5	2,939	8개	717	LH

※ 출처: 국토교통부 혁신도시발전추진단, 2018, 「혁신도시별 사업추진 현황」.
김재환·정도영·김민창, 2018, 「지방이전 공공기관의 지역정착 실태와 향후 보완과제」, 입법정책보고서 vol. 9, 국회입법조사처.

〈기업도시 개요〉

구분	지식기반		산업교역	관광레저		
	충주	원주	무안	태안	무주	영암·해남
사업 면적 (만㎡)	701	529	1,773	1,464	767	3,445
계획 인구(인)	25,000	55,000	53,700	15,800	10,000	20,945
사업 기간	'07~ 12'	'07~ 15'	'06~ 15'	'07~ 14'	'08~ 17'	'06~ 25'
사업비 (억원)	5,966	9,437	15,274	11,462	4,494	20,945
사업자	충주기업도시(주)	㈜원주기업도시	한중미래도시개발(주) 등	현대도시개발(주)	무주기업도시㈜	서남해안레저㈜ 등
주요 시설	산업용지, 연구 시설 등	산업용지, 연구 시설 등	항공물류, 제조업 등	골프장, 테마파크, 복합단지	레저휴양지구	골프장, F1경기장, 휴양단지
추진 현황	·준공('12.12) ·80.5%분양 ·14개사 입주	·착공('08.7) ·공정률 56% ·3개사 입주	·지정해제('13.2)	·착공('07.10) ·공정률 24.1% ·골프장 2개 운영	·지정해제('11.1)	·계획승인 및 착공 ·부지조성 공사 중
소관 부처	국토부			문광부		

※ 출처: 국토교통부, 2014, 『기업참여 확대를 위한 기업도시 제도개선 연구』.
장경석, 2011, 「기업도시 개발사업의 추진현황과 과제」, 『이슈와 논점』 202호. 국회입법조사처.

※영암·해남 기업도시의 사업비는 2015년 12월 15일 국토부 보도자료를 참조함

〈창조경제혁신센터 개요〉

구 분	분 야	참여 대기업
강원창조경제혁신센터	빅데이터	네이버
경기창조경제혁신센터	IoT, 게임, 핀테크	케이티(KT)
경남창조경제혁신센터	기계장비	두산
경북창조경제혁신센터	IT, 스마트팩토리	삼성
광주창조경제혁신센터	자동차, 수소연료전자	현대차그룹
대구창조경제혁신센터	IT, 전자, 섬유	삼성
대전창조경제혁신센터	기술사업화	에스케이(SK)
부산창조경제혁신센터	유통, IoT, 영화	롯데
서울창조경제혁신센터	문화, 도시라이프	씨제이(CJ)
세종창조경제혁신센터	ICT, 스마트농업	에스케이(SK)
울산창조경제혁신센터	조선, 의료기기	현대중공업
인천창조경제혁신센터	스마트 물류, IoT	한진, 케이티(KT)
전남창조경제혁신센터	농수산식품	지에스(GS)
전북창조경제혁신센터	탄소섬유	효성
제주창조경제혁신센터	문화, 소프트웨어. IT, 관광	카카오, 아모레퍼시픽
충남창조경제혁신센터	태양광에너지	한화
충북창조경제혁신센터	바이오, 뷰티	엘지(LG)
포항창조경제혁신센터	에너지, 소재	포스코
빛가람창조경제혁신센터	에너지 사업	한국전력

※ 출처: 창조경제혁신센터 홈페이지(https://ccei.creativekorea.or.kr/)

1) 2000년에 발간된 제4차 국토종합계획에서 2020년까지 건설을 목표로 한 격자형 고속도로망이다. 계획의 목적은 전국 어디서나 30분 내에 고속 간선망으로 접근할 수 있도록 남북축 7개, 동서축 9개의 고속도로를 건설하는 것이다.

2) 김재환 · 정도영 · 김민창, 2018, 『지방이전 공공기관의 지역정착 실태와 향후 보완과제』, 입법 · 정책보고서 Vol. 9, 국회입법조사처

3) 직원이 한 지역의 근무지에서 일정기간을 근무하면 다른 지역으로 이동시키는 제도를 말한다.

4) 수도권에서 수도권이 아닌 지역으로 이전하는 공공기관을 말한다.

5) 국토교통부 지원정책과-422('17.03.24) 「지방이전 공공기관 숙소 및 사택 기준」

6) 한국토지주택공사, 2014, 『한국토지주택공사 2014~2017년 부채감축계획(안)』의 부채감축계획 자료 참조.

7) 김재환 · 정도영 · 김민창, 2018, 『지방이전 공공기관의 지역정착 실태와 향후 보완과제』, 입법 · 정책보고서 Vol. 9, 국회입법조사처 자료를 참고하였으며 총 이전대상 직원 39,195명 중 정년퇴직을 제외하고 8,919명이 자발적으로 퇴직했다.

8) 국토교통부는 2007년 1월 「공공기관 지방이전에 따른 혁신도시 건설 및 지원에 관한 특별법(혁신도시법)」을 제정했다. 혁신도시법은 2013년 3월 개정(법률 제11651호)되면서 제29조2(이전공공기관의 지역인력 고용) 조항이 신설되었다.

9) 김재환, 2017, 「이전공공기관 지역인재 채용제도의 현황과 발전방안」, 『이슈와 논점』 제1375호, 국회입법조사처 자료를 참고

10) 통계청 KOSIS의 2017년 주민등록인구통계와 지적통계, 2016년 전국사업체조사 자료를 활용해 산정함.

11) 정부는 법적 근거를 마련하기 위해 2004년 1월 국가균형발전특별법(국가균형발전법)을, 2007

년 1월 「공공기관 지방이전에 따른 혁신도시 건설 및 지원에 관한 특별법(혁신도시법)」을 각각 제정했다. 「공공기관 지방이전에 따른 혁신도시 건설 및 지원에 관한 특별법」은 2017년 12월 「혁신도시 조성 및 발전에 관한 특별법」으로 법률 명칭을 변경하였다.

12) 농림식품기술기획평가원은 광주・전남 혁신도시로 2018년 12월 이전할 예정이고, 한국에너지공단은 울산 혁신도시로 2019년 3월에, 한국과학기술기획평가원은 충북 혁신도시로 2019년 12월에 각각 이전할 예정이다.

13) 세계경제를 선도하고 경제정책을 조정하기 위해 1976년 이후 매년 재무장관회의와 정상회담을 하는 미국, 일본, 영국, 프랑스, 독일, 이탈리아, 캐나다 등 7개 국가의 모임을 말한다. 1997~2014년 동안 정치분야에서 러시아가 참여했었다.

14) G7국가 중 미국과 독일, 캐나다는 연방제국가다. 영국은 잉글랜드, 스코틀랜드, 웨일스, 북아일랜드의 4개 구성국으로 이루어진 연합국가다. 이탈리아는 지방자치가 강해 상원・하원에서 과반을 점유하는 정당이 없어 20개 내외의 정당이 연합해 정부를 구성하며 지역별로도 40여 개의 지역주의 정당이 있는 국가다. 프랑스와 일본은 중앙집권적 특성이 강했으나 최근 들어 지방분권을 강화하고 있다. 이 내용은 9장에서 자세하게 다룬다.

15) 관계부처 합동, 2018, 『혁신도시 시즌2 추진방안』, 국토교통부 외.

16) 김재환・정도영・김민창, 2018, 『지방이전 공공기관의 지역정착 실태와 향후 보완과제』, 입법・정책보고서 Vol. 9, 국회입법조사처 자료 참고.

17) 부산의 혁신도시는 해양수산・금융산업・영화진흥을, 대구는 산업진흥・교육학술진흥・가스산업을 고려해 배치했다. 광주・전남은 전력산업을 중시해 한전과 유관기관을 이주시켰다. 울산은 에너지산업・근로복지・산업안전을, 강원은 광업진흥・건강생명・관광을 강조했다. 충북은 정보통신・인력개발・과학기술을, 전북은 국토개발관리・농업생명・식품연구를, 경북은 도로교통・농업기술혁신・식품연구를 중시했다. 경남은 주택건설・중소기업 진흥・국민연금을, 제주는 국제교류・교육연수・국세관리를 배치했다.

18) 조성호, 2018, 「21세기 선진 국가경영시스템 : 중앙집권을 넘어 지방분권체제로」, 『이슈&진단』 No. 314, 경기연구원 자료 참고.

19) 국토환경지식정보, http://www.neins.go.kr/ltr/balanceddevelopment/doc01b.asp. 와 국토교통부, 2014, 『기업참여 확대를 위한 기업도시 제도개선 연구』를 참고.

20) 기업도시특별법 제2조는 기업도시를 제조업과 교역 위주의 산업교역형 기업도시, 연구개발 위주의 지식기반형 기업도시, 관광・레저・문화 위주의 관광레저형 기업도시, 지방이전 공공기관을 수용하여 지역혁신의 거점이 되는 혁신거점형 기업도시의 네 가지 유형으로 분류했다.

21) 관광레저형은 총 5개 지자체로 전남 해남・영암은 3,032만평 규모이며 참여기업은 전경련, 관광공사 컨소시엄, 전남개발컨소시엄이다. 충남 태안은 473만평이며 참여기업은 현대건설이고, 전북 무주는 249만평이며 참여기업은 대한전선이다. 경남 사천은 200만평이며 참여기업은 IBN관광레저개발이고, 경남 하동・전남 광양은 841만평이며 참여기업은 동서화합개발(주)이다. 산업교역형은 전남 무안만 신청했고, 1,400만평 규모로 참여기업은 서우(주), 남화산업, 무안기업이다. 지식기반형은 총 2개 지자체로 충북 충주는 210만평이며 이수화학, 임광토건 등이고, 강원 원주는 100만평이며 참여기업은 롯데건설, 국민은행 등이다. 허종식, 2005, 「기업도시 시범사업 8곳 신청」, 한겨레신문 2005년 4월 15일자 기사 참조.

22) 관광레저형으로 전북 무주가 처음 선정되었고, 산업교역형으로 전남 무안이, 지식기반형으로 충북 충주와 강원 원주가 선정되었다. 한 달 후에 관광레저형으로 신청한 전남 해남・영암과 충남 태안이 추가로 선정되었다.

23) 전라북도, 2005, 「무주 관광레저기업도시 유치」 보도자료 참고.

24) 원종태, 2005, 「해남・영암, 태안 관광레저형 기업도시개발(종합)」, 머니투데이 2005년 8월 25일자 기사 참고. 2010년 말을 기준으로 최종적으로 수립된 기업도시 계획은 7장의 끝에 별도로 제시했다.

25) 인플레이션을 우려할 만큼 과열되지도 않고, 경기 침체를 우려할 만큼 냉각되지도 않은 경제 상태를 의미한다. '골디락스와 세 마리 곰'이라는 영국의 전래동화에서 유래했으며 UCLA대학의 객원연구원이자 앤더슨 포캐스트 수석 경제학자인 데이비드 슐먼(David Shulman)이 경제학 분야에서 '신경제'라는 용어와 함께 처음으로 사용했다. 생산성 향상, 저금리 등으로 물가가 지속적으로 안정되고 소비가 확대되어 실업률이 하락하고, 주가가 상승해 GDP가 성장하는 현상이다.

26) 하성덕 · 김진범 · 서관호, 2007, 『기업도시 제도개선을 위한 연구』, 국토연구원.

27) 정경민 · 안장원 · 윤창희, 2007, 「"임기 내 말뚝 박겠다"강행, 기업 없는 기업도시 우려」, 중앙일보 2007년 10월 25일자 기사와 김창우 · 심재우 · 한애란, 2007, 「기업이 도시를 만든다」, 중앙일보 2007년 10월 31일자 기사.

28) 고기정, 2008, 「"기업도시 성공 확률 산업단지보다 낮아"」, 동아일보 2008년 9월 8일자 기사.

29) 김현 · 송형석 · 하인식 · 최성국, 2008, 「"기업도시 착공은 하는데 온다던 회사는 안오고..."」, 한국경제신문 2008년 11월 24일자 기사.

30) 홍원상, 2008, 「[기업도시] 명분만 좋다 대부분 허허벌판」, 조선일보 2008년 12월 11일자 기사.

31) 이은아, 2009, 「내팽개쳐진 기업도시」, 매일경제신문 2009년 6월 16일자 기사.

32) 장경석, 2011, 「기업도시 개발사업의 추진현황과 과제」, 『이슈와 논점』 202호, 국회입법조사처.

33) 김진범 · 이동우 · 류승한, 2013, 『기업도시정책의 성과와 한계 및 발전방향』, 국토연구원.

34) 전국경제인연합회, 2013, 『기업도시 사업의 문제점과 개선방안』.

35) 국토교통부, 2015, 「광역시충청권에도 기업도시 개발된다」, 국토교통부 2015년 1월 29일 보도자료.

36) 김진범 · 이동우 · 류승한, 2014, 『기업참여 확대를 위한 기업도시 제도개선 연구』, 국토교통부.

37) 장영은 외, 2016, 「창조경제혁신센터 '최순실 쇼크'에 줄줄이 좌초 위기」, 연합뉴스 2016년 11월 29일자 기사 참조.

38) 양지혜 · 조유미 · 천민아, 2017, 「'창조'사라지는 창조센터...입주 스타트업은 술렁」, 조선일보 2017년 8월 1일자 기사 참조.

39) 박순빈, 2017, 「'계륵'신세된 창조경제혁신센터」, 한겨레 2017년 8월 20일자 기사 참조.

40) 김은경, 2018, 「'창조경제 민관협의회 폐지'...박근혜정부 창조경제 흔적 지운다」, 연합뉴스 2018년 7월 29일자 기사 참조.

41) 김성훈, 2018, 「박근혜 '창조경제혁신센터'도 채용비리, 5년간 57건」, 국민일보 2018년 10월 26일자 기사 참조.

42) 곽보현, 1996, 「國技태권도 성전 건립 본격추진」, 중앙일보 1996년 12월 27일자 기사 참조.

43) 손장환, 1998, 「평창에 태권도공원 조성...문화관광부 업무보고」, 중앙일보 1998년 4월 18일자 기사 참조.

44) 이현상, 2000, 「자치단체들 "태권도 공원 유치"한판승부」, 중앙일보 2000년 7월 29일자 기사 참조.

45) 지방자치법 제152조에 의해 광역권 지방자치단체가 참여하는 '행정협의회'를 구성할 수 있다.

8. 지역발전에 부합하지 못하는 계획체계

광역권 시대를 맞이하는 계획제도의 현실

성탄절이 일주일 정도 남은 2018년 12월 17일 오후 서울시 명동의 경성우편국 터에 위치한 포스트타워의 10층 대회의실에서는 2시가 가까워오자 사람들이 입장하면서 어느새 150여명이 제법 북적이고 있었다. 대회의실 뒤쪽에 행사를 촬영하는 카메라들이 설치되고, 연말임에도 불구하고 150석인 행사장 자리가 거의 찼다. 오후 2시 정각에 사회자가 행사 시작을 선언했다. 서울시 · 인천시 · 경기도 지역을 대상으로 행정구역의 경계를 초월한 '광역적 도시관리체계'를 논의하기 위한 정책토론회가 시작된 것이다. 행사의 정식 명칭은 '대도시권 계획체계 구축의 필요성과 전략'을 주제로 하는 「대도시권 계획체계 구축방안 정책토론회」였다. (사)대한국토 · 도시계획학회가 주최하고 서울특별시가 후원하는 행사다. 이번 장에서 다루는 사항은 이 토론회에서 논의되었던 대도시권을 대상으로 하는 계획과 계획수립 주체인 행정기구다.

첫 번째로 단상에 선 대한국토 · 도시계획학회 정창무 회장은 소설가 이호철이 동아일보에 연재했던 <서울은 만원이다>라는 소설 제목으로 개회사를 시작했다. 정창무 회장은 <서울은 만원이다>가 게재되었던 1966년 당시 서울인구는 379만 명이었고, 수도권에서는 690만 명이 살았는데 2018년 서울이 972만 명, 수도권은 2500만 명이 넘어 수도권 인구가 50여 년 전에 비해 3.7배로 성장했다고 말했다. 그리고 오늘 토론회의 주제는 지방자치제도가 시행될 때부터 도시 계획가들에게 숙제로 던져진 것이며 수십 년 동안 제대로 된 해법을 찾지 못한 내용이라고 했다. 개회사 말미에 그는 이 행사가 아직도 오십여 년 전의 헌 옷 그대로인 대도시권 계획체계를 새롭게 강구하기 위한 방안을 공론화하는 첫 단추가 되기를 소망한다고 말했다. 행사는 서울시와 서울시의회 인사들의 축사와 한 시간 십오 분에 걸친 세 건의 주제발표, 한 시간의 토론으로 이어졌다. 많은 참석자들이 끝까지 자리를 지킨 보기 드문 행사였다.

정책 토론회의 핵심이었던 세 사람의 주제발표는 도시의 광역화, 광역교통위원회 추진, 대도시권 계획체계 구축방안에 대한 것이었다. 첫 번째 발표자인 한양대 이수기 교수는 「도시의 광역화와 광역도시구조」라는 주제로 대도시권의 개념과 서울 대도시권의 광역화 현상에 대해 인구와 주택, 통근거리와 통행량, 교통수단 분담과 이산화탄소 발생량과 같은 다양한 자료를 가지고 설명했다. 그리고 대도시권 광역화 수준과 해외의 대응사례로 미국 뉴욕과 영국 런던, 일본 도쿄를 제시했다. 그는 광역계획의 틀에서 위계별 중심지와 생활권 설정, 중심지 간 연결성 증대가 필요하다고 결론지었다.

두 번째 발표자인 한국교통연구원 모창환 박사는 「대도시권 광역화와 광역교통위원회의 발전방향」을 주제로 수도권, 부산・울산권, 대전・세종권, 대구권, 광주권을 대상으로 대도시권 광역교통 현황과 문제점을 제시하면서 현재 정부에서 추진하고 있는 광역교통위원회의 내용과 진행사항에 대해 설명했다. 그리고 미국 워싱턴,

포틀랜드, 일리노이 대도시권의 광역교통행정기구와 광역계획기구 간 관계를 소개하고, 광역교통위원회의 발전방향을 제시했다.

세 번째 발표자인 서울시립대 우명제 교수는 「대도시권계획체계 구축방안」을 주제로 대도시권 계획의 필요성을 제기했다. 우리나라 대도시권계획의 현황과 계획 내용을 정리해 발표했고, 관련법령과 국내 연구동향을 설명했다. 미국, 영국, 프랑스, 일본의 사례를 통해 해외에서 적용하고 있는 대도시권 범위에 대한 기준과 대도시권 계획의 주요내용을 제시하고, 대도시권계획의 운영체계를 유형별로 해외사례를 정리해 발표했다. 결론에서는 우리나라 대도시권 계획의 공간범위와 수립방향, 운영체계의 쟁점사항을 제시했다.

다음날 언론은 이 행사에서 서울·경기·인천 지역은 '공동 생활권'을 이루기 때문에 도시 경쟁력을 강화하기 위해 하나의 대도시처럼 통합 관리해야 한다는 주장이 제기되었다고 보도했다.[1] 선진국에서는 공동 생활권을 이루는 '대도시권'을 국가 경쟁력을 견인하는 핵심주체로 보고 이를 지원·관리하기 위해 별도의 정책기구와 제도를 만드는 추세라고 했다. 그러나 국내에서는 대도시권을 지원하기 위한 제도나 기구가 없어 정책 효율성이 떨어지고 사회적 비용이 낭비되고 있다고도 했다. 기사 말미에서는 우명제 교수의 발표를 토대로 '광역교통체계 마련, 기후변화 대응, 주택공급 문제 등은 기존 행정구역 위주의 도시 관리로는 해결이 어렵기' 때문에 "광역 이슈에 대응하는 대도시권 관리 기구를 만들어 중장기적으로 행정기구로 승격하는 방안을 검토해야 한다"고 정책 토론회의 참석자들이 주장하는 사항을 정리했다. 우리나라의 대도시권 계획과 기구에 대한 이러한 주장은 상당부분 맞지만 틀린 부분도 있다. 이제 대도시권 계획과 기구에 대한 현행 제도를 하나씩 살펴보면서 우리의 제도가 가지고 있는 문제들과 정책 토론자들의 주장을 검증해보자.

현재 우리나라에 국토·도시 관점에서 대도시권을 다루는 계획제도가 있을까? 유사한 계획제도가 있다. 그것도 세 개 또는 네 개씩이나 된다! 첫 번째는 '광역도시계획'이고, 두 번째는 '수도권정비계획'이다. 포함하기에 약간 애매한 세 번째 계획은 '도종합계획'이다. 네 번째는 최근의 법제도 개편으로 「지역 개발 및 지원에 관한 법률」이 제정되면서 새롭게 도입된 '지역개발계획'이다.[2] 네 가지 계획에 대해 자세하게 살펴보기 전에 여러분의 이해를 돕기 위해 우리나라의 국토·도시 계획제도를 간단하게 설명하겠다. 2002년 2월 제정된 「국토기본법」은 제6조의 법조항을 통해 우리나라의 국토·도시 계획을 다섯 가지 유형으로 규정했다. 위에서 아래까지 단계별로는 국토 전역을 대상으로 하는 '국토종합계획'과 도·특별자치도를 대상으로 하는 '도종합계획', 특별시·광역시·시 또는 군을 대상으로 하는 '시·군종합계획'의 세 가지 계획이 있다. 여기에 특정지역을 대상으로 특정 정책목적을 위해 수립하는 '지역계획'과 국토 전역이 대상이나 교통·주거·수자원 등 특정 부문을 다루는 '부문별계획'을 포함하면 모두 다섯 개가 된다.

이제 「국토기본법」에서 대도시권 계획과 관련된 것들을 추려보자. 대도시권은 국토의 일부이기 때문에 '국토종합계획'과 '부문별계획'은 대도시권 계획에 부합하지 않는다. '시·군종합계획'은 대도시권의 시 또는 군 지역만 다루기 때문에 역시 제외된다. 현재의 「국토기본법 시행령(대통령령 제29414호)」 제5조에 의하면 경기도[3]와 제주특별자치도[4]를 제외한 일곱 개 도청은 도종합계획을 수립해야 한다. 도종합계획에서는 청주, 천안, 전주, 구미, 포항 등 중견도시를 중심으로 한 생활권을 계획에 반영하지만 특별시와 광역시가 계획 대상에서 제외되기 때문에 진정한 의미의 대도시권 계획이라고 말할 수 없다. 이제 「국토기본법」에서는 '지역계획'만 남았다.

우리나라에서 법적으로 '지역계획'이라고 말하는 계획들에는 어떤 것들이 있을까? 「국토기본법」 제16조에서는 '지역계획'을 '수도권 발전계획'과 '지역개발계획', 그리고 '다른 법률에 따라 수립하는 지역계획'으로 구분한다고 명시하고 있다.[5] 그러나 구체적인 대상은 「국토기본법 시행령」의 <별표 : 국토계획평가 대상 및 국토계획평가 요청서의 제출 시기>에서 세 가지 계획을 제시하고 있다. '광역도시계획'[6]과 '수도권정비계획'[7], '해안권 및 내륙권 발전종합계획'[8]이다.[9] <별표>에서는 제외되었지만 「국토기본법」과 「지역개발 및 지원에 관한 법률」에 의한 '지역개발계획'을 포함하면 네 개다. 이 단계에서 여러분들은 우리나라에 비슷비슷한 법들이 왜 이렇게 많고, 뭐가 그렇게 복잡하냐고 불평할 수 있다. 이 분야를 공부하는 학생들도 그런 불평을 토로하기 때문에 충분히 이해한다. 이제 종착지에 거의 다가섰다. '해안권 및 내륙권 발전종합계획'은 동해안・서해안・남해안선에 연접한 기초지자체나 해안권과는 별도로 내륙에 위치한 지자체를 대상으로 경제권과 국제 관광, 국제 행사 등을 위해 수립하는 계획이므로 대도시권 계획의 취지에 부합하지 않는다. 드디어 '광역도시계획'과 '수도권정비계획', '지역개발계획'만 남았다. 이 세 계획이 우리의 분석대상이다.

'광역도시계획'은 1991년 12월 「도시계획법(법률 제4427호)」이 개정되면서 도입된 제도다. 1999년 9월 정부는 「광역도시계획수립지침」을 작성해 수립내용을 규정하였고, 2000년 1월 도시계획제도를 개편하면서 20년 장기계획으로 수립하도록 했다. 2002년 2월 정부가 「도시계획법」과 「국토이용관리법」을 통합해 2003년 1월부터 시행되는 「국토의 계획 및 이용에 관한 법률(법률 제6655호)」을 제정하면서 광역도시계획이 체계화되었다. 2019년 2월부터 시행되는 「국토의 계획 및 이용에 관한 법률」에서는 도시계획을 '광역도시계획'과 '도시・군계획', '지구단위계획'으로 위계화[10] 했다.

'광역도시계획'은 '인접한 두 개 이상의 특별시・광역시・특별자치시・특별자치도・시 또는 군의 행정구역에 대하여 장기적인 발전방향을 제시하거나 공간구조・기능을 상호 연계시키고, 환경을 보전하며 광역시설을 체계적으로 정비하기 위해 광역계획권을 지정해 수립하는 20년 단위의 지침적인 장기계획'이다. 광역도시계획은 도시계획체계에서 최상위 계획이며 국토교통부장관, 광역시・도지사, 시장 또는 군수가 수립한다. 광역도시계획은 계획의 목표와 전략에 따라 광역계획권의 현황과 특성을 조사해 주요지표를 제시하고, 생활권을 설정하는 계획이다. 광역도시계획은 광역계획권의 공간구조와 기능 분담, 토지이용계획과 문화・여가 공간계획, 교통 및 물류유통체계, 녹지관리체계와 환경 보전, 광역시설의 배치・규모・설치, 경관계획과 방재계획, 개발제한구역의 조정, 집행 및 관리계획을 포함한다.[11] 광역도시계획의 수립 대상권역은 현재 열한 개이며 세부사항은 뒤에 첨부했다.

법적으로는 광역도시계획이 공간구조, 토지이용, 교통, 녹지, 광역시설 등 많은 사항을 다룬다고 했는데 이 계획을 수립하는 진정한 목적은 무엇일까? 「광역도시계획 수립지침」과 기존에 수립된 광역도시계획들을 살펴보면 계획의 목적이 '개발제한구역(그린벨트)을 조정'하기 위한 것임을 알 수 있다. 즉 광역도시계획은 국책사업이나 지역현안사업과 같이 국가적, 광역적인 사업을 정부가 실행하기 위해 필요한 땅을 확보할 수 있도록 그린벨트를 해제하기 위한 것이다. 정부는 계획을 통해 개발제한구역을 해제하고 국민임대주택단지, 고속철도 역세권 개발사업을 추진한다. 이 계획에서는 개발제한구역의 해제규모를 결정하기 위해 보전가치가 낮거나 국책사업·지역현안사업 대상지를 우선해제 또는 조정가능지역으로 구분한 후 개발수요를 검토해 구체적인 개발계획을 수립하고 대상지를 해제한다. 개발제한구역을 조정할 때는 대상 시·군별로 조정기준 총량을 산정하고, 조정유형별 기준을 설정해 결정한다.

2018년 국토교통부는 광역도시계획을 새롭게 수립하기 위해 「광역도시계획 수립지침」을 개정했다. 개정이유는 인구감소·저성장 시대에 질적·효율적 성장을 추구하는 압축성장 패러다임을 기반으로 확장적인 신규개발은 지양하고, 도시재생 등을 통해 기존의 생활·경제거점을 중심으로 개편하기 위해서였다. 그러나 '개발제한구역의 조정'사항에는 변동이 없어 과거 계획과 비교해서 광역도시계획의 역할이 크게 변화하지는 않을 것이다. 광역도시계획의 수립사항에 토지이용계획, 교통 및 물류유통체계, 광역시설계획, 녹지관리계획, 환경보전계획 등이 있지만 세부내용은 기본구상 수준이며 다른 계획에서 차용하기도 했다. 광역적 인구이동과 통근행태 대처, 주택 공급, 수자원과 미세먼지 관리 등과 같이 최근에 제기되고 있는 광역적 차원에서의 이슈는 다루지 않는다. 이런 이슈들을 다루는 다른 광역적 계획들과의 연계성도 명확하지 않다. 이것이 현행 광역도시계획의 문제이며 한계다. 개선이 필요한 상항이다.

다음 분석대상은 '수도권정비계획'이다. 이 계획은 1982년 12월 제정된 「수도권정비계획법」[12]에 의해 서울특별시, 인천광역시, 경기도와 관련되는 중앙행정기관의 의견을 수렴해 국토교통부장관이 입안하고, 수도권정비위원회와 국무회의의 심의를 거쳐 대통령의 승인을 받아 결정한다. 수도권정비계획은 법률의 목적을 보면 왜 수립하는지 명확하게 알 수 있다. 「수도권정비계획법」 제1조는 '수도권 정비에 관한 종합적인 계획의 수립과 시행에 필요한 사항을 정함으로써 수도권에 과도하게 집중된 인구와 산업을 적정하게 배치하도록 유도하여 수도권을 질서 있게 정비하고 균형 있게 발전시키는 것'이라고 그 목적을 명기하고 있다. 즉 수도권정비계획은 수도권에 인구와 산업이 집중하지 않도록 억제하고, 과밀지역에 거주하고 있는 인구와 입지한 산업이 저밀지역으로 이동할 수 있도록 유도하기 위해 존재한다. 수도권정비계획은 이러한 목적을 수행하기 위해 국토종합계획을 기본으로 수도권 정비의 기본방향, 인구 및 산업의 배치, 권역의 구분 및 정비방향, 광역시설의 정비 등에 관한 기본적인 사항을 정하는 규제적인 성격의 계획인 것이다.

수도권정비계획법과 수도권정비계획은 어떻게 이러한 규제 임무를 수행할까? 다섯 가지 방안을 통해서 한다. 첫 번째 방안은 권역제도를 통해서다. 권역제도란 수도권을 과밀억제권역, 성장관리권역, 자연보전권역의 세 개 권역으로 구분하고, 각 권역별로 정비전략을 다르게 작성해 사업 승인, 입지허용, 조세 등에 대해 차등적으로 규제를 실시하는 것이다. 과밀억제권역은 강한 규제를 적용해 인구와 산업의 과밀화를 방지하고, 성장관리권역으로 이전하도록 한다. 성장관리권역에서는 과밀억제권역으로부터 이전하는 인구와 산업을 계획적으로 유치하고 개발을 적정하게 관리해 자족기반을 확충한다. 자연보전권역에서는 한강 수계의 수질과 녹지 등 자연환경을 보전하는 정책을 실시한다. 서울시와 인천시 거의 대부분, 서울시와 인접한 경기도 시군을 포함하는 과밀억제권역의 면적은 약 2천㎢로 수도권 전체면적의 17.0%를 점유한다. 인천시 일부지역과 경기도 서부지역을 대상으로 하는 성장관리권역은 약 5.9천㎢로 수도권의 절반인 50.3%를 차지한다. 한강과 인접한 경기도 동부지역이 포함된 자연보전권역은 약 3.8㎢로 수도권의 삼분의 일인 32.7%에 달한다.

수도권 규제의 두 번째 방안은 대규모 개발사업을 제한하는 것이다. 규제가 적용되는 사업은 대규모로 거주와 인구이동이 발생하는 개발사업과 산업과 일자리가 영향 받는 개발사업, 관광·여가와 관련된 개발사업이다. 거주와 인구이동 개발사업에 관련된 규제는 백만㎡ 이상의 규모로 추진되는 택지조성사업과 도시개발사업, 지역개발사업에 적용된다.[13] 산업과 일자리 관련사업의 규제는 삼십만㎡ 이상의 공업용지 조성사업과 지역개발사업에 적용된다.[14] 관광·여가와 관련된 개발사업의 규제는 시설계획지구의 면적이 십만㎡ 이상의 관광지 조성사업과 지역개발사업에 적용된다.[15] 즉 규모가 일정 수준 이상 되는 개발사업은 과밀억제권역에서 허가되지 않으며 성장관리권역에서는 심의를 통해 허용여부를 결정한다. 자연보전권역에서는 개발사업이 원칙적으로 허용되지 않으나 국민경제의 발전과 공공복리의 증진을 위해서는 가능하다.

수도권 규제의 세 번째 방안은 공장에 대한 총량규제를 실시하는 것이다. 즉 수도권의 일자리를 규제한다. 국토교통부장관은 수도권 정비위원회의 심의를 거쳐 공장건축의 총 허용량 산출방식을 정하고, 삼년마다 광역시·도가 제출하는 기초자료를 참고하여 광역시·도별 총 허용량을 결정한다. 시·도지사는 총 허용량의 범위에서 연도별 배정계획을 수립해 국토교통부장관의 승인을 받고, 관할 시·군·구에 대한 연도별 총 허용량을 배정한다. 시·군·구는 연도별로 가능한 허용량의 한도 내에서 공장건축을 허가하고, 공장 총량관리대장을 작성해 공장 건축량을 월별로 광역시·도와 국토교통부에 보고한다. 상위기관은 배정한 지역별·연도별 총 허용량이 하위기관에서 지나치게 많이 소요될 경우 공장건축을 제한할 수 있으며 절차를 거쳐 총 허용량을 변경할 수도 있다.

수도권 규제의 네 번째 방안은 학교, 공장, 공공청사, 업무·판매·복합 건축물, 연수시설과 같은 인구집중 유발시설을 규제하는 것이다. 규제 대상이 되는 학교는 대학과 산업대학, 교육대학, 전문대학, 대학원대학 등이다. 학교는 대학의 신설·증설, 입학정원에 대해 총량을 정해 규제한다. 공장은 총량규제와 연면적 오백㎡ 이상 공장의 규제를 통해 신·증설을 억제한다. 많은 사람들이 이용하는 공공청사와 공공기관 사무소, 업무용·판매용·복합 건축물은 규모에 따라 권역별로 규제하며 사람들이 일시적으로 거주하거나 사람들의 왕래가 잦은 교육원, 직업훈련소 등의 연수시설도 해당된다.

인구집중 유발시설의 규제는 입지할 경우 사람들을 끌어들이고 사람들의 왕래가 빈번해지는 시설들은 수도권에 들어서기 어렵게 한다는 것이다. 인구집중 유발시설은 수도권에 있으면 다른 지역이 생존하기 어려우니 비수도권 지역에 입지하도록 하겠다는 말이다.

그래서 수도권에 거주하는 대학생들이 비수도권지역에 위치한 대학에 수 시간을 들여 장거리 통학을 한다. 대기업은 지방에 공장을 건설하기보다 해외에 공장을 신설한다. 수도권에 연접한 강원·충북·충남의 시·군은 주변지역보다 공장 밀집도가 높다. 업무·판매·복합 건축물과 연수시설의 인허가과정이 어려워 기업은 어려움을 겪는다. 그러나 공장총량제와 인구집중 유발시설 규제를 폐지하려는 그동안의 많은 시도들은 비수도권지역의 강한 반발에 부딪쳐 실패했다.

수도권 규제의 마지막 방안은 과밀부담금을 부과하는 것이다. 이 제도는 1994년 1월 「수도권정비계획법」을 개정하면서 물리적·직접적인 규제방법에서 인구집중 유발시설에 대해 과밀부담금을 부과하는 경제적·간접적인 규제방법으로 전환하기 위해 도입했다. 과밀부담금은 과밀억제권역을 대상으로 업무용 건축물, 판매용 건축물, 공공청사 등 인구집중 유발시설에 부과한다. 징수된 과밀부담금의 절반은 국고에 귀속되고, 나머지는 건축물이 입지한 시·도에 귀속되어 지역의 발전과 지방 육성을 위한 재원으로 활용된다. 부담금은 표준 건축비의 100분의 10을 기준으로 하며 부과일로부터 육 개월 이내에 납부해야 하며 감면이 가능하고, 이의신청도 가능하다.

수도권정비계획은 현재까지 세 번 수립되었다. 1984년 7월에 1차 수도권정비계획(1982~1996년)이, 1997년 6월에 2차 수도권정비계획(1997~2011년)이, 3차 수도권정비계획(2006~2020년)이 2006년 7월에 각각 수립되었다. 이 계획은 15년마다 수립하는 장기종합계획인 것이다. 2차 계획기간 중에 3차 계획을 수립한 이유는 참여정부에서 행정중심복합도시 건설, 공공기관 지방이전 등을 추진하고, 국가경쟁력 강화를 위해 수도권의 혁신이 요구되었기 때문이다. 그래서 참여정부는 2차 계획을 조기에 종료하고 새로운 수도권의 비전과 발전방향을 담은 3차 계획을 새롭게 수립했다. 제4차 국토종합계획 수정계획을 반영하고, 도시기본계획의 계획기간과 일치하기 위한 이유도 있었다.

계획은 목적을 달성했을까? 수도권의 억제 측면에서는 성공하지 못했다. 3차 계획을 실행하기 전인 2005년의 전국대비 수도권인구비는 48.1%였는데 2018년에는 49.8%로 1.8%가 증가했고, 수치로는 233만명이 된다. 동일기간 동안 비수도권지역의 인구 증가는 71만명에 불과해 수도권에서 세배 이상 인구가 증가했다. 2018년을 기준으로 수도권과 비수도권 간 인구격차는 23만명에 불과하다. 지난 14년 동안 연평균 12만명 정도 격차가 줄어들기 때문에 제4차 수도권정비계획이 적용되는 2021년에는 수도권인구가 비수도권을 넘어설 것이다. 계획이 거시적인 정책목표에 부합하지 못하고 있다.

수도권 내부의 인구균형 측면에서는 성과가 있다. 2005년 과밀억제권역의 인구는 19백만명으로 수도권 전체의 81.6%에 달했으나 2018년에는 불과 31만명만 증가해 수도권 인구비가 75.4%로 되면서 6.2%나 감소했다. 가장 수혜를 받은 지역은 성장관리권역으로 2005년 14.5%에서 2018년 20.1%로 거주인구가 179만명이나 증가했다. 자연보전권역은 2005년 3.9%에서 2018년 4.5%로 24만명이 증가해 정책의 목적을 어느 정도 달성했다. 결론적으로 수도권정비계획은 수도권 인구 억제가 아니라 수도권 내부의 인구 재배치 측면에서 기능하고 있다. 계획이 미시적인 정책목표를 위해 존재하는 것이다.

이제 '지역개발계획'의 차례다. 이 계획의 법적 근거인 「지역 개발 및 지원에 관한 법률」은 2014년 6월에 「신발전지역 육성을 위한 투자촉진 특별법」과 「지역균형개발 및 지방중소기업 육성에 관한 법률」을 통합해 제정한 것이다. 현행 '지역개발계획'의 문제를 지적하기 위해 먼저 폐지된 법률에서 규정했던 지역개발계획들에 대해 설명한다. 「신발전지역 육성을 위한 투자촉진 특별법」에서는 '신발전지역 종합발전계획'을 신발전지역과 그 인접 시·군을 광역적으로 연계하여 종합적·체계적으로 개발하고 투자를 촉진하기 위해 수립한다고 했다. '신발전지역 종합발전계획'은 시·군의 일부 지역을 대상으로 하기 때문에 여기에서는 분석대상에서 제외한다.

「지역균형개발 및 지방중소기업 육성에 관한 법률」에서는 '지역개발계획'을 도종합계획, 시군종합계획, 도시기본계획, 도시관리계획, 광역개발사업계획(광역개발계획), 특정지역개발계획, 개발촉진지구개발계획, 지역종합개발지구 개발계획의 여덟 가지 유형으로 구분했다. 앞에서 도종합계획은 대도시권 계획에 일부만 부합하며 다음 세 개의 계획은 대도시권 계획에 부합하지 않는다고 설명했기 때문에 제외한다. 뒤의 두 개 계획도 수립 대상지역이 1~3개의 시·군이기 때문에 대도시권 계획의 취지에 적합하지 않아 제외한다. 이제 남은 것은 광역개발사업계획(광역개발계획)과 특정지역개발계획이며 폐지되기 전의 지정사항에 대해서는 뒤에 자료를 첨부했다.

특정지역 개발계획은 지정면적이 500㎢ 이상이며 백제문화권, 동남내륙문화권, 가야문화권과 같이 두 개 이상의 광역시·도에 걸쳐 지정한 사례가 있기 때문에 규모로는 분석대상이 될 수 있다. 그러나 이 계획의 수립목적은 지역의 역사문화·경관자원을 활용·진흥하고 특정산업을 육성・활성화하기 위한 것이다. 지구를 지정하는 이유도 문화관광형과 같이 역사・문화자원 보전・정비 또는 관광자원 개발을 위해 지정하거나 산업전환지대형과 같이 산업 및 기반시설이 이전・쇠퇴하거나 지역의 부존자원고갈 등으로 지역경제 기반 구축이 필요해서, 특수입지형과 같이 자연재해로부터 항구적 복구・정비가 필요해서기 때문에 특정지역 개발계획을 도시권 계획이라고 말할 수 없다. 마지막으로 남은 것은 광역개발사업계획(광역개발계획)이다. 이 계획이 중요하다. 지금까지 논의했던 각종 계획 중에서 대도시권 계획에 가장 잘 부합한다. 그런데 법률이 개편되면서 이 계획을 대신해 수립된 '지역개발계획'이 문제다.

현재 새롭게 제정된 「지역 개발 및 지원에 관한 법률」에 따라 수립된 '지역개발계획'은 일곱 개다. 계획은 십년단위로 수립하며 유형은 발전촉진형과 거점육성형으로 구분된다.[16] 경상북도와 충청북도는 '발전촉전형 지역개발계획(2017~2026)'으로 수립해 2016년 12월에 승인받았다. 강원도와 충청남도, 전라북도, 전라남도, 경상남도는 '발전촉전형・거점육성형 지역개발계획(2018~2017)'을 수립해 2017년 12월에 모두 승인받았다. 계획내용은 도별로 낙후지역에 대한 지역별 발전목표와 전략, 구체적인 지역개발사업과 소요재원 조달방안을 포함한다. 계획에 반영되는 사업에는 재정지원과 세제・부담금 감면, 인허가 의제 등을 지원받을 수 있다. 발전촉진형에서는 지역개발사업에 대해 사전 타당성조사를 거쳐 국비를 지원한다.

독자들이 여기까지 따라오느라 고생이 많았을 것이다. 평생 처음 들어보는 법률과 계획들에 머릿속은 온통 혼란스럽고 뒤죽박죽되어

뭐가 뭔지 잘 모를 것이다. 이 절 마지막에 여러분의 이해를 위해 정리하려고 하니 조금만 더 기다려주기 바란다. 대도시권과 관련된 계획들은 지금까지가 끝이 아니다. 세 개의 계획이 더 있다. 모두 필요하기 때문에 이 계획들을 추가로 간단하게 설명하려고 한다. 첫 번째는 국가 균형발전을 위한 계획이다. 두 번째는 대도시권 교통에 대한 계획이다. 세 번째는 주택 및 주거에 관한 계획이다.

첫 번째로 다루는 대상은 「국가균형발전 특별법(법률 제15489호)」에 따라 작성되는 '시·도 발전계획'과 시·도 시행계획'이다. 법률에서 제시한 "기초생활권"과 "광역협력권"도 관련이 있어 함께 검토한다. '시·도 발전계획'은 광역시·도의 특성 있는 발전과 경쟁력 향상을 위하여 시·도지사가 오년 단위로 수립하는 계획이다. '시·도 시행계획'은 '시·도 발전계획'을 효율적으로 추진하기 위해 매년 수립하는 실행계획이다.[17] '시·도 발전계획'에서 도시권별로 정책을 제시하기 위해 권역이라는 개념이 사용되고 있으나 상당수의 계획에서 「국토기본법」에 의해 작성되는 '도종합계획'과 권역이 겹친다. 따라서 '시·도 발전계획'과 '도종합계획'은 중앙정부의 예산지원 부처와 사업의 차이가 있을 뿐 기본적인 틀은 유사하다.

우리가 검토할 필요가 있는 것은 "기초생활권"과 "광역협력권"이다. 정부는 2018년 3월 「국가균형발전 특별법」을 개정하면서 "기초생활권"과 "광역협력권"이라는 용어가 "지역생활권"과 "경제협력권"이라는 법적 용어를 대체했다.[18] 2004년부터 현재까지 세 개 정부가 권역별 정책을 제시했다. 노무현정부는 4개의 초광역클러스터와 163개의 기초생활권을, 이명박정부는 5+2 광역경제권에서 30대 선도프로젝트를, 박근혜정부는 20개 중추도시생활권[19]을 포함한

63개 지역행복생활권[20]을 각각 제시했다. 그러나 노무현정부의 계획은 산업정책을 중심으로 한 전략계획 수준이었고 광역시도와 기초지자체가 중심이라 대도시권 계획에 부합하지 않았다. 이명박정부는 일곱 개의 광역경제권만 제시하고 권역별 사업만 제시했다. 박근혜정부가 제시한 중추도시생활권에는 수도권이 제외되었고, 도농연계권과 농어촌생활권, 수도권시범생활권을 합한 63개의 지역행복생활권은 대도시권 계획으로는 너무 세분화되었다. 더 큰 문제는 우리나라에서 정부별 권역계획은 수립한 정권의 임기가 끝나면 힘을 잃는다는 것이다. 결론적으로 계획에 지속성이 없었다.

두 번째로는 대도시권 교통 관련계획을 다룬다. 우리나라는 대도시권 광역교통 문제에 대처하기 위해 1997년 4월「대도시권 광역교통 관리에 관한 특별법(광역교통법)」을 제정했다. 이 법률에 따라 국토교통부는 대도시권의 효율적인 광역교통 관리를 위하여 20년 단위의 '대도시권 광역교통기본계획'과 5년 단위의 '대도시권 광역교통시행계획'을 수립하고 있다. 건설교통부는 2007년 12월 '대도시권 광역교통기본계획(건설교통부 고시 제2007-545호)'을 확정한 후 2014년과 2017년 두 차례에 걸쳐 변경했다. 기본계획의 추진을 위한 '대도시권 광역교통시행계획'은 그동안 세 차례 수립되었다. 건설교통부는 2007년 12월 '제1차 광역교통 시행계획(2007~2011)(건설교통부 고시 제2007-658호)'을 확정했다. '제2차 광역교통 시행계획(2012~2016)'은 2011년 12월 수립된 후 2013년 변경되었다. 국토교통부는 2017년 1월 '제3차 대도시권 광역교통 시행계획(2017~2020)'을 확정했다.

광역교통법에서 다루는 대도시권은 다섯 개다. 광역교통법에서의 문제는 대도시권 광역교통계획을 수립할 때 도시교통정비 기본계획과 같은 교통 관련계획과 교통시설을 검토하고 도시계획이나 주택, 산업 등에 대해서는 교통수요 예측단계에서만 고려한다는 것이다. 따라서 도로, 철도, 간선급행버스, 주차장, 공영차고지, 환승센터 등 교통체계와 도시·주택, 산업·일자리 간에 서로 잘 연계되지 않는다. 즉 대도시권 광역교통기본계획과 시행계획은 교통만을 다루는 부문별 계획인 것이다.

마지막 검토대상인 주택 및 주거부문계획은 '시·도 주거종합계획'이다. 이 계획은 「주거기본법」 제6조에 따라 시·도지사가 국토교통부의 '주거종합계획'에 적합하게 10년 단위로 '시·도 주거종합계획'을 수립하고, 10년 단위계획에 따라 매년 별도의 '시·도 주거종합계획'을 수립한다.[21] 10년 단위로 수립하는 '시·도 주거종합계획'은 해당 광역시·도의 주택여건과 시장동향, 주민주거실태를 분석하고, 주택정책의 여건변화와 장기 주택수요를 전망한 후 주택공급 잠재력을 분석한다. 이러한 정보를 기초로 해당 광역시·도의 주택정책 비전과 정책을 결정해 목표연도의 주거수준과 주택정책 지표를 선정한다. 계획의 실행을 위해서 생활권별 주택정책 방향을 결정해 중앙정부와 광역시도간 정책협력방안과 재원조달방안, 기타 지원방안을 수립한다.

'시·도 주거종합계획'은 세 가지 문제가 있다. 첫째, 1장에서 설명했듯이 주택시장은 광역권으로 형성되며 광역시·도의 행정경계를 넘어 다수의 세부권역으로 나누어지나 현재의 '시·도 주거종합계획'은 광역시·도의 행정구역을 대상으로 수립되기 때문에 단절적인 계획이 된다. 둘째, 광역권에 소속된 광역시·도의 '시·도 주거종합계획' 수립년도와 적용기간이 달라 광역권 전체를 대상으로 주택수요가 정확하게 예측되지 않고, 주택정책 목표도 광역적으로 일관성이 없다. 셋째, 주택시장의 변화에 영향을 주는 광역적 차원의 도시계획과 인구이동, 광역교통계획 등에 대한 고려가 미흡해 계획의 적합성이 떨어진다. 결론적으로 '시·도 주거종합계획'도 광역적으로 문제가 있다.

이제 지금까지 제시한 광역적 차원의 각종 계획들이 우리나라에서 어떻게 작동하는지 설명하겠다. 「국토기본법」에 따라 수립되는 '도종합계획'과 「지역개발지원법」의 '지역개발계획'은 도를 대상으로 수립하는 계획이다. '도종합계획'은 전략계획에 가깝고, '지역개발계획'은 사업계획이다. 「국가균형발전 특별법」의 '시·도 발전계획'은 광역시·도를 대상으로 하며 전략계획에 가깝다. 일반적인 상황에서 광역시·도의 주택공급은 「주거기본법」의 '시·도 주거종합계획'을 근거로 건설된다.

수도권은 「수도권정비계획법」에 따른 '수도권정비계획'에 의해 대규모 개발과 인구유발시설 입지가 제한되며 수도권 내부는 과밀억제권역에서 성장관리권역으로 인구이동이 유도된다. 그런데 경제의 급격한 성장에 의해 주택시장 사이클이 작동하면서 대도시권에서 주택가격이 폭등하고, 주택수요가 급증하면 정부는 개발제한구역(그린벨트)을 해제해 대규모 주택건설을 추진한다. 이때 「국토계획법」에 따른 '광역도시계획'이 '개발제한구역의 조정'을 위해 필요하다. 그린벨트가 해제되어 대도시 주변지역에 신도시가 건설되면 광역교통 문제가 발생한다. 그러면 광역도로, 광역철도 등 광역교통시설의 건설을 위해 「광역교통법」의 '대도시권 광역교통기본계획'이 기능한다.

우리나라에서 광역적 관점에서 대도시권을 대상으로 도시계획과 주택건설, 광역교통, 부문별 사업을 총체적으로 포함한 진정한 의미의 종합계획은 없다. 광역적 차원의 각종 계획들은 계획수립의 근거가 되는 법률이 달라 각자 파편적으로 기능하며 계획수립 시기도 달라 계획간 연계성이 미약하다. 이 문제의 요인이 되는 광역관련계획 수립 행정기구는 다음 절에서 다룬다.

광역관련계획 수립 행정기구의 문제

이제 이번 장의 처음에 설명했던 「대도시권 계획체계 구축방안 정책토론회」에서 제시한 계획수립 주체인 행정기구를 다룰 차례다. 먼저 앞에서 제시한 광역관련계획을 수립하는 주관부처와 수립절차, 수립기관에 대해 살펴본다. 검토대상이 되는 계획은 모두 일곱 개다. 해당계획을 포함한 법률이 제정된 순서는 '수도권정비계획'의 「수도권정비계획법(1982.12)」, '대도시권 광역교통기본계획'[22]의 「광역교통법(1997.4)」, '도종합계획'의 「국토기본법(2002.2)」, '광역도시계획'의 「국토계획법(2002.2)」, '시·도 발전계획'[23]의 「국가균형발전 특별법(2004.1)」, '지역개발계획'의 「지역개발지원법(2014.6)」, '시·도 주거종합계획'의 「주거기본법(2015.6)」이다. 이 순서대로 각 법률의 대상계획에 대한 주관부처와 수립절차, 수립기관을 검토한 후 「대도시권 계획체계 구축방안 정책토론회」에서 대안으로 제시한 '대도시권 관리기구'의 아이디어를 검증한다.

첫 번째로 다루는 '수도권정비계획'은 국토교통부장관이 중앙행정기관장과 서울특별시장, 인천광역시장, 경기도지사의 의견을 들어 계획안을 입안하고, 수도권정비위원회의 심의를 거친 후 국무회의의 심의와 대통령의 승인을 받아 결정한다. 따라서 '수도권정비계획'은 중앙부처인 국토교통부가 주관부처이며 수립기관이고, 계획과 관련 있는 광역시·도는 의견을 제시하는 톱다운(Top-Down) 방식으로 수립하는 계획인 것이다. 두 번째 검토대상인 '대도시권 광역교통기본계획'은 국토교통부장관이 관계 중앙행정기관장과 대도시권에 포함된 행정구역을 관할하는 특별시장·광역시장·특별자치시장·도지사의 의견을 들어 수립한다. 국토연구원, 한국교통연구원과 같은 국토교통부 관련 정부출연연구기관에서 수립한 계획안은 공청회를 통해 주민과 관계 전문가 등의 의견을 청취하고, 국가교통위원회의 심의를 거쳐 결정한다. 즉 '대도시권 광역교통기본계획'도 중앙부처인 국토교통부가 주관부처이며 수립기관이고, 정부출연연구기관에서 계획안을 마련하며 계획과 관련 있는 광역시·도와 주민과 관계 전문가들은 의견을 제시하는 하향식(Top-Down)으로 수립된다.

'도종합계획'은 앞의 두 계획과 차이가 있다. '도종합계획'의 수립기관은 도이고, 주관부처인 국토교통부가 제시한 수립기준과 작성방법에 따라 작성한 후 공청회를 개최한 후 도에 설치된 도시계획위원회의 심의를 거쳐 계획안을 확정한다. 계획안은 관계 중앙행정기관장과의 협의와 국토정책위원회의 심의를 거친 후 국토교통부장관의 승인을 받아 결정된다. '지자체 출연 연구기관'에서 '도종합계획(안)'을 작성하기 때문에 수립기준은 중앙부처에서 내려오더라도 계획수립은 상향식(Bottom-Up)으로 진행된다.

'광역도시계획'의 수립기관은 다양하다. '광역도시계획'은 국토교통부장관, 시·도지사, 시장·군수가 모두 수립할 수 있다. 시장·군수는 광역계획권이 같은 도의 관할 구역에 속하여 있는 경우 공동으로 계획을 수립해야 한다. 만일 광역계획권을 지정한 날부터 3년이 지날 때까지 관할 시장·군수로부터 광역도시계획의 승인 신청이 없으면 관할 도지사가 수립한다. 광역시·도지사는 광역계획권이 둘 이상의 광역시·도 관할구역에 걸쳐 있는 경우 공동으로 수립한다. 국토교통부장관은 국가계획과 관련된 광역도시계획의 수립이 필요한 경우나 광역계획권을 지정한 날부터 3년이 지날 때까지 관할 시·도지사로부터 광역도시계획의 승인 신청이 없는 경우 수립한다. 국토교통부장관은 시·도지사가 요청하는 경우와 그 밖에 필요하다고 인정되는 경우에는 시·도지사와 공동으로 광역도시계획을 수립할 수 있다. 도지사도 시장·군수가 요청하는 경우와 그 밖에 필요하다고 인정하는 경우에는 관할 시장·군수와 공동으로 광역도시계획을 수립할 수 있으며, 시장 또는 군수가 협의를 거쳐 요청하는 경우에는 단독으로 광역도시계획을 수립할 수 있다.

광역도시계획의 수립기준은 국토교통부장관이 정한다. 계획을 수립할 때에는 관계 시·도, 시·군 의회와 관계 시장·군수의 의견을 들어야 하고, 공청회를 열어 주민과 관계 전문가로부터 의견을 청취해야 한다. 국토교통부장관이 광역도시계획을 수립할 때에는 관계 시·도지사에게 광역도시계획안을 송부해 관계 시·도 의회와 관계 시장·군수의 의견을 들어야 한다. 시장·군수가 광역도시계획을 수립할 때에는 도지사의 승인을 받아야 하며 시·도지사가 수립할 때에는 국토교통부장관의 승인을 받아야 한다. 국토교통부장관이 광역도시계획을 승인하거나 직접 계획을 수립할 때에는 관계 중앙행정기관과 협의한 후 중앙도시계획위원회의 심의를 거쳐야 한다. '광역도시계획'의 수립기관이 다양하기 때문에 계획안을 작성하는 기관도 다양하다. 정부출연연구기관과 지자체 출연연구기관이 단독으로 작성할 수도 있고 합동으로 작성하기도 한다. 도에서 작성한 광역도시계획안 중에서는 민간 엔지니어링 업체가 용역을 받아 작성한 사례도 있다. '광역도시계획'은 수립기준을 중앙부처에서 마련하고 계획수립에서 하향식(Top-Down)과 상향식(Bottom-Up)이 혼재되어 있다.

'시・도 발전계획'은 앞에서 다룬 네 개의 계획과 달리 진정한 의미에서의 상향식(Bottom-Up)계획이다. '시・도 발전계획'의 수립기관은 광역시・도이고, 산업통상자원부장관이 시・도지사와 협의한 후 국가균형발전위원회의 심의・의결을 거쳐 작성한 계획 수립지침에 따라 시・도지사가 관계 중앙행정기관장과 협의해 계획을 수립한다. '시・도 발전계획(안)'은 주로 지자체 출연 연구기관이 작성한다. 정부는 중앙행정기관에서 작성한 부문별 발전계획안과 시・도 발전계획을 기초로 국가균형발전 5개년계획을 수립한다. 그러나 '시・도 발전계획'은 문제가 있다. 계획수립은 상향식으로 진행되나 광역시・도에서 매년 시행계획을 수립해 전년도 시・도 시행계획의 추진 실적과 해당 연도 시・도 시행계획을 국가균형발전위원회와 관계 중앙행정기관에게 제출해야 한다. 즉 '시・도 발전계획'은 중앙정부의 지침에 따라 작성하고, 매년 중앙정부의 관리를 받아 광역시・도의 자율성을 보장 받지 못하고 있다.

'지역개발계획'은 주관부처인 국토교통부장관과 시・도지사가 모두 수립할 수 있다. 시・도지사는 낙후지역, 거점지역 등을 대상으로 지역개발계획을 수립해야 한다. 지역개발계획을 수립하려는 대상지역이 둘 이상의 광역시·도 관할구역에 걸쳐 있는 경우에는 관할 시·도지사가 공동으로 수립한다. 국토교통부장관은 국가 경제에 중대한 영향을 미치는 국책사업 등과 연계하여 지역개발사업을 추진할 필요가 있거나 관계 중앙행정기관장의 요청에 따라 지역개발사업을 추진할 필요가 있으면 지역개발계획을 수립할 수 있다. 지역개발계획의 수립기준은 국토교통부에서 정하며 국토교통부장관이나 시·도지사가 지역개발계획을 수립할 때에는 관계 시장·군수·구청장, 지역주민 및 전문가의 의견을 들어야 한다. 시·도지사가 수립한 지역개발계획안은 국토교통부장관이 관계 중앙행정기관장과 협의한 후 국토정책위원회의 심의를 거쳐 승인한다. 따라서 '지역개발계획'은 중앙정부가 작성한 지침에 따라 중앙정부와 광역시·도가 모두 작성할 수 있기 때문에 계획수립에서 하향식(Top-Down)과 상향식(Bottom-Up)이 혼재되어 있다.

'시·도 주거종합계획'은 주관부처인 국토교통부장관이 수립한 주거종합계획에 적합하게 시·도지사가 주거실태조사를 실시해 계획안을 수립한다. 시·도지사가 수립한 계획안은 시·도 주거정책심의위원회의 심의를 거친 후 국토교통부장관에게 제출한다. 시·도 주거종합계획의 수립기준과 절차는 국토교통부장관이 정하며 지자체 출연 연구기관이 계획안을 작성한다. '시·도 주거종합계획'의 작성은 시·도에서 하더라도 중앙정부가 작성한 수립기준과 종합계획에 부합하게 작성해야하기 때문에 진정한 의미에서 상향식(Bottom-Up)으로 진행되는 계획이라고 말하기 어렵다.

일곱 개의 광역관련계획을 수립하는 주관부처와 수립절차, 수립기관을 정리하면 다음과 같다. 일곱 개의 광역관련계획에서 여섯 개 계획의 주관부처가 국토교통부이며 시・도 발전계획'만 산업통상자원부가 주관한다. 즉 우리나라에서 광역관련계획과 가장 관련이 있는 중앙정부의 부처는 국토교통부인 것이다. 광역관련계획의 수립절차는 '수도권정비계획'과 대도시권 광역교통기본계획'이 하향식이며 '도종합계획'과 '시・도 발전계획'은 상향식으로 진행된다. 그러나 '도종합계획'과 '시・도 발전계획'은 중앙정부의 담당부처가 작성한 수립기준과 절차에 따라 작성하기 때문에 계획이 시・도의 의도에 따라 완전하게 자율적으로 작성되는 상향식이라고 말하기는 어렵다. '광역도시계획'과 '지역개발계획'의 수립절차는 중앙정부와 지방자차단체가 모두 수립할 수 있기 때문에 하향식과 상향식이 혼재되어 있으며 수립기준을 중앙정부가 마련하기 때문에 계획수립이 자율적이라고 말하기 어렵다. '시・도 주거종합계획'은 수립절차가 상향식이나 중앙정부가 수립한 주거종합계획에 적합하게 작성해야 하므로 작성내용으로 보면 하향식에 가깝다. 따라서 일곱 개 광역관련계획 중에서 다섯 개가 하향식으로 진행된다고 말할 수 있으며 상향식으로 진행되는 계획들도 중앙정부의 입김에서 자유로울 수 없다.

광역관련계획안을 작성하는 수립기관도 다양하다. 중앙정부의 주관부처가 직접 수립하는 사례가 있고, 국토연구원, 한국교통연구원과 같은 중앙정부 소속의 정부출연연구기관에서 용역과제로 수행하기도 한다. 광역시・도 산하의 '지자체 출연연구기관'에서 계획안을 작성하기도 하며 때로는 민간 엔지니어링 업체가 용역을 받아 작성하기고 한다. 둘 이상의 광역시・도가 연계된 계획에 대해서는 중앙정부의 정부출연연구기관과 다수의 지자체 출연연구기관이 공동으로 작성하거나 지자체 출연연구기관이 합동으로 작성하기도 한다. 따라서 대부분 국토교통부 소관의 계획이라 통일된 기준을 마련할 수도 있었지만 각 계획의 담당부서가 달라 광역관련계획의 수립과 절차에 일관성이 결여되어 있고, 계획을 수립할 때 광역시·도의 자율성도 미흡하다.

이제 「대도시권 계획체계 구축방안 정책토론회」에서 대안으로 제시한 '대도시권 관리기구'의 아이디어를 검증할 차례다. 토론회에서는 대도시권계획기구(MPO: Metropolitan Planning Organization), 행정연합체 등의 기구 설립은 국내 행정시스템에서 제약적이라고 발표했다. 따라서 단기적으로는 국무총리실 산하에 국토교통부가 주관하는, 재정과 집행력을 보유한 행정위원회(대도시권관리위원회)와 지원기구가 적합하다고 했다. 중장기적으로는 행정위원회를 행정기구로 승격하자고 주장했다. 정책방향으로는 적절한 주장이다. 우리는 2장에서 행정연합체적 특성을 가진 대도시권교통계획기구인 수도권교통본부의 실패사례를 보았다. 광역시도간 자발적인 협력을 전제로 한 대도시권계획기구는 우리나라에서 실패할 가능성이 높다. 국무총리실 산하에 국토교통부가 주관하는 대도시권관리위원회와 지원기구(안)은 좀 더 깊게 생각해볼 필요가 있다. 필자가 숙고해온 방안을 9장에서 제시해 함께 논의하고자 한다.

<광역도시계획에서의 권역구분(2013년 3월 기준)>

□ 광역계획권 지정현황

- 수도권, 부산권, 대구권, 광주권, 대전권, 마산·창원·진해권, 광양만권, 전주권, 청주권, 전남 서남권, 제주권 등 11개 권역이 지정됨

권역별	면적(㎢)	인구(명)	해 당 도 시	비고
수도권	6,852.1	18,317,664	서울, 인천, 수원, 성남, 의정부, 안양, 부천, 광명, 평택,동두천, 안산, 고양, 과천, 구리, 남양주, 오산, 시흥, 군포, 의왕, 하남, 용인, 파주, 이천, 안성, 김포, 화성, 광주, 양주, 포천, 여주, 연천, 가평, 양평(29시 4군)	
부산권	1,700.7	4,342,437	부산, 양산, 김해(3시)	
대구권	4,978.2	3,110,945	대구, 경산, 영천, 칠곡, 고령, 성주, 군위, 청도 (3시 5군)	
광주권	3,259.0	1,716,038	광주, 나주, 장성, 담양, 화순, 함평(2시 4군)	
대전권	4,638.0	2,524,369	대전, 공주, 논산, 연기, 금산, 옥천, 청원, 청주 (4시 4군)	
마창진권	1,613.5	1,429,557	마산, 창원, 김해, 함안(3시 1군)	
광양만권	5,279.2	728,000	여수, 순천, 광양(3개시)	
전주권	2,457.0	1,428,000	전주, 군산, 익산, 김제, 완주(4시1군)	
청주권	3,403.1	966,192	청주, 청원, 보은, 진천, 괴산, 음성, 증평(1시6군)	
전남 서남권	3,711	1,076,000	목포시, 해남군, 영암군, 무안군, 완도군, 진도군, 신안군 전역(1시 6군)	
제주권	1,847.8	553,864	제주, 서귀포, 남제주, 북제주(2시 2군)	제주특별자치도 수립

<광역도시계획에서의 권역구분(2013년 3월 기준) 계속>

□ 계획 수립절차

· 광역계획권의 공간범위에 따라 광역도시계획 수립절차 이원화('09년)

① 광역계획권이 둘 이상의 광역시·도의 관할 구역에 걸쳐 있는 경우

· 광역계획권 지정(국토부장관) → 광역도시계획수립(관할 시·도시자 공동) 입안 → 승인신청(입안권자→국토부장관) → 중앙도시계획위원회 심의 → 확정 및 승인

② 광역계획권이 도의 관할 구역에 속해 있는 경우

· 광역계획권 지정(도지사) → 광역도시계획수립(관할 시장·군수 공동) 입안 → 승인신청(입안권자→도지사) → 도 지방도시계획위원회 심의 → 확정 및 승인

□ 광역도시계획 수립현황

구 분	수립	변경	목표년도	계획구역	계획인구
청주권	'01.12	'10.12	2020	3,403.14㎢	137만
광주권	'03.10	'10.01	2020	2,994.91㎢	220만
부산권	'04. 2	'10.02	2020	950.82㎢	410만
대구권	'04.12	'10.01	2020	4,978.7㎢	420만
대전권	'04.12	'10.01	2020	4,633.87㎢	252만
창원권 (舊마창진권)	'05.12	'12.10	2020	1,623.6㎢	220만
광양만권	'06. 5	-	2025	5,279.17㎢	115만
수도권	'07. 7	'09.09	2020	6,851.1㎢	1,831만
전주권	'09. 9	-	2025	2,457.5㎢	183만
전남 서남권	'09. 3	-	2025	3,711㎢	90만
제주권	'07. 6	-	2025	1,848.2㎢	80만

※ 자료출처 : 국토교통부(2013), 「광역도시계획」 정책자료.

<폐지된 지역개발계획에서의 권역구분>

□ 광역개발사업계획(광역개발계획)

· 10대 광역권을 제시했으나 2014년 법률통합으로 기능하지 않음

광 역 권		인구(만명)	면적(㎢)	행정구역	해당지역
대도시권	대전·청주권('98-'11)	261	6,768	1광역시 4시 8군	대전, 청주, 공주, 논산, 청원, 괴산, 보은, 옥천, 영동, 금산, 연기, 증평, 계룡
	광주·목포권('98-'11)	220	4,977	1광역시 2시 8군	광주, 목포, 나주, 장성, 담양, 화순, 영암, 함평, 무안, 해남, 신안
	대구·포항권('99-'11)	428	9,869	1광역시 6시 7군	대구, 포항, 경주, 구미, 김천, 경산, 영천, 군위, 청도, 칠곡, 성주, 고령, 영덕, 울릉
	부산·경남권('94-'11)	629	5,090	2광역시 5시 1군	부산, 울산, 김해, 창원, 밀양, 양산, 거제, 함안
신산업지대	아산만권('94-'11)	126	3,518	6개시 3개군	천안, 서산, 아산, 당진, 예산, 태안, 평택, 화성, 안성
	군산·장항권('99-'11)	112	3,100	5개시 2개군	보령, 부여, 서천, 논산, 군산, 익산, 김제
	광양만·진주권('99-'20)	136	4,544	5개시 4개군	광양, 순천, 여수, 고흥, 보성, 진주, 사천, 남해, 하동
연담도시권	강원 동해안권('99-'11)	65	4,921	5개시 5개군	강릉, 동해, 태백, 속초, 삼척, 평창, 정선, 인제, 고성, 양양
	중부내륙권('05-'20)	110	8,641	5개시 6개군	원주, 영월, 횡성, 충주, 제천, 단양, 음성, 영주, 문경, 예천, 봉화
제주도권('15-'21)		62	1,850	제주특별자치도	제주특별자치도 전역

※ 9대 광역권 자료출처 : 국토교통부, 2013, 「광역권개발」 정책자료.

※ 제주도권 자료출처 : 「제2차 제주국제자유도시종합계획 수정계획(2017.2)」

<폐지된 지역개발계획에서의 권역구분(계속)>

□ 특정지역개발계획

· 9개 권역이 지정되었으나 2014년 법률통합으로 기능하지 않음

명 칭	지 정 일 (사업기간)	지정 범위	투자계획 및 주요사업
백제 문화권	'93. 6.11 ('94~'10)	충남 공주·논산·부여 전북익산일원(1,915㎢)	· 총 55개 사업(2조 9,482억원) : 문화유적정비, 관광휴양시설, 도시환경, 교통시설, 계룡지역 개발 등
내포 문화권	'04.12. 9 ('05~14)	충남 서산·보령·홍성 예산·당진·태안서천 일원(955㎢)	· 총 60개 사업(1조 475억원) : 정신문화창달, 문화유적정비, 관광휴양시설확충, 기반시설확충 등
영산강 유역고대 문화권	'05.12.30 ('06~15)	전남 나주·담양·화순·해남·영암·무안·함평·장성일원(809㎢)	· 총 42개 사업(1조 1,300억원) : 문화재정비, 문화유적 전승, 관광·휴양시설 확충, 기반시설 설치 등
동해안 문화권	'07.12.31 ('08~'17)	경북 포항·경주·영천·청도·군위·청송·울릉·영덕·울진일원 (3,006㎢)	· 개발계획 미수립
해양농경 역사 문화권	'07.12.31 ('09~'19)	전북 김제·정읍·부안 고창 일원(1,066㎢)	· 총 30개 사업(7,521억원) : 역사문화자원정비, 관광레저개발, 기반시설확충 등
중원 문화권	'09.12.23 ('09-'19)	충북 충주·제천·단양 일원(975.75㎢)	· 총 29개 사업(1조 7,274억원) : 역사문화자원 복원·정비, 관광자원 정비·조성, 기반시설, 정주환경 등
동남내륙 문화권	'10.6.17 ('10-'19)	울산 울주, 경남 양산·밀양일원(693.7㎢)	· 총 25개 사업(1조 536억원) : 역사문화자원 복원·정비, 관광자원 조성, 정주환경, 기반시설 설치 등
가야 문화권	'10.12.24 ('10-'19)	대구 달성군(853.2㎢)경북고령·성주군. 경남거창·합천·의령·창녕군	· 총 33개 사업(8,260억원) : 역사문화자원 복원·정비, 관광자원 조성, 기반시설 설치 등
설악단오 문화권	'11.7.27 ('11-'20)	강원 강릉·속초시·고성·양양·인제군(536.9㎢)	· 총 18개 사업(12,120억원) : 역사문화자원 복원·정비, 관광자원 조성, 기반시설 설치 등

※ 자료출처 : 국토교통부, 2013, 「특정지역」 정책자료.

<대도시권 교통계획에서의 권역구분>

□ 대도시권 광역교통관리에서의 대도시권 구분

- 대도시권의 교통문제 해결을 목적으로 대도시권의 범위를 5대 도시권으로 확대하기 위해 2000년 1월 「대도시권 광역교통관리에 관한 특별법」을 개정하였고, 2000년 4월 시행령을 개정해 <별표 1>을 신설함으로써 계획수립을 위한 5대 도시권의 범위를 확정함
- 군의 시 승격, 행정구역 통합 등 기초 자치단체 행정구역의 개편을 <별표 1>에 반영하기 위해 2015년 12월 시행령을 개정해 '경주시'를 '부산・울산권'에, '구미시'를 '대구권'에 포함하고, '청주시'에 통합된 '청원군'을 '대전권'에서 제외해 현재의 5대 도시권역이 결정됨

권역별	범 위
수도권	서울특별시, 인천광역시 및 경기도
부산・울산권	부산광역시, 울산광역시, 경상북도 경주시 및 경상남도 양산시・김해시・창원시
대구권	대구광역시, 경상북도 구미시・경산시・영천시・군위군・청도군・고령군・성주군・칠곡군 및 경상남도 창녕군
광주권	광주광역시 및 전라남도 나주시・담양군・화순군・함평군・장성군
대전권	대전광역시, 세종특별자치시, 충청남도 공주시・논산시・계룡시・금산군 및 충청북도 청주시・보은군・옥천군

※ 자료출처 : 「대도시권 광역교통 관리에 관한 특별법 시행령」<별표 1>.

<시 · 도 주택종합계획 수립현황>

□ 16개 광역시 · 도의 주거종합계획(주택종합계획) 수립사례

· 「주택법」과 「주거기본법」에 따라 광역시도가 수립한 10년 단위의 '시 · 도 주거종합계획(주택종합계획)'은 다음과 같음

구 분	계획명칭	수립년도	적용기간
서울시	2020 서울주택종합계획	2011	2011~2020
부산시	2022 부산광역시 주택종합계획	2014	2013~2022
대구시	2008~2017 대구광역시 주택종합계획	2008	2008~2017
인천시	2009~2018 인천광역시 주택종합계획	2009	2009~2018
광주시	2020 광주광역시 주택종합계획	2011	2011~2020
대전시	2020 대전광역시 주택종합계획	2011	2010~2020
울산시	울산광역시 주택종합계획	2010	2010~2020
경기도	2020 경기도 주택종합계획	2013	2012~2020
	2030 경기도 주거종합계획	2018	2018~2030
강원도	강원도 주택종합계획	2008	2008~2017
충북도	충청북도 주택종합계획(2013~2022년)	2013	2013~2022
충남도	충청남도 주택종합계획(2013~2022년)	2013	2013~2022
전북도	2022 전라북도 주택종합계획	2013	2013~2022
전남도	전라남도 주택종합계획	2014	2013~2022
경북도	경상북도 주택종합계획	2015	2015~2024
경남도	경상남도 주택종합계획(2008~2012)	2008	2008~2012
	2022 경상남도 주택종합계획 (2013~2022)	2012	2013~2022
제주도	제주특별자치도 주택종합계획 (2010년~2020년)	2011	2010~2020

1) 정지성, 2018, 「"서울·수도권 울타리 없는 도시로"」, 매일경제신문 2018년 12월 18일자 기사.

2) 2014년 6월 제정된 「지역 개발 및 지원에 관한 법률(지역개발지원법)」제2조에서 '성장 잠재력을 보유한 낙후지역 또는 거점지역 등과 그 인근지역을 종합적·체계적으로 발전시키기 위하여 수립하는 계획'으로 정의하고 있으며 동법 제7조에서 세 가지 지역개발사업을 추진하려는 경우에 수립해야 한다고 명시하고 있다. 이 법이 제정된 이유와 법적 연혁, 「국토기본법」 등 다른 법률과의 관계에 대해서는 '지역계획'을 설명할 때 자세하게 다룬다.

3) 「수도권정비계획법」제4조에 따라 수도권정비계획의 대상이므로 제외된다.

4) 「제주특별자치도 설치 및 국제자유도시 조성을 위한 특별법」제140조제1항에 따라 종합계획이 수립되므로 제외된다.

5) 2002년 2월 「국토기본법」이 제정되었을 때 제16조에서 '지역계획'은 '수도권발전계획'과 '광역권개발계획', '특정지역개발계획', '개발촉진지구개발계획', '그 밖에 다른 법률에 의하여 수립하는 지역계획'의 다섯 개 유형으로 구분했다. 2014년 6월 정부는 기존의 「지역균형개발 및 지방중소기업 육성에 관한 법률」과 「신발전지역 육성을 위한 투자촉진 특별법」에 분산되어 있는 다양한 지역개발제도를 하나의 '지역개발계획'으로 통합하기 위해 「지역 개발 및 지원에 관한 법률」을 제정했다. 새로 제정된 법률에서는 계획권역 지정제도를 폐지하고, 시·도지사가 지역개발계획을 수립한 후 사업구역을 지정할 수 있도록 지역개발계획 수립절차를 간소화했다. 「지역 개발 및 지원에 관한 법률」의 제정에 따라 정부는 동일날짜에 「국토기본법」의 관련조항도 개정했으며 제16조의 '지역계획'유형에서 '광역권개발계획', '특정지역개발계획', '개발촉진지구개발계획'을 삭제하고, '지역개발계획'을 추가해 세 개 유형으로 간소화했다.

6) 「국토의 계획 및 이용에 관한 법률(국토계획법)」제2조제1호와 제10조~제17조의2에 따라 국토교통부장관 또는 시·도지사, 시장·군수가 수립하는 계획이다.

7) 「수도권정비계획법」제2조제2호에 따라 국토교통부장관이 입안하는 계획이다.

8) 「동·서·남해안 및 내륙권 발전 특별법(해안내륙발전법)」제2조제2호에 따라 광역시·도지사가 해안권 및 내륙권별로 공동 입안하는 계획이다.

9) 2012년 5월에 신설한 <별표 : 국토계획평가 대상 및 국토계획평가 요청서의 제출 시기>에는 「지역균형개발 및 지방중소기업 육성에 관한 법률」 제5조에 따른 '광역개발사업계획'이 평가대상에 포함되어 있었지만 이 법률이 2014년 6월 「지역 개발 및 지원에 관한 법률」 제정으로 폐기되면서 2017년 2월 '광역개발사업계획'은 평가대상에서 삭제되었다.

10) '광역도시계획'은 「국토의 계획 및 이용에 관한 법률」제10조에 따라 지정된 광역계획권을 대상으로 하는 계획이다. '도시·군계획'은 특별시·광역시·특별자치시·특별자치도·시 또는 군을 대상으로 하며 기본적인 공간구조와 장기발전방향을 제시하는 '도시·군기본계획'과 기본계획을 토대로 구체적인 사항을 제시하는 '도시·군관리계획'으로 구분된다. '지구단위계획'은 도시·군계획 수립 대상지역의 일부에 대해 관리사항을 정하는 '도시·군관리계획'을 말한다.

11) 「국토의 계획 및 이용에 관한 법률(법률 제15401호)」과 「광역도시계획 수립지침(국토교통부 훈령 제1049호)」, 국토교통부 정책자료인 「광역도시계획」자료 참조.

12) 정부는 「수도권정비계획법(법률 재3600호)」를 제정하는 이유를 "지난 20여년간의 공업화시책에 따라 전 국토면적의 11.8퍼센트에 해당하는 서울을 중심으로 하는 수도권에 인구 및 산업의 35퍼센트 이상이 과도하게 밀집되어 있어 국가안보상의 취약성·지역 간의 격차유발과 교통난·주택난·공해·범죄 등 도시문제의 심화현상등 문제점이 야기되고 있어 이의 해결을 위해 인구 및 산업을 적정하게 재정비·배치하고 광역적인 차원에서 수도권의 질서있는 정비를 위한 중앙정부차원의 정비계획을 마련하여 이를 추진하는 제도적인 기틀을 확고히 함으로써 국토의 균형있는 발전을 기하려는 것"이라고 밝혔다.

13) 택지조성사업은 「택지개발촉진법」에 다른 택지개발사업, 「주택법」에 따른 주택건설사업 및 대

지조성사업, 「산업입지 및 개발에 관한 법률」에 따른 산업단지 및 주택지 조성사업이 포함된다. 도시개발사업은 「도시개발법」을 근거로 하며 지역개발사업은 「지역 개발 및 지원에 관한 법률」을 근거로 한다.

14) 공업용지 조성사업은 「산업입지 및 개발에 관한 법률」에 따른 산업단지개발사업과 특수지역개발사업, 「자유무역지역의 지정 및 운영에 관한 법률」에 따른 자유무역지역 조성사업, 「중소기업진흥에 관한 법률」에 따른 중소기업협동화단지 조성사업, 「산업집적활성화 및 공장설립에 관한 법률」에 따른 공장용지 조성사업이 포함된다. 「지역 개발 및 지원에 관한 법률」을 근거로 하는 지역개발사업도 공업용도로 구획되는 면적이 삼십만㎡이상일 경우 해당된다.

15) 관광지 조성사업은 「관광진흥법」에 따른 관광지·관광단지 조성사업과 관광시설 조성사업, 「국토의 계획 및 이용에 관한 법률」에 따른 유원지 설치사업, 「온천법」에 따른 온천이용시설 설치사업이 포함된다. 공유수면매립지에서 시행하는 관광지조성사업은 삼십만㎡ 이상인 사업에 적용한다. 「지역 개발 및 지원에 관한 법률」에 따른 지역개발사업도 십만㎡이상의 관광단지가 있으면 해당된다.

16) '발전촉진형'은 낙후지역 또는 낙후지역과 그 인근지역을 연계하여 종합적·체계적으로 개발하기 위한 것이며 '거점육성형'은 거점지역과 그 인근지역을 연계하여 전략적 거점으로 육성하거나 특화산업을 발전시키기 위한 것이다.

17) 정부는 '시·도 발전계획'과 중앙행정기관이 작성하는 '부문별 발전계획안'을 기초로 오년 단위의 '국가균형발전 5개년계획(국가균형발전계획)'을 수립한다. 그동안 세 차례에 걸쳐 '국가균형발전 5개년계획'을 수립했고, 문재인정부에서 4차 계획이 수립 중에 있다. 이명박정부와 박근혜정부에서 수립한 2차와 3차 계획은 "국가균형발전"이라는 용어 대신에 "지역발전"이라는 용어가 사용되었다.

18) "기초생활권"은 지역주민의 삶의 질 향상에 필요한 일자리·교육·문화·복지·주거·안전·환경 등의 생활기반을 확충하기 위해 시·군·구가 인근 시·군·구가와 협의하여 설정한 권역이다. "광역협력권"은 지역의 경제발전과 성장잠재력 확충에 필요한 산업 및 교통 등의 협력사업 추진을 위하여 광역시·도가 상호 협의하여 설정한 권역이다. 그런데 "지역생활권"과 "경제협력권"용어는 정부가 2014년 1월에 「국가균형발전특별법」을 개정하면서 새로운 지역발전 정책의 핵심 공간개념으로 "기초생활권"과 "광역경제권" 용어를 대체해 신설했다. 즉 정권에 따라 동일한 개념에 용어만 변경했고, 결국 원래대로 돌아간 것이다. "기초생활권"과 "광역경제권"은 2009년 4월 법률을 개정할 때 지역발전계획을 체계적으로 수립하기 위해 도입했다.

19) 중심도시나 2개 이상 연접 도시 인구가 50만명 이상인 지역이 인근 지역과 동일 생활권을 형성하는 지역으로 수도권을 제외하고, 광역시·특별자치시, 인구 50만명 이상 거점도시와 도청 소재지 등 20개 권역이 확정됐다.

20) 2009년 4월에 신설된 「국가균형발전 특별법」제7조의2를 근거로 5년마다 수립하는 '기초생활권 발전계획'이 2014년 1월 법령개정으로 변경된 '지역생활권 발전계획'에 따라 수립되었다. 이 조항은 2018년 3월 법령개정으로 삭제되었다.

21) 정부는 주택정책의 패러다임을 '주택공급'에서 '주거복지'로 전환하면서 「주택법」, 「민간임대주택에 관한 특별법(임대주택법)」, 「주거급여법」 등 주거정책 관련 법체계의 최상위법으로 2015년 6월 「주거기본법」을 제정했다. 「주택법」에 따라 수립되었던 '주택종합계획'은 「주거기본법」의 법조문으로 이관되어 '주거종합계획'으로 명칭이 변경되었다. 「주택법」에 따라 10년 단위로 작성되는 '주택종합계획'은 '1차 장기 주택종합계획(2003~2012)', '2차 장기 주택종합계획(2013~2022)' 등 2차에 걸쳐 작성되었고 '장기 주택종합계획'에 따라 매년 '주택종합계획'이 수립되었다. 2018년 6월 국토교통부는 '2차 장기 주택종합계획'을 수정한 '2차 장기 주거종합계획(2013~2022) 수정계획'을 발표했다. 「주택법」에 따른 10년 단위의 '2차 시·도 주택종합계획'으로 광역시·도가 수립한 사례는 뒤에 첨부했다.

22) 1997년 4월 「대도시권광역교통관리에관한특별법」이 제정되었을 때의 명칭은 '대도시권광역교통계획'으로 5년 단위로 입안했다.

23) 2004년 1월 「국가균형발전특별법」이 제정되었을 때의 명칭은 '지역혁신발전계획'이었다.

3부

지방자치의
새로운 길

세계는 평평하지 않다. 뾰족뾰족한 최상의 고점 지역과 저점 지역의 불균형을 조절하는 것이 우리 시대의 가장 큰 정치적 도전이다.

- 리처드 플로리다 -

9. 광역권 자치의 시대

대도시 시대에서 광역권 자치의 시대로

"뭉치면 살고 흩어지면 죽습네다![1]" 이승만 초대 대통령의 이 오래된 정치슬로건이 오늘날 우리에게 꼭 필요한 격언으로 되살아났다. 바로 균형발전을 위한 지방분권을 위해서다. 지방분권을 위해 자치단체들이 뭉쳐야 한다는 말이 역설과 같을 것이다. 그러나 진정한 지방자치를 위해서는 그렇게 해야 한다. 이제 대도시, 중소도시, 농촌지역이 각자 도생을 하는 시대는 지났다. 사회의 다양성을 지키고, 우리나라의 정치와 경제를 한 단계 더 도약시키기 위해 지방자치단체들이, 특히 광역자치단체들이 서로 뭉치고 협력해야 한다.

역사적으로 새로운 시대의 흐름을 이해하고 그 흐름을 주도해 시대를 이끌어 나갔던 국가에서는 사회 지도층들이 혜안을 가졌고, 그 혜안을 이해하고 동참하는 사회 구성원들의 지원이 있었다. 이것은 매우 어려운 일이다. 먼저 그 흐름을 이해한 국가가 항상 그 시대를 선도하지 않는다. 여러분들의 이해를 돕기 위해 군사 분야의 예를 들겠다. 오늘날 강대국 군사력의 꽃은 항공모함 선단이다. 미국이 11개의 항모선단을, 중국, 프랑스, 인도, 러시아, 영국이 함재기 30~60대 규모의 항모선단을 각각 1개 가지고 있다. 항모선단은 중심에 항공모함이 위치하고, 미사일 순향함, 다목적 전함, 대잠구축함, 초계함, 상륙함, 잠수함, 함대 급유선 등 수십 척의 호위함이 주변을 둘러싼다. 항모선단 운영비만 매년 수조원이 소요된다. 1982년 영국과 아르헨티나 사이에 있었던 포틀랜드 전쟁이나 최근 중국의 항공모함 추가 건조, 일본의 경항모 운영에 대한 국제적 반응을 통해 우리는 항모선단의 중요성을 확인할 수 있다.

세계 최초로 비행기를 만든 국가는 여러분이 알고 있듯이 라이트 형제의 미국이다. 정박한 군함의 갑판에서 처음으로 항공기를 이륙시킨 국가도, 처음으로 착륙시킨 국가도 미국이다. 그런데 최초로 공격용 항공모함을 설계하고 건조해서 활용한 국가는 1922년 호쇼호*Hōshō*를 취역한 일본이다. 제2차 세계대전에서 일본은 1941년 12월 7일 항모전단을 활용해 누구도 예상하지 못했던 진주만 공격에 성공했다. 삼일 후에는 영국과의 말레이 해전에서 해상항공단을 활용해 영국의 동양함대를 궤멸시켰다. 당시 전 세계 강대국들은 큰 충격을 받았다. 세계를 향해 일본은 거함거포 시대가 끝났고, 항모선단 시대가 열렸다는 사실을 행동으로 입증했다. 연이은 두 차례 해전으로 일본은 당시의 해전 패러다임이었던 대구경 함포를 장착한 전함 간 함대결전이 이제는 구식이고, 항모선단이 해전의 주도권을 가졌다는 것을 극적으로 보여주었다. 여기에서 또 다른 반전이 일어난다. 거함거포 시대의 종말을 분명하게 보여준 일본이 말레이해전 6일 후에 거대전함 야마토를, 2년 후 자매함인 또 다른 거대전함 무사시를 각각 실전 배치했다. 건조에 막대한 비용을 들인 두 거대전함들은 흰 코끼리[2]라는 것이 드러났다. 한 번도 제대로 써보지도 못하고 미국함대들을 피해 다니다 끝내 침몰했다. 일본은 결국 2차 세계대전에서 패했다.

또 다른 사례는 탱크다. 제1차 세계대전 중반에 서유럽에서는 수백만명의 병사가 사망한 참호전이 고착되면서 지루한 공방이 지속되고 있었다. 이 끝없는 공방전을 깨기 위해 1915년 영국에서 해군장관인 윈스턴 처칠의 채택으로 탱크가 개발되어 다음해에 실전 배치되었다. 1차 대전에서 탱크는 큰 위력을 발휘하지 못했지만 그 잠재력을 간파한 사람이 있었다. 바로 독일 제3제국의 아돌프 히틀러였다. 제2차 세계대전이 발발했을 때 1차 대전처럼 지루한 참호전을 예상했던 프랑스는 마지노선에 안주했지만 독일은 탱크를 중심으로 한 기갑부대의 전격전으로 전선을 돌파해 프랑스를 굴복시켰다. 시대는 바뀐다. 2003년 이라크전쟁에서 사담 후세인 대통령은 1천대의 탱크와 8만명의 기계화 보병으로 이루어진 이라크 공화국 수비대를 자랑했다. 그러나 미국의 A10지상공격기와 에이브람스탱크의 공군-육군 입체전으로 5일 만에 붕괴되었다. 이라크전에서 승리한 미국은 이제 육군을 스트라이커부대[3])로 재편하고 있다.

여러분은 광역권 자치시대를 다루는데 왜 뜬금없이 항공선단과 스트라이커부대를 사례로 드는지 의아해 할 것이다. 군사 분야에서의 이 두 사례에 광역권 자치시대를 위한 귀중한 교훈들이 있다. 이제는 '항공모함의 갑판에서 날아오르는 전투기들과 항모선단에서 각자의 역할을 수행하는 다수의 호위함들이 구축한 총체적인 전투력'이 대양을 이동해 국제질서에 영향을 미치는 강대국들의 진정한 힘이 되었다. 거함거포 전함에서 항모선단 시대로 해전의 양상이 바뀐 것은 대도시들 간 개별 경쟁에서 광역권 간 총력전으로 전환된 것을 의미한다. 항모선단처럼 광역권을 구성하는 대도시와 다수의 중소도시, 산업단지들, 공항과 항만, 농촌지역들이 서로 유기적으로 연결되고, 상호 협력해 경제전쟁에서 강력한 경쟁력을 확보해야 하는 시대가 왔다. 이라크전쟁을 통해 우리는 수많은 탱크와 장갑차로 무장했더라도 상부의 지시만을 따르는 군대가 육해공의 입체적 전력을 보유하고 유연한 전략적 사고를 갖춘 신속기동여단들로 구성된 군대를 이기지 못한다는 것을 알게 되었다. 즉 중앙정부가 모든 것을 관장하는 시대가 가고, 광역 행정기능을 중심으로 한 광역지자체들이 유연하고 전략적인 정책들을 추진해야 하는 시대가 도래 한 것이다.

그러면 우리나라의 지방 행정체계를 어떻게 바꾸자는 것인가? 수도권지역은 복잡한 체계가 필요하니 우선 비수도권지역부터 설명하겠다. 비수도권지역은 충청권, 전라권, 대경권, 동남권으로 통합해야 한다. 세종특별자치시와 제주특별자치도는 기존대로 존치하고, 강원도는 강원특별자치도로 개편하자. 충청권에 속하는 대전광역시와 충청북도, 충청남도는 충청도로, 전라권에 속하는 광주광역시와 전라북도, 전라남도는 전라도로 통합한다. 대경권에 속하는 대구광역시와 경상북도는 대경도(가칭)로, 동남권에 속하는 부산광역시와 울산광역시, 경상남도는 동남도(가칭)로 통합한다. 이렇게 광역지자체를 통합하면 2018년 12월 기준으로 충청도에서 5.2백만명, 전라도에서 5.2백만명, 대경도에서 5.1백만명, 동남도에서 8.0백만명이 거주하게 된다. 통합된 네 개의 도는 지방자치 선진국들이 추구하는 적절한 인구규모를 갖게 된다. 강원특별자치도와 제주특별자치도, 세종특별자치시는 적정한 인구규모에 미달한다. 그러나 강원특별자치도는 통일 후 북한 강원도지역과의 통합을 생각하고, 제주특

별자치도와 세종특별자치시는 특별법을 제정한 이유를 고려해 존치한다.[4)]

광역지자체의 통합을 위해 법제도에서 어떤 변경이 필요한가? 광역시 제도를 폐지하고[5)] 현재의 광역시들을 특례시로 지정하면 된다. 그동안 울산시 등의 광역시와 수원시, 창원시, 고양시, 용인시와 같이 거주인구 백만명이 넘은 일반 도시들 간 형평성 문제로 논란이 많았다. 이렇게 광역시를 특례시로 변경하면 기존의 광역시와 거주인구 백만명이 넘은 도시가 서로 동일하기 때문에 갈등의 원인이 사라진다. 우리나라가 "연방제 수준의 강력한 지방분권공화국을 건설"하기 위해서는 기존의 광역지자체가 더 큰 규모로 통합된 후 광역기능이 강화되어야 한다. 강화되어야 하는 분야는 도시계획과 주택, 주요 도시기반시설과 교통, 산업과 고용, 상하수도 등의 물 관리와 재난관리, 에너지와 환경, 쓰레기·폐자원 관리 등이다. 현재의 지방행정시스템에서도 상당수의 사무는 광역지자체들이 하고 있는 업무들이지만 새로운 지방자치체제에서 다음과 같이 개편하면 달라진다.

첫 번째로 개편해야 하는 것은 광역계획이다. 광역지자체가 관할 행정구역에 속하는 기초지자체들을 통합·조정할 수 있도록 기존의 광역계획들을 대신해 단일화된 대도시권계획이 필요하다. 두 번째는 중앙정부에 소속된 지방 소재 특별지방행정기관[6)]이 수행하는 사무 중에서 바로 전에 제시한 광역기능에 해당되는 업무를 광역지자체로 이양하는 것이다. 세 번째는 광역지자체가 광역기능에 해당하는 업무를 제대로 수행할 수 있도록 중앙정부와 지자체간 예산시스템이 개편되어야 한다. 네 번째는 광역지자체와 기초지자체간,

중앙정부와 광역지자체간 정책개발과 협의, 조정기능을 강화하기 위해 기존 행정시스템의 보완이 필요하다. 마지막으로 광역지자체 행정의 추진력과 견제기능을 강화하기 위해 광역지자체에 대한 선거제도가 개선되어야 한다.

첫 번째로 제시한 기존의 광역계획들을 단일화된 대도시권계획으로 개편해야 한다는 것을 보다 자세하게 설명하겠다. 여러분은 8장에서 논의했던 우리나라의 복잡다단한 대도시권 계획들을 기억할 것이다. 비수도권지역의 광역지자체 행정을 위해서 다음과 같이 국토·도시계획 체계가 개편되어야 한다. 먼저 「국토기본법」의 특정지역을 대상으로 특정 정책목적을 위해 수립하는 '지역계획'을 폐지하고, 대신에 대도시권을 대상으로 하는 '대도시권계획'을 신설한다. 여러분은 기존의 '지역계획'을 '대도시권계획'으로 변경한 것뿐이라 큰 차이가 없을 것이라고 생각하겠지만 근본적인 변화가 있다.

국토·도시계획 체계에 새롭게 도입된 '대도시권계획'을 통해 새롭게 개편된 '충청도', '전라도', '대경도', '동남도', '강원도', '제주도' 등의 광역지자체들은 자신의 행정구역에서 대도시와 주변 중·소도시, 대도시와 연계되는 군을 포함하는 대도시권을 지정한다.[7] 그리고 해당 대도시권에 대한 도시계획과 주택, 주요 도시기반시설과 교통, 산업과 고용, 상하수도 등의 물 관리와 재난관리, 에너지와 환경, 쓰레기·폐자원 관리 등에 대한 사항을 각각 전문적으로 다루면서도 분야들 간에는 서로 연계되도록 작성한다. 전라도를 예를 들어 설명하면 전라도청은 광주시, 나주시, 담양군, 화순군, 함평군, 장성군 등을 '광주대도시권'으로 지정한다. 전라도는 지정된 광주대도시권을 대상으로 '광주대도시권계획'을 수립하면서 도시계획과 주택, 주요 도시기반시설과 교통, 산업과 고용, 상수도와 쓰레기 관리, 에너지와 환경, 재난관리 등의 분야별 내용이 각각 전문적이면서 다른 분야와 연계되도록 작성한다. 광역지자체는 하나 이상의 대도시권을 지정할 수 있다. 전라도는 대도시권 지정기준에 적합하다면 필요할 경우 전주대도시권을 별도로 지정할 수도 있다. 대도시권 지정기준에 대해서는 중앙정부가 광역지자체와 협의해 결정한다.

이렇게 국토·도시계획 체계를 개편하면 현행 체계와 무엇이 달라지는가? 현재의 광역계획들은 대부분 대도시와 주변지역이 분리되어 별도의 계획으로 수립되고 있다. 그러나 '대도시권계획'에서는 해당 대도시권에 속하는 대도시와 중소도시, 농촌지역이 모두 광역적 관점에 의해 단일권역으로 다루어진다. 이렇게 되면 광주광역시와 전남 나주시간 999번 버스의 갈등도, 광주 군 공항이전 갈등도, 대구공항 통합이전 갈등도, 부산 신규 취수원 확보 문제도 중앙정부가 직접 개입하지 않고 광역지자체 내에서 해결의 실마리를 찾을 수 있게 된다.[8)9)] '대도시권계획'이 대도시권에 소속된 도시와 군의 '시·군종합계획'에 대한 상위계획으로 기능하게 되면서 대도시권 정책과 사업에 대해 광역지자체의 기초지자체에 대한 통합·조정 능력이 강화된다.

우리나라의 계획체계에서는 도시계획과 주택, 주요 도시기반시설과 교통, 산업과 고용, 물 관리와 재난관리, 에너지와 환경, 쓰레기·폐자원 관리 등에 대해 각각 별도의 계획을 수립하고 있다. '대도시권계획'은 광역적 관점이 필요한 이들 분야를 단일 계획의 틀에서 다루기 때문에 분야별 계획내용이 서로 상충되는 것을 방지하고, 상호 연계되도록 돕는다. 이렇게 되면 대규모 주택공급이 수반되는 신도시를 처음 구상할 때부터 광역교통이 다루어지고, 일자리가 부족한 베드타운이라는 말도 사라진다. 광역지자체가 '대도시권계획'을 통해 자체적으로 주택·부동산시장의 수요·공급을 다루고, 주택·부동산 정책이 지역경제에 미치는 영향을 분석하기 때문에 지난 2018년에 부산시가 중앙정부에 취약한 경제력과 경제구조를 이유로 지역 부동산 시장의 활성화와 주거안정을 위해 7개 구·군을 조정대상지역에서 해제해 달라고 요청하는 것도,[10] 중앙정부가 주택·부동산 시장문제로 비난받을 일도 없다.

더 근본적인 변화가 있다. 바로 현재의 계획체계에서 다른 법률들에 의해 복잡다단하게 작성되고 있는 유사한 광역계획들을 하나의 '대도시권계획'으로 정비할 수 있다. 계획은 단순해지지만 내용이 충실해지고, 보다 강력해지면서 지자체의 행정력 낭비와 중앙정부 부처별 사업예산의 중복성이 최소화된다. 단일화된 '대도시권계획'을 통해 사업들이 집약되면서 사업간 시너지효과가 보다 명확해지고, 예산집행의 효율성도 높아진다.

현행 광역계획들이 어떻게 정비되는지 살펴보자. 「국토기본법」의 '도종합계획'은 위상이 높아진다. 전라도, 대경도 등 새로운 광역지자체의 도종합계획은 '대도시권계획'과 대도시권에 지정되지 않는 중소도시와 군의 정책과 사업을 포함한다. 도종합계획은 대도시권계획을 핵심으로 하지만 대도시권에 대한 사항이 대도시권계획에서 충실하게 다루어지기 때문에 대도시권계획에서 소외되는 중소도시와 군의 균형발전에 치중해 광역지자체의 미래를 보다 명확하게 제시할 수 있다. '도종합계획'은 '대도시권계획'과 대도시권 외지역의

'시 · 군종합계획'을 연계하면서도, 이들 하위계획들과 상위 '국토종합계획'을 연결하는 역할도 수행하게 된다.

「국토의 계획 및 이용에 관한 법률」의 '광역도시계획'은 '대도시권계획'으로 교체된다. 벌써 '광역도시계획'이라는 하나의 명칭이 사라졌다. '광역도시계획'에서 수행했던 '개발제한구역(그린벨트)의 조정'기능은 '대도시권계획'의 대도시권 지정과 도시계획 · 주택 부문을 통해 충분히 다루어질 수 있다. 대도시권계획에서 도시계획 · 주택 부문에 대한 분석과 모니터링 능력이 강화되기 때문에 오히려 더 정교해진다. 「수도권정비계획법」의 '수도권정비계획'은 다음 절에서 수도권지역을 다룰 때 자세하게 설명하겠다.

「지역 개발 및 지원에 관한 법률」의 '지역개발계획'에서 현재 강원도, 충청북도, 충청남도, 전라북도, 전라남도, 경상북도, 경상남도의 일곱 개 도가 수립하는 발전촉진형 · 거점육성형 지역개발계획은 새로운 「국토기본법」의 '도종합계획'이나 '대도시권계획'과 통합하는 것이 적절하다. 발전촉진형 · 거점육성형 지역개발계획과 가장 유사한 것은 '도종합계획'이나 지역개발계획이 구체적인 사업을 다루기 때문에 '대도시권계획'으로 대체하는 것이 바람직하다. 「지역 개발 및 지원에 관한 법률」에서 제시한 '지역개발사업', '투자선도지구', '저점지역'의 개념은 '대도시권계획'에서 다루어질 수 있다. 「지역 개발 및 지원에 관한 법률」에서 제시한 '낙후지역', '지역활성화지역'은 '도종합계획'의 대도시권에 지정되지 않은 지역에 해당된다. 따라서 「지역 개발 및 지원에 관한 법률」은 폐지가 가능하다.

다음은 국가균형 발전과 대도시권 교통, 주택 · 주거 관련 사항이다. 국가 균형발전의 근거가 되는 「국가균형발전 특별법」은 '대도시권계획'이 활성화되면 폐지가 가능하다. 법률에서 규정하는 '시·도 발전계획'과 '시·도 시행계획'은 '도종합계획'과 '대도시권계획'에서 구체적이고, 정교하게 다루어질 수 있다. "광역협력권"은 '대도시권'으로 대체 가능하며 "기초생활권" 개념은 '대도시권' 하위지역의 개념으로 사용될 수 있다. 「국가균형발전 특별법」을 폐지해 사라지는 '국가균형발전위원회' 대신에 대통령을 의장으로 하며 국무총리와 새로운 광역지자체장, 행정안전부 장관, 기획재정부 장관 등이 참여하는 '제2국무회의'를 운영할 수 있다. 필요하다면 '국가균형발전위원회'를 '제2국무회의'의 지원부서로 개편할 수도 있다.

대도시권 교통에 대한 법적근거는 「대도시권 광역교통 관리에 관한 특별법」이다. 이 법률에 따라 작성하는 20년 단위의 '대도시권 광역교통기본계획'과 5년 단위의 '대도시권 광역교통시행계획'은 '대도시권계획'의 교통분야에서 더 잘 다루어질 수 있다. 그 이유는 다음과 같다. 첫째, '대도시권계획'의 수립주기가 '대도시권 광역교통기본계획'과 '대도시권 광역교통시행계획' 보다 단축될 수 있다. 둘째, '대도시권계획'에서는 도시계획과 주택, 주요 도시기반시설, 산업과 고용, 물 관리와 재난관리, 에너지와 환경, 쓰레기·폐자원 관리 등 다른 분야도 함께 다루며 서로 연계되기 때문에 교통시설에 대한 수요추정이 훨씬 더 정확해지고, 다양한 교통서비스가 개발될 수 있다. 셋째, '대도시권 광역교통기본계획'과 '대도시권 광역교통시행계획'은 국토교통부가 수립하고, 계획안은 국토교통부 관련 정부출연연구기관에서 마련하기 때문에 해당 대도시권에 대한 이해도가 미흡할 수 있다. 그러나 '대도시권계획'은 해당 광역지자체가 수립하고, 광역지자체 소속 출연 연구기관이 작성하기 때문에 계획내용이 더 충실하다. 따라서 「대도시권 광역교통 관리에 관한 특별법」을 폐지하고, '대도시권계획'에 대한 법률을 개정할 때 그 내용을 포함하는 것이 바람직하다.

마지막으로 대도시권의 주택과 주거에 대한 사항이다. 8장에서 설명했듯이 우리나라에서 주택·주거정책의 기반이 되는 법률은 「주거기본법」이다. 「주거기본법」 제6조에 의하면 시·도지사는 국토교통부의 '주거종합계획'에 적합하게 10년 단위로 '시·도 주거종합계획'을 수립하고, 10년 단위계획에 따라 매년 별도의 '시·도 주거종합계획'을 수립해야 한다. 개편된 광역지자체에서 주택공급 문제는 주로 대도시권에서 발생하고, 주거문제는 대도시권과 비대도시권을 포함한 광역지자체 행정구역 전체에서 발생한다. 따라서 '시·도 주거종합계획'을 수립할 때 '대도시권계획'의 주택분야를 연계하면 '시·도 주거종합계획'이 보다 충실해진다.

광역지자체의 비대도시권지역은 주택의 주거기준 개선, 노후주택 멸실 등의 문제를 보다 집중적으로 다룰 수 있다. 8장에서 제기했던 현재의 '시·도 주거종합계획'이 광역시·도의 행정구역을 대상으로 수립되어 단절적인 계획이 되는 문제도 개편된 광역지자체가 관할 행정구역에 현재의 광역시와 도를 포함해 더 이상 문제가 되지 않는다. '대도시권계획'을 통해 광역적으로 형성되는 주택시장을 단일계획에서 다룰 수 있어 더 좋다. 현재의 '시·도 주거종합계획'에서 수립년도와 적용기간이 일치하지 않는 문제도 동일한 시점에 작성되는 '대도시권계획'을 기반으로 하면 문제가 해소된다. 주택시장에 영향을 주는 도시계획과 인구이동, 광역교통계획 등에 대한 현행 '시·도 주거종합계획'의 미흡한 고려도 다른 분야들과 연계되는 '대도시권계획'을 통해 더 이상 문제가 되지 않는다.

새로운 변화들을 정리해보자. 광역시와 도를 통합해 새로운 광역지자체를 출범하고, '대도시권계획'제도를 도입하면 복잡다단한 광역계획 관련 제도들이 보다 단순하게 정리된다. 현행 제도들이 추구했던 정책들은 제도 개선을 통해 보다 효율적으로 운영된다. '충청도', '전라도', '대경도', '동남도', '강원도', '제주도' 등의 광역지자체들은 자신의 행정구역에서 대도시권을 지정할 수 있게 된다. 지정된 대도시권을 대상으로 해당 광역지자체 출연 연구기관이 도시계획과 주택, 주요 도시기반시설과 교통, 산업과 고용, 물 관리와 재난관리, 에너지와 환경, 쓰레기·폐자원 관리 등의 분야를 포함하는 단일화된 '대도시권계획'을 수립한다. 대도시권계획은 대도시권과 그 외 지역을 포함하는 '도종합계획'과 대도시권에 소속된 '시·군종합계획'을 연결하는 기능을 수행한다. 대도시권지역이 대도시권계획을 통해 충실하게 다루어지면서 도종합계획은 대도시권에 제외되는 지역에 치중할 수 있고, 계획의 위상도 높아진다. 「주거기본법」에 따라 수립되는 '시·도 주거종합계획'이 대도시권계획으로 보완되면서 기존의 문제들이 해결된다.

새로운 광역계획제도를 통해 우리는 복잡한 법제도들을 보다 단순하게 정비할 수 있다. '광역도시계획'의 '개발제한구역(그린벨트)의 조정'업무가 대도시권계획에 흡수되면서 '광역도시계획'을 별도로 수립할 필요가 없다. '지역개발계획'도 '대도시권계획'에 흡수되어 관련예산이 통합되면서 광역지자체가 '지역개발계획'을 수립할 필요가 사라지게 되면 「지역 개발 및 지원에 관한 법률」의 폐지가 가능하다. '시·도 발전계획'과 '시·도 시행계획'이 '도종합계획'

과 ‘대도시권계획’으로 통합되면서 「국가균형발전 특별법」도 폐지할 수 있다. ‘대도시권계획’에서 대도시권 교통을 다루면 ‘대도시권 광역교통기본계획’과 ‘대도시권 광역교통시행계획’도 더 이상 작성할 필요가 없어 「대도시권 광역교통 관리에 관한 특별법」도 폐지가 가능해진다. 적어도 세 개의 법률이 폐지되고, 관련계획들이 ‘대도시권계획’이라는 단일계획으로 통합되면서 광역행정이 단순화된다. 광역지자체 공무원들과 관련 연구기관들의 업무가 줄어들어 행정력 낭비도 해소된다. 다른 법률들에 따라 수립하는 계획들을 근거로 작성된 유사한 사업들에서 소요되는 중복성이 강한 예산들도 단일계획을 통해 보다 효율적으로 사용된다.

우리나라에서 이러한 개선은 불가능할 수 있다. 위에서 제시한 법률들과 계획들은 나름의 논리와 필요성에 의해 탄생했고, 소관 중앙부처 담당부서와 광역·기초 지자체의 존립 근거이자 힘의 원천이다. 만일 위와 같은 제도 개선이 이루어지면 해당되는 부서들은 통·폐합되고, 관련부처는 공무원 정원이 감축되며 예산이 삭감된다. 그동안 관련계획들을 수립해왔던 정부출연연구기관과 지자체 출연연구기관, 엔지니어링 업체들은 담당업무가 축소되고, 용역과제가 사라진다. 안정적인 사업구조를 형성해왔던 일들에서 변화의 쓰나미가 닥치게 되면 피해가 발생하는 곳마다 반발이 심해진다. 특히 관련 법제도의 소관부처가 다르고, 동일한 부처라도 담당부서가 다르기 때문에 ‘대도시권계획’을 담당하는 기관은 미소를 띠지만 피해기관을 생각해 내색하지 않을 것이다. 피해기관들은 결사항전을 외친다. 그래서 개혁은 어렵고 잘 실현되지 않는다.

이제는 다섯 가지 개편과제 중에서 두 번째 주제인 중앙정부 소속의 지방 소재 특별지방행정기관이 수행하는 광역업무의 광역지자체 이양 문제를 다룰 차례다. 어려운 말 같지만 실제로는 중앙정부의 특별지방행정기관인 국토교통부 소속의 지방국토관리청, 환경부 소속의 지방환경청, 중소벤처기업부 소속의 지방중소벤처기업청, 고용노동부 소속의 지방고용노동청 등의 업무를 개편되는 광역지자체에 넘기자는 것이다. 지방분권이 이슈화될 때마다 제기되는 사항이지만 소관부처와 해당기관들의 극심한 반발로 실패한 개혁과제다.

구체적인 개편사항은 다음과 같다. 국토교통부에는 현재 서울지방국토관리청, 원주지방국토관리청, 대전지방국토관리청, 익산지방국토관리청, 부산지방국토관리청이 소속되어 있다. 담당하는 주요업무는 도로계획·공사, 하천계획·공사, 건설관리·안전 등이다. 담당하고 있는 도로의 제설도 포함된다. 개편되는 수도권, 강원도, 충청도, 전라도, (가칭)동남도의 광역지자체에서 강화되는 주요 도시기반시설과 교통, 물 관리와 재난관리에 해당되는 업무다.

환경부에는 원주지방환경청, 대구지방환경청, 새만금지방환경청, 수도권대기환경청이 있다. 주요업무는 환경보전과 개선, 에너지 및 폐자원 관리, 환경오염 방지 등이다. 광역지자체의 강화되는 에너지와 환경, 쓰레기·폐자원 관리에 해당된다. 지방환경청의 관할구역이 개편되는 광역지자체와 정확하게 일치하지는 않지만 조금만 조정하면 이양이 가능하다. 이렇게 되면 최근에 이슈가 되는 미세먼지에서 광역지자체가 지역특성을 반영한 국내대책을 담당하고, 중앙정부는 인접국가와의 대외정책을 담당하는 것으로 역할을 분담할 수 있다. 한강유역관리청, 낙동강유역관리청, 금강유역관리청, 영산강유역관리청과 같은 유역관리청과 한강홍수통제소, 낙동강홍수통제소, 금강홍수통제소, 영산강홍수통제소 등의 홍수통제소도 이관을 검토할 필요가 있다. 광역지자체의 강화되는 물 관리와 재난관리, 환경과 폐자원 관리 등과 관련이 깊기 때문이다.

중소벤처기업부에는 서울, 인천, 경기, 강원, 충북, 대전/충남, 전북, 광주/전남, 대구/경북, 부산, 울산, 경남 등 12개 지역에 지방중소벤처기업청이 있다. 중소·벤처기업의 창업성장과 공공판로지원, 기업환경 개선과 기술혁신 등의 업무를 담당하고 있다. 광역지자체의 강화되는 산업과 고용업무에 해당된다. 고용노동부에는 서울, 경기/인천/강원, 부산/경남, 대구/경북, 광주/전라, 대전/충청 등 6개 지방고용노동청이 있고 지방청 산하에 40개 지청과 1개 출장소가 있다. 광역지자체의 고용업무에 해당되어 이관될 수 있다. 추가로 산업통상자원부 소관의 「산업집적활성화 및 공장설립에 관한 법률」을 근거로 설립된 '한국산업단지공단'의 서울, 인천, 경기, 강원, 충청, 전북, 광주/전남, 대구/경북, 부산, 울산, 경남 등 11개 지역본부도 광역지자체의 강화되는 산업과 고용에 해당되어 이관을 검토할 필요가 있다. 한국산업단지공단의 지역본부들은 현재 산업단지에 대한 입주지원, 입주기업의 경영지원, 산업단지 구조고도화 추진 등의 업무를 수행한다. 광역지자체가 중소벤처기업, 고용노동, 산업단지 등을 종합적으로 담당하면 산업과 고용정책이 개선될 수 있다.

다섯 가지 개편과제 중에서 세 번째 주제는 광역지자체가 광역기능에 해당하는 업무를 개선하기 위한 중앙정부와 지자체간 예산시스템의 개편이다. 이 사항에 대해서는 다수의 재정분권 전문가들이 해법을 제시했다. 현재의 국세와 지방세 간 7.5대 2.5 비율의 6대 4 수준으로의 조정, 지방재정의 재원확보를 위한 지방소비세율과 지방교부세율의 인상, 재원의 지방세 추가 이전, 지역 간 경제격차 보전 등 다양한 방안이 구상되었다.[11] 문제는 얼마만큼의 예산을 지자체가 확보되도록 하는가의 총량적 증가량과 증가하는 총량에 대한 지자체별 배분비율이다. 먼저 총량에 대해 살펴보자. 1998년부터 2018년까지 21년 동안 우리나라의 일반회계와 특별회계를 합한 총예산 비율은 해마다 약간씩 차이가 있지만 평균적으로 중앙정부 예산이 60.5%, 광역지자체(본청) 예산이 20.7%, 기초지자체 예산이 18.8%였다. 광역・기초 지자체 예산비율을 합하면 39.5%다. 미국의 의회 예산국과 통계국 자료에 의하면 미국의 연방정부와 주정부・지방정부의 예산비율은 52%대 48%다.[12] 우리나라 지자체의 예산이 증가할 필요가 있다. 소속 기초지자체간 지역격차 문제에 대처할 수 있도록 광역지자체를 중심으로 예산증가를 추진해야 한다.

다섯 가지 개편과제 중에서 네 번째 주제는 광역지자체와 기초지자체간, 중앙정부와 광역지자체간 정책개발과 협의, 조정기능을 강화하기 위한 행정시스템의 보완이다. 광역지자체와 기초지자체간 정책개발과 협의, 조정기능을 강화하기 위해 다섯 가지가 보완되어야 한다. 첫째, 지정된 대도시권에 포함되는 모든 기초지자체들이 참여하는 행정협의체의 설립이 필요하다. 「지방자치법」 제165조에 의한 지방자치단체 협의체, 제159조에 의한 지방자치단체조합, 제152조에 의한 행정협의회 등이 활용될 수 있다. 결정사항에 대해 법적 구속력이 있어야 한다. 행정협의체의 의장은 광역지자체장 또는 중심 대도시의 시장이 적절하다. 행정협의체에 중앙정부의 참여도 필요하다.

둘째, 행정협의체에서 심의해야하는 '대도시권계획'을 수립하는 전문기관이 필요하다. 광역지자체 소속 출연 연구기관이 적합하다. 강화되는 도시계획과 주택, 주요 도시기반시설과 교통, 산업과 고용, 물 관리와 재난관리, 에너지와 환경, 쓰레기·폐자원 관리 등의 광역기능에 대한 전문성과 연구역량이 강화되도록 대폭적인 개편이 필요하다. 개편되는 광역지자체에서 충청도의 충북발전연구원과 충남연구원은 충청연구원으로 통합이 바람직하다. 전라도에 속하는 전북연구원과 광주전남연구원은 전라연구원으로 통합할 수 있다. 대경도는 대구경북연구원을, 동남도는 경남발전연구원을 육성하면 된다. 부산시의 부산연구원, 대전시의 대전세종연구원, 울산시의 울산발전연구원, 강원도의 강원발전연구원, 제주도의 제주발전연구원은 소속 지자체의 행정구역에 관한 연구를 수행한다. 광주전남연구원과 대구경북연구원은 도시지역 연구원과 광역지자체 연구원으로 분리되어 도시지역 연구원은 부산연구원, 대전세종연구원, 울산발전연구원과 같이 소속도시의 연구에 집중하고, 광역지자체 연구원은 광역지자체에서 강화되는 광역기능에 대해 전문적인 연구를 담당할 수 있다.

셋째, 행정협의체에서 심의하는 '대도시권계획'의 역할과 위상이 바로서야 한다. 계획은 단순한 보고서 수준이 아니라 정책을 집행하는 사업과 예산을 포함해야 한다. 그리고 행정협의체에서 의결하면 대도시권에 해당되는 모든 지자체들이 의무적으로 지켜야 하는 구속력이 필요하다. 도시계획과 주택, 주요 도시기반시설과 교통, 산업과 고용, 물 관리와 재난관리, 에너지와 환경, 쓰레기·폐자원 관리 등의 광역기능에 대한 모든 사항이 해당된다. 이렇게 되면 용인경전철과 같이 광역적으로 영향이 큰 사업은 기초지자체가 단독으로 추진하기가 어려워진다. 지방선거에서 자치단체장들이 교체되거나 중앙정부에서 정권교체가 있어도 행정협의체를 통한 절차에 의해서만 의결된 '대도시권계획'을 변경할 수 있다면 계획수립에 무수한 고민과 전문성이 요구되고, 지자체간, 정당 간 협상과 타협, 추진력과 정치력이 필요하게 될 것이다.

넷째, '대도시권계획'을 실현하기 위한 예산이 사업별로 구체적으로 제시되어야 한다. 대도시권 소속 지자체들의 예산분담, 중앙정부 해당부처의 예산지원, 민간부문의 사업참여에 대해 규모와 기간이 명시되어야 한다. 우리나라는 매년 예산을 편성하기 때문에 그동안은 계획을 세워도 시간이 지날수록 예산집행이 잘 준수되지 않았다. 대도시권계획에서는 이런 문제가 최소화될 수 있도록 제도가 구축되어야 한다. 대도시권계획에 대한 이런 장치가 잘 작동되면 그동안 여러 정부에서 발표했던 신도시 건설사업, 2019년 1월에 정부가 발표한 예비타당성 면제사업 등도 향후에는 필요하지 않다. 광역지자체는 대도시권 소속 지자체들의 예산분담, 중앙정부 해당부처의 예산지원, 민간부문의 사업참여 등을 통해 정책의 개발과 협의, 조정기능을 발휘할 수 있다.

다섯째, '대도시권계획'을 수정할 수 있으며 이를 위해서는 정당한 절차가 필요하다. 따라서 새로운 정책을 결정하기 위한 제도 개선을 제안한다. 지방선거를 통해 새로운 광역지자체장이 선출되면 약 2년의 준비기간을 통해 자신이 추진하고자 하는 핵심정책을 수립하고, 총선에서 지역주민의 투표를 통해 과반을 확보한 후 추진하도록 주민투표제의 활성화를 제안한다. 광역자치단체장이 주민투표제에 청구하는 핵심정책에 대해서는 정책목표와 수단, 대상자,

집행내용, 소요예산과 확보방안 등이 제시되도록 해 충분하게 숙고된 정책이 평가받고, 채택 후에는 계획대로 진행할 수 있도록 해야 한다.

다섯 가지 개편과제 중에서 마지막 주제만 남았다. 광역지자체 행정의 추진력과 견제기능을 강화하기 위해 광역지자체를 대상으로 하는 선거제도의 개선이다. 4장에서 제시했듯이 현재 지방선거에서 동시에 실시되고 있는 자치단체장과 지방의회 선거의 분리가 필요하다. 광역 · 기초 단체장은 현재의 지방선거 일정에서 투표하고 광역 · 기초 의원은 총선 일정으로 변경해 투표하면 광역 · 기초 의원 선거에서 이슈의 전국화 영향력이 감소하고, 의회의 지자체 견제기능이 살아나며 쏠림현상은 약화된다. 우리나라에서 142조원이나 되는 광역지자체 예산의 예산사용을 광역의회가 견제하고 감시할 수 있도록 광역의회 선거에 전국단위의 연동형 비례제 적용이 필요하다. 연동형 비례제의 광역 비례의원은 각 정당이 전국적으로 고르게 인재육성이 되도록 전라권, 대경권 등과 같이 지역감정이 극심한 지역에 우선적으로 배정한다. 이렇게 선거제도가 개선되면 광역의원의 쏠림현상이 완화되면서 보수/진보 1당을 제외한 정당들의 광역의원 점유율이 높아져 지방자치에서 양당체제의 극심한 정치갈등을 완화하고 제3의 대안세력을 키우는데 기여할 수 있다.

연방제를 운영하는 지방자치 선진국인 미국의 도시학자들은 21세기 들어 지방정부간 과도한 경쟁, 비효율적이고 환경파괴적인 토지이용, 성장지역과 낙후지역 간 심화된 격차로 인한 지역분리 등이 미국의 지방자치를 서서히 약화시키고 있다고 주장한다.[13][14] 그들이 제시한 해결방안이 광역차원에서의 협력적 도시계획과 지방정부간 재정균형 강화, 광역차원에서의 정치리더십과 거버넌스 개선이다. 우리나라의 지방자치가 앞으로 나아가야할 방향이다.

수도권에 대한 고민

이제 수도권 지역에 대해 논의할 차례다. 2018년 12월 기준으로 수도권지역의 인구는 25.8백만명이며 전국인구의 49.8%를 점유한다. 우리나라 총인구의 과반이 수도권에 사는 것이다. 따라서 수도권지역이 단일 대도시권이라고 하나의 광역지자체로 통합한다면 잘못하면 정부 내 정부로 기능하고, 너무 거대해서 비효율이 커질 것이다. 인구규모의 절대수치도 기준이 되지만 전국대비 비중도 중요하다. 서울시는 전국인구의 18.8%를, 인천시는 5.7%를, 경기도는 25.2%를 차지한다. 지방자치 선진국들과 비교해보자. 2018년 기준으로 미국의 50개 주정부 중에서 인구가 25백만명을 넘는 주는 39.6백만명의 캘리포니아와 28.7백만명의 텍사스주다. 그런데 전국대비 캘리포니아주의 인구비중은 12.0%이고, 텍사스주는 8.7%다. 2015년 일본 도도부현의 인구를 살펴보면 가장 많은 동경도가 13.5백만명으로 10.6%를 점유한다. 일본은 최근 47개의 도도부현을 9~13개 도주로 개편하는 방안이 논의되고 있으나 개편 후에도 인구가 가장 많은 도주의 전국대비 비중이 20%를 초과하기 힘들 것이다. 2017년 기준으로 캐나다에서 인구 천만명이 넘는 주는 온타리오주*Ontario*가 유일하며 14.2백만명이 거주해 전국대비 인구비중이 38.7%에 달한다.

수도권지역을 단일 지자체로 통합하면 유럽 국가들의 광역정부와 비교해도 과도한 규모가 된다. 2016년 기준으로 프랑스의

18개 지역정부 중에서 천만명이 넘는 지역정부는 '일 드 프랑스 *Ile-de-France*'가 유일하며 12.1백만명이 거주한다. 일 드 프랑스의 전국인구 대비 비중은 18.3%다. 2017년 기준으로 영국에서는 런던 대도시권만 10.5백만명으로 인구가 천만명을 넘으며 전국대비 인구 비중은 15.9%다. 2017년 기준으로 독일의 16개 자치주 중에서 천만명을 넘는 주는 세 개로 노르트라인베스트팔렌주*North Rhine-Westphalia*의 인구가 17.8백만명으로 전국대비 21.8%를, 바이에른주*Bayern*의 인구가 12.5백만명으로 15.3%를, 바덴뷔르템베르크주*Baden-Wurttemberg* 주의 인구가 10.8백만명으로 13.2%를 각각 점유한다. 이탈리아는 롬바르디아만 천만명이 약간 넘으며 전국대비 비중은 16.6%다. 2016년 기준으로 스페인의 17개 자치정부 중에서 안달루시아*Andalusia*가 8.4백만명으로 인구가 가장 많으며 전국대비 인구비중은 18.1%다.

전국의 총인구 대비 인구선두 광역지자체의 인구비중을 보면 우리나라 수도권지역의 광역행정체계 개편을 위해 의미 있는 정보를 얻을 수 있다. 미국은 총인구가 3.3억명으로 우리나라에 비해 인구가 6.4배이며 국토면적이 98배다. 미국에서 가장 큰 인구를 가진 캘리포니아의 전국 대비 인구비중이 12.0%이고, 다음순위인 텍사스주가 8.7%인 것은 우리나라와 비교할 때 면적이 인구보다 훨씬 큰 국가에서 인구 집중도가 떨어지는 것을 의미한다. 일본은 총인구가 1.3억명으로 우리나라에 비해 인구가 2.5배이며 국토면적이 3.8배다. 일본의 동경도가 전국대비 10.6%를 점유해 미국과 유사한 법칙이 적용되는 것을 알 수 있다. 캐나다는 총인구가 3천7백만명으로 우리나라에 비해 인구가 72%이며 국토면적이 100배다. 캐나다는 온타리오주의 전국대비 인구비중이 38.7%로 지방자치 선진국 중에서 가장 높아 영토가 큰 미국이나 일본의 사례와 다르다. 이것은 캐나다가 미국이나 일본보다 북극에 근접한 위치에 있기 때문에 영토는 커도 사람들이 거주할 수 있는 좋은 여건을 가진 지역이 적기 때문인 것으로 이해가 된다. 국토가 크면 인구집중도는 낮아진다.

미국, 일본, 캐나다에 비해 우리와 인구규모와 국토면적이 더 유사한 유럽의 지방자치 선진국들을 살펴보자. 독일은 총인구가 8천3백만명으로 우리나라에 비해 인구가 1.6배이며 국토면적은 3.6배다. 독일에서 인구비중이 가장 큰 노르트라인베스트팔렌주(21.8%), 바이에른주(15.3%), 바덴뷔르템베르크주(13.2%)는 서부와 남부 국경의 평야 곡창지대에 있으며 프랑스, 오스트리아 등 현재와 과거의 강대국들과 연결되는 전략적 통로지역이다. 독일은 영국과 프랑스에 비해 국가가 통일된 역사도 상대적으로 짧아 주요지역들을 중심으로 한 지방분권 특성이 강하다. 그래도 독일에서 가장 큰 노르트라인베스트팔렌주의 인구비중이 21.8%로 사분의 일을 넘지 않는다. 독일과 같이 통일국가의 역사가 짧은 이탈리아는 총인구가 6천만명으로 우리나라에 비해 인구가 1.2배이며 국토면적은 3.0배다. 이탈리아에서 가장 인구가 많은 롬바르디아는 전국인구 대비 16.6%이나 다음순위인 라지오*Lazio*, 캄파니아*Campania*, 시실리*Sicily*, 베네토*Veneto*, 에밀리아-로마그나*Emilia-Romagna*, 피에몬트*Piemont*, 아풀리아*Apulia*는 모두 4~6백만명의 인구규모를 가진다. 이탈리아의 20개 지역 중에서 선두인 롬바르디아가 전국인구의 육분의 일을 점유하고, 다음순위인 일곱 개 지역이 전국대비 6.7~9.7%를 점유해 지방자치측면에서 균형발전을 이루고 있다.

이제 유럽국가 중에서 중앙집권의 역사가 상대적으로 길어 우리나라에게 더 많은 시사점을 줄 수 있는 프랑스와 영국, 스페인을 살펴보자. 프랑스는 총인구가 6천7백만명으로 우리나라에 비해 인구가 1.3배이며 국토면적은 5.5배다. 2014년 프랑스 의회는 5개의 해외 식민지를 제외한 22개의 지역정부를 통합해 2016년 1월에 출범하는 13개의 지역정부로 개편하는 법률을 통과시켰다. 프랑스 의회가 잠정적으로 부여한 13개 지역정부의 명칭과 수도는 지방정부들의 위원회를 거쳐 수정된 후 2016년 9월 국가위원회의 심의를 통해 최종적으로 결정되었다. 프랑스에서는 일 드 프랑스가 18.3%로 인구비중이 가장 많으며 2~7위까지는 인구수 5~8백만명으로 7.6~11.9%를 점유한다. 프랑스 본토의 나머지 5개 지역정부의 인구도 최소 2.5백만명을 넘어 3.9~5.6%를 차지한다. 즉 중앙집권적 특성이 강했던 프랑스가 2014년 법률 제정으로 지역정부들을 통합해 2016년부터 균형적인 지방자치 국가로 대변신을 한 것이다.

프랑스에 비해 중앙집권적 특성이 약한 영국은 다른 선택을 한다. 영국은 총인구가 6천6백만명으로 우리나라에 비해 인구가 1.3배이며 국토면적은 2.4배다. 영국은 55.3백만명의 잉글랜드와 5.4백만명의 스코틀랜드, 3.1백만명의 웨일즈, 1.9백만명의 북아일랜드 등 4개 국가가 연합한 국가다. 역사적으로 지방분권적 특성이 강했던 영국은 현재 잉글랜드의 9개 지역 중에서 런던지역만 지방정부를 구성하고 있으며 6개는 지방자치위원회를 구성했고, 2개는 자체 행정부를 가지고 있지 않다. 즉 영국은 스코틀랜드와 웨일즈, 북아일랜드가 실질적인 지방정부이며 런던지역을 제외하면 잉글랜드의 대도시권 2~4위 인구가 1.8~2.7백만명으로 적다. 대도시권 5위이하는 백만명도 되지 않는다. 따라서 영국은 총인구대비 15.9%인 런던대도시권과 스코틀랜드, 웨일즈, 북아일랜드의 네 개 정부가 우리나라와 비교 가능한 광역지자체인 것이다. 잉글랜드의 6개 자치위원회는 느슨한 형태의 광역행정기구 역할을 수행한다.

스페인은 아주 독특한 나라다. 중앙집권의 역사가 오래되나 지방분권적 특성이 강하다. 스페인은 총인구가 4천7백만명으로 우리나라에 비해 인구가 91%이며 국토면적은 5.0배다. 4.7천만명인 스페인에서 인구비중이 가장 큰 안달루시아는 인구규모가 8.4백만명으로 18.1%이다. 2~4위는 인구 5~7.5백만명으로 2위인 카탈루냐가 16.2%, 3위인 마드리드가 13.9%, 4위인 발렌시아가 10.7%를 점유한다. 5~9위는 인구 2.1~2.7백만명으로 4.5~5.9%를, 10~14위는 인구 1.0~1.5백만명으로 2.2~3.2%를 점유한다. 즉 스페인의 17개 자치정부는 인구규모에서 1~4위와 5~9위, 10~14위, 15~17위가 각각 그룹을 형성하며 그룹 간 격차가 크다. 스페인은 17개 자치정부 중에서 안달루시아, 카탈루냐, 마드리드, 발렌시아의 4개 자치정부가 선도그룹으로 중심적 역할을 수행한다. 5~14위 그룹은 자신들의 지방특성을 강하게 드러내거나 중심기능을 수행하는 4개 자치정부와 연접해 서로 협력하는 광역권으로 기능하고 있다.

지방자치 선진국들의 사례를 보면 경기도의 전국인구 대비 비중인 25.2%가 광역지자체의 최대 한계선인 것으로 보인다. 왜 광역지자체의 인구가 선진국에서 커지나 어느 수준에서는 한계에 도달하는 것처럼 보일까? 복잡계 과학의 대부이자 이론물리학자인 제프리 웨스트교수가 2017년 저술해 세계적으로 베스트셀러가 된 『스케일 : 생물·도시·기업의 성장과 죽음에 관한 보편 법칙』에 그

해답이 있다. 그는 도시성장에 대해 0.85라는 '저선형 스케일링' 이론을 제시해 도시인구가 두 배로 늘면 도시생활에 필요한 기반시설, 에너지가 두 배가 아니라 85%만 늘어나도 된다고 했다. 즉 도시가 커지면 규모의 경제가 발생해 물질과 에너지가 절약되고 오염도 줄어든다. 도시에서는 평균 임금, 전문직의 수, 특허 건수, 범죄 건수, 식당 수, 도시 총생산과 같은 사회경제적 양들이 도시가 커지면 1.15배라는 '초선형 스케일링'으로 증가한다. 즉 인구 크기에 따라 저선형으로 줄어드는 기반시설 및 에너지와 정반대로 사회경제적 양들은 초선형적으로 증가해 '수확 체증*increasing returns to scale*'을 보인다. 도시가 커질수록 범죄와 사고 건수, 에이즈와 독감 환자도 더 증가하는 것이다. 웨스트는 이러한 현상이 전 세계적으로 적용된다고 주장한다.

> "도시가 더 클수록 혁신적인 '사회적 자본'이 더 많이 창출되고, 그 결과 평균적인 시민은 상품이든 자원이든 착상이든 간에 더 많이 지니고 생산하고 소비한다. 이는 도시에 관한 희소식이자, 도시가 왜 그토록 매력적이고 유혹적인지를 말해준다. 반면에 도시는 어두운 측면도 지니는데, 그 점은 나쁜 소식이다. 긍정적인 지표들과 거의 동일한 수준으로, 인간의 사회적 행동이 보이는 부정적인 지표들도 도시가 커짐에 따라 체계적으로 증가한다. 도시 크기가 2배로 되면, 1인당 임금, 부, 혁신이 15% 증가하지만, 범죄, 오염, 질병 건수도 그만큼 증가난다. 따라서 좋은 것, 나쁜 것, 추한 것은 모두 통합된 거의 예측 가능한 꾸러미 형태로 함께 온다. (제프리 웨스트, 『스케일』, p. 383)"

우리는 우리나라의 인구와 면적에서 단일 광역지자체의 한계가 인구규모 1.5천만명과 전국대비 인구비중 25% 수준이라는 것을 이해했다. 그렇다면 여러 광역지자체가 모여 형성하는 대도시권의 규모는 어떨까? 세계적인 도시경제학자인 리처드 플로리다교수는 그의 저서 『후즈유어시티 : 세계의 경제 엘리트들은 어디서 사는가』에서 전 세계를 대상으로 40개의 대도시권을 선정한 후 24개 대도시권이 세계 경제를 이끌고 있다고 말했다. 그가 선정한 24개 경제대도시권의 인구 범위는 4.3~59.3백만명이었다. 5~6천만명 범위가 4개(16.7%), 4~5천만명 범위가 6개(25.0%), 3천6백만명이 1개(4.2%), 2~3천만명 범위가 5개(20.8%), 1~2천만명 범위가 5개(20.8%)이고, 천만명 미만은 3개(12.5%)다. 인구수 2.6천만명인 우리나라의 수도권은 세계의 24개 대도시권 중에서 평균보다 약간 낮은 수준이라 대도시권으로 규정하는 것에는 문제가 없다.[15)]

수도권에서는 난이도가 높은 행정체계가 필요하다. 광역지자체의 인구규모는 현재의 경기도가 한계선이지만 서울시·인천시·경기도를 하나의 대도시권으로 통합해 단일 광역행정체계를 구축하는 것이다. 이 어려운 난제에 우리나라의 많은 행정학자들과 도시학자들이 고민해왔다. 그런데 해법이 있다.

광역지자체들이 각자 독립적이면서도 상호 통합적인 방안이다. 서울시와 인천시, 경기도는 현재와 같이 각자 독립적인 광역자치단체로 존속시킨다. 인천시와 경기도의 행정구역을 일부 조정해 인천시 인구가 5백만명 이상 되도록 하는 것이 바람직하다. 우리는 1장에서 인구이동 자료로 수도권 광역화를 살펴보았을 때 수도권지역이 다섯 개의 하위 주택시장으로 구분되는 것을 알았다. 인천시와 경기도 일부 기초지자체는 주택시장 측면에서 수도권의 서남권이라는 단일 지역권을 형성한다. 즉 서남권에 해당되는 경기도의 기초지자체를 인천시의 행정구역에 편입시킬 수 있다. 고려해 볼만한 기초자치단체들은 부천시, 김포시, 시흥시. 안산시, 광명시다. 2018년 기준으로 다섯 개 기초지자체들의 인구를 합하면 270만명이다. 인천시 인구와 합하면 566만명이 되어 '충청도', '전라도', '대경도' 인구를 초과하고, 동남도와 비교하면 낮아 규모가 적절하다. 이렇게 5개 기초지자체를 제외하면 2018년 기준으로 경기도의 인구는 1천3십7만명이 되어 전국대비 비중이 25.2%에서 20.0%로 감소한다. 5개 기초지자체가 추가되는 인천광역시는 인천도로 명칭을 변경해 광역시 제도를 폐지해도 문제가 되지 않도록 한다. 인구규모 문제가 해결되었다.

다음은 수도권의 단일 광역행정체계에 대한 개편방안을 다룰 차례다. 광역지자체 개편 후 서울특별시, 인천도, 경기도와 별도로 이들 세 개의 광역지자체를 아우르는 광역행정기구가 필요하다. 우리는 2장에서 수도권 광역교통에 대처할 목적으로 미국의 '대도시권 광역계획기구*Metropolitan Planning Organization*를 참고하여 2005년 설립된 수도권교통조합에 대해 알아보았다. 2007년 수도권교통조합이 수도권교통본부로 명칭이 변경된 이후에도 이 기관이 왜 제대로 작동되지 않았는지 살펴보았다. 비수도권지역에서는 개편되는 광역지자체의 행정구역 내에 대도시권이 형성되기 때문에 이러한 문제가 없다. 수도권지역에서는 인구 2.5천만명의 대도시권이 광역지자체의 행정구역을 초월해 형성되기 때문에 우리의 정치·행정체계를 고려해 창의적인 광역행정기구가 필요하다.

2019년 1월 8일 수도권교통본부는 우리나라의 공공행정기관에서 보기 드문 행동을 했다. 수도권교통본부의 홈페이지 자료실에 누구나 내용을 볼 수 있도록 『2018 수도권교통본부 백서』파일을 올린 것이다. 수도권교통본부가 설립된 후 지난 14년 동안 해온 일들에 대한 소개와 함께 현재 수도권교통본부가 가지고 있는 문제점들과 앞으로 어떻게 바뀌어야 한다는 내용을 담고 있다. 공공기관에서 볼 수 없는 매우 용기 있는 행동이다. 여러분이 홈페이지를 방문하면 파일을 내려 받을 수 있다. 백서에서는 조직의 법적 위상이 미약하고, 업무소관 기관과 지도 감독기관이 상이하며 조합회의 위원이 너무 빈번하게 교체되었다고 했다. 수도권교통본부 파견 공무원의 파견기간과 전문성도 문제가 많았으며 사업예산 확보가 어려웠고, 국고보조금 지급근거도 미흡했다고 했다. 기관 스스로 자신의 문제점들을 낱낱이 밝힌 것이다.

수도권교통본부의 백서는 기관의 개편방향으로 일곱 가지를 제시했고, 각각의 장단점을 설명했다. 첫 번째는 중앙정부 소속 특별지방행정청으로 개편하는 것으로 (가칭)대도시권광역교통청이 구체적인 방안이다. 두 번째는 중앙정부가 주도하고 지방자치단체가 참여하는 연합체로 우리나라에서 운영되었던 수도권광역경제발전위원회가 이 유형이다. 세 번째는 두 번째와 반대로 지방자치단체가 주도하고 중앙정부가 참여하는 연합체로 우리나라에서는 아직 사례가 없고, 해외에 사례들이 있다. 네 번째는 지방자치법 제2조 ③항을 근거로 특별지방자치단체를 설치하는 방안이다. 다섯 번째는 지방자치단체조합에 대한 권한부여와 사무위임을 강화하자고 했다. 현재의 수도권교통본부를 강화하자는 것이다. 여섯 번째는 조직을 대통령직속이나 국무총리 소속으로 하는 방안이다. 마지막은 광역교통행정 기구조직을 설립하지 않고 해당 지방자치단체 당사자 간의 직접적인 협의와 조정을 통해 해결하는 방안으로 사실상 조직을 해체하자는 것이다. 백서는 결론에서 수도권교통본부에 대해 새로운 조직체계 구축이 요구된다고 했다. 다만 최적의 답안은 제시하지 않았다.

수도권교통본부의 백서에서 우리나라 행정체계에 가능한 모든 방안이 제시되었다. 이제는 교통 분야만이 아니라 도시계획과 주택, 주요 도시기반시설과 교통, 산업과 고용, 물 관리와 재난관리, 에너지와 환경, 쓰레기·폐자원 관리 등 모든 광역기능을 담당하는 수도권 광역행정을 위해 이러한 방안들을 다듬고 구체화해야 할 때다. 필자가 제시하는 방안은 세 가지다.

첫 번째 방안은 백서에서 첫 번째로 제시한 방안과 유사하게 중앙정부 소속 특별지방행정기구를 설치하는 것이다. 신설기구의 장은 수도권의 광역지자체장을 고려해 장관급으로 하고 대통령이 직접 임명하거나 우리나라에서는 아직 실현된 사례가 없지만 국회에서 합의에 의해 후보자를 추천하면 대통령이 임명하는 방식을 제안한다. 담당사무는 수도권 전역을 대상으로 도시계획과 주택, 주요 도시기반시설과 교통, 산업과 고용, 물 관리와 재난관리, 에너지와 환경, 쓰레기·폐자원 관리에 대한 광역적 업무를 수행한다. 이를 위해서 신설되는 특별지방행정기구의 광역적 사무와 서울특별시, (가칭)인천도, 경기도의 사무가 중복되지 않게 세심하게 분리해야 한다. 국토교통부 소관의 「국토의 계획 및 이용에 관한 법률」에서의 광역도시계획과 광역시설에 대한 조항을 활용해 특별지방행정기구와 광역지자체간 사무를 구분할 수 있다. 「국토의 계획 및 이용에 관한 법률」의 광역도시계획을 대신해 신설되는 '대도시권계획'에 관련조항을 활용하면 된다. 특별지방행정기구가 '대도시권계획'

의 담당기관이 되며 계획의 내용과 절차는 개편되는 광역지자체와 유사하다. 다만 '대도시권'의 범위가 다른 광역권의 사례와 다르게 광역지자체의 행정구역을 넘어서기 때문에 법조항에서 행정절차에 이를 고려해야 한다.

두 번째 방안은 백서에서 두 번째로 제시한 방안으로 중앙정부가 주도하고 서울특별시, 인천도, 경기도가 참여하는 수도권광역위원회를 설치하는 것이다. 위원장은 장관급으로, 임명은 앞에서 제시한 방안을 동일하게 제안한다. 담당사무, '대도시권계획', 행정절차 등도 첫 번째 방안과 동일하다. 이 방안이 '대도시권계획'을 실현하는데 집행력이 떨어진다면 수도권광역위원회 대신에 국무총리실 소속의 처와 같은 행정기구를 설치하는 것도 고려해보자. 현재는 국무총리실의 국무조정실장 산하에 국무1차장과 국무2차장이 있는데 수도권차장을 새로 설치해 수도권 광역기능에 대한 업무를 담당하게 하고, 수도권의 세 광역지자체간 조정역할을 국무총리가 직접 수행하는 파격적인 방안도 생각해볼 수 있다. 대통령제에서 어려운 일이지만 우리나라가 대통령제와 내각제의 혼합형 정부형태를 가지고 있기 때문에 수도권을 대상으로 국무총리에게 새로운 역할을 부여한다면 정치・행정적으로 큰 의미가 있을 것이다.

세 번째 방안은 백서에서 제시한 세 번째 방안으로 수도권의 세 개 광역지자체가 주도하고 중앙정부가 참여하는 새로운 지방자치행정기구를 신설하는 방안이다. 최근에 해산된 수도권교통본부의 형태를 확대 개편하는 방안이지만 여러 가지를 개선해야 한다. 새로운 지방자치행정기구는 교통뿐만 아니라 도시계획과 주택, 주요 도시기반시설, 산업과 고용, 물 관리와 재난관리, 에너지와 환경, 쓰리에 대한 광역적 업무를 수행하도록 해야 한다. '수도권 대도시권 계획'이 수립되면 서울시와 인천도, 경기도는 반드시 준수해야 하며 중앙정부도 참여해 중앙정부가 수도권에 원하는 정책을 제안하고, 광역지자체간 합의를 위해 조정하는 역할을 수행하며 예산을 지원하도록 한다.

신설되는 지방자치행정기구는 다음과 같이 운영하는 것을 제안한다. 기구가 신설되고, 첫 번째 지방선거 후 서울시, 인천도, 경기도의 당선자가 취임한 날부터 2년 동안은 서울시장이 기구의 단체장을 겸직하고, (가칭)인천도지사가 부단체장을 겸직한다. 다음 4년은 경기도지사가 기구의 단체장을 겸직하고, 인천도지사는 부단체장을 계속 겸직한다. 만일 경기도지사가 재선에 실패하면 다음 도지사는 잔여임기인 2년을 맡는다. 그 다음 4년은 서울시장이 경기도지사와 교체해 다시 단체장을 맡는다. 즉 서울시장과 경기도지사는 재선하면 4년을, 단임하면 2년만 맡는 것이다. 인천도지사는 서울시와 경기도 간을 조정하기 위해 부단체장을 계속 맡는다. 현재 수도권교통본부는 서울시, 인천시, 경기도에서 2년씩 본부장을 차지하기 때문에 본부장과 2명의 부장, 광역의원이 맡는 조합의 위원장과 부위원장이 길어야 2년의 임기를 갖는다. 실제적으로는 잦은 교체로 임기가 일 년도 되지 않았다. 제안하는 바와 같이 서울시장과 경기도지사가 각자의 임기 절반에 걸쳐 4년씩 맡게 되면 지방자치행정기구의 안정성이 생긴다. 그리고 한사람이 임기를 수행하는 동안 다른 사람은 야당의 역할을 수행하고, 2년마다 역할이 자연스럽게 교체되도록 한다.

필자가 제시한 세 가지 방안 중에서 어떤 방안이 채택되더라도,

아니면 우리사회가 중지를 모아 만든 새로운 방안이 선택되더라도 다음의 사항들은 공통적으로 적용되어야 한다. 첫째, 비수도권지역과 달리 수도권에서는 '대도시권계획'이 서울시, 인천도, 경기도의 특별시·도 종합계획보다 상위계획으로 기능해야 한다. 비수도권지역에서는 개편되는 광역지자체의 행정구역이 대도시권을 포함하기 때문에 도종합계획이 대도시권계획의 상위계획이 된다. 그러나 수도권에서는 대도시권이 세 개 광역지자체의 행정구역을 포함하기 때문에 관계가 역전된다. 이것이 법률을 개정할 때 고려되어야 한다. 당연히 수도권 광역행정기구의 장이 대도시권을 지정한다.

둘째, 신설되는 수도권 광역행정기구의 사무를 수행하는 행정조직이 필요하다. 정부부처 중에서 조직의 신설·개편 업무를 담당하는 행정안전부가 가장 고민하는 사항이다. 선택하는 방안에 따라 달라지지만 수도권 광역행정기구를 위해 공무원의 증원이 크게 필요할 것 같지는 않다. 비수도권지역에서 다루었던 중앙정부 소속의 수도권 소재 특별지방행정기관을 이관하면 가능하다. 국토교통부의 서울지방국토관리청, 환경부의 수도권대기환경청과 한강유역관리청, 한강홍수통제소가 대상이 된다. 중소벤처기업부의 서울·인천·경기 지방중소벤처기업청은 수도권 광역행정기구로 이관이 바람직한지, 광역지자체로 이관해야 하는지 해당부처와 관련분야 전문가들의 논의가 필요하다. 고용노동부의 서울지방고용노동청과 경기인천 강원지역을 담당하는 중부지방고용노동청 역시 같은 논의가 필요하다. 중부지방고용노동청은 강원지역의 분리도 고민해야 한다. 산업통상자원부 산하 한국산업단지공단의 서울·인천·경기 지역본부도 동일한 고민이 필요하다. 비수도권지역의 광역지자체들은 행정구역에 대도시권이 포함되기 때문에 이런 고민이 없지만 수도권에서는 광역적 차원에서도 산업과 고용업무를 다룰 필요가 있기 때문에 슬기로운 지혜가 필요하다. 수도권 광역교통을 담당했던 수도권 교통본부의 정원이나 신설된 대도시권광역교통위원회의 정원도 고려해 볼 수 있다.

셋째, 수도권 광역행정기구를 위한 별도의 전문연구기관이 필요하다. 전문연구기관은 수도권 광역행정기구의 선택안에 따라 정부 출연 연구기관, 지자체 출연 연구기관이거나 새로운 형태일수도 있다. 수도권 광역행정기구 소속으로 신설되는 전문연구기관은 수도권 전역을 대상으로 도시계획과 주택, 주요 도시기반시설과 교통, 산업과 고용, 물 관리와 재난관리, 에너지와 환경, 쓰레기・폐자원 관리에 대한 광역적 연구를 수행한다. 수도권을 대상으로 하는 '대도시권계획'의 수립기관이며 해당분야에 대한 수도권정책을 지원하는 싱크탱크다. 그동안 우리나라에서는 이러한 역할을 국토연구원, 한국교통연구원과 같은 정부출연연구기관과 서울연구원, 인천연구원, 경기연구원과 같은 지자체 출연 연구기관이 수행해왔다. '이가 없어서 잇몸이 대신'한 것이다. 수도권정책이 이만큼 발전한 것에 그들의 노고가 엄청났다. 그러나 중앙정부나 소속 지자체의 입장을 대변해야 했기에 그들의 한계도 많았다. 연구도 필요할 때마다 단편적으로 이루어져 지속성이 없었고, 심도 깊은 정보와 지식이 축적되지 못했다. 이제는 수도권을 광역적으로 보는 전문연구기관이 나서야 할 때다.

넷째, 수도권을 대상으로 하는 수도권 광역행정기구가 제대로 역할하고, '대도시권계획'이 실효성이 있도록 법제도의 정비와 적절한 예산 배정이 필요하다. 이러한 법제도의 정비대상 중에는 「수도

법은 수도권지역의 성장을 억제하는 것은 실패했고, 수도권지역 내에서 과밀억제권역의 인구와 산업이 성장관리권역으로 이동하는 것에는 성공했다. 이러한 수도권정비계획법의 목적은 수도권을 대상으로 '대도시권계획'이 운영되면 훨씬 더 잘 이루어질 수 있다. 현재의 수도권정비계획은 수도권을 규제하기 위한 차단기로 기능하고 있으나 중앙정부는 보수/진보정권을 가리지 않고 필요에 따라 이 차단기를 수시로 들어 올리고 있다. 그 대표적인 사례가 1~3기 수도권 신도시사업, 보금자리주택사업, 4대강 정비사업과 관련된 여주시의 '친환경 미니신도시'[16][17] 등이다. 지방분권국가 시대가 열리면 이제는 이 낡은 법률을 폐지해야 한다. '제2국무회의'제도를 운영할 때 수도권 광역기구 수장이 참석하는 것과 수도권 광역지자체를 대상으로 한 수도권 광역기구의 조정권한이 필요하다.

다섯째, 비수도권지역의 광역지자체 행정의 추진력과 견제기능을 강화하기 위해 제시했던 광역지자체를 대상으로 하는 선거제도의 개선이다. 현재 지방선거에서 동시에 실시되고 있는 자치단체장과 지방의회 선거의 분리가 수도권의 광역지자체에서도 필요하다. 비수도권지역을 위해 제시했던 광역의회 선거에 전국단위의 연동형 비례제 적용 등도 동일하게 변경할 것을 제안한다. 수도권 광역행정을 위한 정치리더십과 거버넌스 개선을 함께 고민할 때다.

한 국가가 시대적 흐름을 타고 압축적으로 도약할 때가 있다. 산업혁명 시대의 영국이, 프랑스혁명 후 프랑스가, 남북전쟁 후 미국이, 메이지유신 시대의 일본이, 박정희 시대의 한국이 그랬다. 최근에는 유선통신 시대를 건너뛰고 모바일인터넷 시대를 맞이한 중국이 그렇다. 우리나라가 전면적인 전국동시지방선거를 실시한지 25

년째 되었다. 대통령제의 폐해를 제기하면서 이원집정부제, 내각제 등 대안을 논의할 때 지방분권 국가라는 또 다른 대안에 대해서도 생각해보아야 한다. 서론에서 말했듯이 오늘날 세계의 정치·경제를 주도하는 G7국가들은 모두 행정체계에서 지방분권적 성향이 강하다. 연방제 국가이거나 중앙집권 국가였어도 법률을 개정해 지방분권을 강화하고 있다.

G7국가와 같은 지방자치 선진국들은 20세기 후반부터 새로운 도전에 직면했다. 정보통신기술과 인터넷의 발달로 초산업시대가 도래하면서 대도시 중심부가 공동화되고, 대도시의 확산이 가속화되었다. 대도시 주변에 새로운 도시들이 건설되어 사람과 기업의 이주가 활발해졌다. 바야흐로 경제지리학자인 찰스 티보*Charles Tiebout*교수가 예측했던 '발로 투표한다*vote with their feet*'라는 현상이 지방자치 선진국들의 대도시 주변지역에서 발생했다. 지방자치 비용을 부담하고 싶지 않은 사람들과 기업들이 부동산 가격이 올라가고, 정부혜택을 더 많이 제공하는 지자체로 빠르게 이주하는 지방자치에 대한 무임승차 문제가 발생한 것이다. 일자리와 교육, 쇼핑, 범죄예방, 문화시설에 대한 요구가 이러한 이주를 가속화시켰다. 사람과 기업이 부동산 가격이 상승하고 혜택이 많은 도시에 몰렸다가 이익이 사라지면 한순간에 흩어졌다. 그 결과 대도시권 확산으로 인한 낭비적인 토지이용과 과다한 사회기반시설 건설, 도심 공동화와 지역격차 심화, 급성장하는 도시의 재정확보 스트레스와 쇠퇴하는 도시의 만성적인 재정자립문제가 지방자치의 기반을 위협하기 시작했다.

지방자치 선진국들은 이러한 위협에 대처하기 시작했다. 25년의 역사가 쌓인 지방자치의 혁신을 고민하는 우리나라가 그들의 대처

방식을 주목할 필요가 있다. 연방제 국가인 미국은 이미 오래전부터 해결책을 찾아 실행하고 있다. 미국은 50개의 주정부와 연방수도인 워싱턴 D.C., 5개의 자치령으로 이루어진 연방국가다. 미국은 교통을 중심으로 경제, 주택, 환경과 같은 광역적 문제에 대처하기 위해 연방정부의 기금으로 연방정부가 관할하는 광역정책결정기관인 「대도시권 계획기구*Metropolitan Planning Organization*」를 설립했다. 현재 405개가 구성되어 있는 대도시권 계획기구(MPO)는 연방정부의 교통관련부처, 주정부의 교통·환경·도시계획·주택·보건복지·재난안전 관련부서, 대중교통·물류·자전거·보행 등 교통수단 운영기관, 그리고 MPO 관할지역의 모든 지방정부가 참여해 대도시권 계획을 수립하고 정책을 결정하는 최고 의사결정기구다.

미국을 대표하는 도시와 주정부를 중심으로 대도시권계획기구의 사례를 설명하겠다. 미국수도 워싱턴시에는 대표적인 MPO이며 인구순위 9위인 '워싱턴대도시권 정부 위원회(Washington COG)*Metropolitan Washington Council of Governments*'가 있다. 워싱턴COG는 1957년에 설립되었으며 5백만명이 거주하는 워싱턴대도시권을 대상으로 교통, 환경, 도시계획과 주택, 아동복지 및 보건, 국토안보와 재난안전 등의 업무를 담당하고 있다. 워싱턴COG는 연방정부 의회와 메릴랜드 주정부의회, 버지니아 주 정부의회, 24개 지방정부가 참여하고 있으며 직원수는 300명이다. 산하기관으로 1965년에 설립되어 광역교통을 담당하는 '수도권교통계획본부*National Capital Region Transportation Planning Board*'가 있다.

42만㎢의 면적에 사천만명이 거주하는 캘리포니아주에는 샌프란시스코, 로스앤젤레스, 샌디에고 등 대도시를 중심으로 주변지역이

연합한 17개의 MPO가 있다. 대표적인 MPO는 로스앤젤레스시를 중심으로 관할구역의 면적이 9만8천㎢이고, 인구규모가 1천8백만 명이 되어 미국 1위인 '남가주정부협의회(SCAG)*Southern California Association of Government*이다. 1965년에 설립된 SCAG은 6개 카운티에 속한 191개 도시정부와 1개의 인디언원주민정부가 참여하고 있으며 광역교통, 성장관리(도시계획, 주택, 지역경제 등), 유해쓰레기 및 대기오염 관리업무를 담당하고 있다. 캘리포니아 북부의 샌프란시스코지역에는 샌프란시스코시를 중심도시로 행정구역 인구가 7.2백만명이 되어 MPO순위에서 4위인' 베이지역 정부협의회(ABAG)*Association of Bay Area Government*'와 산하기관인 '대도시권교통위원회(MTC)*Metropolitan Transportation Commission*'가 있다. 캘리포니아 남부의 샌디에고지역에는 샌디에고시를 중심도시로 행정구역 인구가 3.1백만명이 되어 MPO순위에서 15위인 '샌디에고 정부협의회(SANDAG)*San Diego Association of Government*가 있다. 1972년에 설립된 SANDAG는 18개 도시정부가 참여한다.

미국의 경제수도 뉴욕시는 관할행정구역 6천3백㎢이고 인구규모가 12.6백만명으로 MPO순위 2위인 '뉴욕대도시권 교통위원회(NYMTC)*New York Metropolitan Transportation Council*'가 뉴욕주와 뉴저지주, 코네티컷주의 세 개 주정부를 아우르고 있다. 1982년에 설립된 NYMTC는 연방정부가 관장하며 연방정부 교통부의 도로국 및 대중교통국, 뉴저지주정부 교통청 및 환경보전국, 뉴욕·뉴저지 항만청, 연방정부 환경청 등이 비의결기관으로 참여하고, 10개의 카운티들이 연방정부 기금을 지원받아 의결기관으로 참여하고 있다. 다른 대도시권 계획기구들과 달리 NYMTC의 직원들은 모두 뉴욕주 교통국 소속 공무원이다.

연방제 국가인 독일과 캐나다도 자신의 정치·행정체계에 적합한 방안을 찾았다. 독일은 도시주인 베를린과 함부르크를 포함해 16개 주가 연합한 연방국가다. 대부분의 주는 뮌헨, 슈투트가르트 등 대도시를 포함한 도농통합형 지방분권 정부다. 캐나다는 10개의 자치주와 3개의 자치령으로 구성된 연방제국가로 각 자치주는 단일 또는 두 개 이상의 대도시권을 가지고 있다. 예를 들어 온타리오주는 토론토가 단일 대도시권이나 퀘벡주는 퀘벡시와 몬트리올의 2개 대도시권이 존재한다. 영국을 대표하는 광역행정기구는 런던시연합과 32개 런던자치구 의회로 구성된 광역런던청(GLA)*Greater London Authority*이다. 2000년에 런던대도시권위원회(GLC0*Greater London Council*을 대신해 설립된 GLA는 주로 교통과 경제개발을 중심으로 한 전략계획 및 정책, 소방업무를 담당한다.

스페인 카탈루냐 자치정부는 2011년 7월 31/2010 법률을 제정해 바르셀로나와 35개 주변도시들을 포함한 636㎢의 면적에 320만명이 거주하는 '바르셀로나 광역행정청(AMB)*Area Metropolitana de Barcelona*'을 출범했다. AMB는 광역도시와 주택, 교통, 환경, 경제·사회개발에 대한 광역업무를 담당하며 산하에 '바르셀로나 광역교통청(ATM)*Autoritat del Transport Metropolita*'과 '바르셀로나 대중교통공사(TMB)Transports Metropolitans de Barcelona'가 있다. 자세한 정보는 뒤에 첨부했다. 지방자치 선진국들이 지향하는 광역행정 중심의 지방분권 국가를 위해 우리가 행동해야 할 때다. 4차 산업혁명의 초산업시대에 대도시와 중소도시, 농촌지역이 하나로 뭉쳐 항모선단처럼 움직여야 하는 시대가 왔다.

<『수도권교통(2018 상반기 Vo.13)』바르셀로나 광역교통기구 기사>

Special Report

선진 광역교통을 엿보다, 바르셀로나 광역교통기구

김근영(강남대학교 부동산 건설학부 교수)

대도시권 시대 다가오다

대도시권(Metropolitan Area)이 21세기 세계화시대에 새로운 국가로 대두되고 있다. 일만년간 지속된 농업시대에는 페르세폴리스, 로마, 장안, 바그다드, 베네치아와 같은 도시가 곧 국가였다. 250년간 지속된 산업시대에 국경이 확정되고, 국민국가가 탄생했다. 세계 각 지역이 교통망과 통신망, 경제·무역 네트워크로 연결되는 글로벌시대가 도래하자 중심도시와 위성도시가 연합하는 대도시권이 국가 간 전쟁에서 선봉장으로 자리매김하고 있다.

대도시권은 21세기 지방분권의 핵심이다. 국민의 새로운 필요는 정부체제의 혁신을 요구한다. 유엔(UN)과 국제통화기금(IMF)에 의하면 도시인구는 2008년 전 세계 인구의 절반을 넘었고, 2050년에는 세계인구 97억명의 70%가 된다. 지표면적의 1% 미만인 도시에 거주하는 사람이 2008년 33억명에서 2050년 68억명으로 두 배 넘게 증가하는 것이다. 2017년 기준 세계인구 여섯 명 중 하나는 세계 100대 대도시권에 거주하고 있다.

21세기에 중심도시의 행정영역을 넘어선 광범위한 지역에서 인프라와 산업, 주택 등 여러 분야의 협력이 필요한 대도시권이 중요해지고 있다. 대도시권은 이제 웬만한 작은 국가를 넘어서는 수준으로 성장하고 있다. 1위인 동경 대도시권과 2위인 상해 대도시권의 인구를 합하면 남북한 총인구에 근접한다. 세계 40대 대도시권의 인구 합계는 남북한 총인구의 10배에 가까운 7.5억명이다. 세계 순위 53위인 부산 대도시권은 유엔 193개 회원국 중 인구규모가 99위인 스위스 보다 적고 100위인 이스라엘 보다 많다. 선진국의 정치·행정체계에서 다수의 도시간 협력이 필요한 대도시권이 지방분권의 새로운 과제로 대두되고 있다.

우리나라 수도권은 인구규모 세계 5위의 대도시권이다. 이 글은 현시점에서 세계 각국이 고민하고 있는 대도시권 정치·행정의 새로운 방향을 제시하는 바르셀로나 대도시권 사례를 다룬다. 바르셀로나 광역교통과 광역행정을 소개하고, 바르셀로나가 고민 끝에 선택한 대도시권 교통청(ATM)과 대중교통공사(TMB)를 설명한 후 수도권에 주는 시사점을 제시한다.

바르셀로나 광역교통과 광역행정

바르셀로나는 세계도시 순위에서 상위권에 속한다. 101㎢의 면적에 1.6백만명이 사는 바르셀로나는 스페인에서 마드리드 다음의 도시다. 바르셀로나는 스위스 싱크탱크인 「고틀리브 더트웰러 연구원(Gottlieb Duttweiler Institute)」이 매년 발표하는 세계도시 순위에서 2017년 16위를 기록했다. 글로벌 컨설팅회사인 「에이티커니(ATKearney)」는 「2017년 세계도시」 보고서에서 바르셀로나를 세계도시 24위, 도시 잠재력 37위로 발표했다. 세계 대도시를 5개 그룹 12개 단계로 분류하는 GaWC 연구네트워크는 2016년 바르셀로나를 GaWC 기준으로 최상위 알파그룹의 4번째 단계인 알파 마이너스(Alpha−)로 평가했다.

<『수도권교통(2018 상반기 Vo.13)』바르셀로나 광역교통기구 기사>

바르셀로나 대도시권 정치·행정체계의 변화는 광역교통 문제로부터 촉발된다. 바르셀로나 대도시권(Ambit metropolita de Barcelona)은 스페인의 17개 자치지방 중 하나인 카탈루냐지방에 속하며 3,236㎢의 면적에 5백만명의 인구가 거주하는 지역이다. 1986년 바르셀로나는 유럽연합 가입과 1992년 올림픽 유치라는 두 개의 행운을 통해 도시가 발전하기 시작했다. 20세기의 마지막 20년(1980~1999년) 동안 바르셀로나는 도시인구의 급증과 교외확산을 경험했다. 바르셀로나에서 광역 대중교통에 대한 수요가 증가하자 카탈루냐 자치정부와 바르셀로나 시, 주변도시들은 광역 대중교통시스템의 건설과 운영에 협력하기 위해 정부조직으로 1997년 3월 「바르셀로나 광역교통청(ATM: Autoritat del Transport Metropolita)」을 설립한다. 2000년 이후 바르셀로나의 도심인구가 다시 증가하자 카탈루나 자치정부와 바르셀로나시는 2004년 10월 도시철도와 버스노선을 운영하는 두 개의 회사를 통합해 「바르셀로나 대중교통공사(TMB: Transports Metropolitans de Barcelona)」를 출범한다.

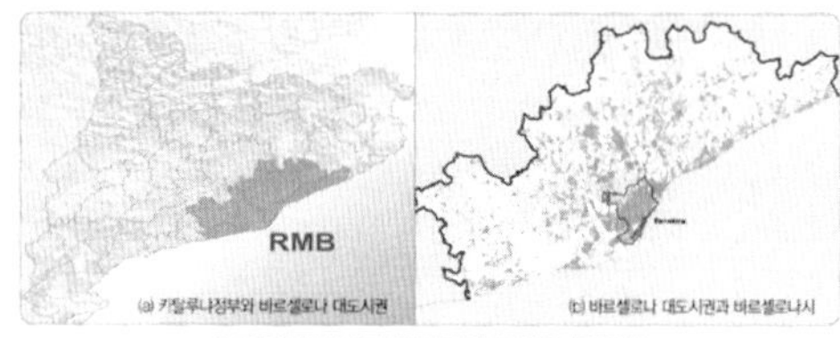

(a) 카탈루나정부와 바르셀로나 대도시권 (c) 바르셀로나 대도시권과 바르셀로나시

◎ 〈그림 1〉 카탈루나 자치정부와 바르셀로나 대도시권, 바르셀로나시

바르셀로나 대도시권의 정치·행정체계는 2011년 7월 카탈루나 의회에서 제정된 31/2010 법률에 의해 또다시 도약한다. 바르셀로나와 35개 주변도시들을 포함한 636㎢의 면적에 320만명이 거주하는 「바르셀로나 광역행정청(AMB-: Area Metropolitana de Barcelona)」이 광역적 도시문제를 해결하기 위해 출범했다. AMB는 「바르셀로나 대도시권 도시연합(Mancomunitat de Municipis de l'Area Metropolitana de Barcelona)」, 「환경기능(Entitat del Medi Ambient)」, 「대도시 교통기능(Entitat Metropolitana del Transport)」의 3대 행정기능을 통합해 단일 광역행정기관이 되었다. 바르셀로나 광역행정청의 최고 의사결정기구는 36개 도시를 대표하는 90명의 위원으로 구성된 광역행정위원회다. 바르셀로나 광역행정청은 위원회가 선출한 청장과 8명의 부청장, 1명의 전략기획실장, 4명의 행정위원으로 구성된 4년 임기의 이사회에 의해 운영된다. AMB는 다음의 5개 부문 업무를 수행한다.

◎ 〈표 1〉 바르셀로나 광역행정청의 5대 부문별 세부업무

5대 부문	세부업무
광역도시	광역도시계획 수립, 공공 스페이스 조성, 대도시권 인프라 건설
주택	대도시권 주택계획 수립, IMPSOL(토지개발주택공사) 관리
교통	광역교통계획 및 공항 연계교통계획 수립, 지속가능한 교통정책 수립
환경	지속가능한 환경정책(기후변화, 에너지) 수립, 쓰레기·상수도 관리
경제·사회개발	경제·사회 정책 개발, 삶의 질 관리

<『수도권교통(2018 상반기 Vo.13)』바르셀로나 광역교통기구 기사>

Special Report

바르셀로나 대도시권 교통청(ATM)과 대중교통공사(TMB)

바르셀로나는 대도시권의 광역교통을 다루기 위해 중앙정부와 자치정부, 광역행정청, 대도시권 교통청, 대중교통공사 등 다양한 기관이 참여하고 있다. 〈그림 2〉는 관련 기관간 관계도를 나타낸 것이다. 그 중에서 중요한 기능을 수행하고 있는 바르셀로나 광역행정청(AMB)과 광역교통청(ATM), 대중교통공사(TMB)에 대한 기본 설명은 〈표 2〉와 같다.

〈그림 2〉 바르셀로나 대도시권 관련 행정기관과 관리기관, 운영기관간 관계도

〈표 2〉 바르셀로나 광역행정청과 광역교통청, 대중교통공사의 역할과 주요기능

구분	역할과 주요기능
광역행정청 (AMB)	· 교통·환경·주택 등 광역정책이 필요한 업무를 담당하는 정부기관 · 광역교통정책 및 계획 수립, 광역교통을 위한 정치적 합의 도출
광역교통청 (ATM)	· 광역 대중교통시스템 건설과 운영을 위한 협력을 담당하는 정부기관 · 대중교통 통합요금시스템 운영, 건설계획 수립, 기관간 협력·합의 실행
대중교통공사 (TMB)	· 도시철도와 버스 등 대부분의 대중교통 인프라를 관리·운영하는 공사 · ATM의 예산과 요금체계에 따라 도시철도·버스를 운영하는 실행기관

<『수도권교통(2018 상반기 Vo.13)』바르셀로나 광역교통기구 기사>

바르셀로나 대도시권 교통청(ATM)은 재정적 관점에서 바르셀로나 대도시권에 건설된 811㎞ 연장의 23개 철도 등 교통 인프라와 대중교통 서비스를 보유하고 있는 TMB 및 50개 민간 대중교통회사들의 협력을 위해 설치된 기관이다. ATM은 카탈루냐정부가 지분의 51%를, 바르셀로나시가 25%를, 바르셀로나 광역행정청이 24%를 보유하며 스페인정부는 참관자로 참여한다. ATM은 카탈루냐 정부 9명, 시정부 7명, 바르셀로나 AMTU 2명, 스페인 중앙정부 2명을 포함한 총 20명의 상임이사회가 관할지역내 164개 행정구역, 5백만명의 주민을 대상으로 교통계획, 운영, 운임조정 등을 결정한다. ATM은 카탈루냐 정부 3명, 시정부 2명, AMTU 1명 등 6명으로 구성된 실행위원회와 청장, 8개 부서 36명의 직원으로 운영되며 2017년 예산은 13억 유로이다. ATM은 대중교통 통합요금시스템 운영, IT요금시스템 도입 등의 업무를 수행한다. ATM의 업무에는 10년 단위 교통 인프라계획, 5년 단위 교통계획, 2년 단위 이동성계획의 수립이 있으며 2011년~2020년 인프라계획은 총 예산 123억 유로의 국철·도시철도 노선 신설, 환승센터 건설, 대중교통계획, 철도 현대화계획 등을 포함한다.

바르셀로나 대중교통공사(TMB)는 바르셀로나 광역행정청(AMB)를 대신해 바르셀로나시와 11개 인접도시에서 2016년 기준 일일 2백만명의 승객을 대상으로 연간 5.8억 승차표 판매와 9.5억 통행을 담당하는 대중교통 운영기관이다. TMB는 몬주익 산악철도와 케이블카, 관광트램(Blue Tram)과 같은 관광교통 노선관리와 교통중심지 개발 업무도 수행한다. TMB는 총 연장 119㎞의 9개 도시철도 노선과 연간 2억 통행이 발생하는 총 연장 857㎞의 99개 버스노선, 연간 1.6백만 통행이 발생하는 총 연장 49㎞의 77개 관광버스 노선, 연장 752m의 케이블카, 연장 1.2㎞의 7개 관광트램을 운영하고 있다.TMB는 전세계 17개 국가의 16개 철도노선과 11개 대중교통노선에 대해 대중교통 운영과 직원 교육, 개발사업을 자문하고 있다.

바르셀로나 광역교통체계가 우리에게 주는 시사점

21세기 대도시권 시대를 맞이하여 바르셀로나가 단계적으로 추진해온 광역교통체계는 우리에게 신선한 충격으로 다가온다. 바르셀로나 대도시권과 관련있는 스페인 중앙정부와 카탈루냐 자치정부, 바르셀로나시와 35개 도시정부는 바르셀로나의 광역교통 문제를 해결하기 위해서 1997년 바르셀로나 대도시권 교통청(ATM)을 설립하고, 2004년 기존 업체들을 바르셀로나 대중교통공사(TMB)로 통합했으며 2011년 광역행정청(AMB)을 출범시켰다. 광역교통에 대한 정치적 의사결정은 AMB가 담당하고, ATM은 전문화된 광역교통계획을 수립하고 통합요금시스템을 운영하며 TMB는 대중교통시스템을 통합적으로 운영하는 것이다.

우리나라의 수도권도 광역교통을 위하여 유사한 기간 동안 수도권 교통조합을 설치하고, 수도권 교통본부로 개편하였다. 그러나 바르셀로나가 대도시권을 대상으로 하는 ATM의 단일 교통계획과 TMB의 통합요금시스템, AMB의 광역행정체계로 발전한 반면에 우리 수도권은 아직도 이러한 선진 광역교통 행정업무를 수행하기에 미흡하다. 물론 티머니(T-Money)와 같이 우리가 바르셀로나보다 앞선 시스템도 있다. 이 글이 다가오는 대도시권시대에 우리 실정에 적합한 광역교통체계를 고민하는 계기가 되었으면 한다.

참고문헌

ATKearney(2017) Global Cities 2017: Leaders in an World of Disruptive Innovation
ATM(2018) Metropolitan Transport Authority of Barcelona
TMB(2018) TMB in the context of metropolitan public transport
https://www.atm.cat/web/index_en.php
https://en.wikipedia.org/wiki/Autoritat_del_Transport_Metropolit
https://en.wikipedia.org/wiki/Transports_Metropolitans_de_Barcelona

1) 이 정치 슬로건의 원작은 '뭉치지 않으면 죽는다(Join, or Die)'이다. 1754년 5월 9일 미국 건국의 아버지이자 계몽주의 사상가인 벤자민 프랭클린이 자신이 운영했던 펜실베니아 가제트에 게재한 정치카툰에서 처음 사용했다. 이 문구는 대영제국을 상대로 한 투쟁에서 식민주 주민들 간 통합이 중요하다는 것을 설파하기 위해 만들어졌다.(뭉치지 않으면 죽는다, 위키백과 홈페이지)

2) 겉보기에는 좋아 보이지만 돈만 먹는 실속 없는 애물단지를 의미한다.

3) 미국정부가 1999년 육군의 편제 개편을 단행하면서 다음해부터 창설하기 시작한 신속기동여단이다. 규모는 1개 여단 규모이며, 편제는 3개 보병대대, 1개 기갑대대, 1개 포병대대 및 지원대대로 구성된다. 병력은 3,600~3,700명이며, 스트라이커 장갑차량 300대와 M198 155㎜ 곡사포, 토우(TOW) 대전차미사일 등으로 무장해 유사시 세계 어떤 지역이라도 96시간 안에 배치가 가능하다. '스트라이커'라는 명칭은 전쟁에서 전사한 병사들의 성(姓)에서 딴 것이다.(네이버 지식백과 홈페이지)

4) 제주특별자치도는 「제주특별자치도 설치 및 국제자유도시 조성을 위한 특별법(제주특별법)」을, 세종특별자치시는 「세종특별자치시 설치 등에 관한 특별법(약칭: 세종시법)」을 각각 법적 근거로 한다.

5) 「지방자치법(법률 제14839호)」 의 광역시 관련조항들을 수정하면 된다.

6) 「정부조직법(법률 제15624호)」 제3조 및 「행정기관의 조직과 정원에 관한 통칙(대통령령 제28728호)」 제2조와 제18조에 따라 특정한 중앙행정기관에 소속되어, 당해 관할구역 내에서 시행되는 소속 중앙행정기관의 권한에 속하는 행정사무를 관장하는 국가의 지방행정기관이다.

7) 현재의 광역계획들 중에서는 '대도시권 광역교통기본계획'만이 이렇게 한다.

8) 김호, 2019, '999번 버스와 광주・전남 상생', 2019년 1월 25일자 중앙일보 기사

9) 박기범, 2018, '전재수 의원 "부산 물 공급 갈등, 국무조정실이 나서야"', 2018년 10월 11일자 뉴스1 기사

10) 변옥환, 2018, '주택거래량 급감…부산시, 정부에 조정대상지역 해제 공식 요청: 부산시, 수도권에 비해 취약한 경제력 및 경제구조 고려해 지역여건에 맞는 정책조정 요구' 2018년 12월 5일자 씨앤비뉴스 기사

11) 최희석, 2017, '고용노동청・환경청 등 지방소재 외청, 지자체로 넘긴다' 2017년 7월 19일자 매일경제신문 기사

12) Hopkins, Daniel, 2018, 『The Increasingly United States』, The University of Chicago Press.

13) Orfield, Myron, 2002, 『American Metropolitics』, The Brookings Institution.

14) Dreier, Peter외, 2004, 『Place Matters』, University Press of Kansas.

15) 플로리다교수는 우리나라의 수도권과 부산권을 합쳐 단일 거대지역으로 놓고 다른 나라들의 대도시권과 비교했다. 그의 비교에서 서울-부산권은 순위가 6위였다.

16) 여주신문, 2010, '여주군'친환경 미니신도시 시대 '열린다: 역세권개발사업 등 환경친화적 녹색도시 변모 박차' 2010년 2월 10일자 여주신문 기사

17) 박철웅, 2010, ''4대강 뉴타운 '…여주・대구・구미・충주호 유력: 국토연구원 조감도··이포보, 달성보 등 지역 유사' 2010년 12월 12일자 이데일리 기사

10. 뉴노멀 시대의 지방자치

뉴노멀 시대가 왔다

이 시대를 살고 있는 필자를 포함한 기성세대들은 거대한 역사의 물줄기를 바꿀 수 있는 선택의 기로에 서있다. 뉴노멀 시대에 우리의 선택은 단순히 한 세대가 영향 받는 것이 아니라 여러 세대에 걸쳐 영향을 받는 것이다. 이런 행운 또는 불운을 만나는 세대는 흔치 않다. 신라의 삼국통일, 고려의 개국, 몽골에 대한 항쟁, 조선의 개국, 임진왜란과 병자호란, 경술국치, 대한민국의 건국과 625전쟁, 그리고 1987년 민주항쟁 등이 역사의 물줄기를 바꾼 대표적인 선택의 시기다. 영화 '황산벌'과 '평양성', 드라마 '태조 왕건'과 '무신', 드라마 '정도전'과 '육룡이 나르샤', 영화 '명량'과 '최종병기 활', 드라마 '미스터 션샤인', 영화 '암살'과 '밀정', 영화 '태극기 휘날리며'와 '웰컴 투 동막골', 영화 '1987' 등이 오늘의 우리에게 그러한 시대를 살아갔던 사람들의 선택을 스크린을 통해 보여준다. 우리는 복잡한 심정으로 그 시대의 이야기들을 바라보면서 결코 외면할 수 없다. 오늘의 우리가 있도록 한 역사이기 때문에 기쁨을 공유하고, 아픔에 공감한다. 이제 우리 앞에 피할 수 없는 또 다른 선택의 기회가 다가왔다.

한민족의 반만년 역사가 헛되게 흘러오지 않은 것 같다. 우리의 선조들은 너무나도 지혜로운 생각을 일상생활에서 누구라도 알아듣기 쉽게 한 문장으로 후손들에게 전해주었다. 그런 말 중 하나가 '엎친 데 덮친 격'이다. 좋지 않은 일에 또 다른 좋지 않은 일이 연속해서 발생할 때 사용한다. 지금 우리 앞에 놓인 과제들이 그렇다. 필자는 오늘날 우리 앞에 놓인 이 시대적인 과제들을 해결할 수 있는 방안으로 지방분권 국가를 제안한다. 우리가 대처해야할 과제들을 서로 묶으면 인구변화와 교통, 기술혁명과 고용, 지속가능성과 에너지, 지역정체성과 교육, 통일과 국제협력의 다섯 가지로 정리된다. 이 마지막 장에서는 다섯 개의 시대과제에 대해 차례로 논의하고자 한다.

인구변화와 교통

'모든 소멸하는 것은 아름답다'는 말이 있다. 인구가 감소하는 시대가 오면 그것은 축복일까 아니면 재앙일까? 필자는 대구지하철 참사가 발생한 후 우리나라의 국가재난관리시스템을 개편하기 위해 2003년 8월 정부주도로 개최된 공청회에서 토론자로 나갔을 때 재난으로부터의 위험뿐만 아니라 인구감소로 인한 위험도 준비해야 한다고 말한 적이 있다. 광범위한 도시 데이터를 분석해 사회의 흐름을 읽는 것을 전공으로 하는 필자의 연구 활동 때문에 1976년 창립된 한국인구학회와 그 당시 인연을 맺을 뻔도 했다. 우리나라에서 인구구조 변화에 대한 우려는 시간이 지나자 드디어 '제3의 물결'로 우리에게 다가왔다. 우리의 선택을 기다리는 첫 번째 과제다.

우리는 지금 '제3의 인구변화 파고'의 시대를 맞이했다. 우리나라에서 '인구변화의 첫 번째 물결'은 1955년부터 1963년까지 있었다. 바로 베이비부머의 시대다. 우리나라의 베이비부머는 695만명으로 추산된다.[1][2][3] 필자가 속하는 이 세대 사람들에게는 '국민학교 2부제 수업', '58년 개띠', '시내버스 개문발차 출발', '덮어놓고 낳다 보면 거지꼴을 못 면한다'와 같은 기억의 파편들이 있다. 이 시대를 거치면서 우리는 인구성장시대를 당연하게 생각했다. 새로운 충격이 오기 전까지 사람들의 기억은 과거에 머문다.

베이비부머의 자녀로 954만명이나 되는 에코세대(1979~1992년 출생아)가 초등학생이 되자 IMF 수렁으로부터 갓 벗어난 대한민국에서 저출산·고령사회에 대한 염려가 시작되었다. 이러한 우려에 주목한 노무현 정부는 2003년 10월 사회통합기획단에 인구고령사회대책팀을 신설했다. 이듬해에는 대책팀을 기반으로 '고령화 및 미래사회위원회'가 출범했다. 2005년 6월 저출산·고령사회기본법이 제정되자 기존의 위원회는 대통령 직속의 '저출산·고령사회위원회'로 격상되었다.[4] 2006년 8월 노무현정부가 『사회비전 2030 : 선진복지국가를 위한 비전과 전략』을 발표했다. 성장과 복지의 동반성장을 위한 비전이었으나 1,100조원의 천문학적인 재원을 마련할 방안을 제시하지 않아 '공허한 청사진'이라고 비판받았다.[5] 증세가 우려되자 추진력이 떨어졌다.

2007년 우리의 삶을 뒤흔드는 외부충격이 발생했다. 그 결과 우리나라에서 이미 진행되고 있었던 '인구변화의 두 번째 물결', 즉 에코세대 이후의 출생아수 감소현상이 새삼스럽게 사람들의 주목을 끌게 되었다. 2007년 미국의 서브프라임 모기지 사태로 인한 신용경색이 전 세계로 확산되면서 1929년의 경제 대공황에 버금가는 2007~2008년 세계 금융위기가 세계 각국을 휩쓸었다. 우리나라의 여러 분야에서 갑자기 공포감이 휘몰아쳤고, 기억 속에 묻어 두었던 위기의식이 깨어났다. 1993년부터 진행되고 있었던 우리나라 인구구조의 변화가 새롭게 조명 받았다. 베이비부머의 자녀들로 제2의 베이비부머인 에코세대의 출생이 끝난 것을 또다시 자각한 것이다. 에코세대 이후 조출생률[6]이 서서히 낮아지자 우리나라에서 출생아수는 1994년 721,185명에서 2017년 357,771명까지 절반 이하로 급격하게 감소하게 되었다. 그런데 세계 경제위기가 닥치자 우리나라의 미래에 대한 우려가 사회 전반으로 확산되었다.

인구감소에 대한 사회의 우려가 시장성이 있다고 판단한 출판계에서는 재빠르게 움직였다. 인구전문가 김두섭 교수의 2007년 저서 『IMF 경제위기와 한국 출산력의 변화』를 필두로 인구감소시대에서의 투자와 비즈니스, 조직운영을 제시한 『2018, 인구변화가 대한민국을 바꾼다 : 10년 후 대변혁을 가져올 44가지 미래 트렌드』와 같은 책들이 출판되었다. 필립 롱맨의 2004년 저서 『저출산이 불러올 전 지구적 재앙과 해법 : 텅빈 요람』이 2009년 번역되어 출판되는 등 해외의 유명저서들도 소개되었다. 다시 5년의 시간이 흘렀다.

2014년 이후 우리나라의 인구관련 지표들이 차례로 경고음을 울리기 시작했다. 바야흐로 저출산·고령사회에서의 총인구 감소라는 '인구변화의 세 번째 물결'이 현실세계에서 서서히 그 모습을 드러내기 시작한 것이다. 2014년 청소년 인구가 처음으로 천만명 이하로 떨어졌다.[7] 청소년이 총인구의 다섯 명 중 한 명도 되지 않은 사회가 도래한 것이다. 2015년에는 일인가구 수가 전국가구의 사분의 일이 넘는 27.2%로 증가하면서 다른 가구형태들의 점유율을 추월해 1위가 되었다.[8] 생산연령인구(15~64세)는 2016년 3,631만명

(72.8%)을 정점으로 감소추세로 돌아섰다.[9] 우리나라에서 전쟁이나 질병창궐이 없었는데도 일할 수 있는 사람의 총량이 줄어드는 마이너스 성장의 시대가 가시화되었다. 우리가 지금까지 경험해보지 못했던 경제 활력이 사라지는 사회다.

시간이 지나면서 경고음은 더 강하게 울리고 있다. 2017년 출생아수가 40만명 이하로 떨어졌다. 노인비중이 7%이상인 '고령화사회'에서 14%이상인 '고령사회'로 단 17년 만에 빠른 속도로 진입했다. 고령사회에서 '초고령사회'로의 진입기간도 9년으로, 선진국 평균 30년의 삼분의 일도 되지 않을 것으로 예상되었다. 2018년에는 합계출산율이 1.0이하로 떨어진, 세계에서 유일한 국가가 되면서 인구정책에 비상이 걸렸다.[10] 갑자기 '텅빈 요람'이 우리사회에서 현실이 되었다. 우리가 축소사회에 발을 내딛게 된 것이다.

축소시대가 눈앞에 다가오자 예측은 보다 구체화되었다. 히로야 교수, 덴트 이사장, 전영수 교수, 조영태 교수, 마강래 교수와 같은 국내외 전문가들이 지방소멸과 시장위축, 가족경제의 파산을 경고했고, 투자와 소비, 교육과 노동, 은퇴가 사라진 사회를 주장했다.[11] 축소시대의 문제에 대해 한국고용정보원, 국토연구원, 국회예산정책처, 국회입법조사처 등 공공기관에서도 심도 깊게 다루기 시작했다.[12] 2016년에는 의욕이 지나쳤던 한 정부부처에 의해 '가임기 여성인구수'지도가 발표되면서 비난이 빗발쳤던 흑역사도 발생했다.

2019년 새해의 벽두부터 필자의 마음이 조급해지기 시작했다. 다음의 기사들을 연달아 접하면서부터다. 1월 14일 기고문에서 인구전문가인 서울대 조영태 교수는 '저출산 현상을 해결하기 위해

청년들의 서울 쏠림을 해소'할 것을 조언했다.[13] 일주일 후에는 문재인 대통령이 '기초연금 인상에 따른 재정위기를 호소'한 부산북구의 정명희 구청장과 통화해 "문제제기가 타당"하다고 제도개선 논의를 지시했다.[14] 삼일 후에는 대통령 직속 저출산·고령사회위원회 장윤숙 사무처장이 기자 간담회를 열어 "지난해 7월 핵심과제 추진 방안과 12월 저출산 고령사회 정책 로드맵을 발표하기까지 기획재정부, 교육부, 보건복지부 등 각 저출산 대책 소관 부처에서 심하게 반대했다"며 저출산 대책을 마련하는데 큰 어려움이 있다고 기자들에게 하소연했다.[15]

한편에서는 또 다른 움직임이 있었다. 1월 29일 정부는 국가 균형발전을 위해 총 사업비 24조 1천억원의 전국 23개 사업에 대해 예비타당성 조사를 면제해 준다고 발표했다.[16] 달이 넘어간 2월 3일에는 전국 17개 광역지자체 중에서 16곳이 복지예산을 늘려 지방선거 때 판박이로 남발한 '청년', '드림', '희망', '취업' 공약을 위해 현금복지 예산을 신설한다고 했다. 전국의 광역·기초 자치단체들이 경쟁적으로 유사한 현금성 복지제도를 남발하자 재정 건전성을 중시하던 지자체들까지 동참하기 시작했다.[17][18] 한쪽에서는 곳간에 남은 쌀을 걱정하고, 다른 쪽에서는 퍼가기 바쁘다.

이제 12년만 지나면 인구감소시대가 현실화된다. 통계청은 2031년 5,296만명을 정점으로 인구가 감소할 것으로 예상했다.[19] 이 시대에 어떤 일들이 일어날 것인가에 대해서는 이미 국내외 인구 전문가들이 자세하게 설명했다. 전문가들이 중앙정부와 기업이 대비해야 할 일들에 대해서도 상세하게 제시했기 때문에 여기서는 다루지 않는다. 필자가 여러분들과 함께 고민하고 싶은 것들은 이 새로운 축소시대를 위해 지방자치단체들이 무엇을 준비하고, 축소시대를 어떻게 살아가야 하는가이다. 이러한 준비는 지방자치단체가 홀로 해야 하는 것이 아니라 중앙정부와 우리가 함께 참여해 도와야 하는 것이다. 우리에게는 남은 시간이 별로 없다. 만약 앞으로 당분간 개헌이 없다면 문재인 정부 다음의 차기정부, 차차기정부가 끝날 때 쯤 우리는 '진실의 거울' 앞에 서게 된다. 파티가 끝나고, 음악이 멈추었을 때 우리의 민낯을 보는 것이다.

우리가 앞으로 닥칠 상황을 바꿀 수 있다. 아주 순진한 책상물림 학자의 생각으로 최상의 일정을 생각해보았다. 지금부터 여야 모든 정당이 지방분권 국가에 대한 개헌을 논의한 후 늦어도 차기대선 전까지 지방분권 국가를 위한 개헌에 성공한다. 20대 대선과 8회 지선이 차례로 실시된 후 차기 중앙정부와 광역·기초지자체가 출범하게 되면 1년 내에 각종 법령과 조례를 정비한다. 정부조직과 행정체계 개편 등 정부·행정개혁이 동시에 수반된다. 2022년 선거 후 최소 2년 정도 지나야 어느 정도 새로운 행정체계와 법제도가 제자리를 잡을 것이다. 이러한 행정개혁의 시기에 한편에서는 '대도시권계획'을 어느 수준까지 작성할 것인가에 대해 관련 분야 전문가들의 합의를 이끌어내야 한다. 수도권 광역행정기구를 위한 연구기관 신설, 광역지자체 출연 연구기관 개편 등 '대도시권계획'을 수립하기 위한 차기 광역자치단체 싱크탱크들의 혁신에도 1~2년이 소요된다. 그러면 차기정부의 임기종료를 앞둔다.

정권이 연장되든 교체되든 '대도시권계획'에 대한 합의가 지켜지는 것으로 가정하자. 2027년 21대 대선과 9회 지선을 통해 차차기 정부와 차차기 광역지자체가 출범한다. 우리가 훌륭하게 계획의 프레임과 절차를 준비했다면 '대도시권계획'을 수립하는데 1~2년이 다시 소요된다. '대도시권계획'을 일 년 정도 실행했을 때 대한민국의 인구가 정점을 맞이한다. 마치 파괴적인 호우가 찾아와 대홍수가 온 세상을 휩쓸고 있을 때 노아의 방주에 타고 있던 노아의 가족과 동물들처럼 대한민국호는 거친 파도를 헤치며 미래를 향해 항해를 시작할 수 있다. 즉, 최선의 일정은 문재인 정부 내에 지방분권 국가를 위해 개헌하고, 차기정부에서 기반을 마련하면 차차기정부에서 계획을 수립해 대비하는 것이다. 이래야 저출산・고령사회에서의 총인구 감소라는 '인구변화의 세 번째 물결'이 우리사회를 위협할 때 제대로 대처할 수 있다.

물론 필자는 우리사회에서 이런 일이 벌어지기가 매우 어렵다는 것을 잘 알고 있다. 그러나 일말의 희망도 있다. 우리나라 국민의 '으샤으사 정신'과 정치・행정체계의 불가사의한 실행력을 믿기 때문이다. 영화 '명량'과 '안시성'을 통해 국난이 닥쳤을 때 훌륭한 지도자가 우리를 이끌면 모든 역량을 모아 어떻게 불가능한 일을 성취하는지 잘 알고 있다. 정부정책에 훈수꾼으로 활동한 필자의 경험도 몇 차례 있다. 재난・안전관리 분야에서의 사례를 통해 우리가 어떻게 "내 사전에 불가능은 없다"를 실천했는지 보자.

2003년 필자는 우리나라의 국가재난관리시스템을 구축하기 위해 정부에서 한시적으로 설치한 기획단에 참여했다. 당시 기획단의 주요 임무는 우리나라 재난・안전에 대한 최초의 기본법인 「재난 및 안전관리기본법」 제정과 『국가재난관리종합대책보고서』 작성, '국가재난관리담당기구' 설립이었다. 기획단장인 차관과 여덟 명의 총괄자문위원이 참석한 첫 회의에서 실무부서 관리직 공무원이 앞으로 육 개월 내에 이 세 가지 임무를 완수하겠다고 보고했다. 약관의 나이 40대 초반이었던 필자는 필자보다 최소 십년 이상이었던 참석자들에게 “모든 기반이 준비되었던 미국도 9-11테러 후 관련법령을 정비하고, 국토안보부를 출범하는데 2년이 걸렸기 때문에 이 일정은 불가능”한 일이라고 말했다. 그런데 각 부처에서 파견한 70여명의 기획단에서 그 불가능한 일을 실천하는 것을 보았다. 기획단은 오 개월 후 『국가재난관리종합대책보고서』를 발표했고, 「재난 및 안전관리기본법(안)」과 재난관리청(안)을 마련했다. 결국 시간은 필요했다. 기획단 출범 후 일년이 지난 2004년 3월 「재난 및 안전관리기본법」이 제정되었고, 6월이 되어야 소방방재청이 출범했다.

우리 사회에서 광역지자체의 개편과 광역지자체 출연 연구기관의 혁신. ‘대도시권계획’의 수립이 중요하다. 2031년부터 본격화할 축소시대에 우리와 우리 부모·자녀들이, 즉 우리의 공동체 구성원들이 뉴노멀 시대에서도 잘 살아갈 수 있도록 만들기 위해서다. 우리는 1장과 2장을 통해 우리가 도시와 주택, 교통의 광역화시대에 살고 있다는 사실을 확인했다. 5~7장을 통해 우리가 그동안 어떤 실수들을 해왔는지도 알게 되었다. 3장과 4장을 통해 광역지자체 정책에 대해 광역의회의 견제가 약해 지방자치단체들의 재정자립도가 악화되고 있는 것도 볼 수 있었다. 이렇게 시간이 흘러가 준비 없이 2030년대 들어 현실화된 초고령사회에서는 어떤 일들이 발생할까?

고령인구의 비중이 높았던 광역권 외부의 기초지자체부터 무너지기 시작한다. 소멸의 그림자는 광역권 외곽의 기초지자체로 전이되고 서서히 안쪽으로 확산된다. 사람들은 일반적으로 70대 중반이 되면 육체적인 활동능력이 상당히 저하된다. 승용차를 운전하기 어려워지고, 대중교통을 이용하기 위해 여러 번 환승하거나 걷기 귀찮아진다. 이사는 더욱 힘들다. 광역권 외곽지역은 기초지자체의 면적이 넓은 반면 인구밀도는 낮아 공공시설이 부족하고, 대중교통을 이용하기도 불편하다. 민간자본은 이윤을 추구하기 때문에 개발이익이 없는 곳들에는 관심이 없다. 따라서 낙후된 지역이 점점 더 많아지고, 소수의 개발 가능한 지역에 자본이 몰린다. 지자체 간 개발격차로 지역 간 갈등과 질시가 심각해진다. 교통수요가 줄어들고, 무임승차의 비중이 급격하게 늘어나면서 대중교통을 운영하기는 더 어려워진다.

노후주택과 열악한 대중교통으로 기초지자체 간 격차가 날이 갈수록 커지는 시대가 되면 지자체 간 경쟁이 심화된다. 주민들의 외부활동이 줄어들고, 텅빈 요람과 버려진 빈집들이 늘어나면서 기초지자체들은 자신들의 생존을 위하여 필사적으로 거주인구를 유지하고 새로운 인구를 유치할 수 있는 선심공약을 남발한다. 모두 중앙정부만 쳐다본다. 중앙정부는 증가하는 복지부담과 정부부채로 도와줄 여력이 점점 더 떨어진다. 남은 공공자산을 남보다 먼저 차지하기 위해 지자체간 사활을 건 투쟁이 시작된다. 거짓 선지자가 활개 칠 수 있는 공간이 생긴다. 오늘날 세계 각국에서 우리가 매일 보는 상황이다.

광역지자체가 중심이 된 지방분권 행정체계에서는 상황이 다르게 흘러간다. 5백만~1천만명의 인구와 산업 관리능력을 통해 자립경제력을 갖춘 광역지자체는 스스로 생존할 수 있는 역량이 있다. 지역특성을 기반으로 맞춤형 정책을 제시하는 광역지자체 출연 연구기관이 수립한 '대도시권계획'을 통해 지역 현안과제에 대해 대처해간다. '대도시권계획'을 수립할 때 대도시권에 속하는 모든 기초지자체가 참여하는 계획절차를 통해 서로 소통하고, 중앙정부는 꼭 필요할 때 적정한 수준의 예산을 지원하면 된다. 지자체가 필요한 정책과 사업들이 대도시권의 틀에서 다루어지면 성공 가능성이 높아진다. 이런 과정을 통해 서로 얼마나 연결되어 있는지 알게 되면 유지 한계선 이하로 떨어진 기초지자체들을 통합할 때 반발도 줄어든다. 중앙정부가 아니라 광역지자체가 중심이 된 행정개혁은 지역에서 동의를 얻기 쉽다. 필요한 지자체들이 뭉치고 보다 효율적으로 공공시설이 건설되면 생존을 넘어 부활이 온다.

모든 일들이 예측 가능해진다. '대도시권계획' 때문에 뜬금없이 돌발적으로 사업을 추진하기 어렵고, 중앙정부의 예비타당성 면제와 같은 일들도 더 이상 없다. 중앙정부는 단일화된 '대도시권계획'을 통해 광역지자체들이 무엇을 필요로 하는지 미리 알고 준비할 수 있어 사업간 시너지효과도 더 명확해진다. 행정기관과 연구원, 대도시권계획에 전문성이 축적되면서 거짓 선지자들이 나설 공간은 줄어든다. 필자는 오래전에 보았던 드라마에서 대기업 회장이 다음과 같이 말한 것을 기억한다. "사람들에게 소 한 마리의 무게를 맞추라고 하면 제각각이야. 그런데 열 사람에게 물어보고, 백 사람에게 물어봐 평균을 내면 그 소의 무게를 거의 맞춘단 말이야." 적정 규모의 광역지자체가 뉴노멀 시대에 필요한 이유다. 지역주민의 선택이 거의 정답에 근접한다.

기술혁명과 고용

여러분은 '문명의 향기'를 맡아본 적이 있을 것이다. 2012년 필자는 정부관련 업무로 아프리카에 있는 남수단을 두 번째 방문했었다. 남한의 6배가 넘는 62만㎢에 1천2백만명이 사는 남수단은 오랜 내전 끝에 2011년 수단으로부터 독립하고, 유엔에 가입해 192개 유엔 회원국 중 가장 막내인 국가다. 7박 10일의 일정 중에서 마지막 72시간 동안은 남수단에서 수단으로 가서 업무를 보고, 케냐를 거쳐 귀국하는 것이었다.

이 72시간 동안 필자의 생활여건이 극적으로 바뀌었다. 여정의 처음은 남수단을 떠나는 것이었다. 남수단은 국민의 90%이상이 하루 1달러로 생활했다. 국토면적이 남한의 6배가 넘어도 포장도로가 수 ㎞에 불과하며 산유국인데도 전기가 별로 공급되지 않아 밤에는 거의 암흑이었다. 그리고 도로에 아스팔트 포장이 되었으나 오랜 내전과 경제제재로 관리가 부실한 수단에 도착했다. 승용차 창밖으로 보이는 경제수준은 우리나라의 80년대 초를 보는 것 같았지만 사회공기가 다르다는 느낌이 왔다. 현대문명에서 낙오된 지역을 벗어났다는 기쁨과 함께 무거운 공기가 짓누르는 사회에서 수도인데도 가끔 움푹 패인 도로 때문에 엉덩이가 들썩일 때마다 대한민국이 아니라는 것을 실감했다.

여정의 후반부에서는 삶이 문명사회로 빠르게 진입해갔다. 수단에서 케냐의 나이로비공항에 도착해 환승을 위해 잠시 머물렀을 때 이제 지구촌 사회로 연결된 곳에 왔다는 것을 실감했다. 세계 최고의 스페셜티 커피 중 하나인 케냐 더블에이*Kenya AA*를 가장 최상으로 로스팅하는 나이로비공항 커피전문점에서 한잔 마시면서부터다.

4시간 환승을 기다리며 방금 전에 공항서점에서 산 『아프리카의 국가*The State of Africa*』를 꺼내 대강 훑어보고 있는데 옆자리에 있던 남아프리카공화국의 사업가가 말을 걸었다. 독일기업으로부터 기계를 수입하는 무역업체를 운영한다고 자신을 소개한 그에게 내 소개를 하자 "아! 삼숑, 엘쥐, 현다이의 나라"라고 하며 문명국의 일원으로 나를 반갑게 맞이했다.

인천국제공항에 도착해 스마트폰을 켜자마자 카톡 메시지들이 폭발적으로 들어왔다. 세계 공항서비스 1위인 인천공항에서 별다른 기다림 없이 입국장을 통과하고, 짐을 찾은 후 공항버스를 탔다. 안락한 좌석에 앉아 스마트폰을 통해 집에 도착할 시간을 확인한 후 네이버 뉴스를 보면서 필자는 정말 '문명의 향기'를 실감했다. 72시간 만에 삶의 질이 엄청나게 바뀌는 경이로움에 감탄했다. 그리고 대한민국과 우리가 달성한 기술문명의 수준에 감사했다.

선도적인 기술문명을 보유해 강력한 경제력을 갖춘 국가의 국민들은 자긍심이 높고, 행동에 자신감이 묻어난다. 다른 나라 사람들이 대하는 태도와 대우도 다르다. 여러분은 해외의 입국장에서 대한민국 여권을 들고 다른 나라 사람들과 함께 줄을 서있을 때나 출입국 직원에게 여권을 내밀었을 때 이런 미묘한 감정을 느꼈을 것이다. 필자가 해외에서 가끔 한국인들과 마주치면 그런 느낌을 받는다. 얼마 전 한 TV채널에서 방영되어 후반부 시청률이 15%이상으로 높았던 '미스터 션샤인'이라는 드라마에서 구한말 조선에 근무했던 서양 외교관들 사이에 일본 공사관이 한자리를 차지한 것을 보았다. 드라마에서는 조선의 관리가 그 자리에 초청받지도 못했다. 필자가 지구촌 곳곳을 방문하면서 때때로 실감하는 것은 '국제사회에서는 첨단기술이 감추어진 주먹이고, 경제력이 깡패'라는 사실이다. 섬뜩하지만 받아들여야 하는 현실이다.

기술문명에 뒤쳐진 국가의 국민들은 고난에 처한다. '미스터 션샤인'의 초지진 전투에서 그려낸 미군과 조선군간 군사력 차이는 기술문명의 격차 때문이었다. 산업혁명이 빠르게 확산되던 그 당시에는 세계 곳곳에서 그러한 일들이 있었다. 1857년 발생한 세포이 항쟁이 대포와 신형 머스켓 총으로 진압되면서 인도는 영국이 직접 지배하는 대영제국의 일부가 되었다. 19세기말 첨단 맥심 기관총으로 무장한 대영제국 군대는 마흐디국과의 전쟁에 승리해 수단을 통치령으로 만들었다. 즈윅감독의 2004년 개봉작 '라스트 사무라이'에서도 개틀링 기관총이 발포를 시작하자 도쿠카와 막부시대의 끝자락에 서있던 사무라이들의 무모한 돌진은 대량살육으로 끝났다. 필자와 동년배인 베이비부머들은 개틀링 기관총에 대한 기억이 있을 것이다. 그렇다. 맞다. 꼬맹이 시절에 흑백TV에서 보았던 커스터장군의 제7기병대*General Guster's 7th Cavalry*의 무기다. 1860년대 인디언과의 싸움을 그린 미국 드라마에서 기병대가 불리해질 때쯤 포장마차의 장막을 걷고 손잡이를 돌려 인디언들을 추풍낙엽처럼 쓰러트린 그 기관총이다. 어른이 되어 인디언들의 '눈물의 길*Trail of Tears*' 이야기를 알게 된 후 꼬맹이 때와 전혀 다른 감정을 느끼게 하는 기억이다.

오늘날에는 군사력보다 경제력이 지배의 힘을 발휘한다. 필자는 아프리카 토고의 흙망루주택*Takienta tower-house*에서 생수병을 달라는 소녀의 간절한 눈빛에서, 페루의 마추픽추*Machu pPcchu*에서 관광객들이 주는 팁을 위해 땀을 뻘뻘 흘리고 굽이치는 고갯길을 달려 버스에

오르는 소년의 무표정한 얼굴에서, 라오스 루앙프라방*Luang Prabang*에서 전통의상을 입고 사진 찍기를 기다리는 고산족 소녀의 희미한 미소에서 경제력의 힘을 읽었다. 우리는 고성장 시대에 구로동 방직공장에서 쏟아지는 졸음을 참았던 이모들과 거제도에 조성된 거대한 도크에서 철판을 잘라 붙였던 조선소 삼촌들, 그리고 중동의 모래밭에서 밥과 모래가 뒤섞인 식사를 했던 건설사 형들의 땀과 피를 모아 경제성장의 기틀을 마련했다. 성장이 탄력을 받으면서 철강과 가전제품, 자동차와 석유화학, 반도체와 핸드폰 등 중화학과 첨단 전자업종으로 산업을 고도화시켰다. 그런데 성장이 점점 힘들어지고 있다. 우리가 3장에서 보았듯이 국가산업단지에서 중화학공업을 중심으로 한 대기업들은 이제 과거처럼 해마다 엄청나게 신입사원을 뽑지 않는다. 퇴직자 자리와 사업 확장을 위해 신입사원을 선발하지만 성장시대에 있는 우리의 눈높이를 만족시키기에는 턱없이 부족하다.

인당 국민소득 3만 달러 시대가 되면서 일자리에 대한 우리의 눈높이는 더 높아졌다. 최근에 건설관련 엔지니어링사의 대표들을 만나면 직원 채용이 어렵다고 하소연한다. 괜찮다고 생각되어 채용하면 며칠 후 출근하지 않고, 연락하면 잠수를 탄다고 했다. 몇 년 전 한 기초지자체의 공업지역 개선프로젝트를 수행할 때 단체장이 필자에게 당부했다. 지금의 젊은이들은 공단지대라는 느낌이 들면 아무로 그곳에서 일하려고 하지 않으니 교통이 편리해야 하고, 출근길에 있는 커피전문점에 들러 아메리카노 커피를 사서 들고 다닐 수 있는 그런 첨단 테크노파크를 구상해야 한다고 했다. 시대가 바뀐 것이다.

이제는 일자리에 대해 다른 생각도 해야 한다. 고용문제를 연구할 때마다 십여 년 전에 만났던 한 기계공학과 교수가 생각난다. 그는 우리나라가 앞으로 걱정스럽다고 했다. 과거에는 기계과를 졸업하면 공장 신설이 많은 대기업에 주로 취업했는데 이제는 그런 자리가 거의 없고, 있어도 졸업생들이 가지 않으려고 한다는 것이다. 그 학과 졸업생들이 앞으로 취업해야 하는 일자리는 오랫동안 축적해온 경험과 시행착오의 데이터들을 기반으로 창의력을 발휘하는 개념설계를 하는 업역인데 미국이나 독일, 심지어는 인도학생들보다도 전문지식도, 영어도 경쟁력이 없다고 했다. 그래서 첨단 연구장비와 장기적인 연구예산 지원, 학제간 협업과 끈질긴 도전정신, 조급증을 버리고 기다리는 인내가 필요하다고 누누이 말하고 다닌다고 했다. 그런데 모두 과거의 시각에 안주해 바뀐 세상에 대해 무관심하다고 했다. 2년 전 26명의 서울공대 교수들이 쓴 『축적의 시간』을 서점에서 집었을 때 그 교수의 말이 생각났다.

정치도, 사업도, 연구도 타이밍이 중요하다고 한다. 한 시대가 집약적으로 혁신되는 시기는 자주 오지 않는다. 그리고 혁신의 시대는 짧다. 그 혁신의 시대를 어떻게 보내는가에 따라서 국가와 기업의 경쟁력이 결정된다. 일본이 메이지유신을 단행한 것은 1868년이다. 불과 7년 후 일본은 강화도에서 운양호 사건을 일으켜 조선과 불평등조약을 맺었고, 19년 후에는 청일전쟁에서 승리해 동북아의 주도세력으로 확실하게 자리매김했다. 1991년 월드와이드웹이 전 세계에 배포되었다. 1990년대 미국 클린턴행정부가 국책사업으로 정보고속도로*Information Superhighway*를 추진했고, 2000년을 전후해 닷컴 열풍이 불었다. 우리나라도 이 신기술 전쟁에서는 뒤쳐지지 않았다.

1996년 한국에서 세계 최초로 코드분할다중접속(CDMA) 기술이 상용화되었고, 김대중 정부가 IT기반의 벤처기업 육성정책을 추진하면서 빠르게 기술혁명 시대를 앞서가기 시작했다. 그러나 시간이 지나면서 도전정신은 시들해지고, 기술혁신은 더뎌지고 있다.

현시대를 주도하는 기업들이 하루가 다르게 바뀌고 있다. 가파(GAFA)[20]가 선도기업군이 되자 트위터*Twitter*와 엔비디아*Nvidia*, 테슬라*Tesla*가 최고자리를 위협했다. 선두가 팡(FAANG)[21]과 뱃(BAT)[22]으로 바뀌더니 지금은 마가(MAGA)[23]와 공유플랫폼 에어비엔비*Airbnb*, 우버*Uber*가 각광받고 있다. 핀테크분야는 크립토*Crypto*기업들이 붕괴했으나 2018년 투자가 전년도에 비해 두 배인 550억 달러로 증가하면서 2019년에는 아콘스*Acorns* 등 선두의 19개 글로벌 핀테크 기업 가치가 10억 달러를 넘을 것으로 예상된다. 중국에서는 자전거 공유기업 34개가 파산하면서 승승장구하던 오포*Ofo*가 무너졌다. 구글벤처스, 인텔캐피털, 제너럴일렉트릭에서 4억달러(약 4,500억원)을 투자받았던 미국의 유망 드론스타트업 에어웨어*Airware*는 중국의 드론공룡 디제이아이*Dji*에게 밀려 파산했다.[24]

미국 글로벌 시장조사기관인 CB인사이츠는 2018년 8월 기준으로 전 세계의 261개 유니콘기업[25] 중 미국이 112개, 중국이 76개로 양강 구도가 정착되고 있다고 발표했다. 중국이 3월에 발표한 자국의 유니콘 기업은 164개로 미국보다 1.5배가 많다.[26] 미국의 트럼프 대통령이 경제전쟁을 선포할 만하다. 카마겟돈*Carmageddon*[27]이라는 가장 큰 싸움이 벌어진 곳은 자동차업계다. 전기차, 수소차, 자율주행차를 주도하기 위해 테슬라, 텐센트, 웨이라이와 같은 신생기업에 엔디비아, ARM, 맵박스 등의 자율주행 지원회사가 나선다. 구글과 애플이 기웃거리는 한편 전통의 강호인 GM, 도요타, 폭스바겐, 메르세데스-벤츠, 르노・닛산・미쓰비시 연합은 합종연횡을 통해 선두로 치고나가려 한다. 그런데 내우외환에 시달리는 현대자동차는 최근 3년간 자동차 생산이 감소해 7위로 내려앉았다. 우리나라에서 대기업의 혁신성이 주춤하고 중소기업은 생존을 걱정해 고도의 전문성이 필요한 고소득의 일자리 창출도 지지부진하다.

1990년대에 미국이 뿌렸던 혁신의 씨앗이 2000년대에 싹트고 성장해 2010년대에는 무섭게 가지를 뻗어 나가고 있다. 서점 1위 반스앤노블, 장난감 1위 토이저러스, 전통의 시어스 백화점 등 수십 개의 기업을 무너뜨린 아마존이 대표적이다. 그런데 우리는 아직도 정부가 광역지자체에 대기업을 하나씩 나누어주듯이 창조경제혁신센터를 지정하거나 대규모 정부예산을 투입한 건설부양으로 일자리를 창출하려고 한다. 필자의 전공은 사회간접자본(SOC) 분야에 속하며 때로 도시경제학을 강의한다. 필자도 몇 년 전까지 SOC의 고용계수[28]가 높기 때문에 일자리 창출을 위해 SOC에 투자해야 한다고 했다. 그런데 선진국의 SOC분야 고용자의 비중이 낮아지는 것을 보고 생각이 달라졌다. 고용계수가 높다는 것은 예산을 투입하면 노동 생산성이 낮은 저소득 일자리가 생긴다는 의미다. 산업이 고도화될수록 대규모 건설투자가 줄어든다.

4차 산업혁명시대에서는 어떤 분야에서 누가 최종 승자가 될지 예측하기 어렵다. 글로벌 주식시장에서 선도기업의 이름이 계속 바뀌는 것을 보라. 그렇다면 국가가 나서서 모든 것을 지시하고 예산을 나누어줄 것이 아니라 기업이 기술혁신을 과감하게 시도할 수 있도록 정부는 규제 장벽을 제거하고, 다국적 기업들과의 경쟁에서 불리하지 않도록 도와주는 것이 해답이다. 현재 일자리 창출의 핵심인 산업단지는 유형별로는 국가산업단지와 일반단지, 농공단지, 도시첨단단지로 구분된다. 관할측면에서는 중앙정부 산하 한국산업단지공단이 관할하는 단지와 지방자치단체들이 관할하는 단지, 기업 등 민간부문이 관할하는 단지로 나뉜다. 지방분권 국가로 개헌이 되면 중앙정부는 그동안 산하기관이 수행해왔던 산업단지 관리업무는 과감하게 지방자치단체로 이관하고, 산업단지 혁신과 입주기업 지원을 위한 정책개발을 중심으로 전국에 분포되어 있는 산업단지들의 차별화 전략과 균형적 발전을 이끌 것을 제안한다.

지방분권 국가시대의 광역지자체는 중앙정부의 일자리 창출에 대한 짐을 나누어져야 한다. 개헌으로 적정 인구규모와 산업 관리역량을 갖춘 광역지자체는 민간부문이 관리하는 단지를 제외한 관할구역내의 모든 산업단지를 대상으로 광역권 산업정책을 수립하고 주체적으로 추진해 나가야 한다. 산업단지가 지역 공동체의 일원으로 기능할 수 있도록 다른 분야와의 협력관계도 더 정교하게 구축할 필요가 있다. 정부는 광역지자체가 관할구역에 입지한 기업과 서로 소통해 산업 경쟁력을 갖추고, 고급 일자리를 창출할 수 있도록 광역권차원의 산업혁신 프레임을 구축해 주어야 한다. 광역지자체는 중앙정부와 상호 협업을 통해 구축한 산업 프레임을 기반으로 소속 기초지자체와 지역주민의 중지를 모아 기업의 요구사항을 검토하고, 필요한 자원을 지원하며 기술혁신으로 발생하는 부작용이 최소화되도록 노력해야 한다.

기술혁명의 혁신단계에서는 항상 부작용이 혜택보다 앞서 나타났다. 수혜자는 적었고, 피해자는 많았다. 4차 산업혁명도 기존의 안정적인 일자리를 위협하고, 사람들이 새로운 기술에 친숙해지도록 내몰 것이다. 주민들의 일자리 스트레스 지수를 높이는 상황이다. 그러나 민주주의사회에서는 새로운 기술혁명전쟁에서 승리한 국가와 국민에게 결국 과거보다 더 큰 이익이 돌아가도록 만들었다. 이 과업에 성공한 광역지자체장이 우리의 다음 지도자감이다.

지속가능성과 에너지

국가는 겉으로 뻔뻔함을 내세워야 하고, 국민은 속으로 부끄러움을 가져야 한다. 국가는 국익을 우선해야 하고, 국민은 국격을 생각해야하기 때문이다. 작년에 환경단체들이 특별한 영화를 상영했다. 세계 최대의 쓰레기 수입국 중국이 재활용쓰레기 수입중단이라는 결단을 내리도록 한 다큐멘터리 '플라스틱 차이나*Plastic China*'다. 그린피스 필리핀이 마닐라만 해변에 설치한 플라스틱 쓰레기가 가득 찬 고래조형물도, 콧속에 플라스틱 빨대를 꽂고 살던 바다거북이 동영상도, 태평양에서 해류에 따라 이동하는 대한민국의 15배가 넘는 쓰레기 섬도 우리의 마음을 불편하게 만든다.[29] 미세먼지와 아파트 새집증후군, 초미세플라스틱에 대한 TV프로도 우리 아이들에 대한 미래를 걱정하게 만든다. 환경부가 2018년 7월1일부터 중앙부처, 지방자치단체, 공기업 등 모든 공공기관에 적용되는 '공공부문 일회용품 사용 줄이기 실천지침'을 발표했다. '단칼'정신이 나온 것이다. 그런데 공문과 전화를 돌린 것과 평가에 반영하겠다는 위협이 주요수단이었고, 정부 스스로도 잘 지키지 않았다.[30] 이제는 광역지자체에게 지역의 지속가능성을 책임지도록 맡기면 어떨까?

지속가능성*Sustainability*는 매우 포괄적인 개념이다. 지속가능성은 자원 개발, 투자, 기술 개발, 기구 개편이 조화를 이루고, 사람들의 수요와 열망을 충족시키기 위해 현재와 미래의 잠재력을 높일 수 있도록 균형적인 환경을 조성해 변화를 관리하는 과정을 말한다. 우리가 지속가능성을 추구한다는 것은 환경과 경제, 사회, 문화, 기술, 정치를 시스템적 관점과 원칙에 따라 상호 연결시키는 것이다.[31] 지속가능하도록 시스템을 개편하는 것은 합리적이고 장기적인 관점에서 시스템을 재구성하고, 그 시스템을 오랫동안 잘 활용한다는 것이다.

지방분권 국가의 행정체계로 개편된 광역지자체는 지속가능하다. 국가중심 시스템에서는 국민이 생각하는 지속가능성이 모호해진다. 그래서 자신이 구체적으로 무엇을 해야 하는지 명확하지 않다. 작은 지역단위 시스템에서는 우리 지역만 바라보고, 다른 지역은 별로 생각하지 않는다. 그래서 우리 마을에는 폐기물처리장도, 장묘시설도, 교도소도, 정신병원도 받아들일 수 없는 님비*NIMBY*현상이 생긴다. 반대로 교육기관이나 공원, 쇼핑센터, 지하철역과 같은 선호시설을 유치하려는 핌피*PIMPY*현상은 더 치열해진다. 그러나 개편된 광역지자체에서는 님비·핌피 현상을 관리할 수 있다. 대도시와 중소도시, 농촌지역을 모두 포함하는 광역지자체의 주민은 지속가능성에 대한 시각이 바뀌고 마음이 넓어져 작은 지역단위에서는 생각하지 않았던 것들이 보인다. 도농 통합적 관점에서 갈등을 줄일 수 있다. 미세먼지 정책과 교통 수요관리, 님비·핌피시설 입지, 환경 보존과 폐기물 관리 등에서 광역지자체가 표준화된 틀을 지켜야 하는 중앙정부보다 더 합리적이고, 효과적인 정책을 개발할 수 있다. 광역지자체는 지역 특화된 지속가능 정책을 구상할 때 환경뿐만 아니라 지역경제와 산업, 농업과 관광, 주거와 일자리까지도 포괄적으로 생각할 수 있다.

에너지는 지속가능성에서 중요한 분야다. 문재인 정부 출범부터 에너지정책으로 시끄러웠다. 지난 20년 동안 에너지 패러다임이 에너지 위기에서 유가 급등락으로, 에너지 빅뱅으로 급격하게 바뀌었다.[32] 셰일혁명과 원전공포로 미국, 사우디아라비아, 러시아, 이란 등 글로벌 에너지강국 간 역학관계가 재편되고 있다. 세계석유전쟁의 틈새에서 이라크, 브라질, 베네주엘라는 격랑에 빠져들었다. 우리나라도 이제는 광역지자체가 이 문제를 다루었으면 한다.

이제는 지속가능성과 에너지에 대한 무게중심이 모든 문제를 통일된 잣대로 다루어야 하는 중앙정부에서, 지역에 따라 다르게 접근할 여지가 있는 광역지자체로 이관되었으면 한다. 지속가능성 부문에는 쓰레기·폐자원뿐만 아니라 자연환경 보호, 미세먼지 등의 환경관리, 상하수도 등의 물 관리, 재난관리를 포함한다. 개편된 광역지자체 행정체계에서 광역권의 환경·에너지 자원을 기반으로 자신의 지역에 적합하고 주민의 요구에 부응하는 관리정책이 시행되기를 바란다. 중앙정부는 국토전반에 걸쳐 이 문제가 잘 다루어지고 있는지 모니터링하고, 미래의 국가 정책방향을 제시하며 지속가능성과 에너지에 대한 해외국가들과의 갈등과 협력에 치중했으면 한다. 물과 재난, 에너지와 환경, 쓰레기와 폐자원에 대한 관리는 중앙정부보다는 주민에게 더 가까운 광역지자체가 중심이 되는 것이 타당하다. 대도시와 중소도시, 농촌지역 간 서로 다른 관점을 고려해 지역밀착형 정책을 개발하기도 용이하다.

지역 정체성과 교육

네 번째 주제인 지역 정체성과 교육을 다룰 차례다. 베이비부머 시대의 교육을 받은 필자는 정체성이라는 단어와 마주치면 “우리는 민족중흥의 역사적 사명을 띠고 이 땅에 태어났다. 조상의…”라는 국민교육헌장이 떠오른다. 그때마다 정체성에 대한 교육의 무서움이 일깨워졌다. 이 글을 쓰면서 검색을 하다 보니 “우리는 시댁 중에 역사적 사명을 띠고 이집에 시집왔다. 친정 엄마의 가르침을 오늘에 되살려… 나의 행복이 근본임을 깨달아 알뜰한 며느리로서 책임과 의무를 다하여 스스로 카스에 참여하고 봉사하는 정신을 기른다”라는 ‘국민며느리헌장’을 접하고 빵 터졌다.[33] 요즘 세대의 재치와 재기발랄함에 감탄을 금할 수 없었다. 진지함과 가벼움은 한 끝 차이다.

정체성과 교육은 동전의 앞・뒷면과 같다. 사람이 정체성을 형성하는데 교육이 큰 역할을 한다. 정체성은 교육체계와 학습내용을 만드는데 크게 기여한다. 『이기적 유전자』를 저술한 리차드 도킨스 *Richard Dawkins*는 인간이 사후에 남길 수 있는 것이 자기복제를 하고 돌연변이를 통해 진화하는 ‘생물학적 유전자인 진*Gene*’과 ‘문화적 기억(모방 또는 전달)인 밈*Meme*’이라고 했다.[34] 정체성은 역사와 전통에 대한 지식, 위대한 음악과 미술작품, 궁중예식과 아이들의 놀이를 통해 후대로 자기 복제한다. 말과 글, 장소와 상징, 풍습과 행동에 대한 교육은 정체성을 전수시키고, 불멸하도록 만든다. 그래서 이런 의문이 들었다. 필자의 일터인 교육시스템에서는 학생들에게 스스로 어떤 정체성을 만들어가도록 교육하고 있는 것일까? 우리가 정말 교육시스템을 통해 학생들이 정체성을 만들어가도록 고민하고 있는가? 만일 우리가 하고 있다면 후속세대들에게 어떤 정체성을 가지도록 하고 있는지도 궁금해졌다.

지방분권 국가를 통해 우리도 새 시대의 흐름에 동참해야 한다. 광역지자체가 긍정적인 의미의 지역 정체성을 만들고 가꾸어서 광역권이 바람직한 방향으로 발전할 수 있도록 교육을 광역행정체계의 제도개선에 포함시켜야 한다. 지방자치 선진국에서는 광역권 지자체장이 선거 때마다 교육에 대한 공약을 제시한다. 교육이 사람들을 변화시키고, 역량을 갖추도록 도와주며 지역문제를 원천적으로 해결하는데 필수요소이기 때문이다. 이제는 지방선거에서 광역지자체장과 교육감이 러닝메이트로 함께 선출되도록 선거제도를 개편해야 한다. 광역지자체를 이끌어가는 지자체장과 교육감이 함께 나란히 서서 이인삼각(二人三脚)으로 일심동체가 되어 지역의 정체성을 위한 바람직한 교육을 위해 교육 문제에 함께 대처할 수 있도록 만들어야 한다.

오래전에 일본의 한 대학교 원로교수와 몇 시간 동안 대담한 적이 있다. 일본정부 고위층에 정책자문을 하며 한국에 대해서도 잘 아는 교수였다. 그가 일본교육의 장점과 단점에 대해 말했다. 일본은 메이지유신 전까지 다이묘들이 지배하는 지방분권사회였기 때문에 지역 정체성을 아끼는 마음이 강해 지역 특산품들에 명품이 많지만 중앙정부가 강하지 못해 큰일을 벌이기가 어렵다고 했다. 그리고 메이지유신 때 프로이센을 참고해 단기간에 강해질 수 있었지만 많은 문제들도 따라왔다고 했다. 한국은 아직 중앙정부의 힘이 강하니 일본이 하지 못하는 일들을 할 수 있을 것이라고 말했다. 그러면서 한국에 갔을 때 여러 지역을 가도 지역 특산품이 모두 비슷하더라는 말을 덧붙였다. 그의 혜안에 놀랐다. 그리고 장점이 곧 단점이 될 수 있다는 것을 깨달았다.

필자가 스코틀랜드와 아일랜드를 방문했을 때 켈트어와 문화가 사라지지 않도록 학교에서 가르치고, 지자체가 지역축제와 프로그램을 통해 전통을 전수하려고 노력하는 모습을 보았다. 큰 성공을 거둔 '해리포터 시리즈'는 이런 켈트족 문화가 전승되었기 때문이다. 저자인 조앤 롤링*Joan Rowling*이 켈트족 피를 받기도 했지만 어렸을 때 켈트족 전설에 대해 많이 들었던 것이 기반이 된 것이다. 그녀가 해리포터를 쓴 장소도 스코틀랜드 에딘버러의 카페였다. 지역 정체성의 힘이란 이런 것이다. 일본도 토토로와 구마몬이 있다.

가장 지역적인 것이 가장 세계적이다. 역사적으로 신라인·한국인보다, 의왕시민·횡성군민보다, 충청인·호남인·영남인이라는 정체성이 더 오래되었다. 지방분권 국가에서 지역 정체성과 교육에 대한 중앙정부의 역할은 더 중요해진다. 광역권별 정체성이 빛을 발휘해 지속가능한 대한민국이 될 수 있도록 국가정책을 수립하는 일은 중앙정부의 몫이다. 정부만이 광역지자체의 정체성이라는 유리조각들을 모아 대한민국이라는 모자이크 작품을 만들 수 있다.

통일과 국제협력

통일은 곧 닥칠 우리의 미래이기 때문에 북한지역에 대한 광역행정체계 개편을 생각해야 한다. 그래서 현재의 북한 지방행정체계를 살펴보았다. 우리와의 경쟁의식 때문인지 북한의 광역행정체계에서는 직할시가 특별시보다 우위에 있으며 현재 직할시 1개, 특별시 2개, 도 9개, 지구 3개로 나뉘어져 있다.[35] 우리도 지방분권 국가로 개헌하지 않은 채 지금 이대로 통일이 되면 인구 7천7백만명인 통일한국은 직할시 1개, 특별시 3개, 광역시 6개, 특별자치시 1개, 도 18개, 지구 3개의 광역행정체계로 행정체계가 운영될 것이다. 북한의 신의주특별행정구, 금강산관광지구, 개성공업지구 등 지구 3개를 제외하더라도 조선시대에 8도로 운영되었던 한반도에서 남북을 통일하면 29개의 광역지자체가 있는 것이다. 너무 많아 비효율적이다.

북한지역의 광역행정체계는 조선시대의 행정체계와 현재의 인구를 고려해 우리의 신설 광역행정체계와 유사하게 재편해야 한다. 북한의 특별시와 직할시 체제는 인구규모를 고려해 폐지하는 것이 적절하다. 라선특별시와 함경북도, 함경남도, 량강도를 통합한 함경도는 인구가 631만명이다. 인구 148만명인 강원도는 우리의 (가칭)강원특별자치도와 통합하면 인구 302만명으로 다른 도와 비슷해진다. 황해북도와 황해남도를 통합한 황해도는 인구 442만명이 된다. 평안북도와 자강도를 통합한 평안북도는 인구 403만명이다. 평양직할시와 남포직할시, 평안남도를 통합한 평안남도는 인구 803만명이다.

한반도 통일이 되면 개성을 새로운 대한민국의 수도로 조성할 것을 제안한다. 세 가지 이유 때문이다. 첫째, 개성이 서울과 평양의 중간에 있고, 고려의 도읍이었으며 인천국제공항과 가깝다. 둘째, 통일이 되면 국민통합과 경제를 위해 북한 땅에 수도를 건설해야한다. 우리 주도로 통일이 되면 북한주민들이 심한 패배감에 빠지기 전에 자긍심을 줄 필요가 있다. 남쪽으로 대규모 인구가 이동해 큰 문제가 발생하기 전에 북한영역에 대규모 고용창출을 위해 건설사업이 필요한 것도 있다. 세 번째 이유는 통일시대의 새로운 관점을 구현한, 품격있는 수도를 바라기 때문이다. 남북한의 전문가들이 역사와 전통이 살아있으면서도 4차 산업혁명 시대의 기술을 반영한 도시계획과 건축물 배치, 교통체계와 주거지가 구현된 도시를 함께 만들었으면 한다.

지방분권 국가로 개헌이 되어 통일 후 개성시를 통일수도로 조성했다고 가정하자. 광역지자체에서 시는 (가칭)개성통일시와 서울특별시의 2개가 있다. 도는 함경도, 황해도, 평안북도, 평안남도, 인천도, 경기도, 충청도, 전라도, (가칭)대경도, (가칭)동남도의 10개로 재편된다. 특별자치도는 (가칭)강원특별자치도와 제주특별자치도의 2개가 있다. 남북한의 개편된 광역행정체계를 정리하면 통일시 1개, 특별시 1개, 도 10개, 특별자치도 2개로 총 14개가 된다. 광역지자체의 평균인구수는 550만명으로 지방자치 선진국들의 기준을 충족시킨다. 통일한국에서 제2국무회의를 개최한다고 생각해보자. 기존체제에서는 광역지자체 기관장으로 29명이 참석하는데 개헌 후 광역행정체계에서는 14명+α[36]가 참석한다. 광역행정체계 다이어트로 한결 가뿐해지고 경제성장을 위해 효율적으로 구성된 통일한국은 새 시대를 향해 힘차게 출발할 수 있다.

마지막으로 국제협력을 다루고자 한다. 중앙정부에서는 안보와 외교가 국제협력의 중심이 된다. 국가 상호간 정해진 틀과 합의가 중요하고, 한번 정하면 바꾸기가 쉽지 않다. 기초지자체는 규모와 역량 때문에 스스로 할 수 있는 일에 한계가 있다. 지방분권 국가에서 광역지자체는 중앙정부보다는 운신의 폭이 넓으며 기초지자체보다는 보유한 자산이 많고, 능력이 뛰어나다. 지방분권 국가의 행정체계에서 광역지자체가 발휘할 수 있는 국제협력에 대한 잠재력과 가능성을 일깨운다면 우리는 새로운 성공신화를 쓸 수 있다.

국제협력은 국내와 해외에서 모두 이루어질 수 있다. 국내부터 다룬다. 대부분의 선진국에서는 일자리를 찾아서, 공부하기 위해, 결혼으로 외국인들이 많이 거주한다. 이제는 해외에서 선진국으로 취급하는 우리나라도 외국인들의 거주가 늘어나고 있다. 2016년 11월 기준으로 한국에 거주하는 외국인은 141만명으로 총 인구의 2.8%이다. 2015년 136만명에 비해 5만명(3.7%)이 증가했으며 수도권에 62.2%인 88만명이 거주한다. 국적별로는 중국계가 딱 절반이고, 베트남(9.4%), 태국(5.8%), 미국(3.7%), 필리핀(3.7%), 우즈베키스탄(3.2%), 캄보디아(3.1%), 인도네시아(2.9), 네팔(2.3%), 스리랑카(1.9%)의 순이다. 이웃인 일본은 1.3%로 13위다.[37] 10위권 내에 G2국가인 중국과 미국이 있지만 나머지 8개국은 동남아, 남아시아, 중앙아시아의 국가들이다. 다른 선진국들처럼 우리나라도 이제 아시아권 다문화국가를 향해 나아가고 있는 것이다.

우리나라의 다문화 추세는 우리사회의 발전을 위해서 긍정적이다. 활발하게 일하는 계층이 중심이고, 19세 이하의 성장이 가장 빠르며 우리의 포용성을 보여주듯이 거주지가 전국으로 확산되고 있다. 외국인 연령별로는 25~29세 연령대 외국인이 23.9만명(16.9%)으로 가장 많고, 30~34세 21.4만명(15.1%), 20~24세 15.2만명(10.8%)으로 다섯 명 중 두 명이 20~34세인 젊은이다. 증가속도는 19세 이하가 모두 10%를 넘어 가장 빠르다. 다음으로는 60~69세가 10%대 초반을 기록하지만 가장 활발하게 일하는 30~39세 연령대도 5.0~6.6%로 높다. 최근 외국인들의 국내 거주

패턴은 소수의 중점지역으로부터 전국으로 확산되는 추세다. 2015년 대비 2016년 수도권의 외국인 거주는 22천명 증가했으나 비중은 0.7% 감소했다. 수도권 다음으로 비중이 높은 동남권의 산업지역인 울산시와 경남도의 비중도 감소했고, 다른 지역들이 증가했다.38)

우리나라가 다양성을 중시하는 다문화시대로 향하게 되면 지방분권체제의 핵심인 광역지자체의 역할이 더욱 중요해진다. 광역지자체는 중앙정부보다 유연하게 광역권의 특성을 살린 다양한 국제협력 정책을 수립해 인구감소시대가 닥쳐도 새로운 성장동력을 확보할 수 있다. 외국인들이 활발하게 활동할 수 있는 외국인 타운, 특구와 같은 중심지를 조성하고, 한국인들과 교류와 협력의 장을 제공해 그들의 정착을 돕고, 호혜적으로 발전할 수 있도록 해야 한다. 이때 중앙정부의 역할이 중요하다. 광역지자체의 국제협력에서 범죄, 사고, 갈등과 같은 부정적인 사항들이 사전에 예방되고, 모니터링을 통해 관리되며 사후에 해결되도록 치안과 안전・갈등관리 체계의 틀을 구축하고, 운영하는 것은 중앙정부의 역할이다. 광역지자체의 국제협력 정책은 정부의 정책방향과 필수적으로 연계되어야 한다. 정부와 광역지자체 간 협업이 중요하다.

다음은 해외를 대상으로 한 광역지자체의 국제협력이다. 기성세대는 젊은이들이 선택할 수 있도록 훌륭한 판을 깔아주어야 한다. 몇 년 전 해외에서 얼마간 봉사를 다녀온 한 유명인사의 특강에 참석한 적이 있다. 그분은 자신의 경험을 토대로 전 세계로 진출하라는 내용을 강의했다. 강의 후 사회자가 의례적으로 참석자들에게 질문을 요청했는데 아무도 질문하지 않아 필자가 다음과 같이 질문했다. "아프리카 A국에서는 외국인 납치가 횡행하는데 한국인 몸값이 십억원인 것은 아시나요? B프로그램을 통해서 해외에서 일하게 되어도 임금문제가 발생하고 있습니다. 먼저 안전과 정당한 보호를 받는 시스템이 중요하지 않을까요?" 주위가 '갑분싸'해진 경험이 있다.

필자의 지식과 경험에 비추어볼 때 국제협력에 대해 정부가 해야 할 일들은 '진출기반 제공'과 '보호', 그리고 '경험을 활용할 수 있는 기회'다. '진출기반 제공'이란 해외에 진출하는데 기반이 되는 어학능력 습득기회를 제공하는 것과 정확한 현지정보를 실시간으로 제공하는 것, 그리고 현지에서 생활할 때 신뢰할 수 있는 연결고리를 갖추도록 하는 것을 말한다. '보호'는 현지생활에서 범죄·사고 등으로부터 안전하도록 하고, 임금착취·성문제 등으로부터 기본권을 보장받도록 하는 시스템을 의미한다. '경험을 활용할 수 있는 기회'란 현지진출 후 쌓인 경험과 지식을 현지에서나 국내에서 취업·NGO활동 등을 통해 활용할 수 있도록 하는 기회를 제공하는 것이다. 젊은이들이 원하는 공직, 대기업, 해외기관 등과 연결되면 더 좋을 것이다.

필자는 개편된 광역지자체들이 해외와의 국제협력에도 활발하게 참여했으면 한다. 중앙정부가 나서기 어려운 부문에 광역지자체가 투자하고 노력하면 정부의 보완재로 기능할 수 있다. 여러 가지 방안을 생각해볼 수 있다. 첫 번째는 광역·기초 지자체들이 해외 각국의 지자체들과 맺은 자매도시 협정을 활용하는 것이다. 이런 공식적인 루트를 보다 적극적으로 이용해 주민들이 현지에 대해 좋은 경험을 축적하고, 일자리·사업기회와 연결될 수 있도록 하는 시스템을 구축할 수 있다. 두 번째는 관할 행정구역에 입지한 대학교를 활용하는 것이다. 대학교에는 자매결연대학이 있고, 해외대학 파견 교환학생 프로그램이 있으며 해외 각국에서 온 유학생들이 있다. 평생교육원을 통해 광역지자체와 국제협력을 위한 각종 프로그램의 운영도 가능하다.

세 번째는 광역지자체 출신의 해외 출향민과 협력하는 것이다. 세계한상대회에 참가한 해외 사업가들의 고향방문을 통해 정보를 축적하고, 그들과 협력해 안전이 보장된, 고소득의, 발전가능성이 있는 취업과 사업기회를 창출하는 것도 생각해볼 필요가 있다. 해외 출향민 사업가들이 국내에 투자하도록 하는 것도 중요하지만 해외교민들의 터전에서 해외로 진출하고자 하는 지역주민들을 위해 새로운 성공의 기회를 창출하는 것도 중요하다.

다시 한 번 더 안전을 강조하고 싶다. 여러분이 김선일 피살사건을 기억하실지 모르겠다. 2004년 6월 이라크 무장단체인 '알 타우히드 왈 지하드(유일신과 성전)'가 한국군의 추가파병 철회를 요구하며 이라크에서 군납을 하던 가나무역 직원 김선일씨를 납치해 살해한 사건이다.[39] 따라서 해외와의 국제협력을 추진할 때에는 안전을 더욱 강조하고 싶다. 이러한 안전문제에 광역지자체가 할 수 있는 것에는 한계가 있다. 그래서 중앙정부가 필요하다. 2018년에 출판된 『면화의 제국』에서 스벤 베커트*Sven Beckert*는 영국이 산업혁명을 성공하는데 행정, 군사, 사업, 기반시설에서 엄청난 역량을 갖춘 강력한 국가의 존재가 필수적이었다고 말했다.[40]

광역지자체가 국제협력 업무를 추진하는 것은 쉬운 일이 아니다. 현재의 역량에서 많은 부분을 개선해야 할 것이다. 이러한 개선을 위해 중앙정부의 도움이 필요하다. 광역지자체장이 기발한 기획과 꾸준한 투자, 해외 파트너와의 끈질긴 협상과 단기적인 성과가 없더라도 기다려주는 인내가 필요한, 그리고 잘못되었을 경우 비난이 쏟아질 업무에도 관심을 가졌으면 한다. 이런 어려운 일에 관심을 가지고, 꾸준하게 추진해 훌륭한 틀을 만들어주는 광역지자체장이 우리의 차기 지도자 후보다.

1) 통계청, 2010, 「사회조사를 통해 본 베이비붐 세대의 특징」 보도자료.

2) 통계청, 2010, 「통계로 본 베이비붐 세대의 어제, 오늘 그리고 내일」 보도자료.

3) 통계청, 2012, 「베이비부머 및 에코세대의 인구・사회적 특성분석」 보도자료.

4) 나무위키, 「저출산고령사회위원회」 홈페이지 참조.

5) 위키백과, 「국가비전 2030」 홈페이지 참조.

6) 조출생률(Crude Birth Rate : CBR)은 특정 인구집단의 출산수준을 나타내는 기본적인 지표로 1년간의 총 출생아 수를 당해연도의 연앙인구로 나눈 수치를 1,000분비로 나타낸 것이다.(통계청 인구동향조사 2018년)

7) 이준우, 2018, 「청소년 인구 900만명 선 무너졌다」, 조선일보 2018년 4월 27일자 기사.

8) 통계청, 2018, 「인구주택총조사에서 나타난 1인 가구의 현황 및 특성」, 통계청 보도자료.

9) 통계청, 2018, 「2017 인구주택총조사 <등록센서스 방식 집계결과>」, 통계청 보도자료.

10) 빈난세, 2019, 「[대한민국 생존 리포트 ⑤경제]저출산・고령화에... '소비감소→투자위축→저성장'악순환」, 서울경제 2019년 1월 20일자 기사.

11) 마스다 히로야의 『지방소멸(2014)』, 해리덴트의 『2018 인구절벽이 온다(2014)』, 전영수의 『인구 충격의 미래 한국(2016)』와 『한국이 소멸한다(2018)』, 조영태의 『정해진 미래(2016)』와 『정해진 미래 시장의 기회(2018)』, 마강래의 『지방도시 살생부(2017)』와 『지방분권이 지방을 망친다(201)』, 유선종・노민지의 『지방소멸 어디까지 왔나?』 등을 참조.

12) 한국고용정보원의 「한국의 지방소멸에 관한 7가지 분석(2016)」과 「한국의 지방소멸 2018(2018)」, 국토연구원의 「미래의 도시와 한국의 선택(2016)」, 국회예산정책처의 「인구구조 변화와 사회안전망 정책분석(2016)」과 「인구 고령화가 지방재정에 미치는 영향에 관한 연구(2018)」, 국회입법조사처의 「인구구조 변화가 공간정책에 미칠 영향에 대한 조사(2010)」와 「인구감소 지역의 지역쇠퇴 대응을 위한 정책과제 연구(2016)」, 「지방자치단체별 저출산 지표 및 시사점(2017)」 등 다수의 연구보고서 및 공공기관 발표 자료를 참조.

13) 조영태, 2019, 「청년들의 서울 쏠림 해소해야 저출산 현상 해결된다」, 중앙일보 2019년 1월 14일자 기사.

14) 김지환, 2019, 「구청장의 기초연금 지적에...문 대통령 "문제제기 타당"」, 경향신문 2019년 1월 21일자 기사.

15) 연규욱, 2019, 「"저출산대책 '부처간 칸막이'에 속도 못내"」, 매일경제 2019년 1월 28일자 기사.

16) 임경아, 2019, 「24조 사업, '예타'면제... "경기부양 · 균형발전"」, MBC 2019년 1월 30일자 기사.

17) 권상은 · 조홍복, 2019, 「일단 뿌리고 보자... '현금복지 중독'」, 조선일보 2019년 2월 3일자 기사.

18) 권상은 · 정성원 · 신정훈김주영 · 김선엽 · 조홍복 · 이승규, 2019, 「"해녀수당 드립니다" "우린 농민수당" "그럼 우린 경로당 수당"」, 조선일보 2019년 2월 3일자 기사.

19) 통계청, 2017, 「장래인구추계 시도편: 2015~2045년」, 통계청 보도자료.

20) 구글(Google), 아마존(Amazon), 페이스북(Facebook), 애플(Apple)을 말한다.

21) 페이스북(Facebook), 아마존(Amazon), 넷플릭스(Netflox), 구글(Google), 애플(Apple)이다.

22) 중국기업인 바이두(Baidu), 알리바바(Alibaba), 텐센트(Tencent)를 말한다.

23) 마이크로소프트(Microsoft), 아마존(Amazon), 구글(Google), 애플(Apple)이다.

24) 이코노미조선, 2018, 「미국 드론 유망기업 '에어웨어', 중국 DJI에 밀려 폐업하다」 2018년 10월4일 이코노미조선 기사.

25) 기업가치 10억달러 이상의 비상장 스타트업 기업을 말한다.

26) 이윤정, 2018, 「중국 유니콘의 약진 : 벤처 투자 뭉칫돈, 중국으로 몰려...2020년 미국 추월」, 2018년 10월 10일자 이코노미조선 기사.

27) 자동차와 아마겟돈의 합성어로 자동차 업계 최후의 결전을 의미한다. 자동차 업계에서 시장에 파괴적인 변화를 일으키는 상황으로 2009년 GM이 법원이 파산보호를 신청했을 때도 사용했다.(이코노미조선, 2019년 1월 21일자 기사)

28) 생산물 1단위를 생산하는 데 필요한 노동력의 단위수다. 총 투입액에 대비한 신규 취업자 수를 수치화한 것으로 노동 생산성과 밀접한 관계가 있어 노동 생산성이 높으면 고용계수는 낮아진다.(네이버 지식백과)

29) 염우, 2018, 「[초록으로 가는 길]플라스틱 지구」, 2018년 9월 12일자 충청매일 기사.

30) 배문규, 2019, 「[어떻게 생각하십니까]일회용 줄이자 해놓고 장관 참석 행사에 종이컵」, 2019년 1월 10일자 경향신문 기사.

31) 위키피디아의 「Sustainability」 홈페이지를 참조.

32) Stephen Leeb(2004)의 『The Oil Factor』와 손지우 · 이종헌(2015)의 『오일의 공포』, 이종헌(2017)의 『에너지 빅뱅』을 참고.

33) '경상ㅣ달려' 자유게시판의 「국민며느리헌장」에서 참조.

34) 리처드 도킨스, 1993, 『이기적 유전자』, 을유문화사.

35) 위키백과의 '조선민주주의인민공화국의 행정구역 홈페이지' 참조.

36) α에는 수도권광역행정기구의 기관장이 포함된다.

37) 통계청, 2017, 「2016 인구주택총조사 <등록센서스 방식 집계결과>」, 통계청 2017년 8월 31일 보도자료 참조.

38) 통계청, 2017, 「2016 인구주택총조사 <등록센서스 방식 집계결과>」, 통계청 2017년 8월 31일 보도자료 참조.

39) 김선일 피살사건 홈페이지(네이버 지식백과)를 참조.

40) 스벤 베커트, 2018, 『면화의 제국 : 자본주의의 새로운 역사』, 휴머니스트.

행동 계획에는 위험과 대가가 따른다. 하지만 이는 나태하게 아무 행동도 하지 않은데 따르는 장기간의 위험과 대가에 비하면 훨씬 작다.

- 존 F. 케네디 -

나가며 : 새로운 국가 패러다임, 지방분권 국가

지방분권 국가를 위해 '87체제의 개헌이 필요하다

자연계든 인공물이든 시련과 인내, 필수요소들의 균형과 시기적절한 변신이 훌륭한 존재를 탄생시키는데 핵심이다. 화려하고 우아한 날갯짓으로 들판을 누비는 호랑나비는 알에서 깨어난 후 오랜 시간 동안 애벌레로 지내면서 비바람과 천적들로부터 온갖 시련과 역경을 이겨낸다. 애벌레는 때가 되면 새로운 변신을 위해 자신의 얇은 껍질을 아래로 서서히 밀어 내리면서 번데기로 탈바꿈한다. 번데기가 다시 변태라는 과정을 통해 자신을 새롭게 탈바꿈하면 아름다운 날개무늬와 색깔을 가진 한 마리의 호랑나비가 탄생한다.[1] 십자군 전쟁에서 유럽 십자군들로부터 감탄을 자아내게 한 사라센의 '다마스커스 칼'은 탄소가 많은 선철을 무수히 두들겨 탄소와 다른 합금원소들을 정확한 비율로 맞추고, 적절한 타이밍에 담금질을 해 만든다. 지구촌을 선도하는 국가들은 호랑나비나 다마스커스 칼과 같은 유사한 과정들을 거쳤다. 시련과 인내를 겪은 우리나라는 이제 국가의 균형을 위한 변신이 필요하다.

지금 광역자치단체가 중심이 되는 지방분권 국가로의 개헌이 이루어져야 한다. 훌륭한 혁신은 문제의 본질을 다루는 것으로부터 시작한다는 말은 불변의 진리다. 개혁의 본질을 다루지 못하고, 주변만을 손댄 채 '이정도면 되었다'고 자기암시를 하고 스스로 만족해 물러났던 사회나 기업들은 결국 급변하는 시대의 흐름과 격랑 속에서 도태되었다. 지금 혁신이 필요하다.

새해가 되면 모든 사람들이 새롭게 자신에게 주어진 시간을 생각하며 희망에 부풀고 미래에 대해 말하기 시작한다. 필자는 2019년 1월 후반기에 열흘 간격으로 연달아 실린 두 개의 신문 칼럼기사에 마음이 꽂혔다. 첫 번째 칼럼기사는 김환영 대기자의 '잘 다스려지는 나라는 어떤 나라일까'였다.[2] 그는 대문호 톨스토이가 쓴 『안나 카레니나』의 유명한 도입문장을 패러디한 "잘 다스려지는 나라는 모두 대동소이하다. 잘 안 다스려지는 나라는 각양각색의 방식으로 '통치 불가능(ungovernable)'하다"로 칼럼기사를 시작했다. 유럽식 의원내각제 다당제도, 미국식 대통령중심제 양당제도 모두 통치불능 상황에 무기력하다는 그의 주장에 전적으로 동의했다. '잘 다스려지는 나라는 제도가 굳건하고 부패 문제를 상당부분 해결했으며 정부 정책이 효율적이고 효과적'이라는 말도 뼈 속 깊이 공감했다.

그러나 "더는 유럽과 미국은 우리를 위한 해결책의 보고가 아니다. 수십 년 동안 따라잡다 보니 어느덧 서구는 우리 앞이 아니라 옆에 있다"라는 그의 말에는 선뜻 동의하기 어려웠다. 서구는 우리 옆이 아니라 아직 앞에 있으며 다시 우리보다 멀리 앞서 나가려하고 있다. 미국이 '연방정부 셧다운(일시적 업무정지)*shutdown*'으로, 영국이 '브렉시트*Brexit*'로, 프랑스가 '노란 조끼 시위*Gilets Jaunes*'로 통치불능의 상태에 빠져도 국가가 운영되는 데는 큰 문제가 없으며 외부로부터 국가안보에 위협이 되는 일도 아직 발생하지 않고 있다. 국가도 국민도 개인처럼 때로 실수할 수도 있고, 잘못된 결정을 내릴 수도 있다. 중요한 것은 국가든 기업이든 이런 실수와 잘못된 결정으로부터 원상태로 회복되고 더 훌륭한 시스템으로 진화하는 복원력이 있는가이다.

그들의 사례를 보자. 미국의 연방정부 셧다운은 처음이 아니다. 1976년 이후 연방정부 셧다운의 전단계인 '자금부족분*funding gap*' 상황이 보수/진보 행정부를 가리지 않고 22번이나 있었으며 그중 10번은 연방정부 공무원들이 '무기한 무급휴가'에 처해졌었다. 트럼프행정부의 셧다운 이전에도 레이건행정부와 클린턴행정부(21일 지속), 오바마행정부(16일 지속)에서 셧다운 상황이 심각했다.[3] 그래도 미국은 냉전시대를 종식했고, 경제부흥을 이끌었으며 세계금융위기를 극복하고, 보험제도를 개혁했다. 그들에게 연방정부 셧다운은 통치불능 상태가 아니라 국민에게 메시지를 전하기 위한 일종의 계산된 정치쇼다. 주정부가 내치를 담당하는 연방제국가의 미국민도 그렇게 이해하는 것 같다. 물론 트럼프행정부의 셧다운이 개인성향을 반영해 기존 기록을 깨고 가장 길었다. 이런 일탈이 길어지면 국가에 진짜 문제가 된다. 따라서 적절한 시점이 되자 서로 타협을 위해 신경전과 행동을 병행했다. 트럼프대통령의 의회 연설과 펠로시 하원의장의 박수는 해결의 실마리를 풀어나가려는 그들의 노력과 함께 고품격의 능청스러운 그들 방식의 정치행위를 세계에 보여준다.

영국도 나름의 방식으로 복원력을 보여준다. 영국은 과거 보수당 대처수상이 정부를 이끌 때 1982년 제국주의라고 비난받으면서도 아르헨티나와의 포틀랜드 전쟁을 승리로 이끌었고, 1984~1985년 탄광노조와의 지루한 대처 끝에 영국병을 치유했다. 20세말에는 노동당의 블레어수상이 스코틀랜드와 웨일즈의 자치권 확대와 '성금요일 협정*Good Friday Agreement*'을 통한 북아일랜드의 평화 정착에 노력해 2014년에는 보수당 캐머런수상이 스코틀랜드 독립투표도 문제없이 마무리했다. 2018년 말 메이총리가 제시한 브렉시트 합의안의 하원 부결과 메이총리에 대한 불신임투표 부결이라는 모순된 결정이 내려진 영국을 보면 끈질김과 인내의 불독이 왜 영국의 국가견인지 이해가 된다.

그럼에도 불구하고 영국의 시대는 이제 서서히 저물고 있다. 영국민이 브렉시트를 결정한 후 어떻게든 유럽연합과의 협상을 통해 원만하게 해결해보려고 지난 3년 동안 노력했던 메이 총리가 2019년 5월 24일 총리직 사퇴를 공식 발표했다. 영국의 리더십이 다시 위협받게 된 것이다. 브렉시트가 어떻게 마무리될지 아직 알 수는 없지만 영국이 처음부터 브렉시트 재투표라는 '단칼'방식을 택하지 않고, 대내적으로는 해결방안을 모색하면서 유럽연합(EU)과는 끈질기게 협상을 진행한 것은 인정해 줄만 하다. 그러나 이제는 영국이 이 일을 어떻게 수습할지 세계인이 의문을 가지게 되었다. 영국이 이 브렉시트 문제를 슬기롭게 해결하고 국제사회에 국가의 복원력을 보여줄 수 있을지 모두 지켜보고 있다.

프랑스는 위기 속에서 제 할 일은 했다. 사르코지대통령은 2008년 세계금융위기가 닥쳤을 때 유럽연합의 대표이자 G-8, G-20회원국의 의장으로 프랑스뿐만 아니라 세계위기의 해결에 적극적으로 나섰다. 올란드대통령은 '프랑스-독일협약*Franco-German contract*'으로 독일과 협력해 유럽연합에서 주도권을 확보했고, 2015년 파리테러와 2016년 니스공격에 의연하게 대처했다. '노란 조끼 시위'로 내우에 시달리면서도 2019년 2월초 마크롱대통령은 미국이 중거리핵전력조약(INF) 체제에서 탈퇴하려고 하고, 러시아가 새 미사일을 개발하겠다고 하자 전격적으로 라팔전폭기 편대를 동원한 핵미사일 발사훈련을 실시해 국가안보 능력과 국제 역학관계에 강한 존재감을 과시했다.[4] 프랑스의 '노란조끼 시위'는 마크롱대통령이 '사회적 대토론'과 '시민협의회'를 통해 국민의 의견을 수렴하면서 서서히 잦아들기 시작했다.

미국과 영국, 프랑스가 위기 속에서도 이렇게 행동할 수 있는 바탕에는 지방분권형 국가체계가 한 몫을 한다. 연방정부나 중앙정부가 정쟁이나 잘못된 판단으로 흔들리는 경우에도 주정부나 광역지자체가 중심을 잡고 꿋꿋하게 광역권의 행정을 운영해나가기 때문에 국가는 시간을 가지고 잘못을 바로잡을 수 있다. 지방분권 국가의 광역지자체는 마치 오뚜기 장난감 맨 아랫부분의 무게추나 선박의 평형수와 같이 국가의 복원력을 유지하는 안전장치로 기능하고 있다.

이제 새해에 꽂힌 두 번째 칼럼기사에 대해 말할 차례다. 자크 아탈리 아탈리에아소시에 대표의 '겸양과 존중의 민주주의를 위하여'이다.[5] 현시점에서 우리사회에 꼭 필요한 말이라고 생각되어 일부를 발췌해 소개한다.

> "우파에 더 가깝거나 좌파에 더 가까운 사람들로 그 자리를 대체한다고 해서 뭔가가 바뀌지는 않는다. … 현재 난관에서 벗어날 방법이 보다 직접적인 민주주의 형태라는 환영(幻影) 속에 있는 것도 아니다. 국민투표에 극단적으로 많은 힘을 실어주었던 정치체제가 우리를 어떤 막다른 길로 몰아갈 수 있는지를 브렉시트(영국의 EU 탈퇴)가 보여주고 있다. … 그런 경우, 국민투표는 국민

의견에 기반을 둔다는 명목으로 부지불식간에 대의민주주의를 개인 권력으로 추락시키게 된다. … 현재와 미래의 주요 쟁점을 두고 고민하는 민주주의 체제에 다다르기 위해서는 겸양·공감의 태도로 세상 흐름을 이해하고, 진실을 말하고, 악의와 반목을 부추기지 않고, 생각을 바꿀 줄 알고, 경청·존중·신뢰·조력·격려·감탄·찬미하는 능력을 지녔느냐를 기준으로 삼아 지도자들을 뽑아야 한다.(자크 아탈리, 중앙일보 2019년 1월 29일자 칼럼 기사 중에서)"

아탈리대표가 말했던 그런 지도자들의 능력을 파악하기 위해 그들을 충분히 지켜볼 수 있는 자리와 시간이 필요하다. 우리는 정치인들이 자신의 본 모습을 대중에게 숨기는 것이 생각보다 쉽고, 너무 늦게 그들의 실체를 알게 된다는 것을 역사를 통해 알고 있다. 지성의 독일국민과 기성 정치인들을 감쪽같이 속이고 바이마르공화국의 총리가 된 아돌프 히틀러가 대표적인 사례다. 지방분권 국가의 광역지자체는 정치인들이 자신의 능력과 판단기준을 드러내도록 하는 충분한 규모가 되기 때문에 차기 정치지도자들을 육성하고, 지켜보기에 좋은 모델이다. 5백만~1천만명의 인구와 산업 관리능력을 통해 자립경제력을 갖춘 광역지자체는 비전과 실행력이 있는 정치인이 자신의 역량을 당선된 지자체 주민뿐만 아니라 전 국민에게 보여줄 수 있는 기회의 장이 된다.

우리 문제의 본질로 돌아가자. 우리가 왜 지방분권 국가를 지향해야 하는가? 사회의 다양성을 지키고 융성하도록, 스스로 고민하고 자립하도록, 함께 참여해 동등하게 누리도록 하는 정치·행정 기반을 만들기 위해서다. 우리는 신라가 삼국을 통일한 후 후삼국시대와 일제시대를 제외하고는 1천4백여년 동안 중앙집권국가를 유지했다. 따라서 지방분권 국가라는 말이 심정적으로 잘 다가오지 않을 수 있다. 하지만 통일신라시대 이후에도 지역의 정체성은 살아있다. 87체제 이후 선거 때마다 지역주의에 대한 비판이 제기되고 있지만 지역주의의 본질은 자신이 살고 있는 공동체를 사랑하는 것이다.

지방자치 선진국들은 연방제 운영이나 광역지자체의 통합, 권한이양을 통해 광역행정체계를 강화하고 있다. 그래도 현재의 행정체계에 만족하지 못해 광역권에서의 협력적 도시계획과 지방정부간 재정균형 강화, 광역권에서의 정치리더십과 거버넌스 개선을 고민하고 있다. 우리나라도 '87체제의 개헌을 통해 지방분권 국가로 나아가야 한다. 광역지자체가 대도시와 중·소도시, 농촌지역을 포함하는 대도시권을 지정해 소속된 모든 기초지자체들의 참여를 통해 이견을 조정하고, 통합된 발전방향을 이끌어내도록 만들어야 한다. 광역지자체의 특성과 문제를 꾸준하게 모니터링하고 연구하는 광역지자체 소속 출연 연구기관이 수립하는 '대도시권계획'을 통해 도시계획과 주택, 주요 도시기반시설과 교통, 산업과 고용, 상수도와 쓰레기 관리, 에너지와 환경, 재난관리 등 광역행정 문제가 통합적으로 해결되도록 제도를 개선해야 한다. '87체제의 개헌을 통해 확대된 재정권과 견제가 가능한 광역의회를 만들어야 한다.

이제 토론을 시작할 때다

우리에게는 남은 시간이 많지 않다. 통계청은 12년 후인 2031년 우리나라 인구가 정점에 도달한 후 감소한다고 했다. 어쩌면 인구감소 시기가 더 앞당겨질지도 모른다. 우리가 4차 산업혁명이라고 부르는 기술혁명은 우리의 안정적인 고용을 위협하고, 우리에게 변신을 요구하고 있다. 국가의 지속가능성과 에너지 문제도 우리의 고민거리로 남아있다. 지역 정체성과 교육문제, 통일과 국제협력 문제도 새로운 해결방안을 필요로 한다. 그런데 대한민국의 운명을 흔드는 또 다른 위협이 다가오고 있다. 피터 자이한의 두 번째 신간 『셰일혁명과 미국없는 세계』는 그 위협의 실체를 다음과 같이 소개하고 있다.

> "비무장지대. 첨단기술 대도시 서울. 스탈린주의 폐쇄적 도시 평양. 인천상륙작전. 기아에 허덕이는 북한과 세계적인 대기업 삼성을 보유한 남한이 공존하는 땅. 대부분의 사람들은 한반도와 한국인 하면 "분단"이라는 단어를 떠올린다. ... 운명을 수동적으로 받아들이는 국민이라면 이런 결과를 낳을 리가 없다. 자기 터전을 지키고 더 나은 곳으로 만들기 위해 용맹스럽게, 부단히 투쟁해온 국민이었기에 가능했다. ... 그러나 남북을 막론하고 한국인들은 전후 세계 질서 덕분에 황금시대를 구가했다. 그런데 이제 그 질서가 무너지고 있다. ... 미국은 분명히 세계에서 손을 떼게 된다. 그리고 한국을 비롯해 모두가 새로 살길을 찾아야 한다.(피터 자이한, 『셰일혁명과 미국없는 세계』 한국어판 서문에서)"

"나라다운 나라"를 만들기 위해서 토론을 시작해야 한다. 우리는 토론의 첫 번째 주제로 많은 아이템을 가지고 있다. 내각제도, 연동형 비례대표제도 강력한 후보다. 필자는 광역자치단체가 중심이 되는 지방분권 국가로의 개헌을 안건으로 올리고 싶다. 지방분권 국가는 대통령제의 기본 틀을 바꾸지 않으면서도 내각제가 추구하는 목적을 어느 정도 달성할 수 있는 제도다. 광역의회에 대한 지방선거 개편을 통해 연동형 비례대표제의 꿈을 실현하고, 장점을 확인할 수도 있다. 무엇보다 앞으로 닥칠 거대한 변혁의 시대에 우리나라를 오뚜기의 무게추나 선박의 평형수와 같이 안정적으로 만드는데 기여할 수 있다. 새롭게 출범하는 광역지자체는 꿈과 가능성이 있으나 아직 필요한 역량을 충분히 갖추지 못한 미래의 정치지도자가 자신의 비전과 판단기준을 국민들에게 펼쳐 보이고, 차곡차곡 능력을 배양하는 발판이 될 수도 있다.

책상물림 학자의 생각이 이 시대의 문제에 처방전이 될 수 있는지 검증이 필요하다. 만일 일말의 가능성이 있다면 관심 있는 모든 사람들의 참여를 부탁한다. 지방분권 국가의 틀은 스페인 카탈루냐지방정부와 같이 내일 당장 독립해도 큰 문제가 없을 정도의 광역지자체 구조에서부터 연방제 국가의 주정부시스템이 있고, 영국·프랑스·일본·이탈리아의 지역분권형 국가체계까지 다양한 스펙트럼이 존재한다. 모두 자국의 역사와 정치·사회·행정체계를 기반으로 발전시킨 광역행정체계다. 우리도 우리의 역사와 상황에 적합한 광역행정체계에 대해 스스로 고민해야 한다. 정치, 경제, 행정, 법률, 사회, 언론, 공학, 도시계획, 문화 등 모든 분야의 전문가들이 토론에 참여해 하나씩 조각을 맞추어 큰 그림을 완성할 수 있었으면 한다.

현재의 우리 삶을 위해서, 미래세대의 지속가능성을 위해서 호랑나비의 번데기가 탈바꿈을 하듯이, 다마스커스 칼이 담금질을 통해 더욱 강해지듯이 '87체제의 개헌이 필요한 시점이다. 이것은 우리의 문제이고 우리만이 해결방안을 마련할 수 있다. 모든 일에는 내용과 절차가 중요하지만 항상 타이밍이 결정적인 순간에 성패를 결정한다. 아무것도 선택하지 않는 것도 선택하는 행동이다. 케네디 대통령이 말했듯이 행동에는 위험과 대가가 따른다. 하지만 아무 행동도 하지 않은데 따르는 장기간의 위험과 대가에 비하면 훨씬 작다.

1) 네이버 지식백과의 「호랑나비」를 참조.

2) 김환영, 2019, 「잘 다스려지는 나라는 어떤 나라일까」, 중앙SUNDAY 2019년 1월 19~20일 기사.

3) 위키피디아의 「Government shutdowns in the United States」 홈페이지 참조.

4) 동정민, 2019, 「美 INF 탈퇴선언에...러 "새 미사일 개발" 佛 "핵미사일 훈련"」 dongA.com 2019년 2월 7일자 기사.

5) 자크 아탈리, 2019, 「겸양과 존중의 민주주의를 위하여」 중앙일보 2019년 1월 29일자 기사.

참고문헌

들어가며

이경진, 2019, 「서울외곽순환→수도권1순환路 바꿔주오」, 동아일보 2019년 1월 9일자 기사 참조.
황선윤, 2019, 「부산・경남, 이번엔 제2신항 충돌」, 중앙일보 2019년 1월 4일자 기사 참조.

1.

건설교통부, 2014, 『지속가능한 신도시 계획기준』.
김미경・이창무・이민석, 2010, 「주택여과과정을 통한 뉴타운사업의 주택공급효과 분석」, 한국부동산분석학회 2010년 추계학술대회.
김태현・권영덕, 2010, 『주택필터링개념을 활용한 주택공급효과 실증분석』, 서울시정개발연구원.
김찬호, 2013, 「미래 주택시장 유망사업 전망」, 『미래 주택산업 비전과 유망산업 전망 세미나 발표자료』, 주택산업연구원・대한주택건설협회.
서울특별시, 1997, 『2011 서울도시기본계획』.
서울특별시, 2006, 『2020년 서울도시기본계획』.
서울특별시, 2014, 『2030년 서울도시기본계획』.
양재섭・김상일, 2007, 『서울 대도시권의 주거이동 패턴과 이동가구 특성』, 서울시정개발연구원.
이외희, 2002, 『주택순환과정에 따른 인구이동특성 연구』, 경기개발연구원.
이현석, 2013, 「주택산업의 미래비전」, 『미래 주택산업 비전과 유망산업 전망 세미나 발표자료』, 주택산업연구원・대한주택건설협회.
임동근・김종배, 2015, 『메트로폴리스 서울의 탄생』, 반비.
장지웅, 2010, 『주택시장 30년 파노라마』, 책나무.
통계청 국가통계포털(KOSIS) 홈페이지 「인구・가구」부문.
플로리다, 리처드, 2008, 『후즈유어시티』, 브렌즈.

한종수 · 계용준 · 강의홍, 2016, 『강남의 탄생』, 미지북스.
ATKearney, 2018, 『Learning from the East-Insights from China's Urban Success, 2018 Global Cities Report』.
Demography of London, https://en.wikipedia.org/wiki/Demography_of_London.
Demographics of New York City, https://en.wikipedia.org/wiki/Demographics_of _New_York_City
Demographics of Paris, https://en.wikipedia.org/wiki/Demographics_of_Paris.
Global city, https://en.wikipedia.org/wiki/Global_city.
Live Japan perfect guide, 「Tykyo, the city with the World's Largest Population Density: 18 Times Japan?!」, 2018년9월7일
Lloyds, 2018 『Lloyd's City Risk Index, Executive summary』.
Lloyds, 2018 『Lloyd's City Risk Index, Asia Pacific』.
Munich Re Group, 2004, 『Megacities-Megarisks』.
Munich Re Group, 2005, 『Megacities-Megarisks, Munich Re media conference』.
Munich Re Group, 2006, 『A Risk Index for Megacities』.
New York metropolitan area, https://en.wikipedia.org/wiki/New_York_ metropolitan_area.
Population of Tokyo, http://www.metro.tokyo.jp/ENGLISH/ABOUT/HISTORY/history03.htm.
Tiebout, Charles, 1956, 「A pure theory of local expenditures」. Journal of Political Economy. Vol. 64 No. 5, pp. 416-424.
United Nations, 2017, 『World Population Prospects 2017 Revision, Key findings & advance tables』.
United Nations, 2018, 『Policies on Spatial Distribution and Urbanization, Data Booklet』.
United Nations, 2018, 『World Urbanization Prospects: The 2018 Revision, Key Facts』.
United Nations, 2018, 『World Urbanization Prospects: The 2018 Revision, Key findings & advance tables』.
United Nations, 2018, 『The World's Cities in 2018, Data Booklet』.

2.

건설교통부, 2004,『제2차 수도권 광역교통 5개년계획 및 추진계획(2004~2008)』.

경기도, 2003,『도로 투자재원 확충 및 광역 교통망 계획 수립』.

경기연구원·서울연구원·인천발전연구원, 2017,『전국 여객O/D 전수화 및 장래수요예측 공동사업(수도권): 제1편 전수화』.

교통개발연구원, 2002,『수도권 교통대책: 평가와 당면과제』, 개원 15주년 기념세미나자료.

교통개발연구원·국토연구원, 2000,『수도권 광역교통망 계획의 수립(안)』, 공청회 자료.

국토교통부, 2018,『대도시권 광역교통 관리에 관한 특별법(법률 제15489호)』.

국토교통부, 2018,『대도시권 광역교통 관리에 관한 특별법 시행령(대통령령 제29172호)』.

김정수, 2008,「경기도 규제개선 10대 핵심과제 인수위 건의」, 2008년 1월 7일자 아시아경제 기사.

남경현, 2008,「수도권/교통체증 숨이 막힌다<7. 끝>광역 교통기구 설립」, 2008년 8월 24일자 동아일보 기사.

노원명, 2015,「수도권 광역교통청 신설 추진」, 2005년 11월 1일자 매일경제 신문 기사.

뉴시스, 2007, 김문수 경기지사, 광역교통청 신설 강력 주장」, 2007년 7월 15일자 뉴시스 기사.

데일리안, 2007,「[경기]곽 막힌 수도권, 시원하게 뚫을 묘책은?」, 2007년 5월 4일자 데일리안 기사.

박명호, 2007,「정장선, "수도권 교통청"신설 주장」, 2007년 6월 19일자 중부일보 기사.

서울시정개발연구원, 1999,『제3기 지하철 노선검토 연구 보고서(초안)』.

서울시정개발연구원·인천발전연구원·경기개발연구원, 2007,『2006 수도권 가구통행시태조사: Ⅱ 가구통행실태조사 및 OD구축』, 수도권 교통본부·서울특별시·인천광역시·경기도.

서울특별시, 1990,『2000년대를 향한 서울시 도시기본계획』.

서울특별시, 1997,『서울시 교통센서스 및 데이터 베이스 구축』.

서울특별시, 1999,『서울교통 미래21: 서울특별시 중기교통종합계획』.

서울특별시, 2000,『서울시 간선도로정비기본계획』.

서울특별시, 2003, 『제Ⅱ편 2002 서울시 가구통행실태조사: 가구통행실태조사 및 OD구축』.
서울시정개발연구원 · 인천발전연구원 · 경기개발연구원, 2012, 『여객 기종점 통행량(O/D) 전수화 및 장래수요예측 공동조사: 제1편 전수화』, 국토교통부 · 수도권 교통본부 · 서울특별시 · 인천광역시 · 경기도.
서울특별시, 2006, 『서울시 대중교통개혁 백서: 서울시, 대중교통의 새 역사를 쓰다』, 베스트라이프.
수도권교통본부, 2018, 『2018년 행정사무감사 요구자료』.
수도권교통본부, 2018, 『제64회 수도권교통본부 조합회의 임시회: 회의록』.
연합뉴스, 2007, 「"수도권 광역교통청 설립해야"<학술토론회>」, 2007년 11월 29일자 연합뉴스 기사.
연합뉴스, 2018, 「국토장관 · 수도권 단체장 회동 "광역교통청 · 공공택지 협력"」, 2018년 7월 17일자 연합뉴스 기사.
원제무, 2009, 『도시교통론』, 박영사.
유경수, 2005, 「내년 1월부터 전국 공공기관 승용차 요일제 시행」, 2005년 11월 1일자 연합뉴스 기사.
이광훈, 2017, 『서울 교통정책 변천사』, 서울연구원.
이재용, 2008, 「'수도권 교통체계' 전국 확대될 듯, 대중교통요금 환승 할인 · 버스중앙차로제 등 인수위 '광역교통청' 중앙정부에 신설 추진」, 2008년 1월 23일자 서울경제 기사.
이호승, 2009, 「"대중교통 재정지원으로 수도권 예산위기" 국토해양위 한나라 유정복의원 지적」, 2009년 10월 13일자 경인일보 기사.
장상진 · 김충령, 2018, 「1인당 1200만원씩 내고도… 새벽 2시간 '고난의 출근길'」, 2018년 11월 13일자 조선일보 기사.
장주영, 2013, 「임삼진 철도협 부회장 "광역급행철도, 수도권 교통의 일대 혁신 가져올 것」, 2013년 1월 24일자 매일경제신문 기사.
조응래, 2018, 「용두사미가 된 광역교통청 설립」, 2018년 10월 25일자 중부일보 기사.
채문석, 2005, 「당 · 정, 대중교통 활성화 논의」, 2005년 11월 7일자 YTN기사.
채종수, 2011, 「경기개발연 수도권 교통 개선안. 2층 광역버스 도입 비용대비 편익 '1.7배'」, 2011년 8월 18일자 시민일보 기사.
홍성용, 2018, 「GTX 건설 빨라질듯…광역교통위 출범」. 2018.11.15.일자 매일경제신문 기사.

3.

건설부・국토개발연구원, 1988, 『군장산업기지 개발계획』, 건설부・국토개발연구원.

군산시, 2010, 『2015년 군산도시관리계획』, 군산시.

김근영, 2017, 「1997 아시아 금융위기와 2007 세계금융위기의 우리나라 산업도시 고용영향 분석」, 2017년 대한국토도시계획학회 추계학술대회 전문가세션 발표논문, 대구한의대.

새만금 간척 사업 위키백과 홈페이지.

이도명・김시일・김근봉・김근영 외, 2012, 『군장국가산업단지(군산지구) 조성공사 4개 공구 사후평가용역 보고서』, 한국토지주택공사.

정준모, 2015 「서해안 시대의 희망, 군산산업단지」, 2015년 12월 9일 전북도민일보 기사.

통계청, 국가통계포털 시군구 재정자립도 자료.

통계청, 국가통계포털 시군구 지역총생산(GRDP) 자료.

한국산업단지공단, 2017, 『통계로 본 한국의 산업단지 15년, 2001～2016』.

한국산업단지공단, 『전국산업단지현황통계 통계표』, 매년 4분기 기준자료.

한국토지개발공사, 1995, 『군・장 국가공단 군산지구 개발사업 기본계획검토』, 한국토지개발공사.

한국토지개발공사, 1995, 『군・장 국가공단 군산지구 개발사업 기본설계보고서』, 한국토지개발공사.

한국토지개발공사, 1995, 『군・장 국가공단 군산지구 개발사업 기본설계보고서(기술검토서)』, 한국토지개발공사.

4.

강건택・송진원, 2014, 「김진표 선거운동 중단…野경기경선 '파행위기'(종합)」, 연합뉴스 2014년 4월 11일자 기사.

권호, 2014, 「새누리 대구시장 후보 '비박'권영진…경선 이변」, 중앙일보 2014년 4월 4일자 기사.

구대선, 2014, 「대구시장 선거 예비후보만 12명」, 한겨레 2014년 3월 24일자 기사.

김경욱・서보미・이승준, 2014, 「정치권도 '세월호 참사 충격'…지방선거 경선일정 중단」, 한겨레 2014년 4월 16일자 기사.

김고은, 2014, 「김상곤·남경필 경기도 무상버스 논리 대결」, 한국기자협회 라디오시사프로그램 브리핑 2014년 3월 24일자 기사.
김광수, 2018, 「"연방제 수준의 지방분권 보장하라"」, 한겨레 2018년 3월 22일자 기사.
김남철, 2018, 「독일 연방주의와 연방주의개혁의 우리나라 지방분권개헌에의 시사점 –지방분권과 지방자치의 관점에서-」, 『공법학연구』제19권제3호.
김동현, 2014, 「tbs전망대-재개된 6.4 지방선거 경선...세월호 참사 영향은?」, tbs 2014년 5월 3일자 기사.
김만구·남궁진, 2014, 「김상곤, 경기연 내부자료 '무상버스' 산출근거 활용」, 중부일보 2014년 3월 24일자 기사.
김백겸, 2014, 「새정치연합, 새누리당 대구시장 후보 권영진에 이례적 환영...왜?」, 민중의소리 2014년 4월 30일자 기사.
김상곤, 2014, 「해내는 사람은 길을 찾고 못하는 사람은 핑계를 찾는다」, 김상곤 경기도지사 예비후보 기자회견문(2014년 3월 20일).
김성현, 2018, 「윤장현 공직선거법 위반혐의 기소」, 조선일보 2018년 12월 14일자 기사.
김재득·남궁진, 2014, 「새누리 경기도지사 후보 '反 남경필 단일화' 합의」, 중부일보 2014년 4월 4일자 기사.
김진국, 2018, 「지방분권 개헌이 참여정치를 완성할까」, 중앙일보 2018년 1월 25일자 기사.
김태일, 2014, 「권영진과 김부겸」, 시사저널 2014년 6월 11일자 기사.
김현일, 2014, 「남경필 vs 정병국, 김상곤 vs 원혜영 동지는 간데없고 적으로: 여야 경기도지사 후보 경선... '쇄신파 동지' '40년 지기' 승부」, 시사저널 2014년 4월 2일자 기사.
김호, 2018, 「'가짜 권양숙 사건' 윤장현 선거법 기소에 '머쓱해진' 경찰」, 중앙일보 2018년 12월 14일자 기사.
남궁진, 2014, 「"비현실적 선심성 공약"..."새정치민주 신뢰도 떨어뜨려" 비난 봇물」, 중부일보 2014년 3월 21일자 기사.
박용근, 2017, 「연방제 버금가는 지방분권...김부겸, 제2국무회의 검토」, 경향신문 2017년 7월 12일자 기사.
서상현, 2014, 「'박근혜 안방'에서 진짜 일내는 거 아냐? 김부겸 대구시장 후보, 보수층 끌어안으며 철옹성 공략」, 매일신문 2014년 4월 2일자 기사.
성경륭, 2017, 「분권국가와 지역균형발전: 미래 비전과 과제」, 『새정부의 지방분권균형발전 토론회 자료』, 2017년 7월 19일, 한국지방행정연구원・행정자치부.
성한용, 2014, 「경기지사 선거 '후보'보다 '구도'가 관건」, 한겨레 2014년 1월 2일자 기사.
연합뉴스, 2014, 「남경필 "새정치 내가 하겠다" 경기지사 출마 선언」, 한겨레 2014년 3월 5일자 기사.
염태정신진호, 2018, 「"국민 똑똑해졌는데 정부는 80년대 수준...자치가 답이다"」, 중앙일보 2018년 1월 26일자 기사.
온라인뉴스팀, 2014, 「김상곤, 경기교육감 사퇴...지사 출마 선언」, 한겨레 2014년 3월 4일자 기사.
유지웅・김영화, 2014, 「김부겸 "대구에서의 도전, 온 몸 던져 이어가겠다"」, 평화뉴스・프레시안 2014년 6월 6일자 기사.
이오성・김동인, 2014, 「시동 건 무상버스 선거판 가로지르나」, 시사IN 2014년 3월 31일자 기사.
전혁수, 2017, 「문재인, 노무현의 지방분권 이어간다」, 미디어스 2017년 6월 15일자 기사.
조성호, 2018, 「21세기 선진 국가경영시스템: 중앙집권을 넘어 지방분권체제로」, 『이슈&진단』 314호, 경기연구원.
조혜정・이승준, 2014, 「남경필 대 김진표...경기지사 대진표 확정」, 한겨레 2014년 5월 11일자 기사.
탐사플러스 앵커, 2014, 「[탐사플러스 8회] '공약 검증' 경기 무상버스」, JTBC 뉴스 2014년 4월 6일자 방송.
한상준, 2018, 「지자체 대신 '지방정부'표현...지방세 종목-세율 조례로 결정」, 동아일보 2018년 3월 22일자 기사.
헨리 키신저, 2014, 『헨리 키신저의 세계질서』, 민음사.
Henry Grabar, 2012, 「What Really Happens When a City Makes Its Transit System Free?」, CITYLAB 2012년 10월 26일자 기사.
Hopkins, Daniel J., 2018, 『The Increasingly United States』, The University of Chicago Press.
Mason, Lilliana, 2018, 『Uncivil Agreement, How Politics Became Our Identity』, The University of Chicago Press.
Public transport in Tallinn 위키피디아 홈페이지.
Tallinn City Government, 2011, 『Statistical Yearbook of Tallinn 2011』.
Tallinn 위키피디아 홈페이지
Theiss-Morse, Elizabeth A., Wagner, Michael W., Flanigan, William H., &

Zingale, Nancy H., 2018, 『Political Behavior of the American Electorate, 14th Edition』, CQ Press.

5.

경제실천시민연합(경실련), 2003, 「우리나라 민자사업 어디로 가야 하는가? - 민자사업의 문제점과 개선방안-」자료.
경전철 나무위키 홈페이지.
고길곤・이보라・이주현, 2015, 「종합적 접근으로서의 정책실패 사례연구: 경전철 사업 사례를 중심으로」, 『행정논총』제53권 제1호, 2015년 3월. pp.129～163.
교보생명, 2004, 「교보생명, 국민은행, 대한생명 '용인경전철'프로젝트파이낸싱」, NewsWire 2004년 7월 27일자 기사.
국무총리실 보도자료, 2011, 「지자체의 무분별한 경전철사업 추진, 대폭 정비한다」, 국무총리실 평가총괄정책관실 2011년 3월 11일.
기획예산위원회 공보관실, 1998, 「민자유치 종합대책 및'98 민자유치기본계획 수립」자료.
기획재정부, 2018, 『사회기반시설에 대한 민간투자법(민간투자법)[법률 제15426호]』, 기획재정부.
기획재정부, 2018, 『사회기반시설에 대한 민간투자법 시행령(민간투자법 시행령)[대통령령 제28211호]』, 기획재정부.
김기성, 2016, 「민선 20년 용인시 역대 시장 5명 전원 '징역'…비리로 얼룩진 지방자치」, 한겨레 2016년 4월 22일자 기사.
김동영, 1996, 「재계 「SOC바람」 강해진다/정부,민자사업 활성화대책 확정따라」, 한국일보 1996년 7월 17일자 기사.
김성모, 2010, 「호화논란 新청사들 '에너지 먹는 하마」, 조선일보 2010년 2월 1일자 기사.
김성주, 2018, 「경기도의회 "기준없는 교통예산 역차별"」, 2018년 12월 6일 경인일보 기사.
김양수, 2013, 「용인경전철 수요예측, 7배나 부풀려져」, CBS 2013년 4월 30일자 기사.
김연규・김경진, 2001, 『용인시 경량전철 실행플랜』, 교통개발연구원・용인시.
김영재, 2017, 「(단독)국토부, 국립철도박물관 건립사업 '보류'」, 아시아뉴스통신 2017년 11월 4일자 기사.

김예린·조나리, 2016, 「엉터리 수요예측 시 재정 파탄 위기…사업 재구조화로 부담 감소 추진」, 김해뉴스 2016년 6월 22일자 기사.
김정희, 2018, 「이기형 도의원, 예산결산특위서 '경전철 수도권 환승손실보전' 변경 지적」, 2018년 12월 6일 전자신문 기사.
김형진, 2011, 「경전철 사업의 문제점과 개선방안」, 『이슈와 논점』 제317호, 국회입법조사처.
김형진, 2012, 「경전철 사업의 문제점과 개선방안」, 『NARS 현안보고서』 제150호, 2012년 4월 16일, 국회입법조사처.
김훈 외 5인, 2017, 「경전철 민자 사업 문제점 진단 및 해결방안 모색」, 『이슈페이퍼-17-02』, 한국교통연구원.
네이버 지식백과 민자사업 홈페이지.
뉴시스, 2010, 「비난 화살 지자체 호화청사 "예산 낭비 더는 없다"」, 『뉴시스 아이즈』 제161호, 2010년 1월 18일자 기사.
대검찰청, 「용인경전철 사업 비리 수사결과」, 2012년 4월 5일.
도명식·최기주, 2011, 「교통민간투자사업 현황과 용인경전철사태의 전망」, 『교통 기술과 정책』제8권 제2호, 2011년 4월.
론 처노, 2007, 『금융제국 J.P.모건 1부』, 플래닛.
류이근, 2013, 「'세금 먹는 하마'낳은 31명에 책임을 묻다」, 한겨레 2013년 10월 29일자 기사.
류호상·이상봉, 2011, 『용인 경전철 건설 사례』, 중앙공무원교육원.
문화체육관광부 보도자료, 2017, 「국립한국문학관 추진 경과 및 향후 계획」, 문화체육관광부 문화예술정책실 2017년 11월 23일.
박두호, 2004, 「용인시 도시브랜드 '에이스 용인'선정」, 연합뉴스 2004년 6월 7일자 기사.
박철근, 2017, 「지연운행·무정차 통과·공짜 손님…우이신설선 탈선 위기」, 이데일리 2017년 11월 9일자 기사.
부산-김해경전철(기업) 나무위키 홈페이지.
선지원·박종원, 2009, 「신교통수단 도입에 따른 교통법제 정비방안 연구」, 『현안분석 2009-08』, 한국법제연구원.
안태훈, 2008, 「국내 신교통시스템 도입 절차와 문제점 및 개선방향-도시철도 관련 제도를 중심으로」, 『사업평가 현안분석』제19호, 2008년 9월, 국회예산정책처.
오태진, 1994, 「사회간접자본 대기업 본격투자 계획」, 조선일보 1994년 1월 13일자 기사.

용인경량전철 위키백과 홈페이지.
용인경전철 위키백과 홈페이지.
월미은하레일, 위키백과 홈페이지.
우명균, 2018, 「충남도청 이전 5년 6개월…내포신도시 현주소는?」, 충남일보 2018년 8월 8일자 기사.
유덕상, 2011, 「멈춰선 용인경전철, 이대로 둘 것인가? 국회 헌정관 토론회 지상중계」, 용인인터넷신문 2011년 5월 7일자 기사.
유영철, 2010, 「광역자치단체의 민간투자 역량 진단분석: 수익형 민자사업(BTO)을 중심으로」, 『한국행정학회보』제44권 제2호, 2010년 여름, pp.311~338.
육동한·김재진·전지성, 2017, 「민간투자제도 변화와 강원도 대응」, 『정책메모』제651호(2017-57호), 강원연구원.
윤종화, 2018, 「경기도의회 예결특위, SOC 예산 놓고 이해관계 충돌」, 2018년 12월 5일 경기방송 기사.
의정부 경전철, 나무위키 홈페이지.
이남진, 2011, 「서울 경전철 목동·DMC·우이연장선 '빨간불'」, 머니투데이 2011년 11월 20일자 기사.
이병우, 2008, 「고양시, 경전철을 진단한다 3」, 고양신문 2008년 11월 26일자 기사.
이석희, 2003, 『민자유치사업의 추진실태와 활성화 방안(연구보고서 2003-20)』, 대구경북개발연구원.
이용, 2008, 「경기부양」, 대전일보 2008년 11월 15일자 기사.
이재철, 2005, 「민자유치사업의 문제점과 개선방안」, 『사업평가 현안분석』제7호, 2005년 5월, 국회예산정책처.
이정하, 2012, 「[종합]용인경전철 '구조적 토착비리'의 부산물」, 중앙일보 2012년 4월 5일자 기사.
이현승, 2017, 「[적자노선의 탄생]① 개통하자마자 적자예상 우이신설선, 파산 향해 달리나」, 조선비즈 2017년 10월 3일자 기사.
임석민, 2010, 「대규모 국책사업의 실패사례와 그 원인 및 대책」, 『민주사회와 정책연구 2010년 하반기(통권 18호)』.
장범석, 2018, 「[장범석의 철도 이야기]일본철도, 27,901㎞ 철도망에 다양한 운행체제 갖춰」아웃소싱타임스 2018년 9월 27일자 기사.
정건호·이찬호, 2011, 『경전철 민간투자사업 제도개선 연구』, 국토해양부.
정락인·이하늬, 2012, 「돈 먹는 애물단지 된 용인시 '꿈의 경전철'」, 시사저널 2012년 4월 17일자 기사.
정혜아, 2017, 「우이신설선 일주일 이용객 수요예측 절반에도 못 미쳐」, new1 뉴스 2017년 9월 10일자 기사.
정재령, 1995, 「기업 SOC사업 참여확산-92건 74조규모」, 중앙일보 1995년 4월 6일자 기사.
조득진, 2018, 「[특집]호화청사, '국민의 눈'무서운 줄 모른다」, 『주간경향』 1306호 2018년 12월 17일자 기사.
차병석, 1995, 「국내 주요대기업 금년중 투자계획 SOC유치사업 총 92건 달해」, 한국경제신문 1995년 4월 5일자 기사.
최선미・홍준형, 2014, 「민간투자사업 실패요인에 관한 연구-용인, 부산-김해, 전주 경전철 사례를 중심으로」, 『한국거버넌스학회보』제21권 제2호, 2014년 8월, pp.1~28.
최연호, 2018, 「7호선 연장・버스지원...도의회 예결위, 건교위 예산 집중 추궁」, 2018년 12월 5일 경기일보 기사.
최지훈, 2004, 「경량전철의 현황과 해외사례」, 『건설기술』 2004년 가을호, 쌍룡.
한현자, 2008, 「호화 성남시청 신축현장, 너무 허망했다」, 오마이뉴스 2008년 12월 2일자 기사.
행정안전부, 2018, 『지방자치법 전부개정안(안전부 공고 제2018-676호)』, 행정안전부.
Bombardier 홈페이지, https://www.bombardier.com/en/home.html.
JTBC, 2016, 「[밀착카메라] 걷기 나쁜 길이 된 '걷기 좋은 길'실태」. JTBC 2016년 10월 5일자 방송.

6.

광주광역시, 2017, 『2017년 2월중 주요업무계획』, 광주광역시.
경기도, 2018, 『경기도수원월드컵경기장관리재단운영및지원조례(경기도조례 제4380호)』.
국민안전처, 2014, 『2014 재난연감』, 국민안전처.
국민안전처, 2015, 『2015 재난연감』, 국민안전처.
김근영 외, 2015, 『경기도 재난안전대책본부 운영방안 : 판교환풍구사례를 중심으로』, 경기도・경기연구원.
김금래, 2008, 『지역문화 활성화 방안으로서의 지역축제 –지역축제의 미래를 위한 정책 제안-』, 대한민국국회 2008년도 정책자료집.

김용대, 2017, 「축제장 안전관리 실태 및 현장의 문제점」, 『한국의 이벤트산업 발전방향 모색을 위한 2017 한국이벤트산업 심포지엄 자료집』, 2017 한국이벤트산업 심포지엄.
나무위키, 「판교테크노밸리 축제 환풍구 붕괴 사고」 홈페이지.
네이버 향토문화전자대전의 「영암군 기업도시 지원사업소」 정보.
도영인, 2013, 「광주FC의 숙원사업 해결됐다…클럽하우스와 전용훈련구장 건립 확정」, 스포츠서울 2016년 5월 26일자 기사.
라동철, 2015, 「'돈 먹는 하마' 지방 축제… '원가' 공개한다」, 국민일보 2015년 9월 23일자 기사.
문화체육관광부, 2017, 『2017 문화관광축제 종합평가보고서』, 문화체육관광부.
문화체육관광부, 2018, 『공연법(법률 제15055호)』.
문화체육관광부, 2018, 『공연법 시행령(대통령령 제29309호)』.
문화체육관광부, 2018, 『공연법 시행규칙(문화체육관광부령 제341호)』.
문화체육관광부, 2018, 『체육시설의 설치・이용에 관한 법률(법률 제15825호)』.
문화체육관광부, 2018, 『체육시설의 설치・이용에 관한 법률 시행령(대통령령 제28544호)』.
문화체육관광부, 2018, 『체육시설의 설치・이용에 관한 법률 시행규칙(문화체육관광부령 제309호)』.
문화체육관광부, 2018, 『2018 평창 동계올림픽대회 및 동계패럴림픽대회 지원 등에 관한 특별법(법률 제14912호)』.
문화체육관광부, 2018, 『2018 평창 동계올림픽대회 및 동계패럴림픽대회 지원 등에 관한 특별법 시행령(대통령령 제29249호)』.
문형철, 2013, 「세계적 관광지구?…여수엑스포장 사후활용 지지부진」, MBC 뉴스 2013년 5월 13일자 기사.
민웅기, 2017, 「[언더커버] 2018평창 특집 3탄-평창의 경제올림픽 전망」, 일요신문 2017년 12월 29일자 기사.
박태훈, 2017, 「1997년 12월 29일 '2002월드컵 10개도시' 확정」, 세계일보 2017년 12월 24일자 기사.
배상현, 2010, 「금광 법정관리 신청 F1경주장 건설 파장 미치나...PF 330억 채무보증 '촉각'」, 뉴시스 2010년 4월 28일자 기사.
(사)한국이벤트협회・오영훈, 2017, 『한국의 이벤트산업 발전방향 모색을 위한 2017 한국이벤트산업 심포지엄 자료집』, 2017 한국이벤트산업 심포지엄.
소방방재청, 2014, 『지역축제장 안전관리매뉴얼』, 소방방재청.

송창헌, 2013, 「[일지]F1 코리아GP 유치에서 중단까지」, 뉴시스 2013년 12월 5일자 기사.
신동립, 2018, 「자세히 알고봅시다…평창동계올림픽, 이 엄청남 의미」, 뉴시스 2018년 2월 8일자 기사.
오훈성, 2013, 『문화관광축제 선정의 일몰제 적용에 따른 제도 운영 개선방안 연구』, 한국문화관광연구원.
오훈성, 2016, 『문화관광축제 지정에 따른 효과 분석: 2010년~2016년 지정등급 기준』, 한국문화관광연구원.
옥대환, 2002, 「월드컵 경기장 - 애물단지인가 보물인가」, 월간조선 2002년 7월호 기사.
유선희, 2018, 「평창올림픽 흑자?…대금 못 받은 참여업체 '벼랑 끝'」, 노컷뉴스 2018년 11월 23일자 기사.
유지윤, 2014, 『국가적 재난사고가 관광에 미치는 파급효과 및 대응방안』, 한국문화관광연구원.
윤부섭, 2015, 「야구·축구 전용구장에 더 큰 함성 울려 퍼진다」, 대구신문 2015년 9월 3일자 기사.
윤원호, 2006, 『우리나라 지역축제의 현황과 활성화방안』, 대한민국국회 문화관광위원회 정책자료집 제8호.
위키백과, 「판교 공연장 환풍구 붕괴 사고」 홈페이지.
이성현, 2018, 「血稅만 뿌린 채…평창 면세점 폐업하나」, 문화일보 2018년 11월 9일자 기사.
이현준, 2013, 「인천utd, 축구전용경기장 직접 운영」, 경인일보 2013년 2월 12일자 기사.
임윤규, 2017, 「화려했던 월드컵 경기장의 눈물 실용적인 지진 대비책이 필요하다」, 이코노미뷰 2017년 3월호 기사.
임채만, 2018, 「1조 투자 F1경주장 年수익 고작 6억」, 광주매일신문 2018년 1월 22일자 기사.
제주일보, 2015, 「적자 벗어나지 못하는 월드컵 경기장」, 제주일보 2015년 11월 19일자 기사.
채병선, 2005, 「월드컵 경기장의 효율적 이용」, 블로그 https://blog.naver.com/linoko/140014916668.
최정철, 2018, 「새로운 행보가 필요한 서울 빛초롱축제」, 전북도민일보 2018년 11월 12일자 기사.
한국경제, 2016, 「[사설] 지자체의 부실 행사, 특별법 만드는 의원들이 문제다」,

한국경제신문 2016년 6월 17일자 기사.
함영훈, 2018, 「축제 85% 국고 의존, 외국은 예산 60% 자체조달」, 헤럴드경제신문 2018년 11월 14일자 기사.
행정안전부, 2016, 『2016 재난연감』, 행정안전부.
행정안전부, 2017, 『2017 재난안전통계연보』, 행정안전부.
행정안전부, 2017, 『2017 재난연감』, 행정안전부.
행정안전부, 2018, 『재난 및 안전관리 기본법(법률 제15764호)』.
행정안전부, 2018, 『재난 및 안전관리 기본법 시행령(대통령령 제29165호)』.
허승, 2015, 「뉴욕타임스 "영암 F1, 애초 계획부터 잘못된 일」, 한겨레 2015년 2월 17일자 기사.
허승 · 안관옥, 2015, 「영암 F1 '엔진'끈다…1900억 적자 남기고 '조직위 해산' 수순」, 한겨레 2015년 2월 8일자 기사.
홍나라, 2018, 「[국감현장]평창올림픽 경기장 사후활용 '대책 마련 시급'」, 서울경제신문 2018년 10월 22일자 기사.
홍선영, 2018, 「지역과 축제」, 제주일보 2018년 10월 29일자 기사.
Exhibit City News, 2014, 「Convention centers face fierce competition」 2014년 5월 1일자 기사.
Health and Safety Executive, 1999, 『The event safety guide』, Health and Safety Executive.
Heywood Sanders, 2005, 『Space Available: The Realities of Convention Centers as Economic Development Strategy』, The Brookings Institution.
Ministry of Civil Defence & Emergency Management, 2003, 『Safety Planning Guidelines for Events』, New Zealand Government.

7.

곽보현, 1996, 「國技태권도 성전 건립 본격추진」, 중앙일보 1996년 12월 27일자 기사.
관계부처 합동, 2018, 『혁신도시 시즌2 추진방안』, 국토교통부 · 외.
경제실천시민연합, 2004, 「건교부의 기업도시 적극 추진에 대한 경실련 입장」, 경실련 보도자료.
경제실천시민연합, 2005, 「기업도시 시범사업 선정, 즉각 중단하라」, 경실련 보도자료.
고기정, 2008, 「"기업도시 성공 확률 산업단지보다 낮아"」, 동아일보 2008년

9월 8일자 기사.
국토교통부, 2018,『혁신도시 조성 및 발전에 관한 특별법(법률 제14937호)』.
국토교통부, 2018,『혁신도시 조성 및 발전에 관한 특별법 시행령(대통령령 제28686호)』.
국토교통부, 2018,『혁신도시 조성 및 발전에 관한 특별법 시행규칙(국토교통부령 제500호)』.
국토교통부, 2014,『기업참여 확대를 위한 기업도시 제도개선 연구』.
국토교통부, 2015,「광역시충청권에도 기업도시 개발된다」, 국토교통부 2015년 1월 29일 보도자료.
국토교통부 혁신도시발전추진단, 2018,「혁신도시별 사업추진 현황」.
국토교통부 지원정책과-422('17.03.24)「지방이전 공공기관 숙소 및 사택기준」.
국토연구원, 1999,『제4차 국토종합계획 시안(2000~2020)』.
국토환경지식정보, http://www.neins.go.kr/ltr/balanceddevelopment/doc01b.asp.
국회사무처 법제실, 2004,『기업도시 건설의 법적 쟁점』.
기획재정부, 2018,『국가균형발전 특별법(법률 제15489호)』.
기획재정부, 2018,『국가균형발전 특별법 시행령 (대통령령 제29172호)』.
김성훈, 2018,「박근혜 '창조경제혁신센터'도 채용비리, 5년간 57건」, 국민일보 2018년 10월 26일자 기사.
김은경, 2018,「'창조경제 민관협의회 폐지'…박근혜정부 창조경제 흔적 지운다」, 연합뉴스 2018년 7월 29일자 기사.
김재환, 2017,「이전공공기관 지역인재 채용제도의 현황과 발전방안」,『이슈와 논점』 제1375호, 국회입법조사처.
김재환・정도영・김민창, 2018,『지방이전 공공기관의 지역정착 실태와 향후 보완과제』, 입법・정책보고서 Vol. 9, 국회입법조사처.
김진범・이동우・류승한, 2013,『기업도시정책의 성과와 한계 및 발전방향』, 국토연구원.
김진범・이동우・류승한, 2014,『기업참여 확대를 위한 기업도시 제도개선 연구』, 국토교통부.
김창우・심재우・한애란, 2007,「기업이 도시를 만든다」, 중앙일보 2007년 10월 31일자 기사.
김현・송형석・하인식・최성국, 2008,「"기업도시 착공은 하는데 온다던 회사는 안오고…"」, 한국경제신문 2008년 11월 24일자 기사.
박순빈, 2017,「'계륵'신세된 창조경제혁신센터」, 한겨레 2017년 8월 20일자 기사.

손장환, 1998, 「평창에 태권도공원 조성…문화관광부 업무보고」, 중앙일보 1998년 4월 18일자 기사.
양지혜・조유미・천민아, 2017, 「'창조'사라지는 창조센터…입주 스타트업은 술렁」, 조선일보 2017년 8월 1일자 기사.
원종태, 2005, 「해남・영암, 태안 관광레저형 기업도시개발(종합)」, 머니투데이 2005년 8월 25일자 기사.
이은아, 2009, 「내팽개쳐진 기업도시」, 매일경제신문 2009년 6월 16일자 기사.
이현상, 2000, 「자치단체들 "태권도 공원 유치"한판승부」, 중앙일보 2000년 7월 29일자 기사.
이홍표, 2012, 「기업도시 누가 죽였나」, 한경 Business 2012년 8월 9일자 기사.
장경석, 2011, 「기업도시 개발사업의 추진현황과 과제」, 『이슈와 논점』 202호, 국회입법조사처.
장영은 외, 2016, 「창조경제혁신센터 '최순실 쇼크'에 줄줄이 좌초 위기」, 연합뉴스 2016년 11월 29일자 기사.
전국경제인연합회, 2013, 『기업도시 사업의 문제점과 개선방안』.
전라북도, 2005, 「무주 관광레저기업도시 유치」 보도자료.
정경민・안장원・윤창희, 2007, 「"임기 내 말뚝 박겠다"강행, 기업 없는 기업도시 우려」, 중앙일보 2007년 10월 25일자 기사.
조성호, 2018, 「21세기 선진 국가경영시스템 : 중앙집권을 넘어 지방분권체제로」, 『이슈&진단』 No. 314, 경기연구원.
창조경제혁신센터 홈페이지, https://ccei.creativekorea.or.kr/.
통계청 국가통계포털(KOSIS) 홈페이지 「주민등록인구현황」.
통계청 국가통계포털(KOSIS) 홈페이지 「지적통계」,
하성덕・김진범・서관호, 2007, 『기업도시 제도개선을 위한 연구』, 국토연구원.
한국토지주택공사 홈페이지.
한국토지주택공사, 2014, 『한국토지주택공사 2014~2017년 부채감축계획(안)』.
한동률, 『기업도시 추진 현황과 성공과제』.
허종식, 2005, 「기업도시 시범사업 8곳 신청」, 한겨레 2005년 4월 15일자 기사.
홍원상, 2008, 「[기업도시] 명분만 좇다 대부분 허허벌판」, 조선일보 2008년 12월 11일자 기사.

8.

강원도, 2008, 『강원도 주거종합계획(2008-2017)』.

건설교통부, 2003, 『제1차 장기 주택종합계획(2003~2012)』.

건설교통부, 2003, 『2003년도 주택건설종합계획』.

건설교통부, 2004, 『2004년도 주택건설종합계획』.

건설교통부, 2005, 『2005년도 주택건설종합계획』.

건설교통부, 2006, 『2006년도 주택건설종합계획』.

건설교통부, 2007, 『2007년도 주택건설종합계획』.

건설교통부, 2006, 『제3차 수도권정비계획(2006~2020)(건설교통부 고시 제 2006-277호)』.

건설교통부, 2007, 『대도시권 광역교통기본계획(2007~2026) - 수도권/부산·울산권/대구권/광주권/대전권』.

건설교통부, 2007, 『대도시권 광역교통시행계획(2007~2011) - 수도권/부산·울산권/대구권/광주권/대전권』.

건설교통부·서울특별시·인천광역시·경기도, 2007, 『2020년 수도권 광역도시계획』.

건설교통부·대전광역시·충청남도·충청북도, 2005, 『2020년 대전권광역도시계획 – 대전광역시, 충청남·북도 일부지역』.

건설교통부·부산광역시·경상남도, 2005, 『2020년 부산권 광역도시계획 – 요약보고서-』.

경기도, 2012, 『2012년도 경기도 주택종합계획』.

경기도, 2013, 『2013년도 경기도 주택종합계획』.

경기도, 2013, 『2020년 경기도 주택종합계획』.

경기도, 2014, 『2014년도 경기도 주택종합계획』.

경기도, 2015, 『2015년도 경기도 주택종합계획』.

경기도, 2016, 『2016년도 경기도 주거종합계획』.

경기도, 2016, 『2016년도 경기도 주거종합계획』.

경기도, 2017, 『2017년도 경기도 주거종합계획』.

경기도, 2018, 『2018년도 경기도 주거종합계획』.

경기도, 2018, 『2030 경기도 주거종합계획』.

경상남도, 2008, 『2022 경상남도 주택종합계획(2008~2012)』.

경상남도, 2012, 『2022 경상남도 주택종합계획(2013~2022)』.

경상북도, 2001, 『제3차 경상북도 종합계획(2000~2020)』.

경상북도, 2015, 『경상북도 주택종합계획』.
경상북도, 2017, 『경상북도 발전촉진형 지역개발계획(2017∼2026)』.
광주광역시, 2011, 『2020 광주광역시 주택종합계획』.
국가균형발전위원회・산업자원부, 2004, 『제1차 국가균형발전5개년계획 –지역혁신발전계획-』.
국토교통부, 2013, 「광역도시계획」정책자료.
국토교통부, 2018, 「광역도시계획 수립지침(국토교통부 훈령 제1049호)」.
국토교통부, 2018, 『국토기본법(법률 제15598호)』.
국토교통부, 2018, 『국토기본법 시행령(대통령령 제29414호)』.
국토교통부, 2018, 『국토의 계획 및 이용에 관한 법률(약칭: 국토계획법)(법률 제15401호)』.
국토교통부, 2018, 『국토의 계획 및 이용에 관한 법률 시행령(약칭: 국토계획법 시행령)(대통령령 제29051호)』.
국토교통부, 2018, 『국토의 계획 및 이용에 관한 법률 시행규칙(약칭: 국토계획법 시행규칙)(국토교통부령 제571호)』.
국토교통부, 2018, 『대도시권 광역교통 관리에 관한 특별법(약칭: 광역교통법)(법률 제15996호)』.
국토교통부, 2018, 『대도시권 광역교통 관리에 관한 특별법 시행령(약칭: 광역교통법 시행령)(대통령령 제29172호)』.
국토교통부, 2014, 『대도시권 광역교통기본계획 변경(2013∼2020) - 수도권/부산・울산권/대구권/광주권/대전권』.
국토교통부, 2017, 『대도시권 광역교통기본계획 변경(2013∼2020) - 수도권/부산・울산권/대구권/광주권/대전권』.
국토교통부, 2014, 『대도시권 광역교통시행계획 변경(2012∼2016) - 수도권/부산・울산권/대구권/광주권/대전권』.
국토교통부, 2017, 『제3차 대도시권 광역교통시행계획(2017∼2010) - 수도권/부산・울산권/대구권/광주권/대전권』.
국토교통부, 2018, 『동・서・남해안 및 내륙권 발전 특별법 (약칭: 해안내륙발전법)(법률 제16139호)』.
국토교통부, 2018, 『수도권정비계획법(법률 제16002호)』.
국토교통부, 2018, 『수도권정비계획법 시행령(약칭: 국토계획법 시행령)(대통령령 제29172호)』.
국토교통부, 2018, 『주거기본법(법률 제15120호)』.
국토교통부, 2018, 『주거기본법 시행령(대통령령 제28211호)』.

국토교통부, 2018, 『지역 개발 및 지원에 관한 법률(약칭: 지역개발지원법)(법률 제15489호)』.
국토교통부, 2018, 『지역 개발 및 지원에 관한 법률 시행령(약칭: 지역개발지원법 시행령)(대통령령 제28097호)』.
국토교통부, 2013, 『제2차 장기('13년~'22년)주택종합계획』.
국토교통부, 2013, 『2013년도 주택종합계획』.
국토교통부, 2014, 『2014년도 주택종합계획』.
국토교통부, 2015, 『2015년도 주택종합계획』.
국토교통부, 2016, 『2016년도 주거종합계획』.
국토교통부, 2017, 『2017년도 주거종합계획』.
국토교통부, 2018, 『2018년도 주거종합계획』.
국토교통부, 2018, 『2018년도 주거종합계획』.
국토해양부, 2008, 『2008년도 주택건설종합계획』.
국토해양부, 2009, 『2009년도 주택건설종합계획』.
국토해양부, 2010, 『2010년도 주택건설종합계획』.
국토해양부, 2011, 『2011년도 주택건설종합계획』.
국토해양부, 2012, 『2012년도 주택건설종합계획』.
국토해양부, 2012, 『제2차 장기주거종합계획('13~'22) 수정계획[요약]』.
국토해양부 · 서울특별시 · 인천광역시 · 경기도, 2009, 『2020년 수도권 광역도시계획 변경안 –개발제한구역 조정에 관한 사항-』.
남기찬, 2014, 『중추도시권 등 지역생활권 추진현황 및 발전방안 연구』, 국토연구원.
대구광역시, 2008, 『2008~2017 대구광역시 주택종합계획』.
대전광역시, 2011, 『2020 대전광역시 주택종합계획(2010~2020)』.
대한민국정부, 2011, 『제4차 국토종합계획 수정계획 2011~2020』.
모창환, 2018, 「대도시권광역화와 광역교통위원회」, 『대도시권 계획체계 구축방안 정책토론회』 발표자료, 서울시 포스트타워 10층 대회의실, (사)대한국토 · 도시계획학회, 2018.12.17.
부산광역시, 2014, 『2022 부산광역시 주택종합계획』.
산업통상자원부 · 기획재정부, 2018, 『국가균형발전 특별법(약칭: 국가균형발전법)(법률 제15489호)』.
산업통상자원부 · 기획재정부, 2018, 『국가균형발전 특별법 시행령(대통령령 제29172호)』.
서울특별시, 2011, 『2020년 서울주택종합계획』.

세종특별자치시・공주시, 2014,『세종・공주 중추도시생활권 발전계획 수립 연구』.
송우경・허문구・小磯修二, 2017,「한국・일본 지역발전계획의 비교와 시사점 –강원도와 북해도를 중심으로-」,『ISSUE PAPER 2017-439』, 산업연구원.
안홍기 외, 2016,『국토균형발전을 위한 지역개발제도 개선방안 연구』, 국토연구원.
우명제, 2018,「대도시권계획체계 구축 방안」,『대도시권 계획체계 구축방안 정책토론회』 발표자료, 서울시 포스트타워 10층 대회의실, (사)대한국토・도시계획학회, 2018.12.17.
울산광역시, 2010,『울산광역시 주택종합계획』.
이수기, 2018,「도시의 광역화와 광역공간구조」,『대도시권 계획체계 구축방안 정책토론회』 발표자료, 서울시 포스트타워 10층 대회의실, (사)대한국토・도시계획학회, 2018.12.17.
인천광역시, 2011,『2011년 주택종합계획 수립』.
전라남도, 2014,『전라남도 주택종합계획』.
전라남도, 2017,『전라남도 지역개발계획 전략환경영향평가서 –요약서-』.
전라북도, 2013,『2022 전라북도 주택종합계획』.
정지성, 2018,「"서울・수도권 울타리 없는 도시로"」, 매일경제신문 2018년 12월 18일자 기사.
제주특별자치도, 2011,『제주특별자치도 주택종합계획(2010년～2020년)』.
제주특별자치도, 2011,『제2차 제주국제자유도시 종합계획』.
제주특별자치도, 2017,『제2차 제주국제자유도시 종합계획 수정계획』.
지역발전위원회, 2015,『지역행복생활권 발전계획 효율화 방안』.
지역발전위원회, 2017,『지역행복생활권 정책 성과분석』.
충청남도, 2012,『충청남도 종합계획(2012～2020)』.
충청남도, 2013,『충청남도 주택종합계획(2013-2022)』.
충청남도, 2016,『2030년 공주역세권 광역도시계획』.
충청남도, 2016,『2030년 내포신도시권 광역도시계획』.
충청북도, 2000,『제3차 충청북도 종합계획[충북 CHANGE21]』.
충청북도, 2011,『충청북도 종합계획(2011～2020)』.
충청북도, 2013,『충청북도 지역균형발전 기본계획』.
충청북도, 2013,『충청북도 주택종합계획<2013년-2022년>』.

9.

김호, 2019, '999번 버스와 광주 · 전남 상생', 2019년 1월 25일자 중앙일보 기사.
네이버 지식백과, 「스트라이커부대」 홈페이지.
리처드 플로리다, 2008, 『후즈유어시티』, 브렌즈.
박기범, 2018, '전재수 의원 "부산 물 공급 갈등, 국무조정실이 나서야"', 2018년 10월 11일자 뉴스1 기사.
박철응, 2010, ''4대강 뉴타운'…여주 · 대구 · 구미 · 충주호 유력: 국토연구원 조감도‥이포보, 달성보 등 지역 유사', 2010년 12월 12일자 이데일리 기사.
변옥환, 2018, '주택거래량 급감…부산시, 정부에 조정대상지역 해제 공식 요청: 부산시, 수도권에 비해 취약한 경제력 및 경제구조 고려해 지역 여건에 맞는 정책조정 요구', 2018년 12월 5일자 씨앤비뉴스 기사.
수도권교통본부, 2018, 『수도권 광역교통 백서』, 수도권교통본부.
수도권교통본부, 2018, '바르셀로나 광역교통기구', 『수도권교통』 Vol.13.
여주신문, 2010, '여주군'친환경 미니신도시 시대 '열린다: 역세권개발사업 등 환경친화적 녹색도시 변모 박차', 2010년 2월 10일자 여주신문 기사.
위키백과, 「뭉치지 않으면 죽는다」 홈페이지.
제프리 웨스트, 2018, 『스케일』, 김영사.
최희석, 2017, '고용노동청 · 환경청 등 지방소재 외청, 지자체로 넘긴다', 2017년 7월 19일자 매일경제신문 기사.
Dreier, Peter외, 2004, 『Place Matters』, University Press of Kansas.
Hopkins, Daniel, 2018, 『The Increasingly United States』, The University of Chicago Press.
Orfield, Myron, 2002, 『American Metropolitics』, The Brookings Institution.

10.

국토연구원, 2016. 「미래의 도시와 한국의 선택」.
국회예산정책처, 2016, 「인구구조 변화와 사회안전망 정책분석」.
국회예산정책처, 2018, 「인구 고령화가 지방재정에 미치는 영향에 관한 연구」.
국회입법조사처, 2010, 「인구구조 변화가 공간정책에 미칠 영향에 대한 조사」.
국회입법조사처, 2016, 「인구감소 지역의 지역쇠퇴 대응을 위한 정책과제 연구」
국회입법조사처, 2017, 「지방자치단체별 저출산 지표 및 시사점」.

권상은・조홍복, 2019, 「일단 뿌리고 보자… '현금복지 중독'」, 조선일보 2019년 2월 3일자 기사.
권상은・정성원・신정훈김주영・김선엽・조홍복・이승규, 2019, 「"해녀수당 드립니다" "우린 농민수당" "그럼 우린 경로당 수당"」, 조선일보 2019년 2월 3일자 기사.
김두섭, 2007, 『IMF 경제위기와 한국 출산력의 변화』, 집문당.
김지환, 2019, 「구청장의 기초연금 지적에…문 대통령 "문제제기 타당"」, 경향신문 2019년 1월 21일자 기사.
김현기・정연승・허원무・유호연・배영준, 2008, 『2018, 인구변화가 대한민국을 바꾼다, 10년 후 대변혁을 가져올 44가지 미래 트랜드』, 한스미디어.
김호, 2019, '999번 버스와 광주・전남 상생', 2019년 1월 25일자 중앙일보 기사.
나무위키, 「저출산고령사회위원회」 홈페이지.
네이버 지식백과, 김선일 피살사건 폼페이지.
대통령자문전책기획위원회, 2006, 『사회비전 2030, 선진복지국가를 위한 비전과 전략』.
리처드 도킨스, 1993, 『이기적 유전자』, 을유문화사.
마강래, 2017, 『지방도시 살생부 : '압축도시'만이 살길이다』, 개마고원.
마강래, 2018, 『지방분권이 지방을 망친다 : 지방분권의 함정, 균형발전의 역설』, 개마고원.
마스다 히로야, 2014, 『지방소멸』, 와이즈베리.
배문규, 2019, 「[어떻게 생각하십니까]일회용 줄이자 해놓고 장관 참석 행사에 종이컵」, 2019년 1월 10일자 경향신문 기사.
빈난세, 2019, 「[대한민국 생존 리포트 ⑤경제]저출산・고령화에… '소비감소→투자위축→저성장'악순환」, 서울경제 2019년 1월 20일자 기사.
서울대학교 공과대학, 2015, 『축적의 시간』, 지식 노마드.
손지우・이종헌, 2015, 『오일의 공포』, 프리 이코노미 북스.
송현, 2019, 「'카마겟돈'은 21세기판 '러다이트 운동'에 불과하다」, 이코노미조선 2019년 1월 21일자 기사.
스벤 베커트, 2018, 『면화의 제국 : 자본주의의 새로운 역사』, 휴머니스트.
연규욱, 2019, 「"저출산대책 '부처간 칸막이'에 속도 못내"」, 매일경제 2019년 1월 28일자 기사.
염우, 2018, 「[초록으로 가는 길]플라스틱 지구」, 2018년 9월 12일자 충청매일 기사.
유선종・노민지, 2018, 『지방소멸 어디까지 왔나?』, 매일경제신문사.
위키백과, 「국가비전 2030」 홈페이지.

위키백과, 「저출산고령사회위원회」 홈페이지.
위키피디아, 「Sustainability」 홈페이지.
이윤정, 2018, 「중국 유니콘의 약진 : 벤처 투자 뭉칫돈, 중국으로 몰려… 2020년 미국 추월」, 2018년 10월 10일자 이코노미조선 기사.
이종헌, 2017, 『에너지 빅뱅』, 프리이코노미북스.
이준우, 2018, 「청소년 인구 900만명 선 무너졌다」, 조선일보 2018년 4월 27일자 기사.
이코노미조선, 2018, 「미국 드론 유망기업 '에어웨어', 중국 DJI에 밀려 폐업하다」 2018년 10월4일 이코노미조선 기사.
임경아, 2019, 「24조 사업, '예타'면제… "경기부양・균형발전"」, MBC 2019년 1월 30일자 기사.
저출산고령사회위원회 홈페이지.
전영수, 2016, 『인구 충격과 미래 한국 : 인구감소가 불러올 10가지 트렌드』, 프롬북스.
전영수, 2018, 『한국이 소멸한다 : 인구 충격에 내몰린 한국 경제의 미래 시나리오』, 비즈니스북스.
조영태, 2016, 『정해진 미래 : 인구학이 말하는 10년 후 한국 그리고 생존전략』, 북스톤.
조영태, 2018, 『정해진 미래 시장의 기회 : 인구변동에서 기회를 발굴하는 미래 예측법』, 북스톤.
조영태, 2019, 「청년들의 서울 쏠림 해소해야 저출산 현상 해결된다」, 중앙일보 2019년 1월 14일자 기사.
필립 롱맨, 2009, 『저출산이 불러올 전 지구적 재앙과 해법, 텅 빈 요람』, 민음인.
통계청, 2010, 「사회조사를 통해 본 베이비붐 세대의 특징」보도자료.
통계청, 2010, 「통계로 본 베이비붐 세대의 어제, 오늘 그리고 내일」보도자료.
통계청, 2012, 「베이비부머 및 에코세대의 인구・사회적 특성분석」보도자료.
통계청, 2017, 「2016 인구주택총조사 <등록센서스 방식 집계결과>」, 통계청 2017년 8월 31일 보도자료 참조.
통계청, 2018, 「인구동향조사」.
통계청, 2018, 「인구주택총조사에서 나타난 1인 가구의 현황 및 특성」, 통계청 보도자료.
통계청, 2018, 「2017 인구주택총조사 <등록센서스 방식 집계결과>」, 통계청 보도자료.
통계청, 2017, 「장래인구추계 시도편: 2015～2045년」, 통계청 보도자료.

한국고용정보원, 2016, 「한국의 지방소멸에 관한 7가지 분석(2016)」.
한국고용정보원, 2018, 「한국의 지방소멸 2018(2018)」.
해리 덴트, 2014, 『2018 인구절벽이 온다, 소비, 노동, 투자하는 사람들이 사라진 세상』, 청림출판.
행정자치부, 대한민국 출산지도 홈페이지.
Stephen Leeb and Donna Leeb, 2005, 『The Oil Factor』, Business Plus.

나가며

김환영, 2019, 「잘 다스려지는 나라는 어떤 나라일까」, 중앙SUNDAY 2019년 1월 19~20일 기사.
네이버 지식백과, 「호랑나비」.
동정민, 2019, 「美 INF 탈퇴선언에…러 "새 미사일 개발" 佛 "핵미사일 훈련"」 dongA.com 2019년 2월 7일자 기사.
류형철, 2019, 「도시권 인구변화와 미국 대도시권 협력사례로 본 대구경북 도시권의 발전 방향」, 『광역적 도시관리를 위한 협력적 거버넌스와 대도시권 계획 발전방향 정책토론회』, 서울연구원.
안성호・윤태경, 2018, 『지방분권과 지방자치발전: 이론과 실천』, 교육과학사.
육동일, 2018, 『힘들지만, 반드시 성공해야 할 한국의 지방자치』, 대영문화사.
위키피디아, 「Government shutdowns in the United States」 홈페이지.
이종현, 2019, 「수도권광역도시계획의 수립방향과 과제(안)」, 『광역적 도시관리를 위한 협력적 거너전스와 대도시권 계획 발전방향 정책토론회』, 서울연구원.
이주일, 2019, 「대도시권 계획의 필요성과 협력적 거버넌스 구축 방향 – 수도권을 사례로」, 『광역적 도시관리를 위한 협력적 거버넌스와 대도시권 계획 발전방향 정책토론회』, 서울연구원.
자크 아탈리, 2019, 「겸양과 존중의 민주주의를 위하여」 중앙일보 2019년 1월 29일자 기사.
피터 자이한, 2019, 『셰일 혁명과 미국 없는 세계』, 김앤김북스.

김근영

- University of Southern California에서 도시계획/교통 분야로 석・박사학위를 취득했으며 재난관리, 인구학, 도시행정, 세계역사 등 전공과 관련한 다양한 분야에 관심이 있다.
- 서울시정개발연구원 부연구위원을 거쳐 1999년부터 강남대학교 부동산건설학부(도시공학) 교수로 재직하고 있다.
- 청와대, 국무총리실, 행정안전부, 국토교통부, 조달청 등 중앙정부의 다양한 부처에서 평가 및 자문위원으로 활동하였다.
- 서울시, 인천시, 경기도, 충남도 등 광역자치단체, 수도권교통본부, 인천경제자유구역청 등 공공기관, 수도권의 17개 기초자치단체에서 전공분야 위원회에 참여하였다.
- 한국토지주택공사의 친환경건축물인증심의위원회, BF(무장애)인증심의위원회, 해외사업리스크관리위원회, 토지주택연구원 과제심의위원과 비상임이사를 역임했다.
- 서울연구원 초빙연구위원, 경기연구원 비상임연구위원, 한국교통연구원 연구심의위원, 한국건설산업연구원 자문위원을 역임했다.
- 대한국토・도시계획학회, 대한교통학회, 한국방재학회, 한국지역개발학회, 한국도시행정학회, 한국재난정보학회, 한국셉티드학회, 대한건축학회 등 관심분야의 학술단체에 참여하고 있다.
- 공저로 「서울시정의 바른길」, 「국토・지역계획론」, 「새로운 도시: 도시계획의 이해」, 「현대도시학」 등이 있다.
- 학위논문으로 University of Southern California에서 Dyckman Award를 수상했고, Transportation Science지의 학위논문상 경쟁분야 최종후보로 선정되었다. 한국방재학회와 한국재난정보학회에서 우수논문으로 학술상을, 정부정책에 기여한 공로로 소방방재청장 표창과 대통령 표창을 받았다.
- 도시학자로서 세계의 도시들을 이해하기 위해 6개 대륙 77개 국가의 다양한 도시들을 여행했다. 한국국제협력단(KOICA)의 아프리카, 아시아, 남미지역 해외사업 평가와 협상에 참여하였다.
- 1961년에 태어나 베이비붐 세대의 일원으로 에코세대와 그 이후 대한민국의 발전을 항상 생각한다.

뭉 쳐 야 산 다

지방분권 국가로 가는 길

초판인쇄 2019년 6월 24일
초판발행 2019년 6월 24일

지은이 김근영
펴낸이 채종준
펴낸곳 한국학술정보(주)
주소 경기도 파주시 회동길 230(문발동)
전화 031) 908-3181(대표)
팩스 031) 908-3189
홈페이지 http://ebook.kstudy.com
전자우편 출판사업부 publish@kstudy.com
등록 제일산-115호(2000. 6. 19)

ISBN 978-89-268-8872-8 93340

책에 대한 더 나은 생각, 끊임없는 고민, 독자를 생각하는 마음으로 보다 좋은 책을 만들어갑니다.